TECNOLOGIA, DIREITO E TRIBUTAÇÃO

A tributação de aplicações na Internet por impostos sobre o consumo no Brasil

CIP-BRASIL. CATALOGAÇÃO NA PUBLICAÇÃO
SINDICATO NACIONAL DOS EDITORES DE LIVROS, RJ

S247t

Saran, José Eduardo de Paula
Tecnologia, direito e tributação : a tributação de aplicações na internet por impostos sobre o consumo no Brasil / José Eduardo de Paula Saran. - 1. ed. - São Paulo: Noeses, 2021.

388 p. ; 23 cm.
Inclui bibliografia
ISBN 978-65-89888-31-4

1. Comércio eletrônico - Impostos. 2. Internet. 3. Tecnologia da informação - Aspectos econômicos. 4. Direito tributário - Brasil. I. Título.

21-74147 CDU: 34:(351.713:004.738.5:339)(81)

Meri Gleice Rodrigues de Souza - Bibliotecária - CRB-7/6439

José Eduardo de Paula Saran

Doutorando em Direito Financeiro pela USP. Mestre em Direito Tributário pela PUC/SP. Master em Administração Tributária e Fazenda Pública pelo Instituto de Estudíos Fiscales e Universidad Nacional de Educación a Distancia da Espanha. Especialista em Direito Tributário pelo IBET.

TECNOLOGIA, DIREITO E TRIBUTAÇÃO

A tributação de aplicações na Internet por impostos sobre o consumo no Brasil

2021

editora e livraria
NOESES

Copyright © Editora Noeses 2021
Fundador e Editor-chefe: Paulo de Barros Carvalho
Gerente de Produção Editorial: Rosangela Santos
Arte e Diagramação: Renato Castro
Revisão: Microart
Designer de Capa: Aliá3 - Marcos Duarte
Arte de capa:

Autora: Lúcia Suanê
Título: Inveno
Técnica: Óleo sobre madeira, serragem e contas coladas
Dimensão: 90x100cm
Ano: 2017
Acervo: da artista

2021

editora e livraria
NOESES

Editora Noeses Ltda.
Tel/fax: 55 11 3666 6055
www.editoranoeses.com.br

AGRADECIMENTOS

Produzir um livro não é tarefa singela. Requer pesquisa, disciplina, dedicação e paixão. Esta obra, em especial, é o fruto de percurso acadêmico que se iniciou em 2016, no Curso de Especialização em Direito Tributário do IBET, teve seguimento no Mestrado em Direito Tributário na PUC/SP e, agora, prossegue no Doutorado em Direito Financeiro, Econômico e Tributário na USP.

Ele contém estudos, constatações e conclusões que foram sendo metodicamente acumulados, aperfeiçoados e amadurecidos, para se materializarem nesta obra disponibilizada ao leitor.

Originou-se de nossa ligação com o setor de informática, que remonta de há muitos anos. Essa vertente digital encontrou-se com nossa formação jurídica e, a seguir, com nossa experiência no Contencioso Administrativo Tributário, no TIT/SP, e, por fim, com nossos estudos e a experiência acadêmica e profissional envolvendo o ICMS e o ISS.

Portanto, este livro é uma árvore que tem muitas raízes, ou uma floresta que reúne muitas árvores.

E a semeadura teve muitas mãos e mentes a nos auxiliarem.

A essas pessoas, ele é dedicado. Com o risco de olvidarmos pessoas fundamentais, vamos enumerar algumas.

Agradeço ao Professor Robson Maia Lins, nosso orientador de Mestrado e que tem sido nosso mentor e orientador todos esses anos, desde então.

Ao Professor Paulo de Barros Carvalho, grande mestre de todos nós, que nos acolheu no seio do IBET e da PUC/SP e, agora, na Editora Noeses.

À Rosangela Santos, da Noeses, e às professoras e amigas Priscila de Souza e Neiva Baylon, do IBET, que aprovaram e apoiaram esta publicação.

Aos professores e autores Karem Jureidini Dias, Lucas Galvão de Britto e Luiz Roberto Peroba, e que me auxiliaram com orientações preciosas na confecção e revisão da obra.

À Professora Daniela de Andrade Braghetta, de quem tenho a honra de ser assistente na Especialização em Direito Tributário da COGEAE, pela revisão e orientações já na fase do livro.

Ao professor Tácio Lacerda Gama, que compôs minha banca de Mestrado e sempre me brindou com pertinentes observações, e aos mestres que, na qualificação, me ofertaram seus preciosos comentários e sugestões, professores Fabiana del Padre Tomé e Carlos Augusto Daniel Neto.

Aos amigos e ilustres professores, doutrinadores e pesquisadores do objeto, pelas orientações fundamentais desde o início da definição do objeto e na realização das pesquisas: Heleno Taveira Torres, meu atual orientador no Doutorado na USP; Ana Cláudia Akie Utumi, Maurício Barros, Alberto Macedo, Antônio Alcoforado, Ivan Ozai e Maria Ângela Lopes Paulino Padilha.

À querida amiga, professora e ilustre colega do TIT/SP, Dra. Maria Leonor Leite Vieira, a quem devo o primeiro incentivo para ingressar no Mestrado, de quem fui assistente e que sempre me tem apoiado em novos desafios.

Aos queridos e dedicados mestres do Mestrado em Direito Tributário da PUC/SP, professores Roque Antonio Carrazza, Miguel Horvath Júnior, Charles McNaughton, Aurora

Tomazini de Carvalho, Sílvia Regina Zomer, Sandra Lúcia Guilardi Ferreira e Vera Maria Corrêa Queiroz.

Aos estimados e ilustres mestres do Doutorado na USP, professores Fernando Facury Scaff e Régis Fernandes de Oliveira.

Aos amigos e colegas do IBET/Campinas, professores Emanuele Longrova, Nicholas Guedes Coppi, Thiago Silva, Sérgio Serafim Aquino, Luciano Burti Maldonado, Armando Zanin Neto, Márcio Alexandre Ioti Henrique, Sílvia Gomes Piva e Suzy Gomes Hoffmann.

Aos professores e colegas do IBET/SP, PUC/SP, COGEAE, USP e SEFAZ/SP, Argos Campos Ribeiro Simões, Nicodemos Victor, Taísa Reque, Sandra Maria Poiatti, Flávio de Sá Munhoz, Adriano Luiz Batista Messias, Diógenes Teófilo, Leonardo Lucci, Tamara Ambra Ciorniavei, Marcos Hideo Moura Matsunaga, Jaqueline de Paula Leite Zanetoni, Ângelo de Angelis, Paulo Campilongo e Paulo Eduardo Foresti.

Aos amigos, colegas e sempre incentivadores de minha carreira profissional e acadêmica, Professor Osvaldo Santos de Carvalho, José Clovis Cabrera, Antônio Carlos de Moura Campos e Otávio Fineis Júnior.

À Suellen Andrade dos Santos, Juliana Macacari e André Catta Preta Federighi, novos e jovens amigos, que muito nos auxiliaram nas pesquisas e sem os quais este trabalho teria sido impossível.

À Georgia Evelyn e à Júlia Cruz, pela atenta e competente revisão do texto.

A meus pais, pelo dom da vida e o amor de toda uma existência.

À querida esposa, Sandra, e aos queridos filhos, Ana Luísa e Eduardo, pelo amor, carinho e apoio por todos esses anos, e pela ajuda no livro.

E o muitíssimo obrigado a Deus, o semeador primeiro e fundamental!

PREFÁCIO

Alguns vivem o presente como se passado fosse, sem despertar sua atenção às alterações que os progressos tecnológicos das últimas três décadas gradativamente ocasionaram na dinâmica das relações sociais. Outros, por seu turno, conscientemente experienciam a Era da Informação, valendo ativamente de diversificadas inovações em suas atividades cotidianas, quer em âmbito pessoal, quer na esfera profissional, mas sem envidarem maiores reflexões sobre os impactos e rumos sociais. José Eduardo de Paula Saran, entretanto, costumeiramente alça suas vivências a distintos patamares de consciência e reflexão, qualitativamente superiores, pelo que não poderíamos, sem incorrer em flagrante iniquidade, incluí-lo em quaisquer dessas classes anteriormente conotadas.

Para o estimado autor, a quem tive o prazer de orientar em seu mestrado acadêmico perante a Pontifícia Universidade Católica de São Paulo (PUC/SP), muitos dos elementos constitutivos daquele futuro distante, que outrora somente transitavam pelo imaginário popular e figuravam em produções cinematográficas categorizadas como "futuristas", atualmente ostentam marcante presença em nossa realidade, cada vez mais tornam-se acessíveis e inquestionavelmente já provocaram profundas alterações de ordens social, econômica, política e filosófica. O desventurado cenário da pandemia nos evidenciou ainda mais a relevante presença das (não tão mais novas) aplicações virtuais de informação, comunicação, comércio e entretenimento.

Bem ciente dessa novel conjuntura, heterogênea e continuamente desenvolvida, José Eduardo de Paula Saran foi além e avocou para si, na qualidade de cidadão, servidor público e jurista, a missão de viver um presente pensando no futuro, circunstância que nos fez lembrar de Rodolf Von Ihering, quando afirmou que "o primeiro raio de sol não cai antes sobre o olho solitário do caminhante, que marcha para o cume mais alto da montanha, do que sobre os olhos da massa, que dorme no vale".

Após informar, com base em dados nacionais e forâneos, o desenvolvimento, a difusão, a popularização e a importância dos novos modelos negociais desenvolvidos no continente da Economia Digital, o autor se lançou ao desafio científico de dialogar com os "estados da arte" doutrinário e jurisprudencial, ainda incipientes e lacunosos, para analisar com rigor metodológico os disciplinamentos tributários que atualmente vêm sendo dispensados às operações de consumo *over-the-top* (OTT) e, destemidamente, expor suas claudicações, especialmente afetas aos regramentos do Imposto sobre Operações de Circulação de Mercadorias (ICMS-Mercadorias) e do Imposto sobre Serviços de Qualquer Natureza (ISSQN).

Decerto, estamos diante de uma investigação acadêmica séria, como sói se esperar de um cientista perfilhado ao Constructivismo Lógico-Semântico (CLS), e que não deve ser desprezada por pesquisas futuras, mormente pela marcante nota da intertextualidade, empregada – e até a órbita regulamentar – na busca pelas definições jurídicas de "bem", "mercadoria", "serviço", "sinal", "internet", "nuvem", "*streaming*", cujos relevos crescem à medida que as pretensões tributárias dos Estados e do Municípios revelam-se dissonantes, acirrando conflitos interpretativos com repercussões federativas. Basta-nos rememorar o cenário de incertezas jurídicas que foi instaurado pela vigência simultânea do item 1.09 da Lista de Serviços anexa à Lei Complementar n. 116/2003 e do

Convênio ICMS n. 106/2017 editado pelo Conselho Nacional de Política Fazendária (CONFAZ).

De igual modo, para bem lidarmos com muitas das propostas de reforma legislativa, penso ser indispensável reavivarem-se premissas basilares do Sistema Tributário Nacional (STN), tais como: (a) características da outorga constitucional de competências impositivas; (b) interpretação dos termos e expressões constitucionais presentes em normas que permitem constituir e onerar contribuintes; (c) sentido deôntico das competências residuais em matérias de imposto e contribuições (arts. 154, inciso I, e 195, § 4º, da CRFB/88); e (d) funções e limites constitucionais da lei complementar tributária.

Os debates tributários a respeito da Economia Digital, uma vez mais instam a comunidade jurídica a compatibilizar "fechamento operativo" e "abertura cognitiva", para nos valermos do léxico de Niklas Luhmman... E a presente obra, que ora se publiciza, trouxe argutas propostas para tanto: disso não duvidamos!

Robson Maia Lins

Professor da PUC/SP e do IBET,

Conselheiro do Conselho Nacional de Educação (CNE),

Advogado.

LISTA DE SIGLAS E ABREVIATURAS

ADCT – Ato das Disposições Constitucionais Transitórias
ADI – Ação Direta de Inconstitucionalidade
ANATEL – Agência Nacional de Telecomunicações
ARPANET – *Advanced Research Projects Agency Network*
Art. – Artigo
BEREC – *Body of European Regulators for Electronic Communications*
BRASSCOM – Associação Brasileira das Empresas de Tecnologia da Informação e Comunicação.
CAT – Coordenadoria da Administração Tributária (SEFAZ/SP)
CBT – Código Brasileiro de Telecomunicações
CF – Constituição Federal
CONFAZ – Conselho Nacional de Política Fazendária
CR – Constituição da República
CTN – Código Tributário Nacional
DNS – *Domain Name System*
DTH – Serviço de Distribuição de Sinais de Televisão e de Áudio por Assinatura via Satélite
EC – Emenda Constitucional
EDI – *Electronic Data Interchange*
EFT – *Electronic Found Transfer*
EU – União Europeia

FCC – *Federal Communications Commission*
FTP – *File Transfer Protocol*
GIIC – *Global Information Infrastructure Commission*
GST – *Goods and Services Tax*
GT – Grupo de Trabalho
IaaS – *Infrastructure as a Service*
ICANN – *Internet Corporation for Assigned Names and Numbers*
ICM – Imposto sobre Operações Relativas à Circulação de Mercadorias
ICMS – Imposto sobre Operações Relativas à Circulação de Mercadorias e Prestação de Serviços de Transporte Interestadual e Intermunicipal e de Comunicação
IOF – Imposto sobre Operações de Crédito, Câmbio e Seguros
IP – *Internet Protocol*
IPI – Imposto sobre Produtos Industrializados
IRC – *Internet Relay Chat*
ISP – *Internet Service Providers*
ISS – Imposto Sobre Serviços de Qualquer Natureza
ISSC – Imposto sobre Serviços de Comunicação
ISSQN – Imposto sobre Serviços de Qualquer Natureza
IVA – Imposto sobre Valor Agregado
IVC – Imposto sobre Vendas e Consignações
LC – Lei Complementar
LGT – Lei Geral de Telecomunicações
MCI – Marco Civil da Internet
MMDS – Serviço de Distribuição de Sinais Multiponto Multicanal
MMPV – *Multichannel Video Programming Distributors*
NFT – *Non-Fungible Token*
NSF – *National Science Foundation*
NFSNET – *National Science Foundation Network*
OCDE – Organização para a Cooperação e o Desenvolvimento Econômico

OMC – Organização Mundial de Comércio
ONU – Organização das Nações Unidas
OTT – *Over the Top*
OVD – *Online Video Distributors*
PaaS – *Platform as a Service*
POS – *Point Of Sale*
PSCI – Provedor de Serviço de Conexão à Internet
RE – Recurso Extraordinário
REsp – Recurso Especial
RFB – Receita Federal do Brasil
RMIT – Regra-Matriz de Incidência Tributária
SaaS – *Software as a Service*
SCI – Serviço de Conexão à Internet
SCM – Serviço de Comunicação Multimídia
SeAC – Serviço de Acesso Condicionado
SMC – Serviço Móvel Celular
SMP – Serviço Móvel Pessoal
STF – Supremo Tribunal Federal
STFC – Serviço Telefônico Fixo Comutado
STJ – Supremo Tribunal de Justiça
SVA – Serviço de Valor Adicionado
TIC – Tecnologias de Informação e Comunicação
TVA – *Taxe sur la Valeur Ajoutée*
TVC – Serviço de TV a Cabo
UIT – União Internacional de Telecomunicações
VAT – *Value Added Tax*
VOD – *Video on Demand*, ou Vídeo sob demanda
VoIP – *Voice Over Internet Protocol*

SUMÁRIO

AGRADECIMENTOS V

PREFÁCIO IX

LISTA DE SIGLAS E ABREVIATURAS XIII

INTRODUÇÃO 1

Parte I

TECNOLOGIA

CAPÍTULO 1 – A ECONOMIA DIGITAL E SEU IMPACTO NOS MEIOS DE PRODUÇÃO, COMUNICAÇÃO, INFORMAÇÃO E ENTRETENIMENTO 9

1.1 O avanço tecnológico e o advento do mundo digital 9

1.2 Tecnologia analógica e tecnologia digital 15

1.3 Internet 23

1.4 *Streaming* 30

1.5 Histórico do surgimento e primeiras considerações sobre as Aplicações *Over-the-Top* 34

1.6 Importância social e econômica das Aplicações *Over-the-Top* 46

1.7 As principais repercussões da Economia Digital e das Aplicações *Over-the-Top* no Direito e na tributação de seus fenômenos 59

CAPÍTULO 2 – APLICAÇÕES *OVER-THE-TOP*: CONCEITO, DEFINIÇÕES, CLASSIFICAÇÕES E NATUREZA JURÍDICA **67**

2.1 Conceito, definições e importância das Aplicações *Over-the-Top* 68

2.2 Classificação das diversas Aplicações *Over-the-Top* 82

2.3 Aplicações *Over-the-Top* de Comunicações Sociais . 92

2.4 Aplicações *Over-the-Top* de Conteúdos Audiovisuais 94

Parte II

DIREITO

CAPÍTULO 3 – O SISTEMA TRIBUTÁRIO BRASILEIRO 107

3.1 Conformação e características do Sistema Tributário Brasileiro 107

3.2 Os principais impostos sobre o consumo no Sistema Tributário Brasileiro: o ICMS e o ISS 111

3.2.1 O ICMS 114

3.2.1.1 O ICMS-Mercadoria 118

3.2.1.2 O ICMS-Comunicação 121

3.2.2 O ISS 137

3.3 As propostas para a tributação do consumo no Brasil 145

CAPÍTULO 4 – A EVOLUÇÃO DOS CONCEITOS E DEFINIÇÕES TRADICIONAIS NA TRIBUTAÇÃO INDIRETA SOBRE O CONSUMO NO BRASIL **147**

4.1 Interpretação estática ou dinâmica da norma constitucional 147

4.2 A evolução dos conceitos e definições de bem e mercadoria 150

4.2.1 Os conceitos na Constituição Federal 150

4.2.2 Bem 153

4.2.3 Mercadoria 154

4.3 A evolução do conceito de *serviço* 162

4.4 O impacto da economia digital sobre os conceitos de *bem, mercadoria e serviço* 170

4.5 Conclusão 175

CAPÍTULO 5 – A NATUREZA JURÍDICA DAS APLICAÇÕES *OVER-THE-TOP* **177**

5.1 Natureza jurídica das *OTT* de Conteúdos Audiovisuais 183

5.1.1 *OTT* de Conteúdos Audiovisuais como obrigação de dar 184

5.1.2 *OTT* de Conteúdos Audiovisuais como serviço 190

5.1.3 *OTT* de Conteúdos Audiovisuais possuem natureza jurídica própria 191

5.2 Natureza jurídica das Aplicações *OTT* de Comunicações Sociais 197

5.3 Conclusão em relação à natureza jurídica das Aplicações *Over-the-Top* 212

5.4 Os aspectos regulatórios dos serviços de comunicação e sua relação com as Aplicações *Over-the-Top*. 214

5.5 Conclusão 220

Parte III

TRIBUTAÇÃO

CAPÍTULO 6 – AS INOVAÇÕES LEGISLATIVAS PARA TRIBUTAR AS APLICAÇÕES *OVER-THE-TOP* DE COMUNICAÇÕES SOCIAIS E DE CONTEÚDOS AUDIOVISUAIS 225

6.1 A alteração da Lei Complementar 116/2003 pela Lei Complementar 157/2016 225

6.2. O Convênio ICMS 106/2017 231

6.3. Decreto estadual paulista 63.099/2017 e Portaria CAT 24/2018 da SEFAZ/SP 242

6.4. Situação atual das disputas entre ICMS e ISS na veiculação de conteúdos pela internet 248

CAPÍTULO 7 – AS DIVERSAS CORRENTES DOUTRINÁRIAS A RESPEITO DA TRIBUTAÇÃO DAS APLICAÇÕES *OVER-THE-TOP* DE COMUNICAÇÕES SOCIAIS E DE CONTEÚDOS AUDIOVISUAIS 253

7.1. Constitucionalidade do Convênio ICMS 106/2017, com ressalvas 255

7.2. Constitucionalidade da inclusão do item 1.09 na Lista de Serviços da Lei Complementar 116/2003.. 256

7.3. Tributação pelo ISS, com ressalvas 256

7.4 Imunidade dos fonogramas e videofonogramas de produção nacional 264

7.5. Impossibilidade da tributação tanto pelo ICMS quanto pelo ISS 266

7.6 Criação de um novo tributo 274

7.7 Quadro sinótico contendo síntese doutrinária 290

7.8 Conclusão do capítulo 295

7.8.1 Tributação das *OTT* de Comunicações Sociais 295

7.8.2 Tributação das *OTT* de Conteúdos Audiovisuais 298

CAPÍTULO 8 – OS POSICIONAMENTOS JURISPRUDENCIAIS SOBRE OS CONCEITOS NUCLEARES DAS NORMAS DE INCIDÊNCIA DO ICMS E DO ISS E SOBRE OS SUPORTES FÁTICOS DAS APLICAÇÕES OVER-THE-TOP DE COMUNICAÇÕES SOCIAIS E DE CONTEÚDOS AUDIOVISUAIS 303

8.1 Principais decisões sobre bens corpóreos e incorpóreos 305

8.2 Principais decisões sobre ICMS-Mercadoria 306

8.3 Principais decisões sobre ICMS-Comunicação 308

8.4 Principais decisões sobre operações e prestações de serviço com *software* 311

8.5 Principais decisões sobre ISS 318

8.6 Recentes decisões do STF sobre *Streaming* 321

8.7 Conclusão 321

CONCLUSÃO 325

REFERÊNCIAS **339**

APÊNDICE – LEGISLAÇÃO RELEVANTE 363

LEIS 363

DECRETOS 364

MEDIDAS PROVISÓRIAS 364

CONVÊNIOS ICMS 365

PORTARIAS CAT 365

INTRODUÇÃO

Vilém Flusser, no século XX, com muita lucidez percebeu que transformações tecnológicas ocasionam mudanças em códigos culturais, em formas de pensar e até mesmo em modelos de mundo. Segundo o filósofo checo-brasileiro, a história é marcada por fases, com rupturas entre uma e outra. Estas últimas marcam a entrada de "novas eras". Herbert Marshall McLuhan, o canadense teórico da comunicação, igualmente observou que as novas tecnologias provocam novas eras.[1]

Sem dúvida, já transpomos, nos últimos anos, o portal de uma delas.

Estudiosos afirmam que o mundo estaria à beira da quarta revolução industrial, com impactos econômicos e sociais evidentes e consequências imprevisíveis no longo prazo.[2]

As sociedades avançadas deixaram de ser industriais-manufatureiras para ser produtoras de conhecimento e geradoras de inovação.

---

1. PIVA, Sílvia Gomes. Um pouco de filosofia para entender a era digital: a aproximação de Villém Flusser e Marshall Mcluhan. Disponível em: https://bit.ly/3zG2p7J. Acesso em: 19 fev. 2020.

2. CORREIA NETO, Celso de Barros; AFONSO, José Roberto R.; FUCK, Luciano Felício. Desafios tributários na era digital. *In:* AFONSO, José Roberto R.; SANTANA, Hadassah Laís. *Tributação 4.0*. São Paulo: Almedina, 2020. p. 30.

As compras e mesmo transações financeiras passaram a ser realizadas em ambiente digital.

Vive-se, hoje, na denominada Era Digital, Era da Informação ou Era do Conhecimento, como fenômeno tecnológico, histórico e social, cuja repercussão econômica constitui-se na chamada Economia Digital.[3] Nesta, passou a existir a circulação de bens intangíveis, prestações de serviço de comunicação, além de outros tipos de serviços, porém em formatos e em plataformas jamais imaginados pelo constituinte originário de 1988.[4]

A tecnologia digital, a miniaturização de equipamentos e a internet vieram acompanhados da Sociedade ou Era do Conhecimento. A quarta revolução industrial é caracterizada pela convergência de tecnologias digitais, físicas e biológicas.[5] Como predica Klaus Schwab, as novas tecnologias fundem os mundos físico, digital e biológico de forma a criar grandes promessas, mas também possíveis perigos.

Vive-se uma revolução tecnológica, produtiva e de informações, que transformará fundamentalmente a forma como vivemos, trabalhamos e nos relacionamos. Uma de suas facetas é a chamada Economia Compartilhada, cuja plataforma de acomodações *Airbnb* e a plataforma de transporte *Uber* são os melhores exemplos, com impactos na indústria hoteleira, de turismo, de transporte, entre outras, e nas próprias relações contratuais e trabalhistas.

---

3. Conforme Maurício Barros, termo cunhado por Dan Tapscott há pouco mais de vinte anos (BARROS, Maurício. Tributação da economia digital e os conflitos de competência entre ICMS e ISS. *In:* FARIA, Renato Vilela; SILVEIRA, Ricardo Maitto da; MONTEIRO, Alexandre Luiz Moraes do Rêgo (coord.). *Tributação da economia digital:* desafios no Brasil, experiência internacional e novas perspectivas. São Paulo: Saraiva, 2018. p. 358).

4. Por ocasião da promulgação da Constituição Federal daquele ano.

5. PERASSO, Valeria. O que é a 4ª revolução industrial – e como ela deve afetar nossas vidas. *BBC News*, 22 outubro 2016. Disponível em: https://bbc.in/3CQXv9U Acesso em: 10 set. 2021.

Surge a moeda digital ou criptomoeda, revolucionando os meios de pagamento e as reservas de valor.[6]

A impressão 3D traz impactos à indústria manufatureira.

A Inteligência Artificial permite que aplicações aprendam, raciocinem e processem informações como humanos.

A tecnologia de acesso à internet 5G permite que a Inteligência Artificial esteja presente em máquinas ou dispositivos para reproduzir o funcionamento da mente humana em diferentes atividades. Isso vem a constituir a "internet das coisas", ou *IoT*, que é um conceito formado por três pilares: (i) a internet 5G, a rede rápida que ajuda as aplicações a funcionarem; (ii) o *Big Data*, repositório de grande volume de dados que podem ser processados e inter-relacionados; (iii) a Inteligência Artificial, que é a programação incorporada a dispositivos "inteligentes".[7]

Não há dúvida de que são os fenômenos mais inovadores não somente das últimas décadas, como um dos maiores de toda a história, como o foram, a seu tempo, o fogo, a roda, a agricultura e a escrita.

Isso traz enormes impactos positivos, mas também alguns negativos, e inúmeros questionamentos.

A proposta desta obra é estudar esses fenômenos sob o ponto de vista do Direito, usando as ferramentas analíticas e hermenêuticas do Constructivismo Lógico-Semântico para verificar a possibilidade de sua tributação.

Como corte metodológico, dada a amplitude do tema e multiplicidade dos suportes fáticos ali presentes, foram eleitos fenômenos muito pouco estudados, até o momento, que são as Aplicações *Over-the-Top*, ou *OTT*, o acrônimo a elas aplicado.

---

6. SCHWAB, Klaus. *A quarta revolução industrial*. São Paulo: Edipro, 2019.

7. *5G e inteligência artificial: o que esperar dessa relação?* Portal Nama. 10 nov. 2020. Disponível em: https://bit.ly/3m1xPRi Acesso em: 10 set. 2021.

Num segundo corte, e dado o esforço de estados e municípios no sentido de alcançá-las tributariamente, o foco principal da obra foi a possibilidade de tributar, pelo ICMS e pelo ISS, duas espécies do gênero *Over-the-Top*, que são as aplicações, ou aplicativos, que envolvem a comunicação e a veiculação de conteúdos audiovisuais, que serão mais bem definidas e classificadas ao longo da obra.

Este livro teve origem na Dissertação de Mestrado do autor sobre o tema, apresentado no final de 2019 no curso de pós-graduação em Direito da Pontifícia Universidade Católica de São Paulo (PUC/SP), e que teve a orientação do Professor Dr. Robson Maia Lins, presentes, na banca examinadora, o(a)s Professore(a)s Doutore(a)s Karem Jureidini Dias e Tácio Lacerda Gama.

O estudo, desde então, foi remodelado, incrementado e atualizado, adquirindo o formato atual.

A metodologia utilizada foi a pesquisa bibliográfica, acompanhada de entrevistas com outros autores e pesquisadores, além da própria experiência do autor em grupos de trabalho sobre temas da Economia Digital.

Os textos pesquisados e analisados compreendem desde produções nacionais sobre o tema, como também algo da literatura mundial disponível, inclusive originária de organismos internacionais, como ONU e OCDE, e de institutos internacionais de regulamentação ligados ao tema.

A premissa teórica é o estudo do Direito Positivo e da Ciência do Direito sob a perspectiva do Constructivismo Lógico-Semântico, método de trabalho hermenêutico criado pelo Professor Paulo de Barros Carvalho, hoje com inúmeros seguidores, e baseado na Teoria da Linguagem. Por meio dele, conseguimos reduzir as ambiguidades e vaguidades das normas constitucionais e infraconstitucionais, permitindo análises mais coerentes e rigorosas.

Assim, serão estudados os conceitos e definições de categorias ontológicas fundamentais e tradicionais, presentes nas normas jurídicas tributárias, como *bem*, *mercadoria*, *serviço* e *comunicação*, demonstrando a evolução semântica de algumas delas nos últimos anos por força das transformações tecnológicas e do advento da Economia Digital.

Novos conceitos e definições terão também especial atenção no trabalho, como *internet, download, nuvem* e *streaming*, entre outros.

A obra foi organizada em três partes: (i) Tecnologia; (ii) Direito; e (iii) Tributação.

A primeira parte, *Tecnologia*, contém dois capítulos. O leitor é apresentado à Economia Digital, com a descrição de seus fenômenos principais e suas características. Explica-se o que é a tecnologia digital, a internet e o *streaming*, para se chegar ao *Over-the-Top*, conceituando-o, classificando-o, e demonstrando sua utilidade e importância social e econômica. Serão conhecidos os efeitos da Economia Digital e do *Over-the-Top* sobre os meios de produção, comunicação, informação e entretenimento, bem como sua repercussão para o Direito e para a tributação de seus fenômenos. Conclui-se com a conceituação, definição e classificação das *Over-the-Top*.

A segunda parte, *Direito*, contém breve visão do sistema tributário brasileiro, com histórico e análise do ICMS e do ISS, seguida de um ensaio sobre a evolução dos conceitos e definições tradicionais empregadas na tributação sobre o consumo no Brasil. Conclui-se com uma análise da natureza jurídica das Aplicações *Over-the-Top*.

Apresentadas as inovações tecnológicas da Economia Digital, com reflexos nas formas de consumo e produção, e estabelecidas as premissas jurídicas para seu estudo, pode-se adentrar na terceira e última parte da obra, *Tributação*. Como diz o título, são apresentadas as legislações existentes do ICMS e do ISS para tributar os suportes fáticos das Aplicações *Over-the-Top*, acompanhadas de apreciações doutrinárias a respeito, inclusive das principais decisões dos tribunais superiores sobre conceitos essenciais ligados aos dois tributos e que se relacionam ao tema principal, possibilitando uma síntese final e uma análise conclusiva do autor.

Parte I
TECNOLOGIA

CAPÍTULO 1
A ECONOMIA DIGITAL E SEU IMPACTO NOS MEIOS DE PRODUÇÃO, COMUNICAÇÃO, INFORMAÇÃO E ENTRETENIMENTO

1.1 O avanço tecnológico e o advento do mundo digital

O último quartel do século XX e as primeiras décadas dos anos 2000 têm sido marcados pelo extraordinário avanço das hoje chamadas Tecnologias de Informação e Comunicação,[8] as TIC. Particularmente, a miniaturização dos computadores e dispositivos informatizados, a telefonia móvel celular, o advento e popularização da internet e, nos últimos anos, a massificação do uso do chamado *streaming* e das utilidades oferecidas pelos chamados *aplicativos* (ou APP) marcam o que se pode denominar de Era do Conhecimento, superando a primeira e a segunda Revoluções Industriais.

Ricardo Augusto Alves dos Santos alude ao sociólogo espanhol Manuel Castells para dizer que a internet é a "base tecnológica para a formação da Era da Informação, por meio da

---

8. Que já foram ou ainda podem ser conhecidas como Processamento de Dados ou Informática.

qual nos tornamos habitantes de uma rede global".[9] Na expressão do autor brasileiro, com base em Manuel Castells, *in verbis*:

> No final do século XX, três processos se uniram, inaugurando essa nova estrutura social: as exigências da economia por flexibilidade administrativa e globalização do capital, da produção e do comércio; as demandas da sociedade por liberdade e comunicação aberta; e os avanços extraordinários da computação e das telecomunicações.[10]

A Era do Conhecimento, ou Era Digital, trouxe mudanças não somente no aspecto tecnológico, mas também nos meios de produção e de comércio, nos fluxos de informação e conhecimento e, finalmente, no próprio comportamento social.

No dizer de Sílvia Gomes Piva, as categorias básicas do pensamento humano passaram por profunda transformação, expandindo-se a uma escala global, enquanto o tempo encolheu em instantes.[11]

Na definição de Thomas Mesenbourg,[12] a Economia Digital caracteriza-se por três elementos essenciais: (i) a infraestrutura (*hardware*, *software*, telecomunicações etc.) para negócios em ambiente digital (*e-business*); (ii) os negócios realizados em ambiente digital (ou virtual); e (iii) as transferências de bens e serviços *on-line*, que constituem o chamado *e-commerce*. Na Era da Informação, que se confunde com a Economia Digital, o ativo mais valioso é a informação, conforme Micaela Dominguez Dutra.[13]

---

9. ALVES DOS SANTOS, Ricardo Augusto. Tributação das aplicações *Over-the-Top* no Brasil: visão geral e análise das atividades de transmissão de conteúdo audiovisual, envio de mensagens e realização de chamadas de voz por meio da internet. *In:* FARIA, Renato Vilela; SILVEIRA, Ricardo Maitto da; MONTEIRO, Alexandre Luiz Moraes do Rêgo (coord.). *Tributação da economia digital*: desafios no Brasil, experiência internacional e novas perspectivas. São Paulo: Saraiva, 2018, p. 692.

10. Ibidem, p. 692.

11. PIVA, Sílvia Gomes. Um pouco de filosofia para entender a era digital cit.

12. MESENBOURG, Thomas L. Measuring the Digital Economy. Disponível em: https://bit.ly/2YP0b9T. Acesso em: 10 set. 2021.

13. DUTRA, Micaela Dominguez. Tributação e economia digital. In: LEITE, Luiza;

Kosha Gada[14-15] faz interessante metáfora para comentar a velocidade recorde em que a Economia Digital se expandiu. Segundo ela, o "*big bang*"[16] de tudo foi a invenção do microprocessador, no início dos anos 1970, sendo que a "*origem da vida*" ocorreu na internet, e talvez se esteja apenas no início de uma curva evolutiva cuja trajetória final permanece desconhecida.[17]

Acrescenta a autora norte-americana: hoje, metade da população mundial está *on-line*, um terço está em redes sociais e mais da metade tem acesso à internet móvel, não havendo barreira de idade, raça, geografia ou atitude em todo o planeta. E o ponto culminante dessa "explosão" na conectividade do consumidor (vendo o usuário da internet sob o ângulo econômico) é a Economia Digital, que interrompeu as indústrias antigas e deu origem a outras completamente novas. Inverteu a maneira como as marcas são construídas.[18]

A Economia Digital teria, ao menos, quatro características: (1) a acentuada dependência de intangíveis; (2) o uso maciço de dados, especialmente os de caráter pessoal dos usuários e consumidores; (3) a frequente adoção de modelos de negócios multilaterais; e (4) a dificuldade de determinar a jurisdição na qual a criação de valor ocorre, notadamente e razão da marcante mobilidade de ativos e "estabelecimentos".[19]

No campo da produção e comércio, o economista Fernando Rezende,[20] por sua vez, sintetizou, em seis itens "o que há de

SCHWARTZ, Rodrigo; FEIGELSON, Bruno. *Tax 4.0 – Tributação na realidade exponencial*. São Paulo: Thomson Reuters Brasil, 2021, p. 18.

14. Jovem executiva norte-americana do setor de mídia e tecnologia.

15. GADA, Kosha. The Digital Economy in 5 minutes. *Forbes.com*. 16 June 2016. Disponível em: https://bit.ly/3zHFI3k. Acesso em: 15 out. 2019.

16. Teoria que explica a origem e formação do Universo.

17. GADA, Kosha. The Digital Economy in 5 minutes cit.

18. Ibidem (em tradução livre).

19. CORREIA NETO, Celso de Barros; AFONSO, José Roberto R.; FUCK, Luciano Felício. Desafios tributários na era digital cit., p. 31.

20. Professor e pesquisador da Fundação Getulio Vargas/RJ.

novo nesse mundo novo": (i) a *desintermediação dos negócios*; (ii) a *virtualização das transações*; (iii) a *transmutação das espécies* (que, de nossa parte, renomearíamos para *mutação empresarial*); (iv) a *passagem de cadeias (de valor) a redes*; (v) a *irrelevância das distâncias*; e, finalmente, (vi) a *velocidade das mudanças.*[21]

Ele explica cada uma das seis características anteriores.

A *desintermediação dos negócios* tem como consequência o seguinte: na Economia Digital, os custos de transação caem vertiginosamente. Há uma *interação entre produtor e consumidor*, o que implica mudanças na demanda e estímulo à busca de soluções criativas para atender novos consumidores. Em consequência, o consumidor também passa a ser produtor. Como exemplo dessa interação, ele cita a estratégia adotada pela empresa Boeing para a construção do novo avião, o modelo 777. Do desenho do modelo ao desenvolvimento do produto, as principais linhas aéreas que são clientes da empresa, bem como os fornecedores dos componentes, participaram, via internet, dos testes realizados.[22]

Sobre a *virtualização das transações*, houve uma mudança de ativos de produção. No capitalismo industrial, a máquina era o principal meio de produção e o patrimônio era físico e financeiro. *No capitalismo da era digital, o principal ativo é o cérebro, a capacidade intelectual.* Na velha economia, o fluxo de informações era físico: moeda, cheque, faturas, cartas, relatórios. Além disso, o tamanho do empreendimento era importante para o sucesso. *Na nova economia, tudo é digital*; o valor adicionado é criado pelo cérebro e a inovação é a chave para o sucesso. O valor agregado na produção de bens passa a representar uma parcela pequena do total. *O que agrega valor é o conhecimento.*[23]

---

21. REZENDE, Fernando. O que muda na economia com o advento da revolução digital? *In:* Congresso Internacional de Direito Tributário da ABDF, 27-29 mar. 2019, Rio de Janeiro. *Apresentações* [...]. Rio de Janeiro: ABDF, 29 mar. 2019.

22. Ibidem.

23. Ibidem.

Em termos de conceito de *empresa* e de negócio, houve uma "transmutação das espécies". A firma que conhecemos "está se partindo". Na *internetworked enterprise*[24] (citando Tapscott[25]), a *organização é integrada a uma rede que estabelece laços com clientes, fornecedores, grupos com afinidade ao negócio e até mesmo competidores*. Todos eles interagem na internet para provocar mudanças no modo como produtos e serviços são criados, divulgados no mercado e distribuídos. O sucesso demanda inventar novos negócios, novos processos para os negócios, novas indústrias e novos consumidores, em vez de rearranjar os existentes. Agora, "*tamanho não é mais documento*". *O que conta é inovação, agilidade e capacidade da organização para aprender*. Na Economia Digital, novas tecnologias permitem que pequenas empresas superem a desvantagem que tinham em relação às grandes – a economia de escala e o acesso a recursos. O *Internetworked Business* é diferente da corporação do século XX e também não é sinônimo de uma empresa virtual.[26]

Em termos de geração de valor, de riqueza, estamos passando "de cadeias a redes". Isso significa que é necessário repensar as cadeias de valor, pois as transações passam a ser cada vez mais virtuais. Em vez de valor *adicionado* (*value-added*), temos agora a *criação mesma de valor*, o *valor gerado* (*value generative*). A cadeia de valor transforma-se numa rede de valor. Além disso, é uma rede aberta, pois está sempre sofrendo mudanças. Na rede de valor, as relações horizontais se entrecruzam, tornando difícil aferir o valor gerado em cada etapa do processo produtivo. A rigor, como produtores, consumidores e fornecedores interagem durante esse processo,

---

24. Como o autor canadense Tapscott denomina as empresas que estão conectadas à internet.

25. TAPSCOTT, Don. *The Digital Economy Anniversary Edition*: Rethinking Promise and Peril in the Age of Networked Intelligence. New York, NY: McGraw-Hill, 2014.

26. REZENDE, Fernando. O que muda na economia com o advento da revolução digital? cit.

é a própria divisão do processo produtivo em etapas que fica difícil de definir.[27]

A Era Digital tornou as distâncias irrelevantes. As novas tecnologias contribuem para a *de-comoditização* das linhas de produção com a *customização* de produtos (roupas e próteses, por exemplo). No novo modelo do negócio, estabelece-se uma *relação entre novas tecnologias, nova economia e novas organizações*. Tais relações levam em conta, entre outros aspectos: (i) outsourcing (*terceirização*) *de serviços técnicos*; (ii) a *expansão do comércio eletrônico*; (iii) a *desintermediação dos negócios*; (iv) a *fragmentação e internacionalização da cadeia de fornecedores*; (v) a *pulverização do valor agregado* (agregando valor ao conhecimento); e (vi) a *computação na nuvem.*[28-29]

Deve-se atentar a essa alteração significativa, na maneira como se dá o processo de geração de valor no mundo, alerta aquele economista. O conceito tradicional de cadeia produtiva na economia industrial, com predomínio da circulação de bens materiais, cede lugar para outros padrões. Rompe-se um processo cuja sequência era bem definida. Há um novo padrão e novo modelo de relações. Ele usa um exemplo dado pela OCDE: a internet fez surgir os aplicativos de redes sociais, que são financiados por receitas provenientes da venda de anúncios na internet.[30]

Em conclusão, a Economia Digital trouxe: (i) o surgimento de novos fenômenos de riqueza; (ii) novas formas de relacionamento entre os produtores de riqueza, com substituição de cadeias por redes; (iii) novas formas de relacionamento

---

27. REZENDE, Fernando. O que muda na economia com o advento da revolução digital? cit.

28. Ibidem.

29. REZENDE, Fernando. A revolução digital e a reforma tributária. In: AFONSO, José Roberto R.; SANTANA, Hadassah Laís. *Tributação 4.0*. São Paulo: Almedina, 2020. p. 128.

30. Ibidem, p. 134.

entre produtores de riqueza e consumidores, com a diluição de distância e a imprecisão na delimitação de jurisdições; (iv) a desmaterialização dos objetos de consumo; (v) a desnecessidade ou irrelevância da ação humana e da presença física no local onde a atividade é desenvolvida; (vi) a inadequação de conceitos tradicionais como "circulação", "mercadoria" e "serviço" aos novos fenômenos de riqueza, de produção e de consumo. Tudo isso requer, do estudioso do Direito e da tributação, um novo olhar.

Logo de início, são trazidas essas reflexões ao leitor para que se possa adentrar ao estudo de um dos fenômenos mais interessantes da Era Digital que são as Aplicações *Over-the-Top*, sob o ângulo de sua relação com os tributos indiretos hoje existentes no Brasil.[31]

1.2 Tecnologia analógica e tecnologia digital

Carlos Montez e Valdecir Becker nos ensinam que, na natureza, as variáveis físicas correspondentes a áudio e vídeo se propagam desde sua origem até os ouvidos e olhos humanos através de formas de onda.[32] O som de um alto-falante propaga-se no espaço através de ondas sonoras. Uma janela antirruído nada mais faz que barrar (ou reduzir muito) a penetração de ondas sonoras num determinado espaço interior.

O registro dessas ondas, a exemplo das sonoras, faz-se primeiramente por meio de dispositivos sensores, como microfones, que capturam as ondas sonoras e produzem sinais elétricos, que variam continuamente no tempo e que descrevem a forma de onda do áudio.[33] Denomina-se sinal *analógico*

---

31. Num corte metodológico, limitar-nos-emos a estudar o ICMS e o ISS, deixando de lado o IPI.

32. MONTEZ, Carlos; BECKER, Valdecir. TV digital interativa: conceitos e tecnologias. *In: WebMidia e LA-Web 2004* – Joint Conference. Ribeirão Preto, out. 2004. Disponível em: https://bit.ly/3AMPrqq Acesso em: 15 ago. 2019, p. 15.

33. Ibidem, p. 15.

o tipo de sinal em que a amplitude varia continuamente no tempo. Assim, as primeiras gravações sonoras, do final do século XIX, até cerca de quatro décadas atrás,[34] quando tivemos as primeiras gravações digitais, eram todas analógicas.

Para gravar os sons do mundo fenomenológico, necessitam-se de suportes contínuos, a fim de captar a variações das ondas sonoras (ou visuais) com o tempo.[35] Por isso, um filme fotográfico analógico é um rolo contínuo, a exemplo de uma película de filmagem, de uma fita cassete de reprodução musical ou de um disco de vinil.

Se o sinal analógico é de amplitude variável no tempo (formato de curva senoide), o sinal *digital*, ao contrário, é *estático e instantâneo*. Um sinal digital de dados é aquele que assume um valor exato, bem definido, limitado e instantâneo. Por isso, uma transmissão digital de dados representa um valor instantâneo de uma situação, diferentemente de um sinal analógico, que apresenta um *movimento contínuo*.[36] De saída, isso já significa uma maior quantidade de dados transmitidos, o que possibilita, também, a transmissão simultânea de dados aos aparelhos receptores da comunicação, em diversas plataformas de mídia e de distribuição de informação: organizadores pessoais, telefones móveis, leitores eletrônicos (como *tablets*) e a internet.[37]

Nas figuras seguintes, temos a representação de três sinais analógicos e de um sinal digital.

---

34. Os primeiros Compact Discs (CDs) surgiram comercialmente no início dos anos 1980.

35. CCM. *Analógico e digital*. São Paulo; Rio de Janeiro: Grupo Figaro, 2019. Disponível em: https://bit.ly/3CMZWdH Acesso em: 15 out. 2019.

36. BEZERRA, Romildo Martins da Silva. *Transmissão digital e analógica*. Salvador: UFBA; CEFET, 30 ago. 2008. Disponível em: http://www2.ufba.br/~romildo/downloads/ifba/transmissao-digital-analogica.pdf. Acesso em: 15 ago. 2019, p. 2.

37. DEL BIANCO, Nélia Rodrigues. *E tudo vai mudar quando o digital chegar*. Brasília: UnB, p. 1-10, 2003. Disponível em: https://bit.ly/3F3QgxF Acesso em: 15 ago. 2019, p. 2.

Figura 1: Sinais analógicos

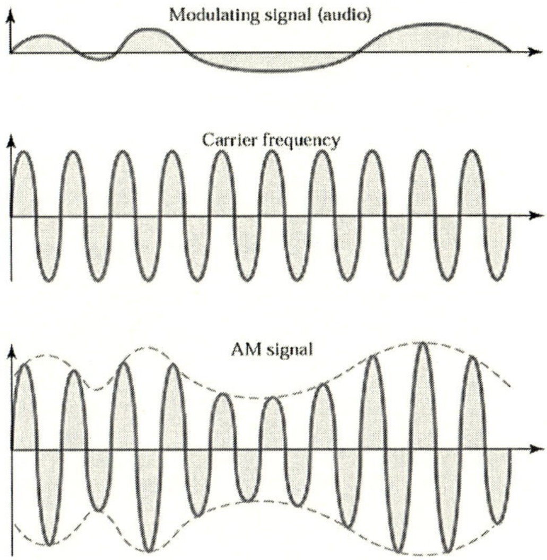

Fonte: Romildo Martins da Silva Bezerra.[38]

Figura 2: Sinal digital

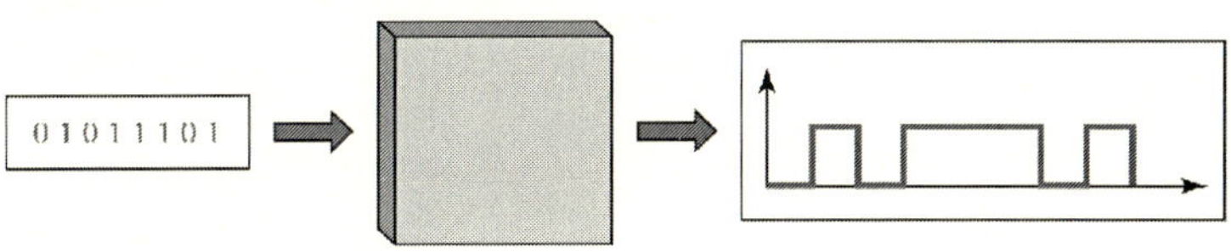

Fonte: Romildo Martins da Silva Bezerra.[39]

Essas duas figuras demonstram a diferença entre o sinal analógico e o digital. A representação de um sinal analógico é uma curva com a aparência de uma senoide,[40] enquanto um

38. BEZERRA, Romildo Martins da Silva. *Transmissão digital e analógica* cit.

39. Ibidem.

40. Curva matemática que descreve uma oscilação repetitiva suave, sendo esta uma onda contínua.

sinal digital pode ser visto como um histograma.[41] Por essa razão, um sinal digital é muito mais fácil de reproduzir do que um sinal analógico. Além disso, reprodução de mídias analógicas (um *long play* de vinil ou uma fita cassete de áudio) provoca perdas, desgastes ou danos nelas.[42]

Independentemente da natureza temporal ou origem, as mídias analógicas podem ser convertidas para o formato digital.[43]

Denomina-se *digitalização* o processo de transformar um sinal analógico em digital. Ele é composto por duas atividades paralelas: a *amostragem* e a *quantificação* ou *quantização*. A amostragem consiste em colher amostras, de forma periódica, de um sinal analógico. A quantização consiste em atribuir um valor numérico para cada amostra colhida, é a representação de cada um desses valores usando um número fixo de *bits*[44] para armazená-los. Quanto mais larga a frequência de amostragem (taxa de amostragem) e o número de *bits*[45] (número dos diversos valores que uma amostra pode comportar), maior a qualidade do sinal digital a ser gerado, ou seja, mais fiel será o sinal digital em relação ao fenômeno original.[46]

Existe, ainda, uma outra etapa, que é a *codificação*, ou seja, a escolha da forma de representação (código) dos *bits* a ser usada.

---

41. CCM. *Analógico e digital* cit.

42. Ibidem.

43. MONTEZ, Carlos; BECKER, Valdecir. TV digital interativa: conceitos e tecnologias cit., p. 15.

44. *Bit* é a abreviação de *Binary Digit*, ou *dígito binário*. É a menor quantidade de informação que pode ser armazenada num meio digital ou que pode ser transmitida. Num sistema binário, que é o utilizado por todo o parque computacional mundial, o *bit* pode assumir somente dois valores: 0 (zero) ou 1 (um).

45. Unidade de informação em arquivo computacional (digital), equivalente ao resultado de uma escolha entre duas alternativas (sim ou não, dentro ou fora etc.). O *bit* compõe informações dentro do sistema binário de numeração. Usualmente, o valor de um bit será 0 (zero) ou 1 (um) (7GRAUS. *Significados*. Significado de Bit e Byte. Motosinhos, Portugal: 7Graus, 2019. Disponível em: https://bit.ly/3lZdGeK Acesso em: 15 out. 2019).

46. CCM. *Analógico e digital* cit.

Portanto, *sinal analógico representa um valor físico* que varia continuamente com o tempo, ao passo em que *um sinal digital é uma sequência de valores*, com um número fixo de *bits*, dependentes do tempo, resultante da transformação de um sinal analógico.

As características do processo de digitalização permitem aumentar ou diminuir a qualidade de um sinal. Quanto maior a qualidade da gravação digital, maior a quantidade de *bits* empregados, e vice-versa. Dizendo de outra forma, arquivos digitais de mais alta qualidade de reprodução de conteúdos sonoros ou visuais serão necessariamente maiores que os arquivos de menor qualidade. Isso também terá reflexos no custo da digitalização, no tempo de processamento e nas características do *hardware*[47] a ser utilizado.

As mídias representadas na forma digital apresentam características próprias, com uma série de vantagens e desvantagens.

Deve-se notar que os processos de amostragem e quantização introduzem distorções no sinal original. Essa é, provavelmente, a principal desvantagem de um processo de digitalização, pois, se esse sinal for reconstruído usando o processo inverso (denominado conversão digital-analógica), o resultado final apresenta pequenas distorções com relação ao sinal original.

Carlos Montez e Valdecir Becker nos explicam que, quanto menor o período de amostragem, mais o sinal amostrado se aproxima do sinal analógico original. Ou seja, maior quantidade de períodos de amostras significa um sinal digital mais fiel ao analógico. Inversamente, se aumentarmos o número de *bits* usados na quantização, normalmente melhora o resultado final do sinal digital. A maneira de reduzir as distorções no sinal, no processo de digitalização, é utilizar uma alta taxa de amostragem e um grande número de *bits* para a quantização. A contrapartida de se utilizar mais quantidade de *bits*,

---

47. O equipamento físico.

por óbvio é aumentar o "tamanho" do sinal digital, precisando de muito espaço em disco para armazená-lo, e de uma rede com grande largura de banda para transmiti-lo. Dessarte, é natural buscar-se um equilíbrio entre a qualidade desejada e o tamanho final do sinal digitalizado.[48]

Os mesmos autores esclarecem que um sistema digital que reúne fluxos tanto de áudio como de vídeo costuma ser denominado de *sistema multimídia*. Linguisticamente falando, sistema multimídia é aquele capaz de lidar com mais de um tipo de mídia. Os autores ressalvam, porém, que multimídia é "todo sistema capaz de lidar com pelo menos um tipo de mídia contínua na forma digital, além de outras mídias estáticas".[49]

Carlos Montez e Valdecir Becker explicam que as mídias que não mudam com o tempo são denominadas *estáticas ou discretas* (ex.: imagens e gráficos); por outro lado, as mídias *contínuas* ou *dinâmicas* são aquelas que possuem dimensão temporal (ex.: animação, áudio e vídeo).[50]

Esses autores consideram que a tendência da "digitalização" parece ser a dominante hoje e exemplificam: do ponto de vista dos usuários (o que é visível), tecnologias analógicas como telefones celulares e televisão vêm migrando para tecnologias digitais; e, do ponto de vista das infraestruturas, centrais telefônicas e estações transmissoras de TV igualmente vêm tendo seus equipamentos trocados para tecnologia digital, proporcionando melhor desempenho, flexibilidade, imunidade a erros, e oferecimento de novos serviços.[51]

A Tecnologia da Informação, antigo Processamento de Dados, já lida com a linguagem digital desde os anos 1940, quando surgiram os primeiros computadores. O ENIAC

48. MONTEZ, Carlos; BECKER, Valdecir. TV digital interativa: conceitos e tecnologias cit., p. 16.

49. Ibidem, p. 14.

50. Ibidem, p. 14-15.

51. Ibidem, p. 17.

(*Electronic Numerical Integrator and Computer*) foi o primeiro computador digital eletrônico de grande escala[52] e entrou em funcionamento em 1946, nos EUA. Os cientistas, à época, criaram um sistema de codificação binária, de zeros e uns (0 e 1), que é utilizado até hoje e tem origem na lógica booleana.[53]

Assim, os sinais digitais podem ser processados em computadores. Além disso, técnicas de processamento de sinais podem ser empregadas para uma série de funcionalidades úteis, como filtrar sinais digitais, inserir e retirar marcas d'águas (para garantir direitos autorais), comprimir dados, detectar e reduzir erros etc. Um exemplo dessas funcionalidades de edição, bem conhecida do público, é o emprego de técnicas de processamento digital em filmes para cinema, em que objetos inteiros ou imagens de pessoas e animais são inseridos (ou apagados) em determinadas cenas.[54]

Pode-se deduzir que a grande vantagem da representação digital dos dados multimídia é poderem ser processados em computadores. Os dados de áudio e vídeo, ao se transformarem em sinal digital, assumem uma codificação que é representada por uma sequência de *bits*. Logo, qualquer mídia digital nada mais é que uma sequência de *bits*. Isso traz uma enorme facilidade, que é a universalização da geração, transmissão e reprodução de conteúdos digitais (entre os quais, os conteúdos multimídia).

Conforme explicam Carlos Montez e Valdecir Becker, "Todos os tipos de informações digitais (inclusive as que não são multimídia) podem ser manipulados, armazenados

---

52. Diferentemente do Mark I, que era eletromecânico.

53. Toda eletrônica digital, computação e programação está baseada nesse sistema binário e na lógica de Boole, que permite representar por circuitos eletrônicos digitais (portas lógicas) os números, caracteres, realizar operações lógicas e aritméticas. Os programas de computadores são codificados sob forma binária e armazenados nas mídias (memórias, discos etc.) (LOPES, S. O que é o sistema binário. *Oficina da Net*, Santa Cruz do Sul, RS, 13 dez. 2008, atualizado em: 25 mar. 2013. Disponível em: https://bit.ly/3i4Yag8 Acesso em: 15 out. 2019).

54. MONTEZ, Carlos; BECKER, Valdecir. TV digital interativa: conceitos e tecnologias cit., p. 17.

e transmitidos da mesma forma, usando o mesmo tipo de equipamento".[55]

Mais ainda, essas mídias, em formato digital, podem ser integradas com outros dados digitais e compartilhar os mesmos recursos (discos, redes etc.),[56] o que não é possível fazer com mídias analógicas. No caso do rádio, por exemplo, uma transmissão digital permite que várias informações sejam disponibilizadas ao destinatário além do conteúdo principal: enquanto ele ouve a música, o visor do aparelho receptor pode exibir o nome dessa música, seu intérprete, a capa do disco de vinil ou do CD correspondente, informações sobre o trajeto do carro, entre outras.

A representação digital apresenta outra grande vantagem: as mídias de áudio ou vídeo podem ser armazenadas e acessadas remota e simultaneamente por um número teoricamente ilimitado de pessoas, o que representa um enorme diferencial em termos econômicos, culturais, sociais e políticos, a saber, a democratização da informação e a inclusão digital, com a criação de bibliotecas digitais multimídia.

Por fim, as mídias digitais são mais imunes a ruídos durante a sua manipulação, além de permitirem a sua detecção e eliminação do sinal, quando desejado.[57]

Em suma, o fenômeno da digitalização oferece possibilidades quase infinitas, se compararmos as mídias digitais com as analógicas e meios físicos tradicionais de registro, de armazenamento e divulgação de conteúdos os mais diversos,[58] que vão dos sinais e imagens pictóricas até os conteúdos audiovisuais, como mensagens de voz, músicas e filmes. Além disso,

55. MONTEZ, Carlos; BECKER, Valdecir. *TV digital interativa*: conceitos e tecnologias cit., p. 17.

56. Ibidem.

57. Ibidem.

58. Como o livro, as apostilas, os fascículos e as revistas físicas, as fitas cassete, os discos de goma-laca, primeiramente, e depois de vinil, as películas de filmes de cinema, os filmes fotográficos etc.

os equipamentos móveis digitais,[59] nos últimos quinze anos, tornaram relativamente barata e acessível a produção doméstica, permitindo que qualquer indivíduo produza e divulgue seus próprios conteúdos, democratizando a produção social de opinião, arte e cultura.

Passemos ao estudo da internet: o que vem a ser histórico, características e importância.

1.3 Internet

A internet, como conceito tecnológico e como utilização prática, existe há várias décadas, porém com utilização limitada à comunidade científica.[60] Veja-se, mais em detalhe, seu surgimento e massificação.

Nélia Rodrigues Del Bianco informa que a revolução tecnológica possibilitou o surgimento de um ambiente cultural singular e universal, como o surgimento de comunidades virtuais e a construção de uma inteligência coletiva.[61]

A mesma autora traz-nos a visão de que a internet adquiriu "importância estratégica no modelo forjado pela revolução tecnológica". A internet, mais que um protocolo informativo, teria se tornado um "espaço social e cultural".[62] Hoje, a internet converteu-se na "base material da vida e das formas de relação com a produção, o trabalho, a educação, a política, a ciência, a informação e a comunicação".[63]

E para falar de internet, não se pode deixar de mencionar Manuel Castells, o grande pensador espanhol. Ele tem uma obra fundamental de análise da internet sob vários pontos de

---

59. *Notebooks*, câmeras fotográficas, leitores digitais (*tablets*) e *smartphones*.

60. WARD, Mark. Celebrating 40 years of the net. *BBC News*, London, 29 Oct. 2009. Disponível em: https://bbc.in/3mhuFJx Acesso em: 15 ago. 2019.

61. DEL BIANCO, Nélia Rodrigues. *E tudo vai mudar quando o digital chegar* cit.

62. Ibidem.

63. Ibidem.

vista, mas especialmente o cultural e o sociológico. Seus estudos sobre as Tecnologias de Informação e Comunicação (TIC) começaram há muito tempo, tendo ficado muito conhecida sua trilogia "*A era da informação: economia, sociedade e cultura*".

Nélia Rodrigues Del Bianco, baseada em Manuel Castells, define a internet como o "cerne do novo padrão sociotécnico", tendo a mesma importância hoje que teve a eletricidade na era industrial.[64]

A autora acredita que vivemos num novo sistema sociotécnico, cujo epicentro é a internet. A rede mundial seria não somente um *ambiente*, mas também um *sistema de informação e comunicação*.

Sua natureza, prossegue a autora, é multifacetada, pois pode ser tanto um sistema tecnológico como um *ambiente de informação e de comunicação*. Sua função será definida do uso que dela se faz, conforme o contexto, os objetivos, a finalidade e a aplicação social.

Aquela autora, baseada em Manuel Castells, destaca que a internet é uma criação do homem e, por isso, se integra a conjuntos culturais existentes. Absorveu os valores e práticas culturais de seus criadores, que posteriormente foram socializados e vivenciados por todos os usuários da rede.

Já para o autor espanhol, a cultura da internet possui quatro estratos superpostos: (i) a *cultura tecnomeritocrática*; (ii) a *cultura hacker*; (iii) a *cultura comunitária virtual*; e (iv) a *cultura empreendedora*. Juntos, esses quatro estratos consolidaram, na internet, *valores* como a liberdade individual, o pensamento independente, a ideia de cooperação entre usuários, de comunicação horizontal, e a conexão interativa, informal e aberta entre os usuários.[65]

---

64. DEL BIANCO, Nélia Rodrigues. *E tudo vai mudar quando o digital chegar* cit.

65. Ibidem.

O uso livre e comum da internet, como hoje o conhecemos, é um ambiente de relacionamento virtual que começou em 1994, embora ela já existisse há muito tempo. Foi a partir dessa data,[66] especialmente, que a internet se tornou o ambiente de relacionamento virtual hoje usado continuamente. Até aquele ano, os recursos da rede mundial eram de uso exclusivo do meio acadêmico (universidades) e de algumas poucas comunidades, quando então foram colocados à disposição do público brasileiro em geral.[67]

O início da rede mundial, hoje conhecida como internet, deu-se nos anos 1960 do século XX, como uma iniciativa do sistema de defesa dos EUA, visando a dotar a comunidade acadêmica e militar de uma rede de comunicações que pudesse sobreviver a um ataque nuclear. Em vez de se ter uma rede com controle centralizado (portanto, vulnerável a um ataque militar), seria criada uma rede em que cada equipamento seria relativamente autônomo e a comunicação se daria de modo distribuído. Desse modo, trechos da rede que não fossem afetados por uma agressão poderiam manter-se em operação. O projeto recebeu o nome de ARPANET[68] e foi o embrião de uma "rede de redes" ou rede mundial, que é a internet que hoje conhecemos.[69]

Descreve-nos Bernardo Felipe Estellita Lins que um *primeiro período da internet* foi o do uso privado de redes que interligavam computadores de maior porte, seja por meio de conexões físicas diretas, por cabeamento, ou através de linhas

---

66. Embora mais fortemente entre 1996 e 1997, no Brasil, quando surgiram os primeiros provedores de acesso mais populares. Somente em 1996, a internet brasileira passou a ter seus *backbones* próprios.

67. DEL BIANCO, Nélia Rodrigues. *E tudo vai mudar quando o digital chegar* cit.

68. *Advanced Research Projects Agency Network*. Rede de comutação de pacotes e a primeira rede a implementar o conjunto de protocolos TCP/IP, tecnologias que formam a base técnica da Internet.

69. ESTELLITA LINS, Bernardo Felipe. A evolução da Internet: uma perspectiva histórica. *Cadernos ASLEGIS*, n. 48, jan./abr. 2013, p. 12. Disponível em: https://bit.ly/3FHyKzs Acesso em: 15 out. 2019.

telefônicas privadas, disponíveis 24 horas por dia. Nesse período da ARPANET, as aplicações típicas eram a troca de mensagens, o acesso às BBS, espécie de murais eletrônicos, e a transferência de arquivos.

Historicamente, a primeira ligação dessa rede foi efetuada em 1969 entre a Universidade de Stanford e a Universidade da Califórnia em Los Angeles (UCLA). Em 1973, possuía cerca de quarenta nodos e incorporava computadores de outros países, como Reino Unido e Noruega. Para a ARPANET, foi desenvolvido o protocolo TCP/IP, permitindo que se consolidasse a "rede das redes", base da internet.

No Brasil, a implantação da internet, para fins acadêmicos, ocorreu em 1989. Sua estrutura física de redes e terminais (*backbone*) recebeu o nome de Rede Nacional de Pesquisas (RNP) e foi complementada com redes estaduais, custeadas com recursos das fundações estaduais de amparo à pesquisa.[70]

Existiu um *segundo período* nessa cronologia, que foi a abertura da rede ao público; foi caracterizado pelo uso da rede via linha discada e mediante um provedor de acesso. Inaugurou-se a chamada *internet comercial*. Foi o período do hipertexto, interligando páginas, e dos sítios,[71] surgindo, aí, o conceito de *navegação*.[72] No Brasil, isso ocorreu a partir de 1994,[73] sendo que o volume de tráfego rapidamente sobrepujou o oriundo das pesquisas acadêmicas. A própria estrutura da RNP deixou de ser o único sustentáculo da rede, surgindo gradualmente, em paralelo, outros *backbones* privados que passaram a receber tráfego da rede nacional.

---

70. ESTELLITA LINS, Bernardo Felipe. A evolução da Internet: uma perspectiva histórica cit., p. 21.

71. Ou *sites*, termo como são conhecidos em Inglês e que se popularizou no mundo.

72. Ibidem, p. 13-14.

73. Embora haja fontes que prefiram mencionar 1996, ano das primeiras redes físicas e de conexão (*backbones*) acessíveis ao público em geral.

No início dos anos 2000, tem-se o chamado o *terceiro período* da internet. Segundo Bernardo Felipe Estellita Lins, ele foi caracterizado pela ocorrência simultânea de três verdadeiras revoluções: (i) o acesso em banda larga, oferecendo velocidades a cada dia mais elevadas; (ii) a diversificação de conteúdos, com imagens e áudio digital; e (iii) a explosão de aplicações voltadas ao relacionamento interpessoal, tais como ambientes de encontro e os jogos em rede com *avatares*. Desaparece a internet discada. O acesso passa a ser contínuo.

O *quarto grande período*, conforme aquele autor, é o da chamada *diversificação de telas*, sobretudo graças ao *smartphone*.[74] Foi o período em que a internet deixou de ter, como porta de entrada, apenas os computadores pessoais, para ter múltiplas formas de acesso: *smartphones*, leitores digitais (*tablets*), televisores "inteligentes" (*smartTV*) etc. Cronologicamente, pode-se associá-lo ao surgimento do primeiro *smartphone*, o aparelho de telefonia móvel digital da *Apple*, o *iPhone*, em 29 de junho de 2007, que se popularizou rapidamente, impulsionando o surgimento de modelos equivalentes lançados por concorrentes.

Bernardo Felipe Estellita Lins tem uma frase muito feliz e precisa para definir este quarto período, que é o que vivemos hoje: "a Internet deixou de ser uma rede que acessamos para tornar-se uma rede que nos envolve". Trata-se da fase em que as aplicações de relacionamento se consolidam, caracterizando as abrangentes redes sociais.

Surge o conceito de *computação em nuvem*, que são repositórios públicos de informações que independem de um equipamento em particular. Ficou, assim, garantido o acesso permanente a dados, em qualquer ponto do mundo e por qualquer mídia. Conforme dito anteriormente, todo usuário tem a seu dispor formas distintas de buscar seus dados e de se

---

74. ESTELLITA LINS, Bernardo Felipe. A evolução da Internet: uma perspectiva histórica cit.. p. 14.

relacionar, usando-os continuamente ou em paralelo: o computador, o *tablet*, o telefone pessoal e a televisão digital.[75]

A próxima fase, que já teve seu início, é o *quinto período* da internet: a comunicação direta e automática entre equipamentos os mais diversos,[76] sem a intervenção humana, conhecida como *Internet das coisas*.[77] O advento da tecnologia de comunicação móvel digital denominada 5G potencializará essa revolução.

Dadas as limitações desta obra, não serão descritos os aspectos técnicos de conexão e tráfego de dados na internet. Ao leitor, importa saber que, até meados da década de 1990, a internet era uma rede restrita à comunidade acadêmica e às agências governamentais. Naquele período, com a abertura da rede mundial ao público, dois desenvolvimentos vieram modificar essa concepção. O primeiro foi o conceito de *World Wide Web*, que é um sistema de documentos em hipermídia (ou hipermédia), os quais são interligados e executados na internet. O segundo foi a criação do *browser*, o navegador da internet, ferramenta que habilita seus usuários a interagirem com documentos HTML[78] hospedados na rede e acessar endereços de sítios na internet.[79]

Bernardo Felipe Estellita Lins observa muito bem que a contínua interação por meio da rede *criou novos hábitos e novos modos de viver*. As pessoas permanecem conectadas, a todo momento, pelas redes sociais. Deixamos de acessar a

---

75. ESTELLITA LINS, Bernardo Felipe. *A evolução da Internet*: uma perspectiva histórica cit.. p. 14.

76. Ibidem.

77. Também conhecida pela sigla *IoT* (*Internet of Things*).

78. HTML (abreviação para a expressão inglesa *HyperText Markup Language*, que significa *Linguagem de Marcação de Hipertexto*) é uma linguagem de marcação utilizada na construção de páginas na Web. Documentos HTML podem ser interpretados por navegadores. A tecnologia é fruto da junção entre os padrões HyTime e SGML (WIKIPÉDIA. A enciclopédia livre. San Francisco, CA, USA: Wikipédia, 2017, s.v. *html*. Disponível em: https://pt.wikipedia.org/wiki/HTML. Acesso em: 15 maio 2019).

79. ESTELLITA LINS, Bernardo Felipe. A evolução da Internet: uma perspectiva histórica cit.. p. 23.

internet, para estarmos cercados por ela. Hoje, em grande parte, a informação, a troca de ideias, o agendamento de compromissos, a realização de negócios, o recrutamento de empregos, a adesão a movimentos políticos, tudo isso passou a ser feito pelas redes sociais, conforme observa aquele autor.[80]

Pode-se acrescentar que as Aplicações *Over-the-Top*, em grande medida, contribuíram para essa nova forma de viver.

As transformações sociais trazidas pela internet se estendem às formas de consumo. Houve o surgimento e o crescimento de um mercado distribuído e virtual, que, para um número crescente de consumidores, é agora o principal ponto de venda. Estima-se que, em muitos países e em diversas áreas de negócio, as transações pela internet venham a suplantar as operações comerciais de lojas físicas e *shopping centers*, a exemplo do que já ocorre no comércio de livros e de música.[81]

Repise-se que as ferramentas que estão sendo usadas para os eventos supramencionados são justamente as Aplicações *Over-the-Top*. Em capítulo próprio, esse assunto será novamente tratado.

Com a valorização do uso econômico e político da internet, já de há algum tempo tem havido um questionamento dos valores tradicionais da internet acadêmica, que era o livre intercâmbio de ideias e o esforço colaborativo. Há uma crescente demanda regulatória, para assegurar os direitos individuais, a preservação da propriedade intelectual e a segurança das transações comerciais realizadas na rede.[82] De anos a esta parte, a polêmica sobre as *fake news* acendeu um acalorado debate sobre a necessidade ou não de haver uma "censura" e um controle na internet. Há países, como a China e a Coreia do Norte, que controlam o tráfego de informações e de acessos na rede mundial.

---

80. ESTELLITA LINS, Bernardo Felipe. A evolução da Internet: uma perspectiva histórica cit.. p. 41.

81. Ibidem, p. 42.

82. Ibidem.

O advento da *internet das coisas* (*IoT*) produzirá curioso fenômeno, segundo Bernardo Felipe Estellita Lins: navegaremos na internet sem nos darmos conta disso. Conforme suas palavras, *in verbis*,

> [...] a Internet poderá vir a ser uma infraestrutura, um éter, que usaremos sem que devamos sequer saber que existe, assim como a rede de água ou de eletricidade das grandes cidades. Tudo o que fazemos é ligar uma torneira ou um interruptor, e pagar a conta no fim do mês.[83]

Em conclusão, a internet constituiu-se num fenômeno verdadeiramente revolucionário, algo inimaginável há poucos anos. Além de uma grande inovação tecnológica, que permitiu a comunicação interpessoal imediata, fácil, rápida e praticamente sem custos, acabou por possibilitar a democratização do acesso à informação, à ciência e à cultura. Por fim, modificou de modo marcante muitos hábitos sociais. Juntamente com a tecnologia digital e o *streaming* (que ainda será estudado), forma o trio tecnológico que possibilitou o aparecimento das Aplicações *Over-the-Top*.

No próximo tópico, passemos ao estudo do *streaming*.

1.4 *Streaming*

O terceiro fenômeno tecnológico fundamental para o advento das Aplicações *Over-the-Top* é o *streaming*.

O termo é um anglicismo que advém de *stream*, que significa "corrente do rio", um "fluxo de água constante".[84] Como tecnologia, consiste numa *transmissão contínua*, também conhecida por fluxo de média ou fluxo de mídia, daí seu nome.

---

83. ESTELLITA LINS, Bernardo Felipe. A evolução da Internet: uma perspectiva histórica cit.. p. 42.

84. MULATI, Victor Pavin. *Tributação dos serviços over-the-top transmitidos por streaming no ordenamento jurídico brasileiro*. 2018. Artigo (Bacharelado em Direito) – Universidade Federal do Paraná, Curitiba, 2018 (Coleção Ciências Jurídicas), p. 11.

Esse *fluxo contínuo* a diferencia da mera *descarga de dados*, conhecida como *download*, em que o destinatário passa a deter, eletronicamente, o arquivo de imagens e/ou sons, podendo acessá-lo livremente.

No *streaming*, o detentor do arquivo permite o fluxo de dados, de forma livre ou onerosa, mas tem a possibilidade de fazê-lo cessar, independentemente da vontade do destinatário.[85] Os conteúdos são transmitidos pela internet na forma de "pacotes". Os equipamentos receptores devem ser capazes de receber tais "pacotes" de dados de armazená-los (em *buffers*, dispositivos de memória), de tal sorte que o usuário deve poder acessar os conteúdos sonoro, visual ou audiovisual sem interrupções.

A chamada "banda larga" de internet, que permitiu a transmissão de grandes quantidades de dados em menor tempo, viabilizou o uso dessa tecnologia para aplicativos de música e vídeo, por exemplo. A fibra ótica, a seguir, veio potencializar a velocidade e a qualidade da transmissão de dados por *streaming*.

Há duas formas de *streaming*: (i) o *streaming on demand*, em que o conteúdo audiovisual de um *podcast* (espécie de programa de rádio pré-gravado), uma música ou um filme, por exemplo, fica armazenado num servidor, e o usuário pode acessá-lo por meio de um *website* ou de um aplicativo específico, a qualquer momento e segundo sua conveniência; e (ii) o *live streaming*, que é a transmissão em tempo real, seja da execução de uma música, de um evento esportivo, de um acontecimento qualquer, de um programa de televisão ou de uma conversa entre dois ou mais usuários entre si (muito usado em redes sociais).[86]

---

85. MULATI, Victor Pavin. *Tributação dos serviços over-the-top transmitidos por streaming no ordenamento jurídico brasileiro* cit., p. 11.

86. TCA. *A incrível história do streaming*. *TCA*, 28 set. 2017. Disponível em: https://bit.ly/3AIEQwF. Acesso em: 15 ago. 2019.

Dayane Fanti Tangerino explica uma grande vantagem do *streaming* em termos de direitos autorais, *in verbis*:

> O *streaming* – do inglês *stream*, que, na tradução literal quer dizer "*corrente, fluxo*" – tem em sua gênese, exatamente o objetivo de permitir que um usuário reproduza conteúdos protegidos por direitos de autor, na Internet, sem a violação desses direitos, similar ao que ocorre com o rádio ou a televisão aberta, já que configura-se como uma forma de distribuição de dados, geralmente de multimídia, em uma rede, através de pacotes. É frequentemente utilizada para distribuir conteúdo multimídia através da Internet, sendo que, no *streaming*, as informações não são armazenadas pelo usuário em seu próprio computador não ocupando espaço no Disco Rígido (HD), já que ele apenas recebe o "*stream*", a transmissão dos dados e a mídia é reproduzida à medida que chega ao usuário, dependendo da largura (velocidade) da banda de Internet que ele possua. Com isso, o usuário não faz o *download* do conteúdo, onde há o armazenamento da mídia no seu HD, fato esse que configuraria a conduta de cópia ilegal. São exemplos de produtos que fazem uso da tecnologia *streaming* o Netflix e o Spotify.[87]

Em termos de tecnologia de comunicação e transmissão de dados, *streaming* é um acesso a um servidor para uma transmissão contínua de som e imagem, ou apenas de som.[88]

Sandra Maria Poiatti explica que essa tecnologia permite a transmissão de conteúdo de áudio e audiovisual por uma plataforma distribuidora, via internet, através de conexões de alta velocidade ou banda-larga, com transmissão automática da mídia sem que haja seu arquivamento no dispositivo do usuário, o que seria feito por meio de *downloads* instantâneos e contínuos de pacotes de dados.[89]

---

87. TANGERINO, Dayane Fanti. A tecnologia *streaming* e a violação de direitos autorais. *Canal Ciências Criminais*, Porto Alegre, 31 ago. 2016. Disponível em: https://bit.ly/3o9obif. Acesso em: 15 out. 2019, p. 1.

88. POIATTI, Sandra Maria. *A tributação do ICMS sobre os serviços de comunicação*. 2016. Monografia (Especialização em Direito Tributário) – Instituto Brasileiro de Estudos Tributários – IBET, Campinas, 2016. p. 36.

89. Ibidem.

Na jurisprudência, encontra-se a seguinte definição para *streaming*:

> *Streaming* é a tecnologia que permite a transmissão de dados e informações, utilizando a rede de computadores, de modo contínuo. Esse mecanismo é caracterizado pelo envio de dados por meio de pacotes, sem a necessidade de que o usuário realize *download* dos arquivos a serem executados.[90]

Outra característica do *streaming* é que se trata de uma transmissão instantânea e que requer uma interação com o usuário. Normalmente, os dados transmitidos são multimídia, ou seja, de áudio e vídeo (a exemplo das Aplicações *OTT YouTube* e *Netflix*) ou somente de áudio (*Spotify* e *Deezer*), mas podem ser também somente de texto, como no caso do aplicativo *Kindle*.[91]

Os dados e conteúdos transmitidos ao usuário destinam-se exclusivamente a seu uso. O usuário não possui quaisquer direitos sobre eles, como venda ou locação.[92]

Será visto, em capítulo próprio, que há Aplicações *OTT* que permitem o *download* de conteúdos para que o usuário possa acessá-los quando estiver sem conexão com a internet. Note-se, porém, que, pelo contrato estabelecido entre o usuário e a plataforma, tais conteúdos jamais serão da propriedade daquele. Se houver cessação do termo de adesão, o conteúdo imediatamente fica indisponível.

Daniel Yutaka Yamamoto comprova a clareza dessa condição ao examinar um pequeno trecho dos termos e condições da *Deezer*, empresa francesa que provê serviços de *streaming* de áudio, no tocante à oferta do seu produto *Deezer Premium*. No mencionado contrato, consta a impossibilidade de adquirir a propriedade das faixas musicais, e a imediata revogação

---

90. REsp 1.559.264/ RJ. Ministro Ricardo Villas Boas Cueva.

91. MULATI, Victor Pavin. *Tributação dos serviços over-the-top transmitidos por streaming no ordenamento jurídico brasileiro* cit., p. 12.

92. Ibidem, p. 13.

de acesso à base de dados musical após o cancelamento ou decurso de prazo da assinatura contratada:

> Depois que a licença da assinatura tenha expirado ou tenha sido cancelada, o acesso ilimitado e a função de escuta não serão mais autorizados.
>
> As faixas podem ser escutadas durante todo o período da assinatura, mas não podem ser baixadas, transferidas ou gravadas em qualquer suporte que seja.[93]

Feito o histórico e a definição da tecnologia digital, da internet e do *streaming*, pode-se, finalmente, traçar o histórico do surgimento e a definição do que é o *Over-the-Top*.

1.5 Histórico do surgimento e primeiras considerações sobre as Aplicações *Over-the-Top*

O advento da tecnologia digital, da internet, especialmente, e do *streaming*, tornou possível o surgimento e a popularização das chamadas Aplicações *Over-the-Top* (ou *OTT*), cuja possível tributação por dois impostos indiretos brasileiros, o ICMS e o ISS, constitui-se nosso principal tema de estudo.

Veja-se, primeiramente, como surgiram e o que são as *OTT*, como comumente a literatura a elas se refere. Depois, em capítulo próprio, seu conceito, definição e classificação serão melhor tratados.

Na expressão de Ricardo Augusto Alves dos Santos, as Aplicações *OTT* são uma "ampla gama de bens, serviços e conteúdo ofertada exclusivamente em ambiente digital".[94]

O nome está ligado à estratificação das infraestruturas física e lógica, do provimento de aplicações e da veiculação de

93. YAMAMOTO, Daniel Yutaka. *A tributação dos serviços Over-the-Top*. 2018. Monografia (Bacharelado em Direito) – Faculdade de Direito, Universidade Federal do Paraná, Curitiba, 2018. p. 42-43.

94. ALVES DOS SANTOS, Ricardo Augusto. Tributação das Aplicações *Over-the-Top* no Brasil cit., p. 693, nota de rodapé n. 3.

conteúdos das comunicações pela internet num denominado "modelo de camadas", sendo que a camada onde as *OTT* se situam está *acima* (*over*) das camadas física e lógica, porém abaixo da camada de conteúdos. Alguns autores, como Luiz Roberto Peroba, classificam o *Over-the-Top* como um Serviço de Valor Adicionado. Assim, as *OTT* não compõem a infraestrutura de comunicação, estão "acima" dela, ou "sobre" ela, utilizando-a.

Para melhor entendimento, explica-se, a seguir, a "estrutura de camadas" ou "modelo de camadas", muito citada nos textos que envolvem internet e telecomunicações.

Na figura seguinte, tem-se a configuração das quatro *camadas* nas quais se dividem as funcionalidades que possibilitam a prestação de serviços de comunicação sobre IP[95] (vale dizer, pela internet).

Figura 3: Diagrama das camadas de rede

Camada de conteúdo (voz, dados, textos, imagens, vídeos e músicas acessadas pelos usuários com o uso dos aplicativos)
Camada de Aplicativos (programas disponíveis nos terminais e servidores, como Internet Explorer, Microsoft Outlook, Skype, Media Player)
Camada Lógica (sistema de protocolos e endereçamento, TCP/IP)
Camada Física (terminais, servidores, roteadores, fibras óticas e cabos)

Fonte: Kainan Iwassaki.[96]

---

95. *Internet Protocol*, ou endereço de protocolo, empregado para estabelecer conexões na internet. Conforme Pedro Pisa, o IP é "o principal protocolo de comunicação da Internet. Ele é o responsável por endereçar e encaminhar os pacotes que trafegam pela rede mundial de computadores" (PISA, Pedro. O que é IP? Disponível em: https://glo.bo/3lZZJNH. Acesso em: 10 set. 2021).

96. IWASSAKI, Kainan. *Regulação dos aplicativos de comunicação sobre IP no Brasil*. 2017. Monografia (Bacharelado em Ciências Jurídicas) – Universidade Federal do Paraná, Curitiba, 2017. p. 14-15.

A primeira camada, ou *camada física*, é aquela onde se encontra a infraestrutura física de comunicação: cabos, terminais, roteadores etc.

Na segunda camada, ou *camada lógica*, se processam os protocolos de comunicação pela internet: o próprio sistema de protocolos e seus endereços. A função dessa camada lógica é atribuir o protocolo IP (endereço do equipamento para a rede mundial, a internet) aos dados que serão transmitidos pela rede física, por meio dos provedores de conexão de internet. Portanto, camada lógica está ali para viabilizar o tráfego de dados sobre a rede digitalizada.[97] Aqui se encontra o *software* de comunicação, e não a infraestrutura dela, que está na primeira camada.

A terceira camada, ou *camada de aplicativos*, refere-se aos programas e aplicações que possibilitam a interface com o usuário e que se encontram instalados nos terminais de acesso, que podem ser computadores de mesa ou terminais móveis, como *smartphones*: *Internet Explorer, Microsoft Outlook, Skype, Media Player* etc. Esta é a camada em que se encontram as Aplicações *Over-the-Top*.

A quarta e última camada, ou *camada de conteúdos*, refere-se ao objeto em si da comunicação, o seu *conteúdo*, que são as mensagens (textuais, ícones, de voz ou de voz e imagem) e os conteúdos audiovisuais (sons, músicas, vídeos etc.).

Conforme Kainan Iwassaki, *é necessário diferenciar a camada lógica da camada de aplicações*. Renata Tonicelli de M. Quelho,[98] por sua vez, afirma que a distinção pode ser observada "por meio da função que cada uma desempenha". O primeiro autor esclarece que, na *camada lógica* reside o programa que direciona o tráfego de rede. Na *camada de aplicações*, localizada imediatamente acima da *camada lógica*, estão os

---

97. Ibidem, p. 31-32.

98. QUELHO, Renata Tonicelli de M. A Lei Geral de Telecomunicações sob uma perspectiva convergente. *Revista de Direito, Estado e Telecomunicações*, Brasília, v. 3, n. 1, p. 167-204, 2011. Disponível em: https://bit.ly/3o9lGML. Acesso em: 15 ago. 2019.

softwares (as Aplicações ou aplicativos, diríamos nós) disponibilizados aos usuários finais.[99] Tais definições serão muito úteis quando formos estudar, mais à frente, a natureza jurídica das Aplicações *Over-the-Top*.

A partir do diagrama de camadas, vê-se que há uma separação entre a infraestrutura para o transporte de dados (camada física) e o seu controle (camada lógica).[100-101]

No diagrama, também pode-se observar que a camada onde se localizam as aplicações sobre IP (aquelas que se utilizam da internet) estão *acima* tanto da *camada física* (infraestrutura de comunicação) quanto da *camada lógica* (protocolo de comunicação e endereços de IP). Kainan Iwassaki explica que foi essa característica que levou a doutrina a denominar aquelas aplicações de *players over the top*,[102] visto que se constituem em provedores de serviços independentes, que usam a infraestrutura física e lógica de redes de terceiros (como a das operadoras fixas) para oferecerem seus serviços.

Portanto, a localização topológica das Aplicações *Over-the-Top* no *modelo de camadas* está na origem de sua denominação.

Luisa Rossi informa que os serviços oferecidos pelas plataformas sobre IP são os mais diversos, a exemplo da transmissão de voz, texto, imagens, vídeo-chamadas e compartilhamento de geolocalização (como Google Maps e Waze), o que lhes confere um muito maior dinamismo, se comparados aos serviços tradicionalmente prestados.[103]

---

99. IWASSAKI, Kainan. *Regulação dos aplicativos de comunicação sobre IP no Brasil* cit., p. 32.

100. FARACO, Alexandre Ditzel; COUTINHO, Diogo R. Regulação de indústrias de rede: entre flexibilidade e estabilidade. *Revista de Economia Política*, São Paulo, v. 27, n. 2, p. 261-280, abr./jun. 2007. Disponível em: https://bit.ly/3EVlKWo. Acesso em: 15 ago. 2019.

101. IWASSAKI, Kainan. *Regulação dos aplicativos de comunicação sobre IP no Brasil* cit., p. 15.

102. *Players* aqui tem o sentido de provedores daquelas aplicações.

103. ROSSI, Luisa. Proposal for the reform of the regulation of digital services. *EUI*

Pelo fato de essas novas comodidades ofertadas pelas plataformas sobre IP serem também acessíveis por terminais móveis, o surgimento das aplicações oferecidas pelos *players over-the-top*, mais a própria facilidade de acesso inerente aos terminais móveis, tudo isso acabou por acirrar a competição entre serviços tradicionais e plataformas sobre IP.[104]

Prosseguindo na definição de *Over-the-Top*, Victor Oliveira Fernandes explica que se pode usar a expressão também para nos referir a seus *players*, ou seja, às grandes empresas que operam na internet, como os populares aplicativos de comunicação instantânea (a exemplo do *WhatsApp, Telegram, Messenger* e *Zoom*), serviços de vídeo por *streaming* (como *Netflix* e *Prime Video*), serviços de voz sobre IP (como *Skype, Google Hangout, Facetime*), serviços de redes sociais (como *Facebook* e *Twitter*) e, ainda, ferramentas de busca na web (como *Google* e *Yahoo*, entre outros).[105]

A história do surgimento das Aplicações *OTT* baseia-se em quatro pilares: (i) *internet* (aberta, de amplo alcance e grande capacidade de transmissão de dados); (ii) *dispositivos móveis*; (iii) *aplicativos de mensagens e de conteúdos audiovisuais para tais dispositivos* e para computadores *desktop* (e, hoje em dia, para as chamadas *Smart TVs*); e, por fim, (iv) o *advento do* streaming.

A Economia Digital permitiu o surgimento de novos formatos de negócios baseados na oferta de bens ou mercadorias, serviços e conteúdos. Tais bens ou mercadorias (intangíveis, em razão do meio digital), serviços e conteúdos chegam a seus usuários finais por meio de provedores especializados,

---

Working Papers, Fiesole FI, Italia: Robert Schuman Centre for Advanced Studies; Florence School of Regulation, v. 49, jul. 2015. Disponível em: https://bit.ly/3ESjBuy. Acesso em: 15 ago. 2019.

104. IWASSAKI, Kainan. *Regulação dos aplicativos de comunicação sobre IP no Brasil* cit., p. 16.

105. FERNANDES, Victor Oliveira. *Regulação de serviços Over-the-Top (OTT) e pós-convergência tecnológica*. 2018. Dissertação (Mestrado em Direito) – Faculdade de Direito, Universidade de Brasília, Brasília, 2018, p. 12.

integralmente em ambiente digital[106] e quase que integralmente pela internet,[107] por meio das Aplicações *Over-the-Top*, ou *OTT*,[108] como também são conhecidas. Explica Ricardo Augusto Alves dos Santos que, embora utilizem a internet, as Aplicações *OTT* são autônomas como funcionalidade, não se confundindo com os serviços de conexão à internet, nem com os serviços de que lhes oferecem suporte para a conexão à mesma.[109]

Com a abertura da internet, na década de 1990, rapidamente foram surgindo aplicações para facilitar a "*navegação*", nela, pelo usuário comum. Assim, em 1997, nos EUA, a empresa *Amazon* já dispunha de um serviço de busca de livros,[110] com cerca de um milhão de usuários. Nessa mesma época, final dos anos 1990, surgiram os primeiros mecanismos de busca de conteúdos na internet, como o *AltaVista*, o *InfoSeek*, o *Lycos*, e o *Yahoo*, que depois foram superados pelo *Google*, que, por sua vez, surgiu em 1998. No Brasil, havia o serviço de busca *Cadê*, hoje já desaparecido também em favor do *Google*.

Sandra Maria Poiatti descreve que o *Skype*, surgido em 2003, foi o grande pioneiro na utilização de serviços fora da via convencional das chamadas de voz e das mensagens de texto (SMS) nos serviços de telefonia. O *Skype* marca o surgimento da tecnologia *VoIP*, ou *voice over IP* (voz sobre *IP*), com a

106. ALVES DOS SANTOS, Ricardo Augusto. Tributação das Aplicações *Over-the-Top* no Brasil cit., p. 692-693.

107. Colocaríamos, como exceções ao emprego da internet como meio de transmissão, conteúdos audiovisuais que são digitais, mas que chegam aos destinatários via cabo, rádio ou satélite, como é o caso das TVs por Assinatura, como veremos à frente.

108. Nesta obra, para maior fluidez da redação, muitas vezes utilizaremos as expressões *Aplicações OTT*, ou simplesmente *OTT*, para nos referirmos às Aplicações *Over-the-Top*.

109. FERNANDES, Victor Oliveira. *Regulação de serviços Over-the-Top (OTT) e pós-convergência tecnológica* cit., p. 693-694.

110. CARIBÉ, João Carlos Rebello. Uma perspectiva histórica e sistêmica do capitalismo de vigilância. *Centro de Referência em Inteligência Empresarial* – CRIE/COPPE/UFRJ, Rio de Janeiro, n. 41, p. 5-10, 2019.

realização de chamada de voz utilizando o canal de tráfego de dados, e não aquele de voz convencional.[111]

Em 2004, surge a rede social *Orkut* (que depois seria amplamente superado pelo *Facebook*). No mesmo ano, o *Google* lança o aplicativo de correio eletrônico *Gmail*, que, além de prestar o serviço de *e-mail*,[112] passa a obter os dados cadastrais de seus usuários, personificando-os e criando, com isso, uma rede de relacionamento e um banco de dados de preferências e de perfis. Ao permitir a exibição da foto do rosto do possuidor do endereço de e-mail, paralelamente ao início das chamadas redes sociais, tem-se o início da cultura hedonística de autoexposição na internet,[113] potencializada, posteriormente, com as Aplicações *OTT* de Redes Sociais.

Em 2005, o *Google* lança a "*Busca Personalizada*" e o "*My History*". Essa ferramenta de busca passou a armazenar dados de seus usuários, como o endereço *IP*, o modelo de computador, o idioma e sua localização geográfica, entre outros.[114]

O mesmo *Google* lança, em 2005, o *Google Maps*, um sistema de mapas, de localização geográfica e de rotas, e, em 2007, o *Google Street View*, com fotos de 360° de localidades e edifícios.

Em 2006, o *Facebook*, rede social antes restrita a alunos da Universidade de Harvard, torna-se pública, logo vindo a desbancar o *Orkut* como aplicativo favorito nesse segmento, e se torna um verdadeiro fenômeno comportamental (como depois viriam a ser os aplicativos de mensagens *WhatsApp* e *Telegram*).

Em 2009, surge o aplicativo de mensagens e de comunicação *WhatsApp*, que ganharia versão para *iPhone* em 2012 e

---

111. POIATTI, Sandra Maria. *A tributação do ICMS sobre os serviços de comunicação* cit., p. 33.

112. A nomenclatura internacional para correio eletrônico.

113. CARIBÉ, João Carlos Rebello. Uma perspectiva histórica e sistêmica do capitalismo de vigilância cit., p. 5-10.

114. Ibidem, p. 5-10.

seria adquirido em 2016 pelo *Facebook*. É hoje, talvez, o aplicativo de seu gênero mais popular do mundo. Seu uso inicialmente era oneroso (embora a baixo custo), mas hoje é totalmente gratuito. A partir de 2013, passou a permitir o envio de mensagens de áudio gravadas. Em fevereiro de 2020, atingiu dois bilhões de usuários ativos diários. Em 2017, já fazia circular 55 bilhões de mensagens diárias e permitia o compartilhamento de 4,5 bilhões de fotos diariamente, de um bilhão de vídeos anualmente, e era suportado em 60 idiomas.[115] Em 2015, passou a permitir chamadas de voz, concorrendo diretamente com as operadoras de telefonia fixa e celular. O *WhatsApp* possui cerca de 120 milhões de usuários brasileiros e está instalado em 99% dos *smartphones* (aparelhos de telefonia móvel celular) no Brasil.[116] Seus concorrentes mais diretos são o *Telegram*, o *Viber*, o *Line*, o *ChatOn*, o *WeChat*, o *Google Allo* e o *Messenger* do *Facebook*.[117]

Paralelamente ao surgimento das redes sociais, das ferramentas de localização e de itinerários e dos gerenciadores poderosos de correio eletrônico (*e-mails*), tem-se, do lado dos equipamentos para seu uso, o surgimento de plataformas móveis digitais de tamanho compacto e muito leves, os chamados *smartphones* e os *tablets* (leitores digitais portáteis). A empresa norte-americana *Apple* lançou, em 29 de junho de 2007, a primeira geração do seu aparelho de telefonia móvel celular com tela interativa, o hoje popular *iPhone*. No Brasil, ele começou a ser comercializado já na sua segunda geração, em setembro de 2008.[118]

---

115. KLEINA, Milton. A história do WhatsApp, o rei dos mensageiros. *Tecmundo*, São Paulo, 23 jan. 2018. Disponível em: https://bit.ly/3CMxAQP. Acesso em: 15 ago. 2019.

116. Nove estatísticas sobre o whatsapp que você precisa conhecer. Disponível em: https://bit.ly/3icaACR. Acesso em: 10 set. de 2021.

117. KLEINA, Milton. A história do WhatsApp, o rei dos mensageiros cit.

118. MEYER, Maximiliano. A história do iPhone [atualizado iPhone 8/iPhone X]. *Oficina da Net*, Santa Cruz do Sul, 21 maio 2015, atualização 13 set. 2017. Disponível em: https://bit.ly/3AEcfsd. Acesso em: 15 ago. 2019.

Em 2010, a *Apple* lança um computador ultraleve, fino e portátil, um *tablet*, que nada mais é que um modelo de leitor digital,[119] a que denominou *iPad*,[120] com tela interativa, dispensando *mouse* ou dispositivos de escrita, a exemplo do *iPhone* dessa mesma empresa.

Num verdadeiro fenômeno simbiótico, aparelhos (*gadgets*) cada vez mais portáteis, leves e versáteis, e aplicativos acessíveis por aqueles e por computadores de mesa pessoais vão se impulsionando mutuamente e se popularizando.

Pelo lado dos fabricantes de dispositivos móveis, viu-se, ao longo da primeira década do século XXI, os aparelhos das empresas *Nokia* e a *Motorola* serem desbancados, em termos de concorrência pelos da *Apple* e da empresa canadense *BlackBerry*, inicialmente, e, a seguir, também, pelos da empresa sul-coreana *Samsung*.

Os aplicativos para dispositivos móveis, atualmente, para se popularizarem, têm de ser compatíveis com os seguintes sistemas operacionais: os dois principais, que são o *IOS* (ou *Mac OS X*), da *Apple* (para *iPhones* e *iPads*), e o *Android*, da *Google* (para os aparelhos *Samsung*); o *Symbian*, para os aparelhos *Nokia, Ericsson, Motorola* e *Panasonic*; o *RIM*, da *BlackBerry*; e ainda o *Windows Phone*, o *Firefox OS*, o *Palm webOS*, o *MeeGo* e o *Brew MP*.

Concomitantemente ao desenvolvimento desses novos dispositivos móveis e novos aplicativos,[121] os sistemas e redes de telefonia móvel vão se aperfeiçoando, ampliando o seu raio de ação e multiplicando exponencialmente a capacidade de envio de dados.

---

119. Que veio superar os chamados *Pen Computers*.

120. SAMPAIO, Luciano de. A história dos tablets. *Tecmundo*, São Paulo, Disponível em: https://bit.ly/2XZlZ29. 11 fev. 2010. Acesso em: 15 ago. 2019.

121. No sentido de programas, *softwares*, que são neles instalados e que oferecem determinadas funcionalidades.

A evolução das tecnologias de telefonia móvel celular pode ser assim representada: (i) primeira geração (ou 1G), apenas para chamadas de voz, na década de 1980; (ii) a seguir, tem-se a tecnologia 2G, em 1991, que permitia, além de chamadas de voz, o envio de mensagens *SMS* e *MMS*; (iii) em 1997, tem-se o surgimento da tecnologia GPRS, permitindo o envio de *e-mails*; (iv) em 2001, houve um grande marco, que foi o advento da tecnologia 3G, muito mais rápida, podendo transmitir maiores quantidades de dados; (v) outro grande salto foi a tecnologia 4G, em 2010, que representou uma revolução em relação ao 3G, pela melhor latência, maior qualidade de voz, acesso a serviços de mensagens instantâneas e mídias sociais, *streaming* de qualidade e *downloads* de arquivos mais rápidos.[122]

O próximo passo importante é o lançamento e popularização da rede 5G, que, além de maior alcance, velocidade e quantidade de dados na transmissão, permite a conexão de utensílios e de veículos, no que é chamado de *Internet das Coisas*, ou *IoT*, possibilitando o advento das *casas inteligentes*, *veículos inteligentes* e *cidades inteligentes*.

Portanto, os fatores que impulsionaram o surgimento e a popularização do *Over-the-Top* foram o surgimento da internet, dos dispositivos móveis e dos aplicativos para eles, e, por fim, do *streaming*.

Embora este último tenha se popularizado há menos de dez anos, na verdade ele existe desde meados da década de 1990. A primeira empresa a usar intensivamente o *streaming on-line* foi a *Progressive Networks*, criadora do aplicativo *Real Audio*. Todavia, a qualidade do som era muito inferior à do rádio.[123] No Brasil, em 1996, Gilberto Gil cantou e executou uma música "*pela internet*" a partir do escritório da Embratel no Rio de Janeiro.[124] Depois, a *Apple* lançou o *Quick Time*, ao passo que sua concorrente

122. GEMALTO. As gerações de redes móveis de telefonia: entenda. *Gemalto*, 2015. Disponível em: https://bit.ly/3oazJSu. Acesso em: 15 ago. 2019.

123. GEMALTO. As gerações de redes móveis de telefonia: entenda cit.

124. Ibidem.

Microsoft lançava o *Windows Media Player*, ambos *softwares* para receber e executar o conteúdo transmitido por *streaming*.

O emprego do *streaming* para o oferecimento comercial de conteúdos audiovisuais no formato de acesso imediato e *on demand* deu-se quase que concomitantemente por meio da *Amazon Video* (hoje, *Prime Video*) e da *Netflix*, no final de 1996 e início de 1997, respectivamente.[125]

O que verdadeiramente popularizou a utilização dessa tecnologia para transmissão de músicas, filmes, séries e vídeos foi o surgimento da empresa *Spotify*, cujo aplicativo é empregado para o acesso a conteúdos musicais, e sua concorrente *Apple Music*, bem como das empresas *Prime Video*, *Netflix*, *Disney+* e *HBO Max*, que não somente transmitem conteúdos audiovisuais nas duas modalidades de *streaming*, como também são produtoras de seus conteúdos, concorrendo diretamente com os produtores cinematográficos e audiovisuais. Por fim, outro grande fenômeno foi o advento do aplicativo *YouTube*, que é uma plataforma de vídeos.

Na década de 2010, surgiram vários outros provedores (muitas vezes também produtores de conteúdos) de filmes, séries e programas audiovisuais que disponibilizam seus conteúdos audiovisuais por *streaming*. No Brasil, a principal concessionária de televisão, a *Globo*, possui a *Globoplay*, onde os conteúdos do canal aberto e de seus canais de TV por assinatura ou por satélite são disponíveis *on demand*.

Hoje, os provedores de conteúdos audiovisuais por *streaming*, ou plataformas *streaming*, fazem concorrência direta com a televisão aberta convencional e com os provedores de TV por assinatura e por satélite. Além da facilidade *on demand*, já explicada, existe o fator da portabilidade: o usuário não mais depende de um aparelho convencional de televisão; ele pode ouvir músicas e *podcasts*, ou assistir a programas,

125. MEYER, Maximiliano. A história da Netflix. *Oficina da Net*. Santa Cruz do Sul, RS, 21 jan. 2016, atualização 28 ago. 2017. Disponível em: https://bit.ly/3i8F8pe. Acesso em: 15 ago. 2019.

filmes, séries e outros conteúdos audiovisuais em aparelhos de telefonia celular e em *tablets* (leitores digitais móveis).

O *Youtube* merece uma menção especial. Trata-se da maior plataforma de vídeos do mundo. Ela surgiu em fevereiro de 2005, de forma bastante amadorística. Começou a receber investimentos e, em 2006, já era uma grande sensação, constituindo-se num dos *sites* de maior crescimento na rede mundial (internet). Em 2006, a plataforma é comprada pela empresa norte-americana *Google*, porém o *site* mantém até hoje certa independência. Em outubro de 2009, o *YouTube* já tinha uma visualização de mais de um bilhão de vídeos por dia.[126] No início de 2020, o serviço contava com mais de dois bilhões de usuários mensais,[127] sendo que, com a popularização dos *smartphones*, mais da metade das visualizações (*views*) ocorriam em dispositivos móveis.[128] O *YouTube* é hoje o aplicativo mais popular do mundo, com mais de 10 bilhões de *downloads* registrados somente em aparelhos Android.[129]

O fenômeno *YouTube* permitiu o surgimento de "*canais*" pessoais e dos chamados "*digital influencers*", em verdadeira mudança cultural, facilitando a divulgação de vídeos pessoais e tendo utilizações que transcendem o simples hedonismo ou entretenimento, para atingir utilizações comerciais, educacionais, culturais e artísticas, religiosas e até políticas.

Oferecido esse panorama histórico, veja-se a importância social e econômica das Aplicações *Over-the-Top*.

---

126. KLEINA, Milton. A história do WhatsApp, o rei dos mensageiros cit.

127. Disponível em: https://bit.ly/2Y5Twb1/. Acesso em: 10 set. 2021.

128. Ibidem.

129. SOARES, Lucas. YouTube é o aplicativo mais popular do mundo. Disponível em: https://bit.ly/39ELcRx. Acesso em: 10 set. 2021.

1.6 Importância social e econômica das Aplicações *Over-the-Top*

Nas últimas décadas, o mundo da tecnologia, no qual se inserem as plataformas de entretenimento, assumiu um papel de destaque na economia mundial. Daniel Giotti de Paula e Roney Sandro Freire Corrêa descrevem que isso alterou a lógica e a cultura do consumo, pela criação de mais um modelo de negócio, com repercussão sobre as estruturas sociais e econômicas.[130]

As Aplicações *Over-the-Top* inserem-se na chamada Economia Digital. Antes de adentrarmos na importância social e econômica desta, vejam-se alguns números impressionantes da Economia Digital.

As cifras contam-se aos bilhões: bilhões de usuários em todo o mundo, bilhões de acessos diários, bilhões de dólares em produção ou circulação de riquezas. O volume de tráfego de dados atinge cifras extraordinárias sob qualquer ângulo de análise.

Muito difícil inserirem-se números precisos, visto que a cada ano, ou em poucos anos, os patamares são superados, num ritmo que ainda é de crescimento acelerado e muito dinâmico.

De toda sorte, são trazidos ao leitor alguns números importantes, que servem de referência, mas com as advertências acima.

Conforme Kosha Gada, a Economia Digital valia em 2016, em todo o mundo, quase três trilhões de dólares, o que correspondia a 30% das 500 principais empresas que têm ações avaliadas pela agência de classificação de risco *Standard and Poors*[131] ou mais que o PIB do Reino Unido. Essa impressio-

130. PAULA, Daniel Giotti de; CORRÊA, Roney Sandro Freire. As imunidades dos fonogramas e videofonogramas e os serviços over-the-top: a tributação digital e a evolução de conceitos constitucionais. *In*: LEITE, Luiza; SCHWARTZ, Rodrigo; FEIGELSON, Bruno. *Tax 4.0 – Tributação na realidade exponencial*. São Paulo: Thomson Reuters Brasil, 2021. p. 52.

131. S&P 500.

nante cifra foi gerada em apenas 20 anos, desde o lançamento comercial da internet, comentava ela.[132]

Naquele ano, 90% das receitas e lucros da Economia Digital eram geradas por apenas nove empresas em todo o mundo: os chamados "*quatro cavaleiros*", *Google, Apple, Facebook* e *Amazon*, todas empresas dos EUA e também conhecidas pelo acrônimo *GAFA*; a também norte-americana *Microsoft* e, por fim, quatro gigantes digitais chinesas.[133] Estas últimas são a *Baidu*, a *Alibaba* e *Tencent*, as três conhecidas pelo acrônimo *BAT*, mais a empresa *JD.com*. Numa rápida comparação, o *Baidu* é a ferramenta de busca mais famosa da China, correspondente oriental do *Google*. A *Alibaba* seria o equivalente chinês da *Amazon*, uma empresa de *e-commerce*,[134] que na verdade é uma plataforma de serviços digitais: possui plataforma de vendas *on-line*, sistema de classificados e sistema de pagamento.[135] A *Tencent* é o equivalente chinês do *Facebook*, empresa que administra um aplicativo de redes sociais, aplicativos de conversação e um serviço de pagamento *on-line*, o *Tenpay*. Além disso, a *Tencent* é uma gigante na indústria dos jogos (*vídeogames* e jogos *online*).[136] A *JD.Com* é uma empresa de *e-commerce*, fortemente especializada na modalidade *B2C* (*Business to Consumer*), ou seja, na venda a varejo, possuindo aplicativo para venda *on-line*, mas também lojas físicas.

Empresas que administram aplicativos (ou Aplicações *Over-the-Top*) como *Yahoo, Twitter, eBay, Snapchat, Pinterest,*

---

132. GADA, Kosha. The Digital Economy in 5 minutes cit.

133. Ibidem.

134. Comércio eletrônico.

135. HONORATO, Renata; SBARAI, Rafael. Gigantes chineses de tecnologia e internet estão chegando. *Veja On-line*, São Paulo: Grupo Abril, 25 maio 2014. Disponível em: https://bit.ly/3uqREFH. Acesso em: 15 out. 2019.

136. WADE, Michael. As gigantes digitais chinesas chegando às lojas do seu bairro. *Meio & Mensagem*, São Paulo, 15 mar. 2018. Disponível em: https://bit.ly/2Y5n2xo. Acesso em: 15 out. 2019.

Uber e outros eram responsáveis, em 2016, por pouco mais de 10% das receitas e lucros da Economia Digital.[137]

A figura seguinte demonstra a grandiosidade dos números da Economia Digital no mundo naquele mesmo ano. Ali, vê-se que, para uma população mundial *on-line* de 3,2 bilhões de pessoas, 2 bilhões delas eram usuárias de redes (ou mídias) sociais, 53% tinham acesso à internet móvel e somente o mercado de publicidade digital movimentava, à época, U$ 170 bilhões.

Figura 4: A Economia Digital no mundo

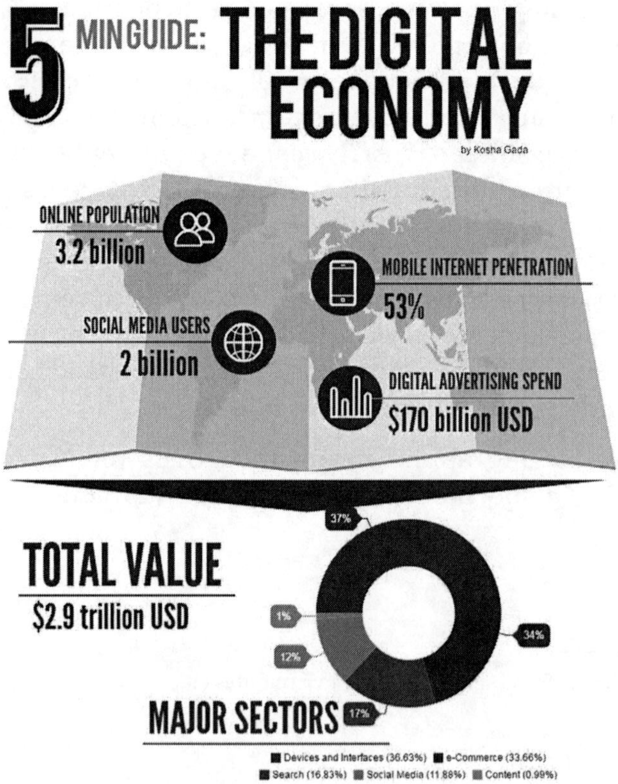

Fonte: Kosha Gada.[138]

137. GADA, Kosha. The Digital Economy in 5 minutes cit.

138. Ibidem.

Conforme Daniel Giotti de Paula e Roney Sandro Freire Corrêa, citando pesquisa da Federação Internacional da Indústria Fonográfica, o faturamento mundial do mercado de *streaming*, em 2019, foi da ordem de US$ 11,4 bilhões.[139]

As Aplicações *OTT*, nos últimos anos, vêm adquirindo cada vez maior importância. Em primeiro lugar, pela natureza dos serviços oferecidos, em grande parte inovadores em sua essência e na forma de disponibilização ao usuário. Outra razão é a crescente quantidade de pessoas que vêm fazendo uso de seus serviços, aplicativos e funcionalidades. Por fim, e não menos importante, pelo volume de recursos financeiros que vêm movimentando.

Se observarmos uma única Aplicação *Over-the-Top*, aquelas de Redes Sociais, vê-se que se tornaram um fenômeno de massa, a merecer um estudo sociológico. A quantidade de usuários, mundial e no Brasil, são eloquentes testemunhos disso. Somente em 2021, havia as seguintes quantidades de usuários ativos no mundo nessas Aplicações *OTT*: 1. *Facebook*: 2,85 bilhões; 2. *YouTube*: 2,29 bilhões; 3. *WhatsApp*: 2 bilhões; 4. *Instagram*: 1,39 bilhão; 5. *Facebook Messenger*: 1,3 bilhão; 6. *WeChat*: 1,24 bilhão; 7. *LinkedIn*: 768 milhões; 8. *TikTok*: 732 milhões; 9. *QQ*: 606 milhões; 10. *Douyin*: 600 milhões; 11. *Telegram*: 550 milhões; 12. *Sina Weibo*: 530 milhões; 13. Snapchat: 514 milhões; 14. Reddit: 430 milhões; 15. Kuaishou: 481 milhões; 16. *Pinterest*: 478 milhões; 17. *Twitter*: 397 milhões; 18. *Quora*: 300 milhões. No Brasil no mesmo ano, havia a seguinte quantidade de usuários ativos: 1. *Facebook*: 130 milhões; 2. *YouTube*: 127 milhões; 3. *WhatsApp*: 120 milhões; 4. *Instagram*: 110 milhões; 5. *Facebook Messenger*: 77 milhões/ 6. *LinkedIn*: 51 milhões; 7. *Pinterest*: 46 milhões; 8. *Twitter*: 17 milhões; 9. *TikTok*: 16 milhões; 10. *Snapchat*: 8,8 milhões.[140]

---

139. PAULA, Daniel Giotti de; CORRÊA, Roney Sandro Freire. As imunidades dos fonogramas e videofonogramas e os serviços *over-the-top* cit., p. 52.

140. VOLPATO, Bruno. *Ranking:* as redes sociais mais usadas no Brasil e no mundo em 2021, com insights e materiais gratuitos. Disponível em: https://bit.ly/2XT25WJ. Acesso em: 10 set. 2021.

Ana Carolina Carpinetti e Henrique Amaral Lara informam que as Aplicações *OTT* mais populares são

> [...] os serviços de *streaming* de vídeos e os aplicativos de conversas de voz e troca de mensagens com imagens, conversas em grupo e outras funcionalidades. E a cada dia novas empresas e produtos ingressam nesse mercado.[141]

Afirmam aqueles autores:

> Seja como for, trata-se de um mercado que não para de crescer. De acordo com pesquisa realizada pela agência AT Kearney a pedido da *GSMA Mobile for Development Foundation Inc*, associação mundial de operadoras de telefonia móvel, no ano de 2015, os serviços OTT foram responsáveis por 47% da receita auferida pela economia digital (internet), de um total de USD 3,46 trilhões.
>
> Já no que se refere ao mercado nacional, segundo uma pesquisa publicada recentemente, a receita auferida com a exploração dos *OTT premium* – disponibilização de vídeos e áudios pagos pela internet – deve passar de USD 180 milhões para USD 460 milhões até 2018, um crescimento de mais de 150%.[142]

No Brasil, somente em 2018, o mercado das Aplicações *Over-the-Top* de vídeo movimentou US$ 783 milhões. O Brasil é um dos cinco maiores mercados globais de *OTT*.[143-144]

Em relação ao uso da internet, em 2018, havia cerca de 116 milhões de brasileiros com acesso à rede, o que representava cerca de 65% da população com 10 anos ou mais.[145]

---

141. CARPINETTI, Ana Carolina; LARA, Henrique Amaral. Não incide ICMS sobre serviços *Over the Top*, mas ISS é variável. *Consultor Jurídico*. São Paulo: Conjur, 14 ago. 2016, grifos nossos. Disponível em: https://bit.ly/3kFxh4b. Acesso em: 15 ago. 2019.

142. Ibidem.

143. SET EXPO. Assessoria de Imprensa. Painel discute OTT de vídeo no Brasil e no mundo. *Expo2020*, São Paulo, 2017. Disponível em: https://bit.ly/2XNVlce. Acesso em: 15 maio 2019.

144. O site Inforchanel trouxe a seguinte notícia em fevereiro de 2021: "Estimulado pela pandemia, o uso geral de OTT cresceu em popularidade na América Latina. A eMarketer estimou que o número de visualizadores de vídeo OTT por assinatura na Região aumentou 27,5% em 2020, para 117,2 milhões. Isso representa um aumento de 16 pontos percentuais em relação ao crescimento de 11,6% previsto para 2019. De acordo com uma pesquisa de comportamento de *streaming*, realizada em 2019 pela Penthera, 65% dos latino-americanos transmitem vídeo em um dispositivo móvel diariamente e 23% o fazem semanalmente" (BARELLA, Irene. Plataforma *over the top* sai de um nicho e passa a atender a um mercado massivo. Disponível em: https://bit.ly/2XWJglu. Acesso em 10 set. 2021).

145. SET EXPO. Assessoria de Imprensa cit.

Estudos demonstravam que, em 2017, os consumidores, nos EUA, gastavam 45% mais tempo escolhendo o que assistir nos serviços de VOD (*Video on Demand*, os serviços TV por Assinatura ou as *OTT* de *streaming* de vídeo) do que procurando um programa para assistir na TV linear (a TV convencional).[146]

Isso demonstra que as *Over-the-Top* vêm sobrepujando a busca por entretenimento em relação aos meios de comunicação tradicionais, e mesmo em relação à TV por Assinatura.

No gráfico, a seguir, tem-se a participação, em 2016, de cada provedor *OTT* de vídeo na divisão desse mercado no Brasil, por percentual sobre o total de assinaturas. Vê-se, ali, que o domínio da *Netflix* era inconteste.[147]

Figura 5: Evolução na participação dos provedores de *OTT* de vídeo no Brasil (% sobre o total de assinaturas) em 2016

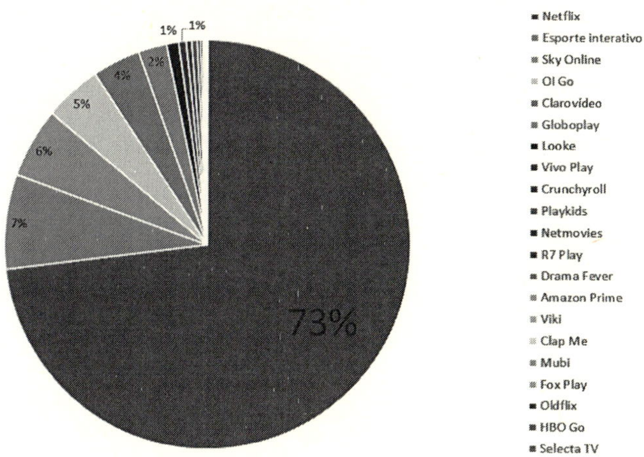

Fonte: Dataxis (2016).[148]

146. SET EXPO. Assessoria de Imprensa cit.

147. RAGAZZO, Carlos Emmanuel Joppert; VELOSO DE OLIVEIRA, Isabel Cristina. Regulação e novas tecnologias: verticalização das OTTs de vídeo. *Revista da Faculdade de Direito da Universidade Federal do Rio Grande do Sul*, n. 37, p. 200-218, dez. 2017, p. 208-209.

148. Ibidem, p. 210.

O isolamento social imposto pela pandemia da Covid-19 foi outro fator de grande impulso na utilização dos aplicativos *Over-the-Top*, pelas necessidades de trabalho remoto, comunicação e entretenimento.

Pela riqueza de informações, atualidade e projeção de tendências, importante conhecer excertos do relatório de pesquisa internacional Allied Market Research, que traz interessantes informações e estatísticas sobre o *Over-the-Top*, confira-se (em tradução livre):

> O tamanho do mercado global de OTT foi avaliado em U$ 121,61 bilhões em 2019 e está projetado para atingir U$ 1.039,03 bilhões em 2027, crescendo a um CAGR (taxa de crescimento anual composta) de 29,4% de 2020 a 2027.
>
> O serviço *over-the-top* refere-se a filmes e programas de TV que são entregues diretamente aos usuários digitais, sem a necessidade de assinatura de televisão a cabo ou via satélite.
>
> O conteúdo OTT pode ser baixado diretamente e visualizado sob demanda do usuário. Esse tipo de conteúdo inclui filmes e serviços de TV e é entregue diretamente pela Internet para dispositivos conectados, como PCs, *tablets*, *smartphones* e consoles.
>
> [...]
>
> Estima-se que o mercado *over-the-top* irá testemunhar transformações inovadoras e avançadas, que permitem aos clientes acessar tudo o que desejam em um único espaço.
>
> As plataformas de VoD suportadas por anúncios estão experimentando um forte crescimento nas receitas de anúncios, tornando o modelo de receita baseado em anúncios popular em meio à pandemia de COVID-19. [...]
>
> O segmento de *smartphones* dominou a participação de mercado *over-the-top* geral em 2019 e deve permanecer dominante durante o período de previsão, devido ao aumento na adoção de *smartphones* para transmitir serviços *over-the-top* e crescimento no mercado potencial para telas maiores nos *smartphones* em economias em desenvolvimento.
>
> Além disso, espera-se que o segmento testemunhe alta taxa de crescimento nos próximos anos, devido ao advento de *smartphones* baseados em Android, que democratizaram os jogos on-line e trouxeram jogabilidade para milhões de usuários de smartphones.

[...]

A indústria de mídia e entretenimento dominou a participação de mercado *over-the-top* em 2019 e deve permanecer dominante durante o período de previsão, devido ao aumento no número de consumidores de vídeo digital. Espera-se que isso aumente a demanda por serviços OTT na indústria de mídia e entretenimento. No entanto, espera-se que a indústria de TI e telecomunicações venha a testemunhar o maior CAGR (taxa de crescimento anual composta) durante o período de previsão, devido ao aumento na demanda por serviços *over-the-top* no setor de telecomunicações para serviços de chamada de vídeo, voz e mensagens.

[...]

O mercado *over-the-top* global é segmentado em componente, tipo de dispositivo, tipo de conteúdo, modelo de receita, tipo de usuário, usuário final e região. Com base no componente, o mercado se bifurca em soluções e serviços.

Dependendo do tipo de dispositivo, ele é classificado em dispositivos inteligentes, laptops, desktops e tablets, consoles de jogos, decodificadores e outros.

Por tipo de conteúdo, ele é fragmentado em vídeo, áudio, jogos, comunicação e outros.

De acordo com o modelo de receita, é categorizado em assinatura, anúncio, híbrido e outros.

Em termos de atividade/serviço, a indústria *over-the-top* é segregada em mídia e entretenimento, educação e treinamento, saúde e fitness, esportes e eventos ao vivo, TI e telecomunicações, comércio eletrônico, BFSI (banco, serviços financeiros e seguros), governo e outros.

[...]

Após o COVID-19, estima-se um crescimento de U$ 171,36 bilhões no tamanho do mercado OTT em 2020, que deverá atingir U$ 1.039,03 bilhões em 2027, a um CAGR (taxa de crescimento anual composta) de 29,4%.

O tamanho de mercado em 2027 é maior que a estimativa para o mesmo antes da COVID-19. O surto de COVID-19 tem impacto positivo no crescimento do mercado global de OTT, devido ao aumento constante da demanda por serviços de OTT. Esta procura é atribuída, em grande parte, ao crescimento contínuo dos serviços de comunicação on-line, devido ao bloqueio imposto, à medida em que um maior número de telespectadores se comunica através de várias plataformas on-line. Além disso, o consumo de plataformas de entretenimento on-line está aumentando notavelmente nas economias em desenvolvimento [...]

O crescimento do mercado *over-the-top* global é impulsionado por fatores como aumento na demanda por serviços OTT em regiões em desenvolvimento, aumento nos serviços SVoD [Video on Demand], disponibilidade de variedade de conteúdo, aumento na demanda por canais de *streaming* ao vivo, aumento na demanda por Serviços OTT e jogos durante o período de bloqueio implementado devido ao surto de COVID-19 e disponibilidade de modelos *freemium* em mercados sensíveis a preços.

Além disso, espera-se que o surgimento de novos mercados OTT e novos desenvolvimentos em tecnologia OTT também impulsionem muito o crescimento do mercado.

[...]

Devido ao surto de COVID-19, os governos de quase todos os países impuseram o isolamento social, o que resultou no crescimento maciço das plataformas OTT. [...] espera-se que a audiência nas plataformas OTT cresça ainda mais [...], uma vez que os canais de televisão estão ficando sem conteúdo. Devido ao bloqueio imposto, os canais de TV estão exibindo conteúdo antigo, pois não conseguiram filmar. Isso levou os espectadores ao OTT para assistir a novos conteúdos, o que deve impulsionar notavelmente o crescimento do mercado.

Além disso, como a demanda por novos conteúdos de entretenimento OTT cresceu tremendamente, vários provedores de serviços OTT estão oferecendo alguns de seus conteúdos gratuitamente e estão lançando novos conteúdos em sua plataforma.

[...]

Espera-se que as operadoras OTT ofereçam mais canais de transmissão ao vivo no futuro. Além disso, o conteúdo OTT testemunhará uma grande transformação com notícias de última hora chegando ao Periscope, Facebook Live e até mesmo ao YouTube.

[...]

Conforme a pandemia COVID-19 começou e o isolamento social foi implementado, o *streaming* de conteúdo ao vivo aumentou tremendamente, o que é uma oportunidade para o mercado. Por exemplo, o setor de *streaming* ao vivo cresceu 45% entre março e abril de 2020, e esses ganhos são diretamente atribuíveis ao surto do coronavírus. Além disso, os espectadores estão transmitindo ao vivo os shows do Twitch, as palestras do Zoom, as reuniões

> de escritório e o lançamento de livros virtuais, o que se espera que ofereça oportunidades lucrativas para o mercado. [...][149]

Do relatório *supra*, há de destacar inúmeras informações importantes.

Assim, o mercado global de *Over-the-Top* foi avaliado em U$ 121,61 bilhões em 2019 e deverá atingir impressionantes U$ 1,04 trilhão em 2027, crescendo a taxas de quase 30% anuais de 2020 a 2027. Conforme o relatório descreve, o isolamento social imposto pela pandemia de Covid-19 vem sendo importante vetor desse crescimento. Outros fatores que levarão a isso são as inovações tecnológicas e de formas de acesso, como a popularização da acessibilidade por *smartphones* com uso do sistema operacional Android. Assim, os usuários acessarão inúmeros serviços e conteúdos num único dispositivo.

O relatório aponta a crescente participação das receitas de publicidade envolvidas no *Over-the-Top*. Embora ainda inferiores àquelas de assinaturas, em alguns provedores ela já atinge patamares de 30%.

O mercado de *Over-the-Top* é dominado pela indústria de mídia e entretenimento. Estima-se que essa predominância deva se manter, devido ao aumento no número de consumidores de vídeo digital. Nada obstante, a indústria de Tecnologia da Informação e de telecomunicações também representa importante segmento, notadamente por conta dos serviços de chamada de vídeo, voz e mensagens.

Em capítulo específico, será apresentada uma classificação própria das Aplicações *Over-the-Top* segundo seu conteúdo ou finalidade. O citado relatório da Allied Market Research, propõe uma classificação segundo diferentes critérios, a saber: (i) por dispositivo de acesso; (ii) por tipo de conteúdo; (iii) por modelo de receita; e (iv) por atividade/serviço.

---

149. Allied Market Research. *Over-the-top (OTT) Market Outlook – 2027*. Disponível em: https://bit.ly/3zKX1jX. Acesso em 10 set. 2021.

Assim, por *dispositivo de acesso*, tem-se: (i) em dispositivos inteligentes; (ii) em laptops; (iii) em *desktops*; (iv) em *tablets*; (v) em consoles de jogos; (vi) em decodificadores e outros.

Por *tipo de conteúdo*, as *OTT* podem ser: (i) de vídeo; (ii) de áudio; (iii) de jogos; (iv) de comunicação e outros.

Por *modelo de receita*, elas podem ser advindas de: (i) assinatura; (ii) anúncio; (iii) híbrida e outros.

Em termos de *atividade/serviço*, o segmento *Over-the-Top* é segregado em: (i) mídia e entretenimento; (ii) educação e treinamento; (iii) saúde e *fitness*; (iv) esportes; (v) eventos ao vivo; (vi) TI e telecomunicações; (vii) comércio eletrônico; (viii) BFSI (banco, serviços financeiros e seguros); (ix) governo e outros.

Em termos nacionais, vejam-se as interessantes observações do Portal PrensarioZone sobre o mercado de TV por Assinatura e de *OTT* no Brasil em 2020, confira-se:

> [...] com sua grande alavanca comercial, por alguns anos as operadoras [de TV por Assinatura] tiveram grande crescimento, colocando o Brasil como o mercado mais importante da América Latina alcançando no ápice, que foi em novembro de 2014, os 19,8 milhões de assinantes, superando o México. Porém, já antes da pandemia, houve um importante efeito bumerangue que a levou a ter em junho de 2021, segundo o IBGE (Instituto Brasileiro de Geografia e Estatística), 13,87 milhões de assinantes quando um ano antes era de 15.200.000. [...]
>
> Segundo dados da Anatel (Agência Nacional de Telecomunicações) [...], em janeiro de 2021, o mercado brasileiro tinha 14,65 milhões de assinantes [...]. Destes, e [em termos de] tecnologia utilizada, 41,8% era por cabo coaxial, 38,7% por satélite (DTH), 11% por [meio] indeterminado e 8,5% por fibra óptica, o que mostra que há espaço para crescimento. Hoje a TV por Assinatura chega a 30,4% das residências brasileiras, o que representa quase 51% da população.
>
> [...]
>
> Hoje são 235,4 milhões de planos de telefonia móvel no Brasil (51% pré-pagos e 49% pós), 29,3 milhões de telefones fixos, 35,9% de conexões de banda larga fixa e os já mencionados 13,8 milhões de [assinantes de] TV por assinatura.

> *OTTs / SVOD supera a TV paga com as principais emissoras e ISPs*
>
> No entanto, e em grande parte como consequência da diminuição da TV por assinatura, a capacidade ímpar do mercado brasileiro parece ter sido compensada com três processos importantes, que hoje o tornam o primeiro país onde o serviço OTT/SVOD já supera em usuários aos assinantes da TV paga. [...]
>
> [...] [O Brasil é] [...] o mercado OTT mais poderoso da América Latina, não só com os principais serviços internacionais [...] Se juntarmos todos os serviços, o mercado de OTT já atinge 56% da população brasileira, 37% deles hoje possuem duas (2) ou mais plataformas. O Market Share no 1º terço de 2021 destaca Netflix com 32%, Amazon Prime com 26%, Globoplay com 10%, HBO Go com 8%, que agora se tornará HBO Max, 7% Telecineplay, 7% Clarovideo – parou de competir abertamente em OTT para ser multiagregador na região – e os outros serviços representam 4% [...].[150]

Portanto, o que se observa é que o mercado de TV por Assinatura, regulado como um Serviço de Acesso Continuado (*SeAC*) e tributado pelo ICMS, teve seu auge em 2014 e vem decaindo, embora lentamente. De outro lado, cresce exponencialmente o mercado de *Over-the-Top* que com ela concorre diretamente.

Hoje, o Brasil é o principal mercado latino-americano de *OTT* e, como visto, um dos maiores do mundo. Em nosso país, os assinantes de Aplicações *OTT* de vídeo já supera o de usuários de TV por Assinatura. E as Aplicações *Over-the-Top* já atingem a maioria da população brasileira.

Pesquisa da Agência Brasil apontou que, em 2019, mais de 70% dos internautas brasileiros assistiram a vídeo ou áudio *on-line*.[151] Existe diferença conforme as condições econômicas e a escolaridade. Assim, este hábito é registrado em 87% dos entrevistados da classe A, enquanto nas classes D e E o percentual

150. Brasil: O mercado de OTT mais forte da América Latina. Portal PrensarioZone. Disponível em: https://bit.ly/3ue6CP0. Acesso em: 10 set. 2021.

151. GONÇALO, Gabriele. *OTT e a revolução na forma de fazer e consumir conteúdo em vídeo*. 26 de fevereiro de 2021. Disponível em: https://bit.ly/2XZqmdz. Acesso em:10 set. 2021.

foi de 65%.[152] Pode-se estimar que os percentuais aumentaram com o isolamento social da pandemia da Covid-19.[153]

O setor terá grande crescimento ao longo da década de 2020, conforme pesquisa da consultoria PwC. O levantamento analisou 14 segmentos do setor em 53 países (inclusive no Brasil), entre eles Consumo de Dados, Publicidade Digital e na TV, *Over-the-Top* de Vídeo, Cinema, Acesso à Internet e Games. Como era esperado, a pandemia direcionou os gastos do consumidor brasileiro para o entretenimento doméstico, concentrado em vídeos *OTT* e jogos. Aumentou a aquisição de conteúdo de leitura em plataformas digitais (revistas, livros e jornais). A pesquisa demonstrou que o consumo de música digital cresceu muito na pandemia, pela ausência dos *shows* ao vivo. Ao longo da década de 2020, as receitas de vídeos e de espetáculos por *streaming* serão maiores que aquelas por bilheteria. De outro lado, continuará o crescimento do consumo de vídeos por *OTT*, com correspondente queda em relação à TV por assinatura.[154]

Outro dado importante é o crescimento do acesso à internet pelos brasileiros. Em 2025, 41 milhões de casas devem ter internet fixa e 163 milhões de pessoas devem ser assinantes de internet móvel.[155]

A magnitude de todos os números apresentados, associada às fantásticas projeções de crescimento para os próximos anos, fazem das Aplicações *Over-the-Top* um dos assuntos

---

152. Consumo de vídeo e áudio online cresce no Brasil, aponta pesquisa. Portal Agência Brasil. 31 de maio de 2020. Disponível em: https://bit.ly/3ie0n97. Acesso em: 10 set. 2021.

153. Segundo Bruno Volpato, o Brasil conta, em 2021, com as seguintes quantidades de usuários, em milhões, nas seguintes Aplicações *Over-the-Top* de redes sociais: 1. Facebook (130 mi), 2. YouTube (127 mi), 3. WhatsApp (120 mi), 4. Instagram (110 mi), 5. Facebook Messenger (77 mi), 6. LinkedIn (51 mi), 7. Pinterest (46 mi), 8. Twitter (17 mi), 9. TikTok (16 mi), 10. Snapchat (8,8 mi). Disponível em: https://bit.ly/2XT25WJ. Acesso em: 10 set. 2021.

154. Mercado de mídia e entretenimento no Brasil deve crescer 4,7% até 2025. Portal Biquadbroadcast. 07 de setembro de 2021. Disponível em: https://bit.ly/3uhi7oW. Acesso em: 10 set. 2021.

155. Ibidem.

mais interessantes e fundamentais no estudo do Sistema Tributário Brasileiro, considerando a necessidade de enquadrar os novos fenômenos da Economia Digital dentro de uma perspectiva tributária, por serem novos fenômenos de riqueza.

1.7 As principais repercussões da Economia Digital e das Aplicações *Over-the-Top* no Direito e na tributação de seus fenômenos

Na última parte deste capítulo, é feita uma análise preliminar do tema da tributação dos novos fenômenos da Economia Digital, trazendo a visão de distintos autores. Em capítulo próprio, o assunto é desenvolvido em relação, especificamente, à tributação indireta (ou sobre o consumo) das Aplicações *Over-the-Top* que denominamos como de Comunicações Sociais e de Conteúdos Audiovisuais.

Principia-se por Luiz Guilherme de Medeiros Ferreira e Marcos Nobrega, os quais anotam que a verificação do fato jurídico tributário, ao longo dos anos, esteve fundamentalmente calcada em uma *análise contratual e sua compatibilidade com sua exteriorização no mundo real*. A Era Digital provoca uma ruptura, pois, com a digitalização da economia, aquele binômio clássico de aferição do fato jurídico tributário perde um de seus pilares fundamentais, que é a tangibilidade de sua exteriorização no mundo físico.[156]

Conforme a *Apresentação* da obra de Faria, Silveira e Monteiro (2018), *in verbis*:

> Nos modelos de negócio da era da Economia Digital, a ação humana e a presença física no local onde a atividade é desenvolvida são cada vez menos relevantes. [...] o processo produtivo passa a ser mais integrado e os intangíveis representam o grande componente de valor das empresas.

---

156. FERREIRA, Luiz Guilherme de Medeiros; NÓBREGA, Marcos. Tributação na economia digital e o conflito de competência. In: AFONSO, José Roberto R.; SANTANA, Hadassah Laís. *Tributação 4.0*. São Paulo: Almedina, 2020. p. 106.

> O surgimento dessa nova economia representa um grande desafio para os sistemas tributários atuais, que foram moldados a partir da economia tradicional, tendo como parâmetros a localização física dos contribuintes (residência), a origem dos rendimentos (fonte) e [a] já ultrapassada distinção entre "mercadorias" e "serviços".
>
> [...]
>
> No Brasil, o sistema de repartição de competências tributárias entre os entes federativos criou um ambiente de "guerra fiscal", no qual Estados e Municípios tentam reinterpretar os conceitos de "mercadoria" e "serviços", em claro prejuízo à segurança jurídica e à geração de riqueza. Nesse sentido, inúmeras dúvidas têm sido suscitadas em relação à qualificação jurídico-tributária aplicada aos "produtos digitais".[157]

Nosso sistema tributário, em seu aspecto atual, foi moldado inicialmente nos anos 1960 do século XX e, finalmente, consolidado e aperfeiçoado com a Constituição Federal de 1988. O constituinte originário não poderia prever essa verdadeira revolução tecnológica, comunicacional e de novos serviços e utilidades que surgiu a partir daí. Por isso, há sério *descompasso entre as hipóteses normativo-tributárias e os fenômenos e fatos sociais a reger*, caso se pretenda tributar essa nova Economia Digital sem ferir de morte os princípios constitucionais gerais e tributários e sem desrespeitar as competências tributárias hoje postas.

Celso de Barros Correia Neto, José Roberto R. Afonso e Luciano Felício Fuck diagnosticaram muito bem o descompasso entre os conceitos tradicionais, presentes em nosso atual sistema constitucional tributário, e os novos fenômenos digitais.

Assim, mercadorias perdem espaço para bens intangíveis. Os limites de definição do conceito de serviço, para fins tributários, tornam-se cada vez mais amplos e imprecisos.

157. FARIA, Renato Vilela; SILVEIRA, Ricardo Maitto da; MONTEIRO, Alexandre Luiz Moraes do Rêgo. Apresentação. *In:* FARIA, Renato Vilela; SILVEIRA, Ricardo Maitto da; MONTEIRO, Alexandre Luiz Moraes do Rêgo (coord.). *Tributação da economia digital:* desafios no Brasil, experiência internacional e novas perspectivas. São Paulo: Saraiva, 2018, p. 11-12, grifos nossos.

Nota-se, também, um predomínio dos serviços sobre as mercadorias na economia moderna.[158]

Além de isso atingir diretamente as hipóteses de incidência do ICMS e do ISS, os autores apontam que, internacionalmente, tanto o IVA quanto o imposto seletivo tendem a incidir proporcionalmente sobre bases que vêm perdendo espaço na economia digital e, nesse sentido, estão fadados a perder parte da importância que hoje ainda detêm.[159]

Surgiu a dificuldade de tratar a incidência de impostos sobre as diferentes formas de uso, acesso ou aquisição de programas, músicas e vídeos, assim como sobre as vendas por meio do comércio eletrônico, especialmente no caso de transações *on-line* com empresas situadas no estrangeiro.[160]

As transações *on-line* de veiculação de bens digitais são as que mais impõem dificuldades no âmbito tributário, por vários motivos: (i) a colocação em xeque da divisão tradicional em mercadorias e serviços; (ii) a redefinição do conceito de estabelecimento permanente; e (iii) a necessidade de estruturação de meios que assegurem a cobrança de impostos sobre transações digitais nos mesmos patamares incidentes sobre os negócios tradicionais.[161]

Celso de Barros Correia Neto, José Roberto R. Afonso e Luciano Felício Fuck entendem que, pelo crescimento da importância dos intangíveis no contexto da nova economia, há necessidade de reformulação do sistema tributário em vigor.[162]

A tributação dos novos fenômenos centraliza-se nos chamados impostos sobre o consumo. No atual sistema

158. CORREIA NETO, Celso de Barros; AFONSO, José Roberto R.; FUCK, Luciano Felício. Desafios tributários na era digital cit., p. 40.

159. Ibidem.

160. Ibidem.

161. Ibidem.

162. Ibidem, p. 42.

constitucional tributário, está-se a falar especialmente do IPI, de competência da União; do ICMS, em suas materialidades do ICMS-Mercadorias e do ICMS-Comunicação, de competência dos estados e do Distrito Federal; e do ISS (ou ISSQN), atribuído aos municípios. Há doutrinadores que entendem ser o PIS/COFINS, de competência da União, também um tributo sobre o consumo, embora sua hipótese de incidência seja o faturamento (ou o rendimento bruto). Para efeito deste estudo, será feito um corte metodológico e serão analisados o ICMS (em suas materialidades de ICMS-Mercadorias e ICMS-Comunicação) e o ISS, pois são os tributos cujas materialidades mais se aproximam dos fenômenos estudados nesta obra e porque são as que suscitam, hoje, as maiores controvérsias.

Desde há alguns anos, tem havido uma guerra fiscal vertical entre ICMS e ISS, pois os entes subnacionais têm procurado estender suas competências aos novos fenômenos da Economia Digital, muitas vezes sem respeitar a melhor técnica, o que leva a possíveis inconstitucionalidades das inovações legislativas e à consequente insegurança jurídica.

O antigo ICM, que deu origem ao atual ICMS, era originalmente multifásico, incidente sobre a circulação de mercadorias físicas. Aos poucos, foram surgindo dificuldades imprevistas na definição das materialidades do ICMS, em parte pela impressionante velocidade em que surgem novas tecnologias de comunicação, não inicialmente previstas na legislação, e, em parte pela convergência entre diversos tipos de tecnologia e de plataformas na direção de uma unificação de tecnologia e de acesso, conforme Sandra Maria Poiatti.[163]

Luiz Roberto Peroba afirma que a disponibilização de conteúdos pela internet está levando à redefinição de modelos de negócios tradicionais, como a venda de CDs, fazendo desaparecer as locadoras tradicionais de filmes e causando forte impacto no negócio de televisão por assinatura. É toda

163. POIATTI, Sandra Maria. *A tributação do ICMS sobre os serviços de comunicação* cit., p. 33.

uma nova economia que surge, e a tributação precisa acompanhar tal mudança de cenário.[164]

Grande parte dos problemas para a determinação da incidência do ICMS sobre a prestação de serviços de comunicação em realidade, antes mesmo do advento das tecnologias advindas com a Economia Digital, deriva da vagueza do termo *comunicação*, originando polêmicas doutrinárias e jurisprudenciais no tocante à relação entre *serviços de comunicação* e *serviços de telecomunicação*, conforme apontam Jones, Saran, Lima e Barros.[165]

Como será visto em capítulo próprio, o constituinte não definiu o termo *comunicação*. Os autores[166] apontam que o próprio termo *prestação de serviços de comunicação* não é bem delimitado na legislação tributária. Isso leva a uma pluralidade de decisões judiciais num ou noutro sentido, com inegável produção de insegurança jurídica. Já há, porém, entendimento consolidado na doutrina e na jurisprudência no sentido de excluir, da tributação do ICMS-Comunicação, algumas atividades ou serviços relacionados à prestação de serviço de comunicação, como os chamados Serviços de Valor Adicionado.

Pode-se, até mesmo, estar diante de verdadeiras situações práticas de não incidência.

Isso não tem impedido a iniciativa dos entes políticos em alargar as hipóteses de incidência, seja do ICMS, seja do ISS, buscando alcançar novas situações. Uma delas é a contestada modificação da Lei Complementar 116/2003 ocorrida em 2016, com a Lei Complementar 157. Essa incursão dos municípios na tributação de materialidades que, em tese, podem ser

---

164. PEROBA, Luiz Roberto. Tributação da economia digital e a experiência internacional. *In:* CONGRESSO BRASILEIRO IGA – IDEPE, 33, 6-7, jun. 2019, São Paulo. *Apresentações* [...]. São Paulo, 2019. p. 47.

165. JONES, Caroline Junqueira Ortiz; SARAN, José Eduardo de Paula; LIMA, Mariana Miranda; BARROS, Maurício. ICMS-Comunicação. *In:* SANTI, Marcos Diniz de; SALUSSE, Eduardo Perez; SANTIN, Lina; TOLEDO, Dolina Sol Pedroso de (Coordenação). *Repertório Analítico da Jurisprudência do TIT/SP*. v. 1. São Paulo: Max Limonad, 2018.

166. Ibidem.

vistas como serviço de comunicação,[167] acabou provocando a edição, pelos estados e o Distrito Federal, do Convênio ICMS 106/2017, visando a explicitar a incidência do ICMS-Comunicação nas saídas a consumidor final de bens digitais.[168]

O novo ambiente da Economia Digital, alerta Fernando Rezende, multiplica as oportunidades para a evasão fiscal por meio do planejamento tributário, tanto no caso da tributação direta quanto na indireta. Qualquer tentativa de tributação deve observar a evolução dos modelos de negócio, agora digitais.[169]

Aquele autor propõe, ao operador do Direito, uma reflexão sobre como todas as transformações *supra* repercutirão no universo tributário. Assim, caberá aos tributaristas repensar: (i) *as bases de incidência*, em termos de *identificação* e *mensuração*; (ii) os fatos jurídico tributários, *quando* e *onde* ocorrem?; (iii) as *fronteiras*, como visualizá-las?; (iv) os *conflitos* (*de competência*, as *divergências de interpretação*, como solucioná-los?); e, por fim; (v) a *capacidade do Direito em se adaptar à velocidade das mudanças.*[170]

Dizendo de outra forma, Fernando Rezende propõe, aos tributaristas, repensar os tributos nesse novo modelo econômico-produtivo, para que possam incidir, em seus fenômenos, os respectivos aspectos material, temporal e espacial da Regra-Matriz de Incidência Tributária.[171]

Isso porque, como visto, o avanço da Economia Digital (o reflexo econômico da Era do Conhecimento ou Era Digital) alterou

---

167. Disponibilização, sem cessão definitiva, de conteúdos de áudio por meio da internet (exceto a distribuição de conteúdos pelas prestadoras de Serviço de Acesso Condicionado, de que trata a Lei n. 12.485, de 12 de setembro de 2011, sujeita ao ICMS).

168. SARAN, José Eduardo de Paula. *O conceito de serviço de comunicação na materialidade do ICMS-Comunicação*. 2018. Monografia (Especialização em Direito Tributário) – Instituto Brasileiro de Estudos Tributários – IBET, Campinas, jul. 2018, p. 47-48.

169. REZENDE, Fernando. A revolução digital e a reforma tributária cit., p. 135-136.

170. Ibidem, p. 135-136.

171. RMIT: abreviação de Regra-Matriz de Incidência Tributária, que será explicada em capítulo próprio.

de modo significativo os paradigmas que alicerçaram o regime tributário da economia industrial. *Há, agora, novos modelos de geração de valor*. Em outras palavras, há novos fenômenos de geração de riqueza. No plano internacional, há dificuldade para usar os princípios tradicionais de modo a alocar a competência tributária. Há conflitos entre Residência *versus* Fonte para definir a sujeição ativa. Questiona aquele autor se, no plano interno, seria ainda o IVA a melhor solução para a tributação do consumo.

Todas essas são questões novas e ainda pendentes de solução. No Brasil, o fato de sermos uma federação torna tais problemas ainda mais complexos, requerendo um novo modelo de federalismo fiscal.[172]

Segundo Fernando Rezende, vem ocorrendo, celeremente, uma erosão das bases tributárias em função dos novos modos de produção. Em termos de legislação tributária, os trabalhos que vêm sendo conduzidos pelos organismos internacionais[173] optam por simplesmente emendar as regras vigentes, tais como promover ajustes pontuais nas regras aplicadas à caracterização de um estabelecimento permanente, além da proposta de criação de um estabelecimento permanente virtual em relação ao comércio eletrônico, e a aplicação do princípio do destino para tributar o consumo pelo método do crédito fiscal.[174]

Em estudos sobre a Era Digital e a tributação, o mencionado autor é cético em relação aos citados ajustes, que devem ter, segundo ele, eficácia muito limitada. Ele não acredita que meros ajustes no modelo atual de tributação, tanto no âmbito interno quanto no internacional, sejam suficientes para lidar com os desafios gerados pelo novo mundo da economia digital. Portanto, em face das dificuldades para ajustar o figurino antigo a um novo modelo, há de se considerar a *introdução de tributos*

172. REZENDE, Fernando. O que muda na economia com o advento da revolução digital? cit.

173. Como estudos da OCDE e de países da Comunidade Europeia.

174. REZENDE, Fernando. O que muda na economia com o advento da revolução digital? cit.

específicos, ou a *implementação de uma forma particular de tributação voltada à Economia Digital*. Em realidade, propõe ele, devem-se *buscar novas bases tributárias* para essa nova era.[175-176]

Esse também é o pensamento de Celso de Barros Correia Neto, José Roberto R. Afonso e Luciano Felício Fuck. Segundo eles, bases e modelos jurídicos e econômicos do início do século XX tornam-se rapidamente obsoletos e inaptos para lidar com novas práticas comerciais e novos modelos de negócios. As legislações internas não estão plenamente adaptadas às novas estruturas de negócios e geração de valor. Por isso, conceitos como "valor agregado" e "circulação de mercadorias" perdem relevância, ou, no mínimo, são inadequados, diante de operações multilaterais, propriedades imateriais e novos serviços colocados à disposição no mercado.[177]

Concluem aqueles autores que é necessário rever os tributos vigentes e a forma de cobrá-los, já que renda, trabalho e consumo foram diretamente impactados pelas transformações da Economia Digital e certamente sofrerão repercussões ainda mais profundas nos próximos anos.[178]

Todas essas são questões candentes e muito atuais. Enquanto não houver um único tributo sobre a comercialização de bens, produtos e a prestação de serviços, ou se tais conflitos não forem dirimidos ao menos em nível de Lei Complementar, eles vão se perenizando, com a consequente insegurança jurídica daí decorrente.

No próximo capítulo, será visto, em detalhe, um dos fenômenos mais importantes da Economia Digital, as Aplicações *Over-the-Top*, para defini-las e classificá-las, e assim avançar para a questão de sua possível tributação.

175. REZENDE, Fernando. O que muda na economia com o advento da revolução digital? cit.

176. REZENDE, Fernando. A revolução digital e a reforma tributária cit., p. 153.

177. CORREIA NETO, Celso de Barros; AFONSO, José Roberto R.; FUCK, Luciano Felício. Desafios tributários na era digital cit., p. 32-33.

178. Ibidem, p. 33-34.

CAPÍTULO 2

APLICAÇÕES *OVER-THE-TOP*: CONCEITO, DEFINIÇÕES, CLASSIFICAÇÕES E NATUREZA JURÍDICA

Importante fenômeno do mundo digital, em seu período mais recente, tem sido o das chamadas Aplicações *Over-the-Top*, que vêm substituindo os canais tradicionais de veiculação de mensagens e de conteúdos audiovisuais.

As Aplicações *Over-the-Top*, ou *OTT*,[179] fazem parte da realidade da Era Digital, realidade vista como fenômeno histórico, tecnológico e social, e de sua vertente econômica, a chamada Economia Digital, com suas consequências em termos de relações jurídicas. As *OTT* trouxeram a informação e o entretenimento via internet (*on-line*) para as telas e dispositivos sonoros dos monitores de imagem nos domicílios, nos escritórios, elevadores, meios de transporte, computadores pessoais, leitores digitais (*tablets*) e aparelhos de telefonia móvel (celulares).

Neste capítulo, elas serão conceituadas, definidas e classificadas. Será identificada, também, sua natureza jurídica

---

179. Para maior fluidez do texto, adotaremos a sigla *OTT* para designar Aplicações *Over-the-Top*.

específica, sempre visando, ao final, a procurar identificar se tais fenômenos, na qualidade de fatos jurídicos, subsomem-se ou não às hipóteses de incidência do ISS e/ou do ICMS.

2.1 Conceito, definições e importância das Aplicações *Over-the-Top*

As Aplicações *Over-the-Top* possuem características que as diferenciam das modalidades mais tradicionais de veiculação eletrônica ou magnética de conteúdos textuais, gráficos ou audiovisuais.

Pode-se identificar três grandes vantagens sobre os meios tradicionais com os quais concorrem, especialmente as *OTT* de Comunicações Sociais e de Conteúdos Audiovisuais (que serão definidas mais à frente):

a) Permitem maior PERSONALIZAÇÃO DE CONTEÚDO: os clientes podem elaborar seus próprios conteúdos ou listas de conteúdos;

b) Permitem maior FLEXIBILIDADE DE ACESSO: o usuário pode acessar os conteúdos à disposição a qualquer momento. Trata-se de uma vantagem em relação à TV por Assinatura, por exemplo, em que o usuário tem momentos específicos, definidos pelo provedor, para acessar determinados conteúdos;

c) Oferecem MAIOR MOBILIDADE de acesso: os conteúdos podem ser acessados por inúmeras plataformas, inclusive móveis, como aparelhos de telefonia celular e *tablets*.

Victor Oliveira Fernandes informa que, a despeito de sua popularidade, os serviços (ou aplicações) *OTT* não encontram uma definição uníssona a seu respeito, não se amoldando a nenhuma categoria normativa preestabelecida. Esclarece que o termo foge a classificações nacionais e tem dificuldade em se amoldar em previsões contidas em fontes do Direito Internacional.[180]

O autor português Paulo Sérgio Martins Silva assim define o *Over-the-Top*:

> *Over-the-top* é um termo genérico para um serviço utlizado sobre uma rede que não é oferecido pelo operador. É normalmente descrito como "over-the-top", pois estes serviços funcionam sobre um serviço já existente e não requerem qualquer afiliação com tecnologias ou modelos de negócio associadas ao operador de telecomunicações. Pode também ser definido como conteúdo multimédia (televisão e conteúdo vídeo, por exemplo) distribuídos através de uma ligação Internet de alta velocidade e não de um provedor de serviços por cabo ou satélite. A introdução de fornecedores de serviços OTT permitiu a criação de novos modelos de negócio para serviços baseados em rede. Fornecedores de serviços OTT colaboram com os operadores de telecomunicações de modo a integrar os seus serviços com as infraestruturas de rede de telecomunicação. A aplicação mais comum do modelo OTT é, sem dúvida, no domínio de vídeo digital, onde os fornecedores de conteúdo dependem de um operador de telecomunicações para disponibilizar conteúdo (muitas vezes interativo) para televisões, box por cabo e computadores pessoais. Um factor neste tipo de serviços corresponde à possibilidade deste tipo de aplicações se adaptar ao utilizador e suas necessidades.
>
> Como exemplos deste tipo de serviços temos a Netflix, Amazon, iTunes etc.[181]

Henrique Amaral Lara e Ana Carolina Carpinetti definem *OTT* como sendo

> [...] atividades de transmissão de conteúdo audiovisual, mensagens e voz por meio de plataformas IP, e portanto, fora do controle dos distribuidores tradicionais desse conteúdo (como as

180. FERNANDES, Victor Oliveira. *Regulação de serviços Over-the-Top (OTT) e pós-convergência tecnológica* cit., p. 12.

181. SILVA, Paulo Sérgio Martins. *Plataforma de agregação de serviços OTT*. Dissertação (Mestrado) – Faculdade de Engenharia da Universidade do Porto. Porto, 2017. Disponível em: https://bit.ly/2XL98jE. Acesso em: 10 set. 2021.

empresas de radiodifusão, operadores de TV por assinatura e empresas de telefonia).[182]

Aqueles mesmos autores explicam que essas tecnologias utilizam infraestruturas de telecomunicação para oferecer serviços na internet. Ao fazê-lo, acabam muitas vezes concorrendo diretamente com os próprios detentores da infraestrutura. Isto levará, provavelmente, à necessidade de regulamentações específicas, como a tarifação dos serviços em função desta concorrência.

Ricardo Augusto Alves dos Santos prefere, em vez de *Serviços OTT*, utilizar o termo *Aplicações OTT*, "*tendo em vista que essas funcionalidades envolvem a oferta de bens, serviços e conteúdos diversos pela internet, e não só de serviços*".[183] Ele descreve as Aplicações *OTT* como uma "*ampla gama de bens, serviços e conteúdo ofertada exclusivamente em ambiente digital*".[184]

Coincidimos nessa denominação, pelas mesmas razões. Por isso, nesta obra, é adotada a nomenclatura *Aplicações OTT*, em vez de *Serviços OTT*.

Considerando, porém, que os sinais de televisão abertos e os fechados (*on demand*[185] e por assinatura) também possuem padrão digital, preferimos dizer que as Aplicações *OTT* consistem em *entrega de conteúdo via internet*, em vez de simplesmente entrega de conteúdo em ambiente digital.

182. CARPINETTI, Ana Carolina; LARA, Henrique Amaral. Não incide ICMS sobre serviços *Over the Top*, mas ISS é variável cit.

183. ALVES DOS SANTOS, Ricardo Augusto. Tributação das Aplicações *Over-the-Top* no Brasil cit., p. 693, nota de rodapé n. 3.

184. Ibidem, grifos nossos.

185. Situação em que o usuário pode controlar a transmissão, pausando, voltando ou adiantando a programação do dia, possibilitando assistir aos programas a qualquer momento. Possível graças à tecnologia a cabo e um servidor local, que faz o *streaming* (transmite os programas sem precisar baixá-los ou armazená-los) das imagens (BERGHER, Ricardo. O que é TV on Demand? *Zoom*, Rio de Janeiro, 28 ago. 2012. Disponível em: https://bit.ly/3ublkX0. Acesso em: 15 out. 2019).

As *OTT* são disponibilizadas na forma de *aplicativos*, que nada mais são que um programa, ou *software*, que estará instalado na plataforma física do usuário, ou acessível *na nuvem* (em servidor remoto, por meio da internet e de um programa navegador). Esse aplicativo permite acesso às funcionalidades e serviços disponibilizados por uma plataforma *OTT*. Assim, o *aplicativo Facebook* é o *software* instalado na plataforma do usuário ou acessado na nuvem, em que este utiliza as funcionalidades disponibilizadas pela plataforma da *Aplicação OTT Facebook*.

Portanto, as Aplicações *OTT* são conteúdos de áudio e/ou vídeo, ou de informações em geral,[186] que chegam aos terminais móveis dos usuários (aparelhos de telefonia móvel celular ou *tablets*) por meio da internet. Os conteúdos são acessados, nos dispositivos físicos, por intermédio de aplicativos ou *APP* previamente instalados (baixados).

A expressão *serviços OTT* pode assumir significados diversos quando empregada em publicações de organizações internacionais, em consultas públicas, em estudos de empresas de tecnologia ou em trabalhos acadêmicos.[187]

Observa Victor Oliveira Fernandes que o conceito de *OTT* pode se referir, sob um *aspecto subjetivo*, a um grupo de agentes econômicos e, sob um *aspecto objetivo*, a uma forma específica de prestação de serviços a partir da internet.[188] Assim, quando se diz *YouTube*, pode-se estar referindo tanto à empresa, o agente econômico (*aspecto subjetivo*), quanto à plataforma de vídeos pela internet (*aspecto objetivo*). Por outro lado, quando se menciona *plataforma de vídeos pela internet*, inequivocamente se quer referir ao *aspecto objetivo* de uma espécie de aplicação (ou serviço) *OTT*.

---

186. Em texto ou em imagens gráficas.

187. FERNANDES, Victor Oliveira. *Regulação de serviços Over-the-Top (OTT) e pós-convergência tecnológica* cit., p. 12.

188. Ibidem, p. 13.

Nas palavras daquele autor, *in verbis*:

> Sob o ponto de vista subjetivo, a expressão *OTT* é utilizada para se referir a grandes empresas de internet, como os populares aplicativos de comunicação instantânea (como *WhatsApp, Telegram* e *Messenger*), serviços de vídeo streaming (como *Netflix, Amazon Prime*), serviços de voz sobre IP (como *Skype, Google Hangout, Facetime*), serviços de redes sociais (como *Facebook, Twitter*) e, ainda, ferramentas de busca na web (como *Google, Yahoo*, entre outros). Essas empresas teriam em comum o fato de atuarem como "novos entrantes", fazendo frente aos incumbentes do tradicional setor de telecomunicações. Nessa perspectiva, portanto, a expressão tem sido empregada mais para caracterizar, do ponto de vista político, um conflito econômico do que precisamente uma discussão acerca do regime jurídico de prestação desses serviços.[189]

Numa abordagem constructivista,[190] percebe-se que a expressão *OTT* tem um leque de significados semânticos: (i) tipo de fornecimento de conteúdo ou de prestação de serviço, (ii) empresa provedora do fornecimento de conteúdo ou prestadora de serviço, (iii) o próprio aplicativo, ou plataforma, que permite o provimento de conteúdo ou prestação de serviço e, por fim, (iv) a nova forma concorrencial de provimento de conteúdo ou de prestação de serviço (em relação aos meios e prestadores tradicionais).

Prossegue Victor Oliveira Fernandes, afirmando que, mesmo no aspecto objetivo, a expressão *OTT* não é empregada de forma uníssona. Assim, ela pode designar: (i) de forma ampla, todo e qualquer conteúdo (*content*), serviço (*service*) ou aplicativo (*aplication*) que pode ser acessado por usuários finais pela internet; ou ainda, (ii) de forma restrita, referir-se a determinados serviços de comunicação e de vídeo prestados a partir da internet e que são potencialmente substitutos em relação aos serviços tradicionais de telecomunicação.[191]

---

189. FERNANDES, Victor Oliveira. Regulação de serviços Over-the-Top (OTT) e pós-convergência tecnológica cit., grifos nossos.

190. O Contructivismo Lógico-Semântico, que tem em Paulo de Barros Carvalho um de seus principais teóricos.

191. FERNANDES, Victor Oliveira. *Regulação de serviços Over-the-Top (OTT) e pós-convergência tecnológica* cit., p. 13-14.

Desde já, pode-se perceber que as Aplicações *OTT* se constituem em novo meio de realização de comunicações.

A União Internacional de Telecomunicações (UIT), Agência do Sistema das Nações Unidas dedicada a temas relacionados às Telecomunicações e às Tecnologias da Informação e Comunicação (TIC),[192] a partir de recomendação de seu grupo de trabalho SG3,[193] editou a Recomendação D.262, que define *OTT* como as "aplicações acessadas ou entregues na rede pública que podem substituir de forma direta ou funcional os serviços de telecomunicações tradicionais".[194] Trata-se de uma leitura com aspectos econômicos, financeiros e regulatórios. A UIT circunscreve a definição de *OTT* às aplicações que competem com os serviços de telecomunicações, especialmente os serviços de vídeo, voz e mensagens sobre IP, o que os sujeitaria, em tese, à alçada regulatória da UIT, conforme explica Oona Castro.[195]

A informação *supra* tem relevância quando se pensa no sistema tributário brasileiro, pois, em tese, sujeitaria as *OTT* que competem com os meios tradicionais de comunicação à tributação do ICMS-Comunicação, tema que será visto mais adiante.

Sobre a relação, concorrencial ou complementar, das *OTT* com os meios tradicionais de comunicação, há interessantes afirmativas na supracitada Recomendação, exarada no

---

192. NAÇÕES UNIDAS BRASIL. *UIT* – União Internacional de Telecomunicações. Brasília, 2009. Disponível em: https://nacoesunidas.org/agencia/uit/. Acesso em: 15 ago. 2019.

193. ANT. Agência Nacional de Telecomunicações. *Proposta brasileira de definição de OTTs é adotada internacionalmente*. Brasília: ANT, 2019. Disponível em: https://bit.ly/2Y0fbkQ. Acesso em: 15 out. 2019.

194. Conceito definido na recomendação D.262 da UIT (ITU. *D.262 (ex D.OTT)*. Recommendation ITU-T D.262 provides a collaborative framework in order to promote competition, consumer protection, consumer benefits, dynamic innovation, sustainable investment and infrastructure development, accessibility and affordability in relation to the global growth of the Over the Top (OTT) applications. Approved: 2 May 2019, grifos nossos. Disponível em: https://bit.ly/39BadgJ. Acesso em: 15 ago. 2019).

195. CASTRO, Oona. Serviços *over-the-top*: conceitos em disputa podem ter consequências para sua regulação cit.

Grupo de Trabalho SG3 da UIT. Dela extraímos os seguintes trechos, *in verbis*:

> [...] os Estados-Membros devem considerar as diferenças fundamentais entre os serviços telecomunicações e os serviços *OTT*, incluindo a natureza transfronteiriça e global das *OTTs*, barreiras de entrada de *OTTs* e integração dos mercados, entre outros fatores.
>
> [...] os operadores de rede e provedores *OTT* fazem parte do mesmo ecossistema, os Estados Membros devem considerar a interdependência entre eles, inclusive como a demanda do consumidor por serviços *OTT* pode levar a um aumento na demanda por dados de provedores de serviços de telecomunicações, bem como diminuição da demanda por serviços tradicionais de telecomunicações.[196]

Da citada recomendação da agência da ONU, pode-se destacar o seguinte: i) as Aplicações *OTT* possuem uma *natureza transfronteiriça*, ou seja, estão desvinculadas do conceito tradicional de estabelecimento e tornam fluidas as noções de origem e de destino; (ii) existe uma *interdependência* entre os *operadores de rede* (a saber, os provedores da infraestrutura de comunicação) e os provedores de *OTT*; (iii) ocorre, também, uma *concorrência*, não apenas comercial, mas de eleição da plataforma, entre os meios tradicionais de comunicação (e telecomunicação) e as Aplicações *OTT*.

Natureza transfronteiriça, interdependência e concorrência entre os meios tradicionais de comunicação e as Aplicações *OTT*. Isso é suficiente para constatar o enorme grau de vinculação destas últimas com os meios (e serviços) de comunicação.

Veja-se algo mais da literatura estrangeira sobre o assunto.

A *Digital Entertainment Merchants Association*[197] oferece a seguinte definição para *Over-the-Top*:

---

196. Em tradução livre.

197. A *Digital EMA* é a comunidade norte-americana de varejistas, distribuidores, criadores de conteúdo, empresas de serviços e tecnologia da *Entertainment Merchants Association* e outras partes interessadas envolvidas na entrega digital comercial de conteúdo de videogame e vídeo para consumidores através de portais baseados na Internet (DIGITAL EMA. North Hollywood, CA, USA, 2019. Disponível em: https://bit.ly/2XJrK3v. Acesso em: 15 ago. 2019).

> OTT (Over-the-Top) refere-se à entrega de conteúdo audiovisual transmitido pela Internet sem o envolvimento de um Provedor de Serviços de Internet (ISP) no controle ou distribuição do conteúdo. O ISP não é responsável nem é capaz de controlar as habilidades de visualização, direitos autorais e/ou outra redistribuição do conteúdo, que chega de terceiros e é entregue ao dispositivo de um usuário final.[198]

O Órgão de Reguladores Europeus para as Comunicações Eletrônicas (BEREC),[199] entidade ligada à União Europeia, descreve as Aplicações *OTT* como qualquer conteúdo ou serviço fornecido ao usuário final por meio da internet, geralmente sem o envolvimento do provedor de acesso à internet no controle e distribuição dessas funcionalidades.[200]

O mesmo BEREC, em seu documento sobre as Aplicações *OTT*, define, também, o que denomina de *Electronic Communications Service* (ECS) ou, no vernáculo, *Serviço de Comunicações Eletrônicas*. Para tanto, utiliza o documento denominado *Report on OTT Services*, no qual os ECS têm a seguinte definição:

> Serviço de Comunicações Eletrônicas é um serviço normalmente prestado mediante remuneração que consiste total ou principalmente na transmissão de sinais em redes de comunicações eletrônicas, incluindo serviços de telecomunicações e serviços de transmissão em redes utilizadas para radiodifusão, mas exclui serviços que fornecem ou exercem controle editorial sobre o conteúdo transmitido usando redes e serviços de comunicações eletrônicas [...].[201]

---

198. ROBERTS, Chris; MUSCARELLA, Vince. *Defining Over-The-Top (OTT) Digital Distribution*. Los Angeles, CA: Digital EMA, 2015. Disponível em: https://bit.ly/3CO955P. Acesso em: 15 maio 2019, tradução nossa, grifos nossos.

199. BEREC. Body of European Regulators for Electronic Communications. *Report on OTT Services*. Riga, Latvia: Berec, 29 Jan. 2016. Disponível em: http://berec.europa.eu. Acesso em: 15 out. 2019.

200. ALVES DOS SANTOS, Ricardo Augusto. Tributação das Aplicações *Over-the-Top* no Brasil cit., p. 694.

201. BEREC. Body of European Regulators for Electronic Communications cit., em tradução livre.

Ainda naquele documento, o BEREC faz a seguinte descrição detalhada das Aplicações *OTT*:

> Os serviços *OTT* incluem o fornecimento de conteúdo e aplicativos, como serviços de voz fornecidos pela Internet, conteúdo baseado na Web (sites de notícias, mídias sociais etc.), mecanismos de pesquisa, serviços de hospedagem, serviços de e-mail, mensagens instantâneas, conteúdo de vídeo e multimídia etc.
>
> Como o serviço é fornecido pela Internet, essa definição implica que o *OTT* se refere ao conteúdo que geralmente chega de terceiros (provedor *OTT*), não sendo fornecido pelo Provedor de Acesso à Internet (PAI) ao qual o usuário final está conectado. No entanto, também é possível que o PAI ofereça seus próprios serviços *OTT* ou faça parceria com fornecedores *OTT* (consulte a seção 6).
>
> Uma *segunda característica* da definição é que o *OTT* se refere a uma maneira de fornecer um serviço e, portanto, não diz nada sobre a natureza do serviço em si.
>
> Uma *terceira característica* da definição de *OTT* é que eles podem ou não ser qualificados como um *ECS*. Os serviços *OTT* são fornecidos pela rede de um PAI, o que significa que um provedor *OTT* independente (não sendo este um PAI) não seria responsável pela transmissão na rede do PAI. No entanto, por exemplo, para terminação de voz, o provedor *OTT* pode ser responsável por outras partes da transmissão, como a terminação de voz no *PATS*.[202-203]
>
> Uma *quarta característica* da definição ampla é que alguns serviços *OTT* poderiam competir com serviços *ECS* (como serviços de voz e e-mail *OTT*) e outros claramente não (como *Uber* ou *Airbnb*).[204]

Não consideramos a definição do BEREC como a mais adequada a ser aplicada às *OTT* uma vez que há situações, como supravisto, em que eles podem ser classificados como *ECS* e outras em que não, gerando insegurança jurídica.

---

202. Serviço Telefônico Disponível ao Público.

203. Trata-se, aqui, dos serviços de comunicação de voz providos, por exemplo, pelo *Skype*, em que temos, num dos polos da relação comunicacional, um telefone convencional, fixo ou celular. Há autores que não consideram este tipo de serviço como uma OTT, já que não é inteiramente provido pela internet.

204. BEREC. Body of European Regulators for Electronic Communications cit., tradução nossa, grifos nossos.

A seguir, traz-se a definição às Aplicações *OTT* pela Organização para a Cooperação e Desenvolvimento Econômico (OCDE), *in verbis*: "serviços especializados por meio dos quais podem ser entregues aos usuários finais serviços e conteúdo por meio da internet, por meio de redes ultrarrápidas de acesso e de forma segregada ao tráfego de internet propriamente dito".[205]

Carlos Emmanuel Joppert Ragazzo e Isabel Cristina Veloso de Oliveira trazem, complementarmente, outra definição da OCDE para o *Over-the-Top*. Confira-se:

> OTT (Over The Top) trata-se do fornecimento de aplicações de telefonia, *streaming* de vídeo, mensagens instantâneas e chats por meio da internet, geralmente baseados em plataformas multiuso, a exemplo de computadores, SmartTVs, videogames e celulares. Como define a Organização para a Cooperação e Desenvolvimento Econômico (OECD), o termo OTT se refere a vídeos, músicas e outros serviços prestados por meio da Internet, em detrimento das redes gerenciadas próprias dos provedores (OECD, 2013).[206-207]

Outro estudioso do assunto, Alberto Macedo, também traz a conceituação do BEREC para os serviços (como ele descreve) *OTT*: "conteúdo, serviço ou aplicação que é provido para o usuário final da Internet pública".[208] Diz ele, ainda, *in verbis*:

> Incluindo nessa definição que o que é provido pode ser também conteúdo, serviço ou aplicação, significa que qualquer coisa provida na internet pública é um serviço *OTT*. [...] esse provimento

---

205. BEREC. Body of European Regulators for Electronic Communications cit., grifos nossos.

206. OECD. OECD Communications Outlook 2013. *OECDiLibrary*, Paris: OECD Publishing, 2013. Disponível em: https://bit.ly/2XRcfq5. Acesso em: 15 ago. 2019.

207. RAGAZZO, Carlos Emmanuel Joppert; VELOSO DE OLIVEIRA, Isabel Cristina. Regulação e novas tecnologias: verticalização das OTTs de vídeo cit., p. 205, grifos nossos.

208. MACEDO, Alberto. Tributação de atividades de *streaming* de áudio e vídeo: guerra fiscal entre ISS e ICMS. *In:* FARIA, Renato Vilela; SILVEIRA, Ricardo Maitto da; MONTEIRO, Alexandre Luiz Moraes do Rêgo (coord.). *Tributação da Economia Digital*: desafios no Brasil, experiência internacional e novas perspectivas. São Paulo: Saraiva, 2018, p. 512, grifos nossos.

> geralmente ocorre sem o envolvimento do provedor de acesso à internet no controle ou distribuição do serviço.[209]

Segundo aquele autor, os provedores de serviços *OTT* estão focados em sua produção, e não no provimento de acesso à internet. Ao tratar da realidade brasileira, esclarece que a ANATEL não pretende interferir no relacionamento entre as empresas de internet que prestam Serviço *OTT*[210] e as empresas de Telecom, a menos que convocada para tal.

Da leitura das definições encontradas especialmente na literatura estrangeira, ve-se que Aplicação *OTT* pode ser: (i) *uma entrega de conteúdo audiovisual* (viés de *obrigação de dar*) ou (ii) *um serviço* (viés de *obrigação de fazer*, uma *atividade*, um *serviço*), em ambos os casos, *por meio da internet*. Como exemplo da primeira situação, pode-se citar a plataforma de conteúdos audiovisuais *Netflix*, que disponibiliza filmes e séries. Exemplo da segunda é o aplicativo de rotas *Waze*, que sugere rotas e fornece informações sobre o tempo da viagem até o destino desejado. Deve-se destacar, aqui, que o provedor do conteúdo não é o mesmo provedor da internet.

No caso de Aplicações *OTT* de entrega de conteúdos audiovisuais, encontra-se, na revista *Forbes*, uma definição para vídeo transmitido via Aplicação *OTT*: "OTT video is video transmitted via the Internet that bypasses traditional cable/ linear distribution".[211] Numa tradução livre, o vídeo *OTT* seria "aquele transmitido via internet e que dispensa a tradicional transmissão por meio de distribuição por linha ou cabo físico". Portanto, nenhuma diferença em relação à definição genérica de *OTT*, a não ser pela especificidade de conteúdo.

---

209. MACEDO, Alberto. Tributação de atividades de *streaming* de áudio e vídeo cit., p. 512, grifos nossos.

210. Aqui, entendemos que a melhor expressão teria sido *empresas que produzem conteúdo OTT*.

211. WILSON, Jim. How OTT Will Innovate In 2018. *Forbes*, Jersey City, NJ, USA, 23 Jan. 2018. Disponível em: https://bit.ly/2XPSmQe. Acesso em: 15 out. 2019.

Outra importante modalidade de Aplicação *OTT* de Conteúdos Audiovisuais é aquela de provimento de *TV baseada na internet*, que vem competindo com as formas de televisão contratada, que são a *TV a cabo* e a *TV via satélite*, ambas por assinatura. Num texto do final de 2015, James Gattuso, especialista norte-americano em assuntos regulatórios das telecomunicações nos EUA, traçou um panorama sobre a competição entre TV a cabo, TV via satélite e a recente, que é transmitida e recepcionada pela internet, em vez de cabo ou satélite, com as Aplicações *Over-the-Top*. Confira-se:

> Na década de 1990, outros novos concorrentes entraram na briga pela televisão, oferecendo opções adicionais para os telespectadores. O sucesso da TV a cabo durou apenas cerca de duas décadas, quando outras plataformas de distribuição passaram a com ela competir. Em 2013, a *TV a cabo* representava apenas metade do mercado de *MVPD*.
>
> A *TV via satélite* representou um terço do mercado, com os provedores de serviços de telecomunicações, como *Verizon* e *AT&T*, representando outros 10% dos assinantes.
>
> Hoje, uma nova onda de mudança está agitando a televisão: a *TV baseada na Internet*. Geralmente chamado de *vídeo Over-the-Top* (*OTT*), esse serviço é fornecido por meio da conexão de banda larga existente do consumidor, e não por cabos, espectro ou outra infraestrutura separada.
>
> O mercado *OTT* é competitivo, dinâmico e até um pouco caótico. Talvez o provedor de vídeo mais conhecido seja o *Netflix*, que começou como um serviço de aluguel de DVDs por correspondência.
>
> Agora, seu serviço on-line é tão popular que o *streaming* da *Netflix* constitui mais de um terço de todo o uso da Internet durante o horário nobre. Mas o serviço enfrenta uma horda virtual de concorrentes, incluindo *Amazon Instant Video, Vudu, Hulu, Sling TV, Flixster, Crackle, TV.com* e *YipTV*, entre outros.
>
> E mais serviços *OTT* estão a caminho. Talvez o mais notável seja que a *Apple (...)*, fornecendo cerca de 25 canais de programação *OTT*, incluindo conteúdo da *CBS, ABC* e *Fox*. O *Google* também está lançando um novo serviço de assinatura, chamado *YouTube Red*.[212]

212. GATTUSO, James. FCC: Over the Top on Internet TV. *The Heritage Foundation*, Report Government Regulation, Washington, DC, 17 Nov. 2015, tradução nossa, grifos nossos. Disponível em: https://herit.ag/3ufO5Sh Acesso em: 15 ago. 2019.

Adentrando as especificidades da TV com uso da internet, costuma-se confundir a *IPTV* com as Aplicações *OTT*. A *IPTV* consiste numa forma de transmissão de canais de TV com possibilidade de alta qualidade, a depender dos serviços de internet contratado, por meio de um canal dedicado de internet, cujo uso depende de uma *SmartTV*.[213] O uso da *IPTV* depende do emprego de um conversor de sinais. Foi uma modalidade surgida antes da popularização do *streaming*, portanto das Aplicações *OTT* de Conteúdos Audiovisuais, como o *Netflix*. Hoje, cada vez mais vem caindo em desuso. Importa diferenciar *IPTV* de *Over-the-Top*: são coisas distintas. A *IPTV* faz uso de canais dedicados na internet e o *OTT* faz uso do *streaming* na internet normal.

Além disso, a *IPTV* utiliza o protocolo *IP* (ou *TCP/IP*). O *streaming*, tecnologia empregada pelas *OTT*, utiliza os protocolos *UDP* e *RTSP*.[214]

Em termos econômicos, a diferença entre a *IPTV* e as Aplicações *OTT* (as de Conteúdos Audiovisuais), está em que estas últimas oferecem conteúdos em internet aberta, por um valor fixo e acessível, ao passo que a *IPTV* inevitavelmente é um serviço mais oneroso que as *OTT*, já que o provedor do conteúdo também é o provedor da infraestrutura e por isso tem que arcar com custos de gerenciamento.[215]

No mesmo sentido, não obstante as indefinições semânticas em relação às *OTT* e sua inter-relação com os meios tradicionais de comunicação, haveria um consenso no sentido de que não se enquadram na categoria de Aplicações *OTT* os chamados *managed services*, ou seja, os serviços que são prestados na internet com o intuito de garantir melhor desempenho em termos de qualidade, como alguns serviços *IPTV* e de

---

213. Aparelho de TV que acessa a internet.

214. Conforme a explicação de Sandra Maria Poiatti, especialista em telecomunicações e hoje Agente Fiscal de Rendas da SEFAZ/SP.

215. GUTIERRES, Aline Fernanda Antunes. *O papel dos serviços* Over the Top *no conflito entre direito autoral e acesso à cultura*. Monografia (Bacharelado em Ciências Jurídicas e Sociais) – Faculdade de Direito, Universidade Federal do Rio Grande do Sul, Porto Alegre, 2018. p. 13.

VoIP, por exemplo, que se valem de um tráfego de rede gerenciado para não comprometer a entrega de pacotes de dados devido à latência das redes.[216]

No aspecto cultural, o fato de as Aplicações *OTT* terem um custo muito menor que os meios tradicionais contribui para desestimular a veiculação de cópias audiovisuais ilegais.[217]

O advento do *streaming* foi um importante fator para a popularização das *OTT*, conforme explica Aline Fernanda Antunes Gutierres. Confira-se:

> A transmissão dos conteúdos disponibilizados pelas *OTT* pode ser realizada por ***streaming***, o que foi um fator determinante no impacto e no crescimento dos serviços. Isso porque o ***streaming*** é a tecnologia que permite o acesso ao conteúdo de forma *on-line*, sem necessidade de *download*, não comprometendo a memória interna do aparelho, porque recebe os dados ao mesmo tempo em que os repassa ao usuário. Funciona, portanto, simultaneamente, tendo um intervalo de armazenamento para processamento, o qual é chamado *buffer*. Também é possível a transmissão por meio de *download*, mas atualmente não é o mais comum.[218]

Em suma, numa definição ampla e objetiva, as Aplicações *OTT* são uma categoria que abrange todo e qualquer conteúdo, aplicativo e serviço que possa ser acessado por usuários finais, por meio da internet, prestados por um provedor (ou agente de mercado) que não detém, ele mesmo, o controle da rede.[219] Logo, o prestador é um fornecedor de conteúdo, mas não um provedor de infraestrutura.

Dizendo de outra forma, as Aplicações *OTT* são aquelas que operam na camada de aplicações da internet e pelas

---

216. FERNANDES, Victor Oliveira. *Regulação de serviços Over-the-Top (OTT) e pós-convergência tecnológica* cit., p. 15.

217. Ibidem.

218. Ibidem, p. 28, grifos nossos.

219. Ibidem, p. 15.

quais os usuários da internet produzem, acessam e trocam informações.[220]

2.2 Classificação das diversas Aplicações *Over-the-Top*

Vistos o conceito e as definições existentes de Aplicação *Over-the-Top*, passa-se à sua classificação. Será visto que não há um consenso quanto aos critérios para isso.

Inicia-se pelas classificações encontradas na literatura estrangeira.

Segundo a Organização para a Cooperação e o Desenvolvimento Econômico (OCDE), as Aplicações *Over-the-Top*

> [...] devem ser categorizadas em conformidade com o conteúdo ofertado aos usuários, qualificando-se como serviços de ***streaming*** de música e vídeo, por possibilitarem aos usuários as mesmas funcionalidades que os serviços de telecomunicação tradicionais.[221]

Nessa perspectiva, devem ser qualificados como *serviços de comunicação* tanto os aplicativos de comunicação em tempo real entre usuários (como o *WhatsApp*) quanto os serviços de *streaming* de música e vídeo (como o *Spotify*, no primeiro caso, e o *Netflix*, no segundo), uma vez que possibilitam aos usuários as mesmas funcionalidades que os serviços de telecomunicação tradicionais.[222]

Por sua vez, o BEREC europeu classifica a Aplicações *OTT* em três (3) categorias: *OTT-0, OTT-1* e *OTT-2* por funcionalidade, independentemente do meio técnico empregado. Confira-se:

- *OTT*-0: categoria de "serviço" (na expressão daquele órgão) *OTT* que o BEREC qualifica como um ECS

220. CASTRO, Oona. Serviços *over-the-top*: conceitos em disputa podem ter consequências para sua regulação cit.

221. ALVES DOS SANTOS, Ricardo Augusto. Tributação das Aplicações *Over-the-Top* no Brasil cit., p. 694, grifos nossos.

222. Ibidem.

(*Serviço de Comunicação Eletrônica*). O BEREC dá o exemplo de uma *OTT* de voz com possibilidade de fazer chamadas para um número fixo ou de celular (na redação do BEREC, *PATS*[223]). Um exemplo é o aplicativo *Skype*;

- *OTT*-1: categoria de "serviço" *OTT* que não é um ECS, mas potencialmente compete com um ECS. O BEREC dá, como exemplo, o *OTT* de voz e mensagem instantânea. Como exemplo, têm-se os aplicativos *Telegram* e *WhatsApp*;

- *OTT-2*: outros "serviços" *OTT* (exemplo: comércio eletrônico, *streaming* de vídeo e de áudio).[224] Exemplos: *Prime Video*, *Netflix*.

Na visão de Alberto Macedo (2018), os serviços *OTT-0* seriam *serviços de comunicação*, ao passo que os serviços *OTT-1* e *OTT-2* seriam *outros serviços*.[225]

Prosseguindo nas classificações de Aplicações *OTT* encontradas na literatura estrangeira, a *Comisión Nacional de los Mercados y la Competencia*,[226] em documento de 2014, classifica as Aplicações *Over-the-Top* em:

a) aplicações de conteúdos audiovisuais e de comunicação;

b) os serviços de localização;

c) os serviços de intercâmbio de arquivos e de informação entre pessoas e/ou empresas;

d) os serviços de armazenamento de informação; e

223. Serviço Telefônico Disponível ao Público.

224. MACEDO, Alberto. Tributação de atividades de *streaming* de áudio e vídeo: guerra fiscal entre ISS e ICMS cit., p. 513.

225. Ibidem.

226. Órgão não governamental espanhol com controle parlamentar.

e) todo tipo de aplicações e de *software* distribuídos pela internet.[227]

Na classificação *supra*, tem-se uma categoria de *OTT* que não foi vista em nenhuma outra fonte: as Aplicações *OTT* de *serviços de localização*. Seria o caso dos aplicativos *Waze* e *Google Maps*, para citar dois muito conhecidos. Vale destacar que, das classificações internacionais pesquisadas, esta nos parece a mais adequada. Usa o *critério da funcionalidade ou atividade de seu provedor*.

Passemos às classificações encontradas nas fontes nacionais.

No Brasil, o Marco Civil da Internet, por meio da Lei 12.965, de 2014, definiu as aplicações de internet como "o *conjunto de funcionalidades* que podem ser acessadas por meio de um terminal conectado à internet".

Sandra Maria Poiatti[228] cita exemplos de Aplicações *OTT* que vêm substituindo os meios convencionais. Ela as classifica por funcionalidade, agrupando-as por esse critério e, ao mesmo tempo, exibindo as modalidades tradicionais com as quais as *OTT* concorrem (nos três primeiros casos). Confira-se:

a) *serviços de vídeo, TV e áudio*: com eles concorrem, na qualidade de *OTT*, o *site* de compartilhamento *YouTube*, o serviço de *streaming* de vídeos *Netflix*, o serviço de *streaming* digital de músicas *Spotify* e o reprodutor de mídias digital *Apple TV;*

b) *serviços de voz e imagem*: com eles concorrem os aplicativos comerciais *Skype*, *WhatsApp* e *Facetime*;

c) *aplicativos para troca de mensagens*: seus concorrentes *OTT* são o *WhatsApp*, o *Telegram* e o *iMessage* (Apple);

---

227. CNMC. Comisión Nacional de los Mercados y la Competencia. *Caracterización del uso de algunos servicios over the top em España* (comunicaciones electrónicas y servicios audiovisuales). Informe Sectorial. ESTAD/CNMC/055/17. Madrid: CNMC, 15 enero 2015 (Documento de Trabajo n. 4). Disponível em: https://bit.ly/2XJsCVP Acesso em: 15 ago. 2019.

228. Especialista em telecomunicações e hoje Agente Fiscal de Rendas da SEFAZ/SP.

d) *Serviços de pagamento de compras on-line* (serviços *Mobile Payment*): aplicativos comerciais *Google Wallet* e *Google Pay*.[229]

Outro autor, Ricardo Augusto Alves dos Santos, propõe que as Aplicações *OTT* devam ser classificadas como "uma espécie das aplicações de internet", conforme previsto no Marco Civil da Internet. Adverte ele que não existe, até o momento, qualquer ato normativo em nosso ordenamento jurídico, para fins tributários ou para fins regulatórios, que trate especificamente sobre a definição e o enquadramento legal das Aplicações *OTT*.[230]

Esse autor propõe que se qualifiquem as Aplicações *OTT*, segundo o *critério da atividade que seus provedores desempenham*. Confira-se:

> As Aplicações *OTT* devem ser qualificadas de acordo com a atividade desempenhada por seus provedores, enquadrando-se como serviços de comunicação apenas aquelas funcionalidades em que os provedores especializados se responsabilizem pela transmissão do conteúdo aos usuários (como é o caso dos serviços *VoIP* que permitem a realização de chamadas, a partir de um computador, destinadas a terminais ligados à rede pública de telefonia).[231]

A adotar-se tal critério, as Aplicações *OTT* que não sejam ao mesmo tempo as provedoras da infraestrutura de comunicação não poderiam ser classificadas como serviços de comunicação.

Por outro lado, se há algum consenso em torno do conceito ordinário das Aplicações *OTT*, não existem, até o momento, critérios consensuais e internacionalmente aceitos para sua classificação. Por isso, aquele autor entende que, no Brasil,

229. POIATTI, Sandra Maria. *A tributação do ICMS sobre os serviços de comunicação* cit., p. 34.

230. ALVES DOS SANTOS, Ricardo Augusto. Tributação das Aplicações *Over-the-Top* no Brasil cit., p. 694, grifos nossos.

231. Ibidem.

dever-se-ia adotar um critério que de alguma forma se aproxime de nosso sistema positivo tributário.[232]

Em resumo, a OCDE propõe uma classificação por conteúdos oferecidos. Há organismos, como o BEREC, e autores, como os vistos acima, que propõem uma classificação por funcionalidade, e assim também o Marco Civil da Internet, no Brasil. Pensando em nosso Sistema Constitucional Tributário e em suas hipóteses de incidência, parece-nos mais apropriado, como postura metodológica, também adotar uma classificação por *funcionalidade*, mais que aquela por conteúdo, pois aproxima mais as Aplicações *OTT* dos núcleos impositivos constitucionais, ligados às clássicas *obrigações de dar* e *obrigações de fazer* (ou *oferecimento de utilidade*).

A partir das definições já vistas e considerando a insuficiência das classificações encontradas na literatura, sentimos a necessidade de propor uma classificação das Aplicações *OTT*. Os critérios para sua elaboração foram os seguintes: (i) que a classificação contemple Aplicações em meio digital; (ii) as quais utilizem a internet para seu pleno funcionamento; (iii) que possibilitem o trânsito de mensagens, informações, arquivos multimídia, produtos ou serviços de provimento próprio ou de terceiros; e (iv) nas quais seus provedores,[233] bem como os provedores dos conteúdos, produtos e serviços, não necessariamente sejam os mesmos provedores da infraestrutura física e lógica da internet e dos serviços de comunicação que lhes servem de meio de funcionamento e utilização.

Considerando que uma Aplicação *OTT* pode ser uma ampla gama de conteúdos, produtos e serviços,[234] a classificação aqui proposta não tem a pretensão de ser exaustiva, inclusive tendo em vista a enorme velocidade de evolução da internet e

---

232. ALVES DOS SANTOS, Ricardo Augusto. Tributação das Aplicações *Over-the-Top* no Brasil cit., p. 694.

233. No sentido de desenvolvedores do *software* e de mantenedores da Aplicação como disponível.

234. ALVES DOS SANTOS, Ricardo Augusto. Tributação das Aplicações *Over-the-Top* no Brasil cit., p. 693, nota de rodapé n. 3.

dos produtos e serviços da Economia Digital. Todavia, procura-se ali contemplar as principais espécies de *OTT* hoje existentes e que têm alguma relevância em termos de grau de utilização, de quantidade de usuários, como fenômeno de produção de riqueza, conhecimento, informação e cultura, e como fenômeno de comportamento social. Os aplicativos ali indicados, em cada espécie, têm caráter meramente exemplificativo.

A classificação é apresentada graficamente a seguir:

Figura 6: Espécies de Aplicações *Over-the-Top*

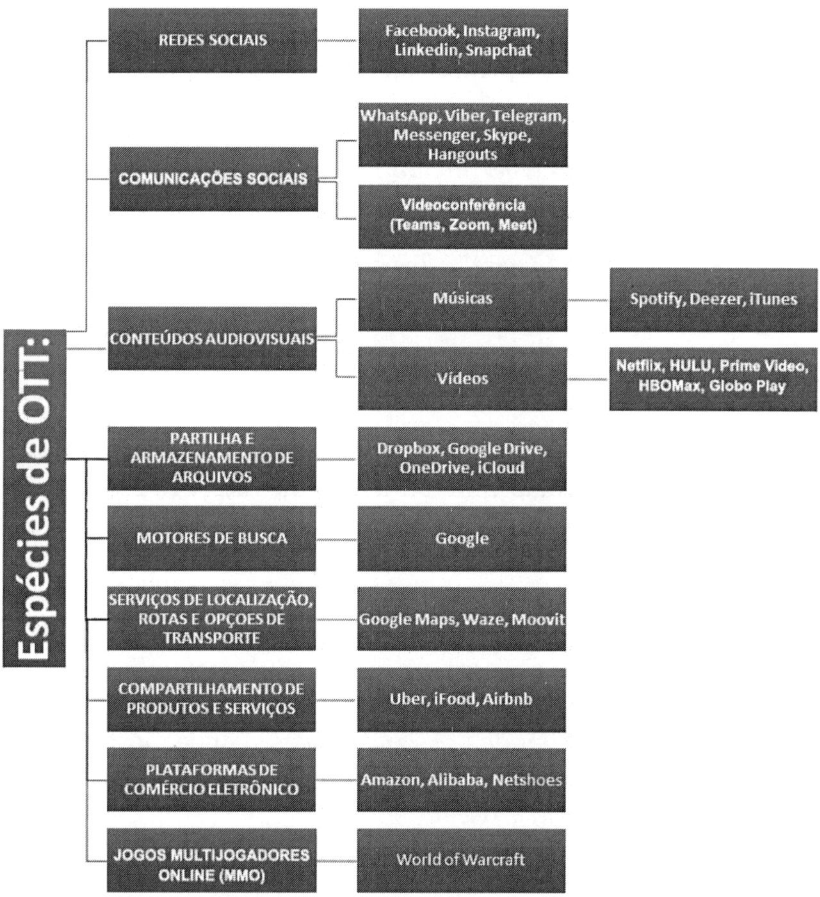

Fonte: o autor.

Pela classificação proposta, o gênero *Aplicação Over-the--Top* possui *nove espécies*, segundo sua *funcionalidade*:

a) Aplicações *Over-the-Top* de Redes Sociais;

b) Aplicações *Over-the-Top* de Comunicações Sociais;

c) Aplicações *Over-the-Top* de Conteúdos Audiovisuais;

d) Aplicações *Over-the-Top* de Partilha e Armazenamento de Arquivos;

e) Aplicações *Over-the-Top* de Motores de Busca;

f) Aplicações *Over-the-Top* de Serviços de Localização, Rotas e Opções de Transporte;

g) Aplicações *Over-the-Top* de Compartilhamento de Produtos e Serviços;

h) Aplicações *Over-the-Top* de Plataformas de Comércio Eletrônico;

i) Aplicações *Over-the-Top* de Jogos Multijogadores *On-line*.

As *Aplicações Over-the-Top de Redes Sociais* são, como seu nome diz, aquelas que permitem a interação social de seus usuários por meio da internet. *Redes Sociais* é uma expressão empregada usualmente para se referir aos aplicativos (ferramentas, aplicações) interativos e colaborativos, acessados pela internet, que permitem a comunicação, partilha e interação de ideias e assuntos de interesse comum,[235] podendo compreender a publicação, para acesso indistinto ou restrito, de fotos, imagens e vídeos. As principais Aplicações, em termos de divulgação e número de usuários, são o *Facebook*, o *Instagram*, o *LinkedIn* e o *Snapchat*.

---

235. PATRÍCIO, Maria Raquel; GONÇALVES, Vítor. Facebook: rede social educativa? *In:* ENCONTRO INTERNACIONAL TIC E EDUCAÇÃO. 1, 19-20 nov. 2010, Lisboa. *Anais* [...]. Bragança: Instituto Politécnico de Bragança, 2010. p. 593-598. Disponível em: https://bit.ly/3EU70qH. Acesso em: 15 out. 2019.

As *Aplicações OTT de Comunicações Sociais* são aquelas em que seus usuários podem realizar videoconferências, chamadas de voz ou troca de mensagens. Trata-se das funcionalidades de comunicação instantânea por texto, voz ou imagem e voz. Incluem-se, aí, as Aplicações *OTT* de voz e de mensagens gráficas e serão mais bem explicadas oportunamente. As principais Aplicações dessa modalidade são, hoje, o *WhatsApp*, o *Viber*, o *Telegram*, o *Skype*, o *Messenger* e o *Hangouts*. Nos últimos anos, especialmente devido ao isolamento social imposto pela pandemia da Covid-19, com consequente popularização do teletrabalho e do ensino a distância, adquiriram notável importância os serviços ou aplicativos de videoconferência, cujos exemplos mais conhecidos são o *Teams*, o *Zoom* e o *Meet*.[236]

As *Aplicações OTT de Conteúdos Audiovisuais* são aquelas em que os usuários podem acessar conteúdos produzidos por outros usuários ou por provedores especializados, de modo gratuito ou oneroso, em temas que vão da moda ao entretenimento, da gastronomia ao turismo, da educação às artes e à produção cultural, da política à religião. Este grupo, por sua vez, se subdivide em dois subgrupos: (i) os de Músicas (e outros conteúdos auditivos: músicas, *podcasts* e conteúdos radiofônicos, em que se tem apenas a transmissão auditiva, porém sem vídeo); e (ii) os de Vídeos propriamente ditos (conteúdos audiovisuais, filmes, séries, vídeos de "canais" da internet, programas de rádio com imagem e programas de TV). Serão melhor explicadas mais à frente. No primeiro subgrupo, as Aplicações *OTT* mais importantes, a título exemplificativo, são o *Spotify*, o *Deezer* e o *iTunes*, todos veiculadores de conteúdos musicais. No segundo subgrupo, as principais

236. Vamos encontrar, em alguns autores, o entendimento de que aplicativos como *WhatsApp* também podem ser classificados como de Redes Sociais, a exemplo de *Facebook* e *Instagram*, ou seja, não distinguindo a classificação específica de Comunicações Sociais. Divergimos desse critério. Muito embora o *Facebook* e o *Instagram* tenham uma funcionalidade de troca de mensagens, o *Messenger* e o *Instagram Direct*, sua função principal não é a troca de mensagens instantâneas, mas o compartilhamento de ideias, fotos e comentários. Em suma, as *OTT* de Redes Sociais podem conter, ou terem a si associadas, funcionalidades, também *OTT*, de Comunicações Sociais, sem deixar de ser OTT de Redes Sociais, merecendo uma classificação específica.

Aplicações internacionais são o *Netflix*, a *HBO Max*, a *Prime Video*, o *Disney+*, o *HULU* e, no Brasil, a *Globoplay*.

As *Aplicações OTT para Partilha e Armazenamento de Arquivos* são aquelas que permitem, ao usuário, armazenar e acessar seus arquivos "na nuvem", ou seja, num servidor remoto, deixando de ocupar espaço em seu dispositivo físico para a mesma finalidade e podendo acessá-los em qualquer localidade onde haja internet. O serviço pode ser gratuito ou oneroso. As principais Aplicações dessa espécie são o *Dropbox*, o *Google Drive*, *OneDrive* e *iCloud*.

As *Aplicações OTT de Motores de Busca*, também conhecidas como *ferramentas de busca* ou *buscadores*, são aplicativos (programas) concebidos para procurar e encontrar conteúdos acessíveis pela internet a partir de "palavras-chave" ou de imagens fornecidas pelo usuário. Nos primórdios da internet, ficou conhecido o *site* Altavista, depois substituído pelo *Yahoo*. No Brasil, existiu o *Cadê* (hoje, *Yahoo! Search*). Atualmente, a Aplicação *OTT* dominante é o *Google*.

As *Aplicações OTT de Serviços de Localização, Rotas e Opções de Transporte* são serviços de pesquisa e visualização de mapas, rotas e opções de transporte, permitindo a localização geográfica do usuário, de endereços físicos, de locais de interesse e de serviços úteis, além de oferecer opções de rotas e de transporte entre um ponto e outro, com indicação de tempo, distância, condições de trânsito e ocorrências, entre outros recursos. Há aplicações mais voltadas para a localização, como o *Google Maps*, mas que também oferecem recursos de rotas de navegação; outras direcionadas para rotas de navegação, como o *Waze*; e outras destinadas à escolha de opções de transporte, como o *Moovit*.

As Aplicações *OTT* de Compartilhamento de Produtos e Serviços são aquelas "que viabilizam o acesso a bens e serviços, mas sem detê-los ou prestá-los".[237] É o caso dos conhecidos

237. PISCITELLI, Tathiane. A inconstitucionalidade do convênio ICMS 106/2017 e a incidência do ICMS sobre bens digitais. *In:* PISCITELLI, Tathiane (coord.). *Tributação da economia digital*. São Paulo: Thomson Reuters, 2018, p. 416, grifos nossos.

aplicativos de compartilhamento de transporte, como o *Uber* e o *Cabify*, de entrega de alimentação, como o *iFood*, ou de aluguel de imóveis, como o *Airbnb*.

As *Aplicações OTT de Plataformas de Comércio Eletrônico* consistem numa aplicação para que fornecedores (únicos por plataforma ou diversos) possam efetuar vendas na modalidade de *comércio eletrônico* (ou *comércio on-line*). Trata-se de uma espécie de *vitrine virtual*, na qual o usuário procura o produto desejado, sendo-lhe exibidas as várias opções disponíveis. Os produtos podem ser físicos ou digitais. No primeiro caso, a mercadoria será entregue fisicamente no endereço desejado pelo usuário. Quando os produtos não são do mesmo provedor da Aplicação, mas sim de terceiros, essa plataforma digital é também conhecida como *Marketplace*. A Aplicação oferece funcionalidades para a escolha do produto e para o pagamento, este normalmente consistente numa aplicação diversa. Internacionalmente, as Aplicações mais conhecidas são a *Amazon* e o *Alibaba*. No Brasil, as mais conhecidas são, novamente, a *Amazon*, *B2W*, *Carrefour*, *Magazine Luiza*, *Rappi* e *Netshoes*.

As *Aplicações OTT de Jogos Multijogadores On-line* são aquelas de jogos eletrônicos que têm a participação de grandes quantidades de jogadores interagindo via internet, além da comercialização de bens e funcionalidades úteis para os jogos em si. A grande maioria das Aplicações exige assinatura mensal. Vários deles possibilitam a "incorporação" de personagens. As modalidades de jogos são conhecidas pelas siglas de suas denominações em Inglês: *Massively Multiplayer Onlinge Game (MMOG, ou MMO)*, *Massively Multiplayer Role-Playing Game (MMRPG)*, *Massively Multiplayer Social Game (MMSG)* etc. A Aplicação mais conhecida é a *World of Warcraft*, mas há outras como *PlanetSide 2*, *Firefall*, *Second Life*, *Tribal Wars* etc.

Nesta obra, nos concentraremos nas Aplicações *OTT* de Comunicações Sociais e nas de Conteúdos Audiovisuais.

Vejamo-las com mais detalhe, a seguir.

2.3 Aplicações *Over-the-Top* de Comunicações Sociais

As *Aplicações OTT de Comunicações Sociais* são aquelas que permitem o envio de mensagens instantâneas, a realização de chamadas de voz pela internet, pelo emprego da tecnologia Voz sobre IP (VoIP) ou similar, e a realização de sessões de videoconferências.

Sua *finalidade*, portanto, é precipuamente a *comunicação*, realizada entre dois ou mais usuários, nem sempre de modo síncrono, e que se opera pela internet.

Elas permitem tanto o envio ou visualização de mensagens instantâneas de arquivos multimídia (ou seja, texto, imagens, vídeos, documentos em PDF e outros formatos), quanto a realização de chamadas ou sessões com voz e imagem.

Pode-se subdividir essa espécie em duas subespécies: (i) as *OTT* de Comunicações Sociais *stricto-sensu* (*WhatsApp, Telegram, Messenger, Skype* etc.) e (ii) as *OTT* de Comunicações Sociais de Videoconferência (*Teams, Zoom, Meet* etc). Estas últimas tiveram sua massificação de uso durante a pandemia da Covid-19.

Embora aplicativos de comunicação da primeira subespécie mencionados, como *WhatsApp*, sirvam igualmente para que vários usuários se comuniquem simultaneamente com voz e imagem, os serviços específicos de videoconferência contêm recursos e funcionalidades próprias para isso, como maior capacidade em número de usuários simultâneos, identificação do usuário, possibilidade de desabilitar microfone e câmera, visualização de arquivos, "quadro negro", "chat" de mensagens escritas, registro de "emoções", pedido para se manifestar ("levantar a mão"), registro de frequência e outras. Tais recursos vieram facilitar e massificar as reuniões corporativas e sociais e o ensino a distância.[238]

238. ALVES DOS SANTOS, Ricardo Augusto. Tributação das Aplicações *Over-the-Top* no Brasil cit., p. 707.

Nessa espécie de *OTT*, pressupõe-se, sempre, a presença de usuários nos polos da comunicação (dois ou mais), no sentido de haver emissor(es) e receptor(es) da mensagem, ainda que nem sempre de modo síncrono, que podem se alternar na qualidade de emissor e de receptor, diferentemente das *OTT* de Conteúdos Audiovisuais.[239] Nestas últimas, há apenas um polo emissor, fixo, que é o provedor de conteúdos, para uma multiplicidade de receptores, sempre nessa condição passiva.

Assim, na presente modalidade, pode ocorrer uma interação entre os participantes de uma relação comunicacional: o usuário receptor pode ler (imediatamente ou não) a mensagem recebida (texto, áudio ou audiovisual), ou participar de uma audiochamada ou videochamada. A resposta poderá se dar de modo síncrono ou assíncrono. Embora o receptor possa optar por não responder a uma mensagem ou chamada recebida, trata-se de uma interação bidirecional, entre dois usuários, ou multidirecional, no caso de grupos ou de videoconferências coletivas.

As *OTT* de *Comunicações Sociais* caracterizam-se como uma "inovação disruptiva em relação aos serviços convencionais de comunicação oferecidas pelas operadoras de telecomunicações, especialmente a telefonia móvel".[240]

Como já mencionado, os principais provedores dessas Aplicações, no Brasil, são o *WhatsApp, Telegram, Viber, Skype, Zoom, Meet* e *Teams*, entre outros. Usualmente, tais Aplicações são ofertadas gratuitamente aos usuários, podendo haver a veiculação de propagandas nos aplicativos,[241] que é uma maneira de os provedores se remunerarem.[242] No caso específico dos

---

239. Por exemplo, quando um usuário envia, por *WhatsApp* ou *Telegram*, mensagens que poderão ser lidas e respondidas em outro momento pelo(s) destinatário(s).

240. ALVES DOS SANTOS, Ricardo Augusto. Tributação das Aplicações *Over-the--Top* no Brasil cit.

241. Ibidem.

242. Não abordaremos aqui a funcionalidade de alguns aplicativos, como o *Skype*, que permite a ligação, com o uso ou não de *VoIP*, para telefones fixos, partindo da

aplicativos ou serviços de videoconferência, há modalidades gratuitas e outras onerosas de um mesmo serviço (a exemplo do *Zoom* e do *Meet*), sendo que estas últimas oferecem mais recursos aos assinantes, como maior número de usuários simultâneos ou maior tempo de realização de sessões.

2.4 Aplicações *Over-the-Top* de Conteúdos Audiovisuais

As Aplicações *OTT* de Conteúdos Audiovisuais são aquelas que permitem o envio de arquivos digitais de vídeos, músicas e imagens.[243] Diferentemente das *OTT* de Comunicações Sociais, cuja finalidade é a comunicação, aqui a *finalidade*, ou o objeto do negócio, é a *informação, a formação e o entretenimento*.

Destaque-se que, tanto nessa espécie de *OTT* quanto na de Comunicações Sociais, pode-se ter igualmente o envio de arquivos multimídia, porém com natureza e finalidade distintas. Nas *OTT* de Comunicações Sociais, a finalidade é a comunicação instantânea. Nas *OTT* de Conteúdos Audiovisuais, a finalidade, como mencionado, é a informação ou o entretenimento, principalmente. Nesta última espécie, pelo lado do emissor, têm-se somente provedores de conteúdos[244] (que podem ser músicas, vídeos, filmes, séries, programas audiovisuais, *podcasts* etc.) e, do lado do receptor, tem-se somente usuários (normalmente, individuais ou familiares), que podem ou não ser assinantes mediante pagamento.

Outra diferença entre as duas categorias está na forma de acesso e no fato de a interação ser uni ou bidirecional. Diferentemente das *OTT* de Comunicações Sociais, nas *OTT* de

---

premissa que a Aplicação *OTT* é aquela em que a transmissão de conteúdos ocorre exclusivamente pela internet nas duas pontas.

243. DANIEL NETO, Carlos Augusto; BRANCO, Leonardo Ogassawara de Araújo. O paradigma da economia digital e os novos conceitos de serviço e mercadoria – reflexos na tributação. *In:* FARIA, Renato Vilela; SILVEIRA, Ricardo Maitto da; MONTEIRO, Alexandre Luiz Moraes do Rêgo (coord.). *Tributação da economia digital:* desafios no Brasil, experiência internacional e novas perspectivas. São Paulo: Saraiva, 2018. p. 323.

244. Estruturados comercial, técnica e profissionalmente para tal.

Conteúdos Audiovisuais, estes últimos estão à disposição dos usuários (mediante assinatura ou com acesso livre), que poderão acessá-los quando quiserem, no período em que estiverem habilitados para tal. Além disso, conforme o perfil do usuário, tais conteúdos podem estar previamente selecionados segundo algum critério. Todavia, aqui, a iniciativa de acesso é sempre do usuário, nunca do provedor; por isso, diz-se que é uma interação unidirecional, e aí está outra grande diferença em relação às *OTT* de Comunicações Sociais, em que a interação é bidirecional. Nestas últimas, como visto, pode haver iniciativa de envio de mensagens ou conteúdos livremente entre as duas pontas da relação comunicacional.

A título exemplificativo, um usuário cadastrado da Aplicação *OTT* de Conteúdos Audiovisuais *Spotify*, sempre que acessar essa plataforma, poderá escolher livremente uma música ou lista de músicas do catálogo. Além disso, terá, à sua disposição, listas de músicas (*playlists*) de diversos gêneros, *já prévia e diariamente catalogadas segundo o perfil desse usuário*, perfil este que vai sendo continuamente atualizado segundo a utilização efetuada ao longo do tempo.

Além disso, o usuário que optar por uma assinatura mensal onerosa[245] terá direito a fazer *download* de músicas para sua plataforma de uso (um *smartphone* ou um *tablet*, por exemplo), de modo que, nos períodos em que não houver internet disponível, ele poderá ouvir as músicas "baixadas". Todavia, uma vez cessada a assinatura onerosa, os arquivos de músicas dos quais tenha feito *download* não ficarão mais disponíveis. Esses usuários *premium* também têm direito a acessar listas de músicas (*playlists*) que foram formadas por outros usuários, desde que autorizado por estes.

Aplicações *OTT* de Conteúdos Audiovisuais de vídeos de entretenimento, como *Netflix* e outros provedores, colocam à disposição do usuário um catálogo de filmes e séries. Trata-se

245. Usuários *premium*.

de um serviço quase sempre oneroso.[246] Tais provedores podem armazenar informações de seus assinantes. De um lado, para personalizar sua oferta segundo preferências do usuário: filmes sobre episódios históricos, filmes clássicos, documentários, séries de suspense etc. De outro, para registrar as séries e os episódios que seus usuários já assistiram, facilitando, a cada novo acesso, voltar ao produto (série ou filme) que estava sendo assistido, no ponto em que se parou, ou para indicar o episódio seguinte a ser visto.

Portanto, pode-se dizer uma característica importante das Aplicações *OTT* de Conteúdos Audiovisuais está em que seus provedores não se limitam a disponibilizar os conteúdos de músicas, *podcasts,*[247] filmes e séries, mas também realizam um armazenamento de dados de seus usuários para oferecer conteúdos mais personalizados.

Com base nesta última característica, há autores,[248] como será visto à frente, que entendem haver aí não somente uma

246. À exceção de períodos de experiência, normalmente de 30 dias.

247. "Podcast é um *arquivo digital de áudio transmitido através da internet*, cujo conteúdo pode ser variado, normalmente com o propósito de transmitir informações. Qualquer usuário na internet pode criar um podcast.
As publicações dos arquivos podcast são feitas através de *podcasting*, um sistema que segue um padrão de *feed* RSS, ou seja, permite que os internautas possam subscrever determinado *post* de seu interesse e acompanhar automaticamente todas as recentes atualizações deste. [...] os podcasts podem ter diferentes temas, sendo que os mais populares costumam falar sobre cinema, TV, literatura, ciências, games, religião, humor, esporte etc. [...] o podcast é parecido com um programa de rádio, mas a diferença está no fato desta mídia digital ser disponibilizada na internet, podendo assim ser acessada a qualquer momento. Diferente dos feeds de texto, os podcasts são feeds de áudio, ou seja, "textos para ouvir". Existem três principais meios de ouvir um podcast: acessando o site onde o arquivo está disponível; fazer download do podcast para o computador ou smartphone, podendo assim ouvir o seu conteúdo mesmo *off-line*; ou através da instalação de um agregador de podcasts, um *software* que organiza e comunica quando houver atualizações nos podcasts que a pessoa acompanha. A origem do termo podcast teria surgido a partir da junção de *iPod*, dispositivo da *Apple* de reprodução de arquivos MP3 (áudio), e *broadcast*, palavra em inglês que significa 'transmissão' (de rádio). Os créditos para a criação deste conceito foram atribuídos ao ex-VJ da MTV Adam Curry" (SIGNIFICADOS. *O que é um Podcast*. Motosinhos, Portugal: 7Graus, 2019. Disponível em: https://bit.ly/3zJ36NF. Acesso em: 15 out. 2019).

248. Como: ALVES DOS SANTOS, Ricardo Augusto. Tributação das Aplicações *Over-the-Top* no Brasil cit.

obrigação de dar, uma *entrega de coisa*, mas também *um fazer* ou diversos *fazeres*, um oferecimento de *utilidades*, o que caracterizaria tais funcionalidades *OTT* como *serviços*, com as consequências tributárias daí decorrentes.

Não há dúvida de que a transmissão de obras televisivas, musicais e programas de rádio pela internet foi um fenômeno disruptivo em relação ao modelo tradicional distribuição de músicas e vídeos, antes a cargo exclusivamente da indústria fonográfica e das empresas de radiodifusão e de televisão.[249-250]

Músicas e vídeos são obras intelectuais. Como tais, são reguladas pela lei de proteção de direitos autorais no país, a Lei 9.610/98. Ora, se a referida lei considera os direitos autorais como bens móveis, de natureza tangível ou intangível, a decorrência disso é que o conteúdo audiovisual transmitido pela internet pelos prestadores de Aplicações *OTT* pode ser caracterizado como um *bem móvel e intangível*.[251]

Ricardo Augusto Alves dos Santos explica-nos que, atualmente, há dois modelos de negócios para a comercialização de conteúdo audiovisual pela internet, como já visto *supra*:

a) A oferta de músicas e vídeos com emprego da tecnologia *streaming*, que possibilita a disponibilização eletrônica por fluxo contínuo de dados ao usuário, sem que o conteúdo seja gravado no computador do destinatário. Nessa comercialização, a cobrança, quando há, se faz por meio de assinatura mensal. Os exemplos mais conhecidos são aos aplicativos comerciais *Netflix* (de conteúdo audiovisual) e *Spotify* (de músicas e *podcasts*).

b) A venda de faixa musical, filmes e séries (ou seriados) com a entrega do conteúdo ao usuário, que pode

249. Seja a TV aberta, gratuita, seja as opções onerosas de TV por Assinatura (a rádio, a cabo ou por satélite).

250. ALVES DOS SANTOS, Ricardo Augusto. Tributação das Aplicações *Over-the-Top* no Brasil cit., p. 700.

251. Ibidem, p. 700.

> "baixá-lo", ou seja, fazer *download*, a seu dispositivo (computador, celular ou *tablet*). Se a transação é onerosa e à parte de cobrança de assinatura, a comercialização dá-se por pagamento de valor fixo por música, vídeo ou outro conteúdo, ou seja, um pagamento a cada *download*. Como exemplos comerciais, têm-se o *iTunes* e o *Google Play*, que são os provedores mais conhecidos desse formato de negócios.[252]

Aquele autor ressalva que

> as obras audiovisuais entregues aos usuários são obras de criação humana que não se confundem com os programas de computador que dão suporte à realização das atividades desempenhadas pelos provedores de Aplicações OTT dessa modalidade.[253]

Tal diferenciação é importantíssima para analisar a possível tributação desse fato econômico e o tributo eventualmente incidente, matéria que será tratada oportunamente.

O mesmo autor explica que a definição legal de *software* decorre da Lei 9.609/98, que o conceitua como a

> [...] expressão de um conjunto organizado de instruções em linguagem natural ou codificada, contida em suporte físico de qualquer natureza, de emprego necessário em máquinas automáticas de tratamento da informação, dispositivos, instrumentos ou equipamentos periféricos, baseados em técnica digital ou análoga, para fazê-los funcionar de modo e para fins determinados.[254]

Para aquele autor, *software* é o "conjunto de programas e procedimentos que efetuam o processamento de dados do computador, de acordo com os comandos do usuário".[255]

---

252. ALVES DOS SANTOS, Ricardo Augusto. Tributação das Aplicações *Over-the-Top* no Brasil cit., p. 700.

253. Ibidem.

254. Ibidem.

255. Ibidem.

Juselder Cordeiro da Mata e Ronan Alves Martins de Carvalho, para o gênero *software*, identificam várias espécies: (i) *softwares* de programação (e.g. *Java*); (ii) *softwares* de sistema (e.g. *iOS* e *Android*); (iii) *softwares* de aplicações (e.g. *Microsoft Office*, *Google Earth*); (iv) aplicativos de *smartphones* em geral (e.g. *Uber* e *IFood*); (v) soluções *cloud computing* (e.g. *Dropbox*, *Google Drive*, *Office 365*); (vi) plataformas de *streaming* (e.g. *Netflix* e *Spotify*). Esses autores ali identificam *softwares* criados por encomenda e consideram a possibilidade da tradição total da propriedade do bem imaterial.[256]

Se uma Aplicação *Over-the-Top*, por definição, é a disponibilização de mensagens e conteúdos pela internet, um meio digital, por óbvio que, intrinsecamente, se constituem em um conjunto de comandos, programas e procedimentos em linguagem digital. Nesse sentido mais amplo, as *OTT* podem ser vistas como um *software*. Mas há uma diferença entre *softwares* de programação, de sistema e de aplicações e os conteúdos audiovisuais que se constituem nas Aplicações *Over-the-Top* de Conteúdos Audiovisuais. Tal diferença está, primeiramente, na sua finalidade; depois, em sua materialização aos sentidos humanos. Tal diferença, a nosso ver, impede que se aplique, automaticamente, o mesmo tratamento jurídico e tributário a *softwares* de programação e sistema, no seu conceito mais estrito (como um *Office 365*), e a uma Aplicação *Over-the-Top* (como um conteúdo audiovisual disponibilizado por *streaming*).

Nessa senda, concordamos com Ricardo Augusto Alves dos Santos no sentido de que o *software* é apenas o instrumento, ou seja, uma atividade-meio, que possibilita, às Aplicações *OTT* de Conteúdos Audiovisuais, a entrega de músicas e vídeos aos usuários. Logo, a atividade-fim do *software* é o processamento de dados do computador, ao passo que a

---

256. MATA, Juselder Cordeiro da; CARVALHO, Ronan Alves Martins. A tributação de *softwares* e o entendimento das cortes superiores brasileiras. *In*: LEITE, Luiza; SCHWARTZ, Rodrigo; FEIGELSON, Bruno. *Tax 4.0 – Tributação na realidade exponencial*. São Paulo: Thomson Reuters Brasil, 2021. p. 123.

atividade-fim dessa modalidade de Aplicação *OTT* é a entrega de conteúdo audiovisual.[257]

Mencionado autor elucida que a transmissão de conteúdo audiovisual por meio da internet nada mais é que a "comercialização de bem móvel e intangível, entregue ao usuário final por meio *streaming* ou *download* e que não se confunde com *software*".[258]

É indiscutível que, dentro da espécie de Aplicações *OTT* de Conteúdos Audiovisuais, a categoria (ou subespécie) mais importante é a das *OTT* de Vídeo. Pesquisa de 2019 mostrou que a plataforma *Netflix*, isoladamente, era responsável por 12,6% do tráfego global de dados, e todo o restante do tráfego com uso do *streaming* respondia por 12,8%.[259]

A subespécie de *OTT* de Conteúdos Audiovisuais de Vídeo pode ser subdividida, por sua vez, em outros três subgrupos, conforme a plataforma de origem de seu conteúdo: (i) as Aplicações *OTT* de reprodução de conteúdo televisivo; (ii) as *OTT* de reprodução de conteúdo exclusivo; e (iii) as *OTT* de reprodução (ou distribuição) de vídeos de outros produtores. Explicando cada um deles, têm-se:

a) *Aplicações OTT de Conteúdos Audiovisuais de Vídeo de simples Reprodução de Conteúdo Televisivo*: são aquelas que reproduzem conteúdos audiovisuais produzidos para a Televisão (podendo ou não possuir produção própria). Algumas das Aplicações mais importantes são os provedores *Globoplay* e *HBO Max*.

b) *Aplicações OTT de Conteúdos Audiovisuais de Vídeo de Reprodução de Conteúdo Exclusivo*. Seus provedores oferecem conteúdo por eles mesmos produzidos ou

257. ALVES DOS SANTOS, Ricardo Augusto. Tributação das Aplicações *Over-the-Top* no Brasil cit., p. 701.

258. Ibidem, grifos nossos.

259. Netflix falls to second place in global internet traffic share as other streaming services grow. Disponível em: https://bit.ly/3lDy9qx. Acesso em: 8 set. 2021.

de produtores dos quais detenham direito exclusivo de reprodução. Entre os provedores comerciais mais importantes, têm-se o *Netflix*, *Disney+* e o *HULU*.

c) *Aplicações OTT de Conteúdos Audiovisuais de Vídeo de Distribuição de Conteúdos de outros Produtores*. Nestas, os provedores podem até produzir conteúdo próprio, mas também reproduzem produções de terceiros. Aqui, o provedor mais conhecido é, novamente, o *Netflix*.

Graficamente, pode-se representá-los da seguinte forma:

Figura 7: Espécies de Aplicações *Over-the-Top* de Vídeo

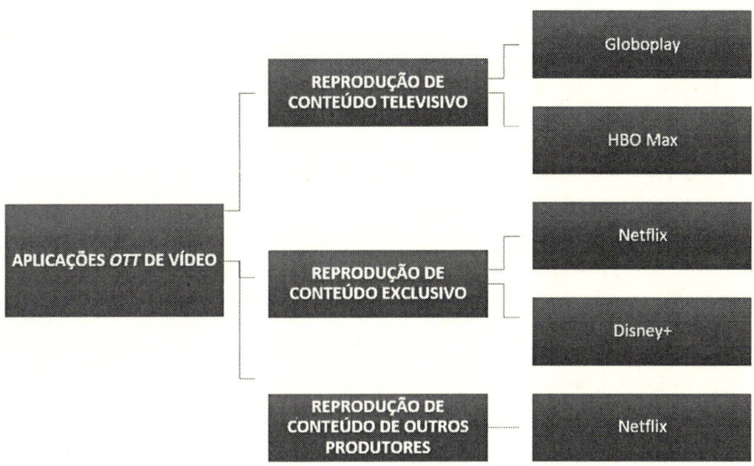

Fonte: o autor.

Uma associação norte-americana de criadores e comercializadores de conteúdos de jogos eletrônicos e vídeos, a *Digital Entertainment Merchants Association*[260] faz algumas definições de *distribuição digital* e de *Over-the-Top* e propõe uma classificação das *OTT* de Conteúdos Audiovisuais, mais

260. A *Digital EMA* é a comunidade norte-americana de varejistas, distribuidores, criadores de conteúdo, empresas de serviços e tecnologia da *Entertainment Merchants Association* e de outras partes interessadas envolvidas na entrega digital comercial de conteúdo de *videogame* e vídeo para consumidores através de portais baseados na Internet.

especificamente aquelas de *conteúdos televisivos*. A seguir, as definições e a proposta:

> "Distribuição digital" tornou-se um termo geral que se refere à entrega de conteúdo de entretenimento para consumidor por meio da Internet, em oposição à transmissão pelo ar, cabo, telecomunicações, satélite ou por rádio. A realidade é que existem vários tipos e modelos de "distribuição digital" nos quais o conteúdo entregue pelos operadores tradicionais de cabo, telecomunicações e satélite também pode ser definido como "digital".
>
> *OTT* (*Over-the-Top*) refere-se à entrega de conteúdo audiovisual transmitido pela Internet sem a necessidade de envolvimento de um provedor de serviços de Internet[261] (*PSI*) no controle ou distribuição do conteúdo. O *PSI* [provedor da internet] não é responsável por, nem é capaz de controlar, as habilidades de visualização, direitos autorais e/ou outra redistribuição do conteúdo, que chega de terceiros e é entregue no dispositivo de um usuário final.[262]
>
> *LIVE TV:*[263] Um serviço de modelo de assinatura em que o conteúdo é transmitido ao vivo para um dispositivo conectado à Internet para visualização pelo usuário final [...].
>
> *OTT TV* difere do *IPTV*, pois transmite fluxos usando HTTP (*Hypertext Transfer Protocol*), o protocolo que tem sido usado há décadas para transportar páginas da web pela internet.
>
> *EST* (Venda Eletrônica, *Download* Próprio ou *Digital HD*): A venda eletrônica é o modelo pelo qual um consumidor adquire ou perpetuamente licencia uma reprodução digital para si.
>
> *VOD* (*Video-On-Demand*): Conteúdo não pertencente ou perpetuamente licenciado pelo consumidor, que é transmitido ou baixado para um dispositivo conectado à Internet para visualização pelo usuário final, a critério do usuário final, sob demanda [típico caso de licença de uso].[264]

Do texto *supra*, são confirmadas algumas assertivas já colocadas anteriormente e a elas acrescentamos outras: (i) não

261. Ou PAI: provedor de acesso à internet.

262. ROBERTS, Chris; MUSCARELLA, Vince. *Defining Over-The-Top (OTT) Digital Distribution* cit., em tradução livre e grifos nossos.

263. Também conhecida como TV por Internet.

264. Ibidem.

basta haver distribuição de conteúdo pela internet para caracterizar uma Aplicação *OTT*; é preciso que *fique caracterizado que o provedor da OTT não é o responsável pela infraestrutura de internet* (dizendo de outra forma, pelo fornecimento do IP); (ii) *IPTV* é diferente de *OTT* de Conteúdo Audiovisual, pois *a IPTV possui um canal dedicado de internet, gerenciado pelo mesmo provedor de conteúdo, ao passo que a OTT de Conteúdo Audiovisual concorre no uso da internet com outros usuários.*

Com relação ao último grupo mencionado, de *OTT* de vídeo com conteúdo televisivo, pode-se dividi-lo, por sua vez, em três modalidades, todas concorrendo com a TV por assinatura (a cabo, satélite ou *IPTV*), em termos de modelo de negócio: (i) a *TV ao Vivo* (LIVE TV), (ii) aquela em que há *direito perpétuo de reprodução* (EST); e (iii) o *vídeo sob demanda*, em que se paga por um acesso específico, numa espécie de *aluguel* (VOD).

Vistos o conceito, as definições e as classificações das diversas Aplicações *Over-the-Top*, em capítulo próprio, estudaremos sua natureza jurídica.

Parte II
DIREITO

CAPÍTULO 3
O SISTEMA TRIBUTÁRIO BRASILEIRO

Neste capítulo, será traçada uma visão geral do sistema tributário brasileiro, para estudar, em detalhe, os seus dois impostos sobre o consumo mais importantes, o ICMS e o ISS, de modo a verificar, mais adiante, a possibilidade ou não de sua incidência sobre as Aplicações *Over-the-Top* de Comunicações Sociais e de Conteúdos Audiovisuais.

3.1 Conformação e características do Sistema Tributário Brasileiro

O Brasil é uma República Federativa, formada pela união indissolúvel dos Estados e Municípios e do Distrito Federal. O constituinte originário de 1988 procurou fortalecer os entes subnacionais por meio de uma rígida distribuição de competências tributárias, e, ao mesmo tempo, de um sistema de repartição de rendas oriundas de seu exercício, como o Fundo de Participação dos Estados (PFE) e o Fundo de Participação dos Municípios (PFM).[265]

---

265. DANIEL NETO, Carlos Augusto; BRANCO, Leonardo Ogassawara de Araújo. O paradigma da economia digital e os novos conceitos de serviço e mercadoria – reflexos na tributação cit., p. 325.

Robson Maia Lins esclarece muito bem que, por mais rígida e detalhada que seja nossa Constituição ao tratar dos temas tributários, não tem ela o condão de exaurir todas as possíveis dúvidas que essa área naturalmente pode suscitar. É necessário, portanto, haver um *instrumento idôneo* que realce, *em tons mais nítidos*, conforme sua expressão, "os contornos constitucionais conferidos a cada tema de nosso direito tributário".[266] Daí a importância do papel da Lei Complementar.

A rigidez de nossa divisão de competências tributárias origina-se da rigidez do próprio sistema tributário constitucional. Não há uma abertura horizontal (da divisão de competências), porque foi prevista uma competência residual à União. Por outro lado, existe uma certa abertura vertical, que decorre da falta de uma estrita determinação semântica dos termos empregados nas regras constitucionais de competência.[267]

Em verdade, se, de um lado, tal abertura vertical permite certa flexibilidade e, por isso mesmo, maior longevidade e aplicabilidade da atual Constituição Federal; de outro, a vagueza e a polissemia são exatamente a fonte de muita insegurança jurídica,[268] especialmente nas materialidades do ICMS-Comunicação e do ISS.

Esta obra estudará a aplicabilidade dos impostos brasileiros sobre o consumo, e destes, especialmente o ICMS e o ISS, aos fenômenos da Economia Digital[269] nos impostos sobre o consumo brasileiro.

No Brasil, há três impostos sobre o consumo: o IPI (competência federal), o ICMS (competência dos estados e DF) e o ISS (ou ISSQN, da competência dos municípios e DF). Não

266. LINS, Robson Maia. *Curso de direito tributário brasileiro*. São Paulo: Noeses, 2019. p. 220.

267. DANIEL NETO, Carlos Augusto; BRANCO, Leonardo Ogassawara de Araújo. O paradigma da economia digital e os novos conceitos de serviço e mercadoria – reflexos na tributação cit., p. 325.

268. Ibidem.

269. E especificamente em relação às Aplicações *Over-the-Top*.

incluímos, nesse rol, o PIS e a COFINS, de competência federal, pois incidem sobre o faturamento, embora alguns doutrinadores os classifiquem como tributos sobre o consumo.

A Constituição Federal de 1988 adotou, na delimitação das competências tributárias dos entes políticos, conceitos típicos de Direito Privado. Assim é, por exemplo, para os conceitos de *renda*, *mercadoria* e *propriedade*.[270]

Por outro lado, no tocante ao conceito de *comunicação*, importante para a incidência do ICMS, a CF/88 não lhe dá nenhum contorno, não o define. Tal falta de delimitação e de precisão semântica para esse conceito específico provocará inúmeros conflitos e dúvidas quanto à incidência ou não daquele imposto, como será visto mais adiante.

Para os conceitos que enfrenta, a Constituição Federal de 1988 o faz com referência direta ou indireta às figuras de direito privado.[271]

O capítulo constitucional da CF/88 exerce, de um lado, o papel de um *sistema formal*, que possui eficácia maior que a dos infrassistemas legais. De outro lado, o sistema constitucional tributário também compõe um *sistema material*, com a função de especificar conteúdos e informar princípios, valores e finalidades aplicáveis às normas tributárias.[272]

Além de rígido, nosso sistema constitucional tributário é extenso e detalhado. Das Cartas Magnas mundiais, é, segundo Sacha Calmon Navarro Coêlho, a que possui a maior quantidade de dispositivos em matéria tributária.[273]

---

270. DANIEL NETO, Carlos Augusto; BRANCO, Leonardo Ogassawara de Araújo. O paradigma da economia digital e os novos conceitos de serviço e mercadoria – reflexos na tributação cit., p. 326-327.

271. Ibidem, p. 327.

272. Ibidem.

273. COÊLHO, Sacha Calmon Navarro. *Comentários à Constituição de 1988* – Sistema tributário. Rio de Janeiro: Forense, 2006. p. 3-4.

Voltando à questão da rigidez de nosso sistema constitucional tributário, viu-se que: (i) *não há abertura horizontal*, mas que, por outro lado, (ii) *há alguma abertura vertical.*

A falta de abertura horizontal explica-se pela rígida divisão de competência tributária entre os entes políticos. Assim, o que não está previsto nas competências da União, Estados, Distrito Federal e Munícipios automaticamente transforma-se em competência residual da União.[274]

De outra banda, *a abertura vertical diz respeito aos conceitos, às materialidades das normas de imposição tributária.* Não se trata de uma abertura livre e ampla. Dizendo de outra forma, não existe abertura plena de sentido, mas *graus de abertura.* Tal abertura mitigada irá ocorrer por uma multiplicidade de fatores: (i) pelo emprego de recursos do Direito Privado; (ii) pela interação com conceitos de outras disciplinas que não a tributária; e (iii) pela aplicação de princípios constitucionais que direcionem a interpretação para um sentido.[275]

Em conclusão, as características de nosso sistema constitucional tributário são as seguintes: (i) a divisão de competências tributárias estabelecida em nossa Carta Magna é rígida, embora não estática: eventuais novas materialidades tributárias que venham a ser criadas estarão abrigadas numa chamada *competência residual,* que é da titularidade da União; existe uma impossibilidade de abertura horizontal; (ii) existe uma rigidez mitigada nos conceitos contidos nas normas tributárias constitucionais; há o recurso a conceitos técnicos (de outras ciências, que não a jurídica, pode-se dizer), a conceitos propriamente vernaculares e a conceitos do Direito Privado, admitindo-se algum grau de flexibilidade ou ampliação semântica.

---

274. DANIEL NETO, Carlos Augusto; BRANCO, Leonardo Ogassawara de Araújo. O paradigma da economia digital e os novos conceitos de serviço e mercadoria – reflexos na tributação cit., p. 328.

275. Ibidem.

3.2 Os principais impostos sobre o consumo no Sistema Tributário Brasileiro: o ICMS e o ISS

A sigla ICMS é a abreviação de um dos mais importantes tributos brasileiros: *Imposto sobre Operações Relativas à Circulação de Mercadorias e Sobre Prestações de Serviços de Transporte Interestadual e Intermunicipal e de Comunicação.*

A competência para instituir, fiscalizar e arrecadar o ICMS, em suas distintas materialidades, é dos estados e do Distrito Federal.

Pela dicção constitucional, o ICMS tributará não somente operações com mercadorias. Embora não haja consenso a respeito, nos alinhamos a aqueles que entendem que *o conceito de mercadorias também deve se estender aos bens corpóreos e incorpóreos*, como arquivos de música ou filmes que tenham aquisição onerosa. A respeito, veja-se o pensamento de Thiago de Mattos Marques, que reflete o de outros doutrinadores:

> Apontar a materialidade como elemento indispensável ao conceito de mercadorias ou de bens objeto de transmissão apenas fazia algum sentido quando a realidade econômica subjacente às transações comerciais envolvendo estes bens autorizava tal distinção. A partir do momento em que a realidade se impôs na forma da comercialização indiferente de bens corpóreos e incorpóreos – como ocorre hoje em relação aos livros, músicas, filmes, softwares, etc. –, a divisão entre tais bens com base em sua materialidade não apenas passou a se mostrar desalinhada com as práticas comerciais, como, sobretudo, passou a representar distorções em termos de tributação. É preciso eliminar, por completo, tais distorções. Apenas quando "mercadorias" e "bens objeto de transmissão" receberem tratamento fiscal idêntico a despeito de sua forma corpórea ou não, será possível falar na aplicação dos princípios da igualdade e da neutralidade fiscal e em uma tributação adaptada à era digital.[276]

276. MARQUES, Thiago de Mattos. Bens e mercadorias: materialidade como requisito para a tributação do consumo. *Revista Direito Tributário Atual*, n. 40/2018. Instituto Brasileiro de Direito Tributário. ISSN: 1415-8124 e-ISSN 2595-6280.

No mesmo sentido, Rodolfo Tsunetaka Tamanaha:

> [...] a desmaterialização dos fatores de produção torna mais complexa a aferição da natureza jurídica dos negócios desenvolvidos, o que demanda compreensão mínima de como a tecnologia tem modificado a produção e a disponibilização dos produtos e serviços, principalmente dos bens digitais. Estes são compreendidos como programas de computador e arquivos digitais, que prescindem de suporte físico para serem transmitidos e/ou acessados, o que desafia a capacidade de o Estado alcançar as manifestações de capacidade contributiva que se multiplicam na economia digital.[277]

O ICMS igualmente tributa alguns serviços: os de transporte interestadual e intermunicipal e os de comunicação.

A lei complementar, nacional, que permite aos estados, e ao Distrito Federal, instituir (obrigatoriamente, diga-se) o ICMS em seus territórios é a Lei Complementar 87/96, conhecida como "Lei Kandir".

A sigla ISSQN (ou simplesmente ISS) é a abreviação de Imposto sobre Serviços de Qualquer Natureza.

Aos municípios (e, por conseguinte, ao Distrito Federal) foi atribuída a competência para tributar as materialidades do art. 156, III (e, posteriormente, do art. 149-A), da CF/88.

Nesta obra, em relação aos serviços tributados pelo ISS, interessa-nos estudar tão somente a materialidade definida no inciso III do art. 156 da CF/88, ou seja, os serviços de qualquer natureza, não compreendidos no art. 155, II, definidos em lei complementar.

Em que pese sua denominação, *o universo de serviços que podem ser tributados pelo ISS é residual e bem delimitado*, ainda que, em quantidade, seja muito representativo. Assim, trata-se dos serviços que não forem tributados pelo ICMS (e já foi visto que são as prestações de serviço de transporte interestadual e intermunicipal e as prestações de serviço

277. TAMANAHA, Rodolfo Tsunetaka. *Tributação e economia digital*. São Paulo: Instituto Brasileiro de Direito Tributário, 2020. p. 357.

de comunicação) e, mais ainda, que sejam definidos por lei complementar.

A lei complementar hoje vigente que permite aos municípios, e ao Distrito Federal, instituir o ISS em seus territórios é a LC 116/2003. Diferentemente do ICMS, os municípios têm a *faculdade* de instituir ou não o ISS em seus territórios. Algumas dificuldades inerentes a esse imposto, mais os custos de manutenção de uma estrutura administrativa para fiscalizar e arrecadar o tributo, fazem com que nem todos os municípios brasileiros o tenham instituído em suas jurisdições.

De forma didática, segregando as materialidades desses dois importantes tributos indiretos brasileiros, que incidem sobre o consumo, o ICMS e o ISS, elas são as seguintes:[278]

a) Operações relativas à circulação de mercadorias (ICMS), neste conceito incluídos os minerais, os combustíveis e a energia elétrica;

b) Operações de importação (ICMS);

c) Prestações de serviço de transporte interestadual e intermunicipal (ICMS);

d) Prestações de serviço de comunicação (ICMS);

e) Serviços de qualquer natureza, não compreendidos no art. 155, II (aqueles abrangidos pelo ICMS e *supra*-nominados), definidos em lei complementar (ISS).

Como corte metodológico, serão estudadas somente as materialidades "*a*" (ICMS-Mercadoria), "*d*" (ICMS-Comunicação) e "*e*" (ISS) supramencionadas, por sua inter-relação mais direta com as funcionalidades das Aplicações *Over-the-Top* de Comunicações Sociais e de Conteúdos Audiovisuais. Por limitações de espaço, não será analisada a materialidade

278. A quantidade de materialidades do ICMS varia conforme o critério adotado por alguns autores. Elegeu-se, aqui, aquela que nos parece a mais próxima dos fenômenos contidos no critério material de sua RMIT.

"*b*", relativa ao chamado ICMS-Importação, que poderia ser associada à funcionalidade de *download* de conteúdos digitais cujo provedor esteja situado no exterior do país.

A seguir, tem-se breve histórico desses dois tributos e uma abordagem sucinta de suas características principais, nos estreitos limites desta obra.

3.2.1 O ICMS[279]

O ICMS de hoje teve inspiração na França, onde surgiu, em 1954, a *Taxe sur la Valeur Ajoutée* (*TVA*), que deu origem ao hoje quase onipresente Imposto sobre o Valor Agregado (IVA).[280] Aquele imposto francês veio substituir, a partir dos anos 1960, os antigos impostos em cascata que incidiam sobre o faturamento das empresas. Seu formato e efetividade logo o fizeram espalhar-se rapidamente pela Europa, auxiliado pela consolidação do Mercado Comum Europeu (que depois evoluiu para a União Europeia), e depois por outros países, especialmente os pertencentes à Organização para a Cooperação e o Desenvolvimento Econômico (OCDE).

279. Sobre o histórico do IVC, do ICM e do ICMS, bem sobre as características deste último, veja-se: ANGELIS, Ângelo de. *O imposto sobre o valor agregado e o ICMS no estado de São Paulo – 1988 a 2013 – 25 anos.* 2016. Dissertação (Mestrado em Desenvolvimento Econômico, Espaço e Meio Ambiente) – Instituto de Economia, Universidade Estadual de Campinas, Campinas, 2016; REZENDE, Fernando. ICMS: como era, o que mudou ao longo do tempo, perspectivas e novas mudanças. *Cadernos Fórum Fiscal,* Brasília, n. 10, jun. 2009 (Programa Fórum Fiscal dos Estados Brasileiros & Fundação Getulio Vargas); MIGUEL, Luciano Garcia. *O ICMS e os conceitos de mercadoria e serviço de comunicação.* São Paulo: Noeses, 2019; SANTOS DE CARVALHO, Osvaldo. *Não cumulatividade do ICMS e princípio da neutralidade tributária.* São Paulo: Saraiva, 2013; e VARSANO, Ricardo. A evolução do sistema tributário brasileiro ao longo do século: anotações e reflexões para futuras reformas. *Texto para discussão* n. 405. Rio de Janeiro: IPEA, jan. 1996; VARSANO, Ricardo. *IVA e tributação na federação.* Apresentações. Brasília: CAE/Senado Federal; IDPA; BID, 2013; VARSANO, Ricardo. *A tributação do valor adicionado, o ICMS e as reformas necessárias para conformá-lo às melhores práticas internacionais.* Documento para discussão. IDB-DP-335. Instituições para o Desenvolvimento. Divisão de Gestão Fiscal e Municipal. Brasília: BID, fev. 2014.

280. Aqui, referimo-nos às características do imposto, não importando a denominação que venha a assumir em cada país que o adotou.

Os impostos sobre o valor agregado, usualmente conhecidos pela sigla IVA, eliminam o efeito cascata, tecnicamente denominada *cumulatividade* e que vem a ser a sucessiva incidência do imposto a cada transação de compra e venda realizada ao longo das cadeias produtivas sem o direito de compensação do imposto pago pelos contribuintes na transação anterior. Assim, *neutralidade* e *não cumulatividade* são características indissociáveis dos impostos do tipo valor agregado.

Os impostos do tipo IVA são muito atraentes e eficientes, pois propiciam receitas tributárias em volume relativamente alto sem interferir na conformação das estruturas produtivas, dos fluxos de comércio e dos preços relativos. Daí terem se tornado a espécie de tributação indireta mais adequada para a integração de mercados e de cadeias produtivas complexas.

No Brasil, em 1946, com a redemocratização após o Estado Novo de Getúlio Vargas e a retomada do modelo político federativo, houve a criação do Imposto sobre Vendas e Consignações (IVC), que era indireto, monofásico e de competência estadual.

Nossa primeira experiência de não cumulatividade na tributação indireta deu-se com a Lei 3.520/58, que criou o antigo *Imposto de Consumo*, que era não cumulativo, porém da competência da União.

A Reforma Tributária ocorrida em 1965, já no regime militar inaugurado em 1964, transforma o *Imposto de Consumo,* passando a denominá-lo *Imposto sobre Produtos Industrializados (IPI),* igualmente não cumulativo e de competência da União, porém de amplitude restrita.

A mesma Reforma Tributária de 1965 transformou também o antigo *Imposto sobre Vendas e Consignações,* o *IVC* – um imposto cumulativo de competência dos Estados – no *Imposto sobre a Circulação de Mercadorias,* o *ICM* – um imposto não cumulativo sobre o valor agregado de grande amplitude, que permaneceu na competência estadual.

A Constituição Federal de 1988, promulgada com a redemocratização do país,[281] transformou o antigo ICM no atual ICMS pela incorporação, à sua base não cumulativa, dos serviços de transporte intermunicipal e interestadual e dos antigos impostos únicos sobre minerais, combustíveis, energia elétrica e comunicações, que eram de competência da União.

Assim, o então novo ICMS, em 1988, absorve alguns serviços e se transforma em Imposto sobre "operações relativas à circulação de mercadorias e sobre prestações de serviços de transporte interestadual e intermunicipal e de comunicação", tal como consta do art. 155, II, da Carta Magna.

Atualmente, tanto o IPI quanto o ICMS são considerados espécies de IVA, embora não perfeitos.

O que separa o atual ICMS de um tradicional e legítimo imposto do tipo IVA é o seguinte:

- O fato de tributar a aquisição de bens de capital, mitigado pelo fato de permitir o creditamento do imposto, mas fracionado em 48 parcelas mensais.
- A adoção do sistema de créditos físicos em vez de créditos financeiros, ou seja, não permite o aproveitamento dos créditos dos bens que não se agregam fisicamente aos produtos, como aquisição de materiais para construção civil.
- A vedação ao creditamento de investimentos em construções e das aquisições de materiais de uso e consumo.
- O fato de possuir uma amplitude limitada: sua base de tributação é restrita somente a mercadorias (e alguns poucos serviços), ao passo que os impostos do tipo IVA tributam bens, mercadorias e serviços. Esta limitação foi atenuada com a inclusão de serviços de transportes interestaduais e intermunicipais e serviços de

281. Após o fim do regime militar, em 1985. Em 1986, houve eleições para a Assembleia Nacional Constituinte, que, após quase dois anos de trabalho, promulgou a CF/88.

comunicações. Estão fora de sua abrangência, porém, outros serviços que acompanham a produção e comercialização de bens e mercadorias. Além disso, há algumas prestações de serviços associadas a operações com mercadorias, o que gera conflitos e insegurança jurídica em torno da separação dos serviços tributados cumulativamente pelo ISSQN municipal.

- O fato de haver um compartilhamento de receitas do tipo misto origem-destino, em vez da adoção de uma tributação no destino, como ocorre usualmente no mundo em impostos do tipo IVA. Isso é ainda agravado pela ênfase na origem para as transações oriundas dos Estados das regiões Norte, Nordeste e Centro-Oeste e Espírito Santo para os demais Estados, o que contribui para a manutenção da guerra fiscal e dá ensejo a fraudes fiscais.
- A massificação da figura da Substituição Tributária (especialmente a partir de 2009), o que tornou o imposto monofásico, na prática, em grande parte da cadeia de produção e comercialização.

Tais problemas não são de fácil solução, caso se decida, numa Reforma Tributária, manter o imposto. A aproximação do ICMS a um genuíno IVA acarretaria perdas de receitas no curto/médio prazos tanto para os Estados quanto para os Municípios, daí o custo político dessa transformação.

As principais características do ICMS, hoje, são as seguintes: (i) trata-se de um imposto indireto sobre o consumo; (ii) é um dos poucos impostos indiretos sobre o consumo subnacionais no mundo (outro exemplo é o do Canadá, com seu GST/QST/HST; outro é o da Índia, mas que vem abandonando progressivamente o modelo e adotou o IVA federal em 2005); (iii) embora subnacional, o ICMS possui caráter nacional, o que está na origem da chamada Guerra Fiscal; (iv) trata-se do principal tributo estadual, tendo correspondido a 84,9% da arrecadação tributária dos estados em 2020; (v) isoladamente, é o tributo brasileiro que mais arrecada: 7,02% do PIB em 2020; para se ter uma ideia, PIS/PASEP/COFINS corresponderam a 3,57% do PIB no mesmo ano; o IRRF, a 3,84%; o IRPJ e a CSLL, a 2,69%.[282]

A quantidade de materialidades do ICMS varia conforme o critério adotado por alguns autores. Foi eleita, aqui, aquela que nos parece a mais próxima dos fenômenos contidos no critério material de sua RMIT e que é aquela explicitada ao final do tópico anterior, a saber: (i) operações relativas à circulação de mercadorias (no âmbito do território nacional – trata-se do chamado ICMS-Mercadoria, ou ICMS-M); (ii) operações de importação de bens e mercadorias; (iii) prestações de serviço de transporte interestadual e intermunicipal (trata-se do ICMS-Transporte, ou ICMS-T); (iv) prestações de serviço de comunicação (o chamado ICMS-Comunicação, ou ICMS-C).[283-284]

As materialidades do ICMS que o aproximam de nosso tema principal de estudo, as Aplicações *Over-the-Top*, são duas das quatro supramencionadas:[285] aquelas do núcleo impositivo do ICMS-Mercadoria e as do ICMS-Comunicação. Vejamo-las mais em detalhe.

3.2.1.1 O ICMS-Mercadoria

O núcleo de incidência mais antigo, mais conhecido e, economicamente, mais importante do ICMS é aquele relativo às *operações relativas à circulação de mercadorias*. Usualmente,

---

282. BRASIL. Ministério da Economia. Secretaria Especial de Fazenda. Secretaria do Tesouro Nacional. *Estimativa da Carga Tributária Bruta do Governo Geral – 2020*. Março de 2021. Disponível em: https://bit.ly/2XZvyOB. Acesso em: 10 set. 2021.

283. Alguns doutrinadores, como Roque Antonio Carrazza, incluem materialidades ligadas a operações com minerais e com combustíveis, que, para este estudo, consideramos na materialidade das mercadorias.

284. CARRAZZA, Roque Antonio. *Curso de direito constitucional tributário*. São Paulo: Quartier Latin. 31. ed. São Paulo: Saraiva, 2017.

285. Dadas as limitações deste estudo, deixa-se de comparar as *OTT* com a materialidade do ICMS-Importação, conforme anteriormente já noticiado. Na verdade, quando tratarmos do ICMS-Mercadoria, as conclusões podem se aplicar ao ICMS-Importação, a diferença residindo na questão da origem do bem/mercadoria digital: se provindo do exterior ou do próprio território nacional.

os textos se referem a esse núcleo impositivo pela denominação ICMS-Mercadoria (ou ICMS-M), para diferenciá-lo dos demais núcleos de incidência do imposto.

Trata-se de tema já amplamente estudado e debatido na doutrina e jurisprudência. Por esse motivo, e por limitações de espaço, não serão feitas maiores considerações a respeito.

Importa, aqui, apenas fixar que o critério material da Regra-Matriz de Incidência do ICMS-Mercadoria está centrado nos conceitos de *operação*, *circulação* e *mercadoria*.

Assim, *operação* remete à ideia de um fato jurídico, portanto a uma relação jurídica. O perfeito entendimento desse fato jurídico, por outro lado, está ligado aos outros dois conceitos.

A *circulação* pode ser ou não física,[286] mas será sempre jurídica. A doutrina, majoritariamente, entende que uma circulação jurídica pressupõe uma *transferência de titularidade*, de propriedade. Os fiscos estaduais invocam o art. 11, § 3º, da Lei Complementar 87/96,[287] que estabelece a autonomia dos estabelecimentos, para afirmar que existe circulação de mercadorias, e, portanto, incidência do ICMS, na sua transferência de um para outro estabelecimento de mesmo titular, ainda que internamente no território do estado. Decisão do STF em 2021, no entanto, estabeleceu que não deve haver a incidência do ICMS nas transferências de mercadorias entre estabelecimentos de mesmo titular.[288]

Segundo os clássicos Geraldo Ataliba e Cléber Giardino, circular significa, para o Direito, *mudar de titularidade*. Assim, se um bem ou uma mercadoria muda de titular, ocorre circulação, para efeitos jurídicos.[289]

---

286. Quando então se diz que foi "ficta". Por exemplo, em operações triangulares internas, em que um armazém geral (B) envia a mercadoria diretamente ao comprador (C), como se enviada pelo vendedor (A).

287. "Lei Kandir", a lei complementar que rege nacionalmente o ICMS.

288. Vide Ação Declaratória de Constitucionalidade 49.

289. ATALIBA, Geraldo; GIARDINO, Cléber. Núcleo da definição constitucional do ICM. *Revista de Direito Tributário,* São Paulo: Revista dos Tribunais, ano VII, n. 25/26, jul.-dez. 1983.

Outro doutrinador clássico, Paulo de Barros Carvalho, esclarece que a circulação, ou seja, a entrada ou saída no estabelecimento pode ser real ou apenas simbólica. Basta que exista documentação a respaldar a operação jurídica, que será considerada perfeita e acabada e desencadeará os efeitos jurídico-fiscais correspondentes.[290]

O mesmo autor dirá que, *in verbis*,

> "Operações", "circulação" e "mercadorias" são três elementos essenciais para a caracterização da venda de mercadorias. Tenho para mim que o vocábulo "operações", no contexto, exprime o sentido de atos ou negócios jurídicos hábeis para provocar a circulação de mercadorias. "Circulação", por sua vez, é a passagem das mercadorias de uma pessoa para outra, sob o manto de um título jurídico, com a consequente mudança de patrimônio. Já o adjunto adnominal "de mercadorias" indica que nem toda a circulação está abrangida no tipo proposto, mas unicamente aquelas que envolvam mercadorias.[291]

André Félix Ricotta de Oliveira leciona muito bem que "não se pode admitir que qualquer circulação de bens realizada pelo sujeito passivo da obrigação tributária seja considerada hipótese de incidência do ICMS".[292] Cita ele, como exemplo de circulação não sujeita ao ICMS, o uso e consumo de matérias-primas, bens ou materiais produzidos pelo próprio contribuinte.

No mesmo sentido, tem-se a explicação de José Eduardo Soares de Melo:

> "circulação [é a] passagem das mercadorias de uma pessoa para outra", sob determinado título jurídico (por exemplo, venda ou doação), sob o manto de um ato ou contrato, nominado ou

290. CARVALHO, Paulo de Barros. *Direito tributário:* linguagem e método. 26. ed. São Paulo: Noeses, 2015. p. 754.

291. Ibidem, p. 756.

292. RICOTTA DE OLIVEIRA, André Felix. *Manual da não cumulatividade do ICMS*. São Paulo: Noeses, 2018. p. 22.

> inominado. Para ele, não há dúvida de que é uma "movimentação, com mudança de patrimônio".[293]

O conceito e definição de *mercadoria* serão tratados mais à frente. Para o momento, fica-se com a definição dada por José Eduardo Soares de Melo: "'Mercadoria', tradicionalmente, é bem corpóreo da atividade empresarial do produtor, industrial e comerciante, tendo por objeto a sua distribuição para o consumo [...]".[294]

Da definição *supra*, construímos o juízo de que mercadoria é um bem (objeto, coisa) corpóreo que se destina ao comércio, à mercancia. Repise-se que o conceito evoluiu e, hoje, entendem-se, como mercadorias, também os bens incorpóreos.

Assim, os bens incorpóreos são os bens digitais que são objeto de comércio ou que estão vinculados a uma prestação de serviço (vale dizer, onerosa), sempre pela internet. A título de exemplo, há o comércio de livros eletrônicos (que decisão jurisprudencial superior entendeu que são imunes)[295] ou o *download* (oneroso) de filmes e músicas.

Resta estudar a segunda materialidade do ICMS que nos interessa, aquela relativa ao ICMS-Comunicação.

3.2.1.2 O ICMS-Comunicação

O núcleo de incidência do ICMS, conhecido como ICMS-Comunicação, por sua proximidade conceitual com as Aplicações *Over-the-Top* de Comunicações Sociais e de Conteúdos Audiovisuais, merece aqui um tratamento todo especial.

---

293. SOARES DE MELO, José Eduardo. *ICMS* – Teoria e prática. 8. ed. São Paulo: Dialética, 2005. p. 14.

294. Ibidem, p. 16, grifos nossos.

295. Súmula Vinculante 57: "A imunidade tributária constante do art. 150, VI, *d*, da CF/88 aplica-se à importação e comercialização, no mercado interno, do livro eletrônico (*e-book*) e dos suportes exclusivamente utilizados para fixá-los, como leitores de livros eletrônicos (*e-readers*), ainda que possuam funcionalidades acessórias".

Primeiramente, convém fazer breve histórico da tributação dos serviços de comunicação no Brasil.

Ensina André Mendes Moreira que

> [...] a primeira autorização expressa para tributação dos serviços de comunicação no Brasil adveio com a Emenda Constitucional nº 18, de 1º de dezembro de 1965, que modificou o sistema tributário da CR/1946 (iniciando a reforma que resultou, quase um ano depois, na edição do Código Tributário Nacional).[296]

Entre outras inovações, a citada Emenda Constitucional outorgou à União a competência para a instituição dos "impostos sobre serviços de transportes (ISTR) e comunicações (ISSC), exceto os de natureza estritamente municipal".[297]

Portanto, embora fosse um imposto de competência da União, os municípios ficaram com a competência residual, podendo instituir tributo municipal, o ISSQN, que incidiria sobre as comunicações intramunicipais.

O autor prossegue a crônica histórica, informando que a Constituição Federal de 1967, posteriormente emendada em 1969, exigia a definição, por lei complementar, dos serviços passíveis de tributação pelo ISSQN, restringindo a competência municipal, que deveria se subordinar à lista editada pelo legislador complementar. A norma complementar foi suprida inicialmente pelo Dec.-lei 406/68, depois modificada pelo Dec.-lei 834/69 e pela Lei Complementar 56/87.

Em vista do objetivo desta obra, não serão analisados o ISSC, federal, e o ISSQN, municipal, no que toca à tributação das comunicações. Todavia, interessante ver o que nos diz a respeito Moreira. Confira-se:

> A diferença entre a hipótese de incidência do imposto federal (prevista no CTN) e a do imposto municipal sobre as comunicações

296. MOREIRA, André Mendes. *A tributação dos serviços de comunicação*. 2. ed. São Paulo: Noeses, 2016. p. 55.

297. Ibidem, p. 56.

(constante na lista veiculada no DL 834/69) residia, eminentemente, no aspecto espacial, visto que coincidiam em todos os demais (material, pessoal e temporal).[298]

Na lição de Luciano Garcia Miguel, citando André Mendes Moreira, vê-se que,

> [...] como o serviço de telefonia, à época, era federalizado e integrado, a decisão [do STF, restringindo a incidência do tributo municipal apenas aos serviços de telefonia intramunicipal] praticamente anulou a competência municipal para exigir o ISS sobre esse tipo de serviço de comunicação. Diante de todo esse quadro, no período compreendido entre a Emenda Constitucional 18, de 1965, e a Constituição de 1988, a tributação do serviço de comunicação ficou restrita, praticamente, ao serviço de telefonia e, mesmo assim, com pouca relevância em termos de arrecadação.[299]

Para efeito deste estudo, importa assinalar que o panorama tributário referente às comunicações foi profundamente modificado com a edição da Constituição Federal de 1988. Ela disciplinou a tributação das comunicações em seu art. 155, II (além dos incisos IX e X, e § 3º).

Evidentemente, a CF/88 não recepcionou os arts. 68 a 70 do Código Tributário Nacional, que regulamentavam o antigo imposto federal sobre serviços de comunicações, o ISSC.

Além das características já citadas para o ICMS-Mercadoria, para o ICMS-Comunicação, pode-se acrescentar também, segundo Luciano Garcia Miguel: (i) não incide sobre serviços prestados a destinatários no exterior; (ii) não incide nas prestações de serviço de comunicação nas modalidades de radiodifusão sonora e de sons e imagens de recepção livre e gratuita.[300]

---

298. MOREIRA, André Mendes. *A tributação dos serviços de comunicação* cit., p. 61.

299. MIGUEL, Luciano Garcia. O conceito de prestação de serviço de comunicação para a incidência do ICMS. *In:* SALUSSE, Eduardo Perez; CARVALHO, Antonio Augusto Silva Pereira de (coord.). *Direito tributário* – estudos em homenagem aos 80 anos do TIT/SP. São Paulo: MP Editora, 2015. p. 401.

300. MIGUEL, Luciano Garcia. *Incidência do ICMS nas operações de importação.* São Paulo: Noeses, 2013.

Importante observar que a própria Constituição Federal de 1988 cuidou de traçar a hipótese de incidência do ICMS em prestações de serviços de comunicação iniciadas fora do Brasil, mas finalizadas aqui. Da mesma forma, a Carta Magna cuidou da hipótese de incidência do ICMS-Comunicações para as prestações de serviços de comunicação iniciadas no território nacional e finalizadas no exterior, tudo conforme os incisos IX e X do § 2º do seu art. 155, já citados.

Conforme a exegese do artigo feita por Sandra Maria Poiatti:

> [...] há que se fazer uma distinção entre o destinatário dos serviços prestados, e o destinatário da mensagem. O *tomador dos serviços* de comunicação é o destinatário direto dos serviços e que arcará com a onerosidade da operação em relação ao prestador. Já o *destinatário da mensagem* não precisa obrigatoriamente ser o destinatário/tomador do serviço, podendo ser um terceiro na relação comunicativa.[301]

Importante a distinção apontada por aquela autora: o tomador dos serviços de comunicação não necessariamente é o destinatário da mensagem.

Na Lei Complementar 87/96 (“*Lei Kandir*”), a hipótese de incidência do ICMS-Comunicação também está insculpida em seu art. 2º.

Como bem notou Luciano Garcia Miguel, a definição da Lei Complementar 87/96 *aproximou o conceito de serviço de comunicação àquele de serviço de telecomunicação*, especialmente no inciso III do citado art. 2º da mesma lei, que faz referência aos meios telemáticos. Mais adiante, explica ele que essa aproximação é natural, pois o serviço de telecomunicação, em 1988 e ainda hoje, é o serviço de comunicação mais presente nas relações sociais. Iniciou-se com a *telefonia*, vindo depois a *internet* e a *televisão por assinatura* (além de todas as outras que são relacionadas nesta obra).[302]

301. POIATTI, Sandra Maria. *A tributação do ICMS sobre os serviços de comunicação* cit., p. 11.

302. MIGUEL, Luciano Garcia. O conceito de prestação de serviço de comunicação para a incidência do ICMS cit., p. 403.

Ao tratarmos de tributo que incide sobre serviços de comunicação, importante diferenciar *comunicação* de *serviço de comunicação*.

A conceituação e definição do termo *comunicação* vêm evoluindo ao longo do tempo, tal como também evoluem as formas e tecnologias nela empregadas.

Designa-se, usualmente, como *comunicação* a ação de fazer contato, de interagir, por meio da emissão e/ou recepção de mensagens.

André Mendes Moreira enriquece a definição de *comunicação* com duas significações:

> Comunicações: 1. Transferência de informação entre usuários ou processos de acordo com convenções preestabelecidas. 2. O ramo da tecnologia relacionado com a representação, transferência, interpretação e processamento de dados entre pessoas, lugares e máquinas. Nota: o sentido conferido aos dados deve ser preservado durante essas operações.[303]

Aquele autor sintetiza uma definição para *comunicação* que seria "a atividade, por meio da qual o emissor faz chegar uma mensagem ao receptor por meio de um código (fala, escrita, sinais etc.)".[304]

A Constituição Federal de 1988, ao tratar da tributação dos serviços de comunicação, não conceitua comunicação, conforme o alerta de Luciano Garcia Miguel, o que vem provocando grande contencioso tributário e disputas verticais entre entes políticos. A CF/88, portanto,

> [...] não traz elementos que permitam ao intérprete delimitar o conceito de comunicação, como também não permite, a partir do seu texto, definir mercadoria, serviço ou renda. [...] a função do legislador constitucional é dividir as bases de tributação entre

303. MOREIRA, André Mendes. *A tributação dos serviços de comunicação* cit., p. 86-87.

304. Ibidem, p. 87.

> as três esferas governamentais, outorgando competência a cada uma para instituir os tributos especificados.[305]

O mesmo autor faz a importante ressalva de que somente pode haver incidência tributária sobre a comunicação se esta possuir *conotação econômica*. Assim sendo, *a comunicação direta entre emissor e receptor das mensagens*, por seus meios próprios, numa relação pessoal ou profissional sem caráter econômico, *não está sujeita à tributação*. Por outro lado, quando emissor e receptor se valem de um artifício para estabelecer uma conexão física, aí tem-se um *serviço de comunicação*.[306]

Se, por um lado, a comunicação pode acontecer entre emissor e receptor, diretamente, com meios próprios de uma ou de ambas as partes, sem necessidade da intervenção de uma terceira parte e sem onerosidade, no serviço de comunicação isso já não ocorre. Como o próprio nome evidencia, há aqui a *prestação de um serviço por um terceiro*, o que, usualmente, ocorrerá *de forma onerosa*. Logo, na *prestação do serviço de comunicação* está presente (embora nem sempre) a característica da *onerosidade* e a existência de um *terceiro sujeito*, além do emissor e do receptor da mensagem.[307] Esta terceira parte é a figura do *prestador do serviço*.

Pode-se definir serviço de comunicação como a *prestação que possibilita uma comunicação, realizada por um terceiro contratado, mediante remuneração e condições pré-estabelecidas*.[308]

Partindo-se dessas premissas, exclui-se do conceito de *serviço de comunicação* a transmissão de mensagem pessoal

---

305. MIGUEL, Luciano Garcia. O conceito de prestação de serviço de comunicação para a incidência do ICMS cit., p. 405.

306. Ibidem, p. 403.

307. SARAN, José Eduardo de Paula. *O conceito de serviço de comunicação na materialidade do ICMS-Comunicação* cit.

308. POIATTI, Sandra Maria. *A tributação do ICMS sobre os serviços de comunicação* cit., p. 12.

ou própria, pela ausência da onerosidade e pela desnecessidade da contratação de um terceiro prestador.[309]

Na lição de Paulo de Barros Carvalho, prestar serviços de comunicação é "colocar a serviço do usuário os meios e modos necessários à transmissão e recepção de mensagens, distinguindo-se, nesta medida, da singela realização do fato comunicacional".[310] Em suas características, estão presentes a *relação negocial*, a *disponibilização de meios e de códigos comuns* para uso do contratante e do destinatário do serviço.

Luciano Garcia Miguel definirá serviço de comunicação como a "atividade de colocar, de forma onerosa, à disposição do usuário, os meios e modos necessários à transmissão e recepção de mensagens".[311] O mesmo autor explica que a onerosidade tornou os serviços de comunicação objeto de norma tributária.

Visto o que é *comunicação* e *serviço de comunicação*, a seguir passa-se à definição de *telecomunicação*.

No Dicionário *On-line* de Português,[312] encontra-se a seguinte definição de telecomunicação:

(substantivo feminino)

- Comunicação à distância.
- Emissão, transmissão ou recepção de sinais, sons ou mensagens por via elétrica ou eletrônica (fio, telefonia, rádio, radiotelegrafia, televisão, radar).
- Serviço que agrupa todas as transmissões e processos de localização eletrônicos.

---

309. SARAN, José Eduardo de Paula. *O conceito de serviço de comunicação na materialidade do ICMS-Comunicação* cit.

310. CARVALHO, Paulo de Barros. *Direito tributário:* linguagem e método cit., p. 768.

311. MIGUEL, Luciano Garcia. O conceito de prestação de serviço de comunicação para a incidência do ICMS cit., p. 406-407.

312. 7GRAUS. *Dicio*. Dicionário Online de Português. Motosinhos, Portugal: 7Graus, 2019. Disponível em: https://bit.ly/3m3Uso2. Acesso em: 1° maio 2019.

Pela etimologia da palavra (no grego antigo, *tele* significa *a distância, longe de*), conceitua-se telecomunicação como a *comunicação produzida a distância*, quando emissor e receptor, humanos, estão separados de tal forma que os meios físicos tradicionais a tornam inacessíveis à audição e à visão sem instrumentos; assim, é necessário o emprego de algum meio mecânico, elétrico, eletrônico ou outro, para permitir que a mensagem saia da origem, ou emissor, vença as distâncias e chegue a seu destinatário, ou receptor.

No Brasil, encontra-se uma definição legal para telecomunicação na Lei 9.472/97, a chamada Lei Geral das Telecomunicações (ou simplesmente *LGT*). Ali, no seu art. 60, § 1º, vê-se que "telecomunicação é a transmissão, emissão ou recepção de símbolos, caracteres, sinais, escritos, imagens, sons ou informações de qualquer natureza por fio, radioeletricidade, meios óticos, ou qualquer outro eletromagnético".

Conforme Luciano Garcia Miguel, por aquela lei, é necessária uma infraestrutura física, radioelétrica ou ótica, conhecida como *rede de telecomunicação*, para que ocorra a telecomunicação.[313]

Muitos doutrinadores afirmam que, se *comunicação* é um gênero, *telecomunicação* é uma de suas espécies. Esta é a posição doutrinária de José Eduardo Soares de Melo e de Luciano Garcia Miguel, por exemplo. Este último cita a discordância de Heleno Taveira Torres, para quem nem toda prestação de serviço de telecomunicação é necessariamente serviço de comunicação, dando como exemplo o chamado *Serviço de Valor Adicionado*.[314] A divergência vai por conta de considerar Serviço de Valor Adicionado como um serviço de telecomunicação, e não um *serviço a ele acessório, preparatório ou complementar*.

313. MIGUEL, Luciano Garcia. O conceito de prestação de serviço de comunicação para a incidência do ICMS cit., p. 404.

314. Ibidem.

Para efeito deste estudo, alinhamo-nos ao pensamento de José Eduardo Soares de Melo e Luciano Garcia Miguel, para também afirmar que *telecomunicação é espécie do gênero comunicação*. Portanto, *serviço de telecomunicação não deixa de ser um serviço de comunicação.*

Luciano Garcia Miguel faz a seguinte advertência: embora telecomunicação seja uma espécie do gênero *comunicação*, adquiriu, nos últimos anos, tal importância, por conta dos custos da tecnologia envolvida e com óbvios reflexos no campo tributário, que acabaram por eclipsar os demais serviços de comunicação.[315]

José Eduardo Soares de Melo propõe a seguinte *classificação das telecomunicações*, tendo por base a sua *forma*:

a) *Telefonia*: transmissão de voz e de outros sinais audíveis;

b) *Telegrafia*: transmissão de matéria escrita destinada a ser apresentada por meio de sinais gráficos, utilizando um código digital adaptado a baixas velocidades de transmissão;

c) *Comunicação de dados*: especialização na transferência de dados de um ponto a outro;

d) *Transmissão de imagens*: transmissão de imagens transientes, animadas ou fixas, reproduzíveis em tela optoeletrônica à medida de sua recepção, como a televisão;

e) *Serviço de Comunicação Multimídia*: serviço fixo de telecomunicações de interesse coletivo, prestado em âmbito nacional e internacional, em regime privado, e que possibilita a oferta de capacidade de transmissão, emissão e recepção de informações multimídia,

315. MIGUEL, Luciano Garcia. O conceito de prestação de serviço de comunicação para a incidência do ICMS cit., p. 405.

permitindo, inclusive, o provimento de conexão à internet, utilizando quaisquer meios, porém somente a assinantes e dentro de uma área de prestação de serviço, nos moldes da Resolução nº 614, de 28/05/2013, da Agência Nacional de Telecomunicações – ANATEL.[316]

O art. 60, *caput*, da Lei 9.472/97 (LGT), assim define *serviço de telecomunicação*: "é o conjunto de atividades que possibilita a oferta de telecomunicação".

Luciano Garcia Miguel assim conceitua os serviços de telecomunicação:

> [...] são todos aqueles relacionados à transmissão, emissão ou recepção de sinais, palavras, imagens, sons ou informações de qualquer natureza por cabo, rádio, ou outro sistema eletromagnético. Por seu turno, as demais modalidades de serviços de comunicação são aquelas que também estão relacionadas ao núcleo descrito, mas que não se valem de uma rede de telecomunicação para o desempenho de suas atividades.[317]

André Mendes Moreira entende que a definição do *caput* do art. 60 da *LGT* impede que se conclua que *serviço de telecomunicação* seja uma espécie do gênero *serviço de comunicação*. Explica esse autor que a conceituação da *LGT* para serviço de telecomunicação extrapola o conceito de *comunicação* de modo remoto para incluir "ações prévias à efetiva instauração da relação comunicativa".[318] O novo conceito, segundo o doutrinador mineiro, abrangeria também as "diversas atividades preparatórias à efetiva ocorrência da comunicação – como a habilitação de telefones ou mesmo a manutenção periódica da rede".[319]

---

316. SOARES DE MELO, José Eduardo. ICMS – Comunicação – conceitos e prática. *In:* SALUSSE, Eduardo Perez; CARVALHO, Antonio Augusto Silva Pereira de (coord.). *Direito tributário* – Estudos em homenagem aos 80 anos do TIT/SP. São Paulo: MP Editora, 2015. p. 346-347.

317. Ibidem, p. 410.

318. MOREIRA, André Mendes. *A tributação dos serviços de comunicação* cit., p. 181.

319. Ibidem.

Para aquele autor, teriam sido englobadas no conceito de *serviço de telecomunicações* diversas *atividades preparatórias* à efetiva ocorrência da comunicação, como a habilitação de telefones ou a manutenção periódica da rede.[320]

André Mendes Moreira explica que tal modificação conceitual fez surgirem duas correntes. Uma primeira, *ampliativa*, geralmente adotada pelos Fiscos estaduais, sustenta ter havido um *alargamento da hipótese de incidência do ICMS*, submetendo à incidência do imposto todas as atividades que possibilitam a oferta de telecomunicação, ainda que não haja a concretização da relação comunicativa. De outro lado, há a corrente *restritiva*, normalmente esposada pelos causídicos tributários, que admite a modificação do conceito de *telecomunicação* no direito regulatório, porém entende que a incidência do imposto deve ser apreendida com base na Constituição (especificamente, no art. 155, II, da CF/88) e na lei de normas gerais do ICMS.[321]

O mesmo autor inclina-se pelo entendimento da *corrente restritiva*, argumentando que a Lei Geral de Telecomunicações não se presta, formal ou materialmente, à modificação da hipótese de incidência do ICMS-Comunicação.[322] Neste ponto, há que dele divergir. Na perspectiva constructivista, é a linguagem que dá os contornos da realidade jurídica, no silêncio da norma jurídica tributária. Assim, o Direito Tributário pode utilizar conceitos da linguagem de outra ciência, ou da linguagem técnica, ou da linguagem normativa. A Lei Geral de Telecomunicações, ao definir telecomunicações, preenche a lacuna existente na norma jurídica tributária sobre o assunto.

Luciano Garcia Miguel também se posiciona contrariamente a André Mendes Moreira, situando-se na *corrente ampliativa* da doutrina a respeito do *serviço de comunicação*

320. MOREIRA, André Mendes. A tributação dos serviços de comunicação cit., p. 182.

321. Ibidem, p. 183-184.

322. Ibidem, p. 190.

(como diz ele, uma vez que entende ser *telecomunicação uma espécie do gênero comunicação*). Argumenta que, se adotado conceito mais restrito de parte da doutrina, o serviço de comunicação estaria restrito à telefonia, e, assim, "impedindo a incidência do ICMS sobre as demais modalidades de prestações que são consideradas, tanto no Brasil como nos demais países, como de comunicação".[323]

Isso não significa, por outro lado, que todo e qualquer serviço preparatório, acessório ou complementar possa ser visto como serviço de telecomunicação. Nesse sentido, Sandra Maria Poiatti anota que, à luz da atual jurisprudência e doutrina, "verifica-se como pacificado o entendimento de que as atividades-meio não compõem a base de cálculo do ICMS", apontando, para certas atividades, uma *prevalência da corrente restritiva*, portanto.[324]

Nossa posição pessoal fica numa situação intermediária: *ampliativa do ponto de vista técnico-conceitual, porém restritiva do ponto de vista da incidência tributária*. Do ponto de vista *conceitual*, entende-se *telecomunicação efetivamente como uma espécie do gênero comunicação*, tal como a teoria ampliativa já citada, que é a posição dos Fiscos estaduais. Por outro lado, *para efeito da materialidade do tributo ICMS-Comunicação, adotamos a posição legalista excludente trazida pela* LGT. Considerando que a definição trazida por essa lei possui *finalidade declarativa do ponto de vista técnico, mas não do ponto de vista tributário*, entende-se, na linha da jurisprudência dominante,[325] que os chamados Serviços de Valor Adicionado não devem sofrer a incidência do imposto.

---

323. MIGUEL, Luciano Garcia. O conceito de prestação de serviço de comunicação para a incidência do ICMS cit., p. 410.

324. POIATTI, Sandra Maria. *A tributação do ICMS sobre os serviços de comunicação* cit., p. 25.

325. STJ, Súmula 334: "O ICMS não incide no serviço dos provedores de acesso à Internet".

Luciano Garcia Miguel adota a posição, com a qual se concorda, para efeito de classificação, de que serviço de *comunicação* é gênero do qual serviço de *telecomunicação* é espécie.[326] Nisso, ele é acompanhado por inúmeros doutrinadores. Ele avança em relação a outros estudiosos, sendo original ao propor dividir os serviços de comunicação (aqui entendidos no sentido mais amplo, ou *lato sensu*) em duas classes: (i) os serviços de comunicação *stricto sensu* e (ii) os serviços de telecomunicação, simplesmente. Os primeiros (serviço de comunicação *stricto sensu*) têm menor relevância econômica e social. Os segundos (serviços de telecomunicação) atendem a uma parcela relevante da população e têm muito maior importância econômica.

Na categoria de serviços de comunicação *stricto sensu*, Luciano Garcia Miguel insere os serviços de publicidade: veiculação e divulgação de textos, desenhos e outros materiais de propaganda e publicidade em sítios da internet, folhetos e encartes publicitários, comerciais em programação de televisão por assinatura. Enquanto muitos doutrinadores, como Roque Antonio Carrazza,[327] não veem tais serviços como serviços de comunicação, Luciano Garcia Miguel não tem dúvida em conceituá-los como tais, sendo, pois, sujeitos à incidência do ICMS.[328]

À guisa de conclusão deste tópico, apresenta-se um rol não exaustivo de funcionalidades que são consideradas, usualmente, como serviços de comunicação (não estão considerados aqueles que utilizam, hoje, a internet): (i) serviço telefônico fixo comutado (STFC); (ii) serviço móvel celular (SMC); (iii) serviço especial de radiochamada (SER); (iv) telefonia móvel (celular); (v) radiodifusão (rádio, AM ou FM), televisão (aberta); (vi) serviço especial (de televisão) por assinatura (TVA);

---

326. MIGUEL, Luciano Garcia. *A hipótese de incidência do ICMS e a evolução dos conceitos tradicionais de mercadoria e serviço de comunicação*. Tese (Doutorado em Direito Tributário) – Pontifícia Universidade Católica de São Paulo, São Paulo, 2015. p. 141.

327. CARRAZZA, Roque Antonio. *Curso de direito constitucional tributário* cit., p. 174.

328. MIGUEL, Luciano Garcia. *A hipótese de incidência do ICMS e a evolução dos conceitos tradicionais de mercadoria e serviço de comunicação* cit.

(vii) serviço de TV a cabo, serviço de TV via satélite (DTH); e (viii) serviço de banda larga (para telefonia, TV a cabo, TV por rádio, TV por satélite).

Não são classificadas, como serviço de comunicação, as atividades preparatórias ou complementares, consistentes no fornecimento de meios adequados para que seja estabelecida uma relação comunicativa entre dois polos, no dizer de Luciano Garcia Miguel,[329] como gerenciamento de rede, provimento de acesso à internet, hospedagem de *site*, locação de equipamentos ou serviços do tipo monitoramento e rastreamento de veículos e cargas.

Em capítulo próprio, serão definidos Serviço de Valor Adicionado (*SVA*) e Serviço de Acesso Condicionado (*SeAC*), para compará-los às *OTT*.

Embora, por definição legal, os Serviços de Valor Adicionado não possam ser enquadrados como serviço de comunicação, ficando fora da incidência do ICMS-Comunicação, a dificuldade está em identificar os fenômenos que podem ser enquadrados como *SVA*.

Por outro lado, os *Serviços de Acesso Condicionado* são, também por definição legal, uma espécie do gênero *serviço de comunicação*. Logo, sujeitam-se ao ICMS-Comunicação.

Pelo exposto, pode-se afirmar que:

a) o conceito de *comunicação* diferencia-se daquele de prestação de serviço de comunicação;

b) a prestação de serviço de comunicação, além da presença de um emissor e de um receptor, diferencia-se de comunicação pela existência de um terceiro sujeito, que é o prestador do serviço, e pela sua onerosidade.[330]

---

329. MIGUEL, Luciano Garcia. *A hipótese de incidência do ICMS e a evolução dos conceitos tradicionais de mercadoria e serviço de comunicação* cit., p. 153.

330. JONES, Caroline Junqueira Ortiz; SARAN, José Eduardo de Paula; LIMA, Mariana Miranda; BARROS, Maurício. ICMS-Comunicação cit.

Embora a Constituição Federal não defina em detalhe a materialidade da incidência do ICMS-Comunicação, deixa incontroverso que esse imposto incide sobre a prestação de serviços de comunicação. O imposto só pode incidir quando presentes a condição onerosa da prestação de serviço e a figura do terceiro que é o prestador do serviço, excluídos da incidência o autosserviço e aquele não oneroso.

A doutrina aponta a existência de quatro diferentes pontos de vista a respeito dos serviços de comunicação que podem ser tributados pelo ICMS-Comunicação.

Entre as razões que estariam por trás desses diferentes entendimentos, tem-se, como talvez a principal, a vagueza do termo *comunicação*, especialmente na relação entre *serviços de comunicação* e *serviços de telecomunicação*.

A *primeira corrente* defende a *confusão entre os dois grupos de serviços, os de comunicação e os de telecomunicação*, o que faria com que o ICMS somente pudesse atingir os serviços que se enquadrassem como *telecomunicações*, conforme art. 60 da Lei 9.472/97 (Lei Geral de Telecomunicações – *LGT*).[331] A consequência é que o imposto não poderia incidir sobre os Serviços de Valor Adicionado (*SVA*), que são aqueles definidos no art. 61 da LGT. [332-333]

331. "Art. 60. Serviço de telecomunicações é o conjunto de atividades que possibilita a oferta de telecomunicação.
§ 1º Telecomunicação é a transmissão, emissão ou recepção, por fio, radioeletricidade, meios ópticos ou qualquer outro processo eletromagnético, de símbolos, caracteres, sinais, escritos, imagens, sons ou informações de qualquer natureza."

332. "Art. 61. Serviço de valor adicionado é a atividade que acrescenta, a um serviço de telecomunicações que lhe dá suporte e com o qual não se confunde, novas utilidades relacionadas ao acesso, armazenamento, apresentação, movimentação ou recuperação de informações.
§ 1º Serviço de valor adicionado não constitui serviço de telecomunicações, classificando-se seu provedor como usuário do serviço de telecomunicações que lhe dá suporte, com os direitos e deveres inerentes a essa condição."

333. JONES, Caroline Junqueira Ortiz; SARAN, José Eduardo de Paula; LIMA, Mariana Miranda; BARROS, Maurício. ICMS-Comunicação cit., p. 463.

A *segunda corrente*, em termos de incidência tributária, é mais restritiva que a primeira. Por ela, *somente os serviços que efetivamente se enquadrem como comunicação poderiam sofrer a incidência do ICMS*. Dessarte, os serviços de telecomunicação não poderiam ter a incidência do ICMS-Comunicação. Isso porque todos os serviços de comunicação seriam serviços de telecomunicação, mas nem todos os serviços de telecomunicação seriam serviços de comunicação. Seu fundamento é a definição de *serviço de telecomunicação* dada pela LGT: o "conjunto de atividades que possibilita a oferta de telecomunicação". Neste ponto de vista, os serviços considerados *básicos* e que correspondem a apenas uma das etapas da comunicação, como a emissão, a transmissão ou a recepção das mensagens, poderiam ter a classificação de *telecomunicação*, embora não tenha havido uma efetiva prestação de serviços de comunicação. Pela inocorrência destes últimos, não poderia haver a incidência do ICMS. É o caso, por exemplo, da locação de equipamentos, dos chamados serviços complementares, do monitoramento de redes e, principalmente, é o caso dos Serviços de Valor Adicionado (*SVA*).[334]

A *terceira corrente* corresponde ao entendimento geral dos fiscos estaduais. Por ela, *comunicação* é um gênero, ao qual pertence a espécie *telecomunicação*.[335] Tal corrente entende que *o ICMS-Comunicação poderia incidir sobre todas as atividades e serviços associados às telecomunicações ou que, de alguma maneira, utilizam meios de comunicação como elementos primordiais, mesmo que a comunicação não esteja presente na relação negocial entre as partes*. Por exemplo, no caso de locação de equipamentos, como *modems*, necessários aos serviços de telecomunicações. Trata-se de uma *interpretação bastante ampliativa* e que, muitas vezes, determina a cobrança de ICMS em situações inusitadas. O argumento de seus defensores baseia-se na relação contratual entre prestador do serviço de

---

334. JONES, Caroline Junqueira Ortiz; SARAN, José Eduardo de Paula; LIMA, Mariana Miranda; BARROS, Maurício. ICMS-Comunicação cit.,, p. 463-464.

335. MIGUEL, Luciano Garcia. O conceito de prestação de serviço de comunicação para a incidência do ICMS cit.

comunicação e o tomador. Assim, o objeto do contrato compreenderia tanto a utilização de equipamentos (aluguel de modem etc.) quanto os serviços preparatórios e complementares aos serviços de comunicação, por fim, a própria prestação destes, como uma coisa só, indissociável.[336]

Existe, afinal, uma *quarta corrente*, diferente das três anteriores. Este último ponto de vista caracteriza-se por ignorar as definições da Lei Geral de Telecomunicações, entendendo que *apenas os serviços que viabilizam a emissão, transmissão e recepção de mensagens, mas de maneira cumulativa, poderiam se enquadrar como serviço de comunicação tributável pelo ICMS*. Uma parcela dessa corrente exige que emissor e receptor sejam identificados e possam interagir na troca de mensagens. Por essas características, trata-se da *corrente mais restritiva* quanto ao campo material de incidência do imposto.[337]

Filiamo-nos, pessoalmente, novamente numa *posição intermediária* entre as posições mais ampliativas e aquelas mais restritivas. De um lado, não se pode ter por base unicamente a interpretação rígida de um texto constitucional redigido anteriormente a toda esta transformação do panorama conceitual e tecnológico das comunicações e telecomunicações. O mesmo vale para a exegese da Lei Geral das Telecomunicações. De outro, é evidente que há serviços e atividades que são meramente preparatórios do serviço de comunicação (por exemplo, a instalação de cabeamento e de equipamentos), não se constituindo, em essência, em serviço de comunicação, fugindo, pois, à tributação do ICMS-Comunicação. Haveria que se analisar, também, as cláusulas contratuais.

3.2.2 O ISS

O Imposto sobre Serviços de Qualquer Natureza, cuja sigla é ISSQN, mas se adota doravante seu acrônimo mais

---

336. JONES, Caroline Junqueira Ortiz; SARAN, José Eduardo de Paula; LIMA, Mariana Miranda; BARROS, Maurício. ICMS-Comunicação cit., p. 464.

337. Ibidem.

conhecido, ISS, tem história peculiar.[338] Ele é o substituto de diversos outros tributos anteriores, da esfera municipal, estadual e inclusive do governo central. Como o ICMS, também deita raízes na França.

Seu predecessor, internacionalmente falando, é também encontrado na França, em 1954. Na mesma época em que o governo francês criava a *Taxe sur la Valeur Ajoutée* (*TVA*), que incidia sobre a venda de produtos ou mercadorias pelos atacadistas, sendo a base de cálculo o valor acrescido, também foi criada a *Taxe sur les Prestations de Services* (*TPS*), que incidia sobre as outras operações, tais como o comércio a varejo, a locação de serviços e demais prestações de serviços. A França conviveu com esses dois impostos indiretos até final dos anos 1960, quando foram substituídos por um tributo que unificou os dois impostos, passando a ter uma incidência genérica sobre a tributação indireta de todos os gêneros de operações mercantis: a transmissão de bens e a prestação de serviços. Portanto, há mais de cinquenta anos que a França superou a dualidade de base tributável, bens e serviços, com a qual o Brasil convive até hoje e que é a fonte de um enorme contencioso tributário e conflitos de competência.

No Brasil, até 1965, não havia um único tributo indireto sobre a generalidade de serviços. No Império, havia um imposto sobre indústrias e profissões, que era da competência do governo central imperial. Com a proclamação da República e a primeira Constituição republicana, em 1891, ele passa para a esfera dos estados. Após a Revolução de 1930, a Constituição de 1934 cria o Imposto de Diversões Públicas, da competência municipal, que incidia sobre jogos e diversões

338. Como referências sobre o histórico do ISS, foram utilizadas as seguintes obras: MARTINS, Sérgio Pinto. *Manual do Imposto sobre Serviços*. 9. ed. São Paulo: Atlas, 2013; FRANCA, Alison José da *et al*. Imposto Sobre Serviços de Qualquer Natureza – ISS. *JusBrasil*, Salvador, 2015. Disponível em: https://bit.ly/3lZEL1t; https://bit.ly/3onFSum. Acesso em: 15 ago. 2019; e SOARES, Lirian Sousa. Imposto sobre Serviço de Qualquer Natureza. Base de cálculo. Empresa prestadora de serviços, com preponderância de mão de obra. *Revista Jus Navigandi*, Teresina, v. 10, n. 646, p. 1-2, 15 abr. 2005. Disponível em: https://bit.ly/2XUoF0M. Acesso em: 24 out. 2019.

públicas. A mesma Constituição permitia aos estados tributar serviços por meio do Imposto de Transações, que incidia sobre a locação de bens móveis, hospedagem, empreitada, conserto, pintura, revelação de filmes, entre outros.

Na Constituição Federal de 1946, havia a previsão de nada menos que três impostos sobre materialidades que hoje são do ISS: (i) o *Imposto Sobre Transações*, da competência estadual e que incidia sobre certos serviços, como hospedagem, construção civil etc.; (ii) o *Imposto de Indústrias e Profissões*, de competência municipal, incidente sobre o efetivo exercício de atividade lucrativa e que abrangia atividades industriais, comerciais e profissionais, inclusive todo e qualquer serviço; e (iii) o *Imposto sobre Diversões Públicas* (municipal), incidente sobre jogos e diversões públicas. A maioria dos serviços era assim tributada pelo Imposto de Indústria e Profissões, de competência municipal.

Esse panorama muda com a promulgação da Emenda Constitucional 18, de 1º de dezembro de 1965, surgida logo após o advento do regime militar de 1964. Essa Emenda Constitucional trouxe profundas modificações em nosso Sistema Tributário. Ela suprimiu os seguintes impostos: Imposto sobre Transações (Estadual); Imposto de Industriais e Profissões (Municipal); e Impostos sobre Diversões Públicas (municipal). Por outro lado, como se já viu, a EC 18/65 veio a criar dois importantes impostos: o *Imposto sobre Serviços de Qualquer Natureza (ISS)*, de competência municipal, e o *Imposto sobre Operações Relativas à Circulação de Mercadorias* (*ICM*), de competência estadual.

Assim, após 1965, passou a existir, no Brasil, um imposto somente para serviços, enquanto, nas Constituições anteriores, um mesmo imposto englobava serviços e outras atividades produtivas.

O ISS, que foi criado em 1965, dependia, no entanto, de regulamentação, o que somente veio a ocorrer com a promulgação do Código Tributário Nacional (Lei 5.172), em 25 de outubro de 1966, que trata das normas gerais de Direito

Tributário, bem como dos tributos específicos, entre eles o ISS, em seus arts. 71 a 73.

O primeiro município a instituir a cobrança do ISS foi o de Fortaleza, Ceará, por meio da Lei Municipal 3.330, de 30 de novembro de 1966. A partir de 1967, o novo imposto passou a ser cobrado em diversos outros municípios do país.

Desde sua gênese, o ISS sempre foi um imposto de *competência residual*. Veja-se que a Constituição Federal de 1967, promulgada logo após a EC 18/65, e o Código Tributário Nacional, de 1966, previa, em seu art. 25, II, a respeito do ISS: "Compete aos municípios decretar imposto sobre: [...] II – serviços de qualquer natureza não compreendidos na competência da União ou dos Estados definidos em lei complementar".

Logo, o aspecto residual era (como ainda é) duplo: (i) os serviços a serem tributados pelo ISS não podem estar na competência da União (que então tributava alguns serviços) ou dos estados (que hoje tributam os serviços de transporte interestadual e intermunicipal e os serviços de comunicação), e (ii) tais serviços precisam constar de lei complementar específica.

Continuando o histórico, pouco após a promulgação da CF/67, foi editado o Decreto-lei 406, de 31 de dezembro de 1968 (posteriormente ao Ato Institucional 5, de 13 de dezembro de 1968), que entrou em vigor em 1º de janeiro de 1969 e que "estabelece normas gerais de Direito Financeiro, aplicáveis aos Impostos Sobre Operações Relativas à Circulação de Mercadorias e Sobre Serviços de Qualquer Natureza". Tal Decreto-Lei revogou todas as disposições sobre ISS e ICM existentes no Código Tributário Nacional. O mesmo diploma legislativo trouxe, pela primeira vez, a lista de serviços que podem ser tributados pelo ISS. Lirian Sousa Soares informa que eles eram, inicialmente, 29 itens, depois passaram a ser 66 itens (com o Decreto-lei 834/69), a seguir 67 (com a Lei 7.192/84) e, depois, 100 itens (por meio da Lei Complementar 56/87).[339]

339. SOARES, Lirian Sousa. Imposto sobre Serviço de Qualquer Natureza. Base de cálculo cit., p. 1-2.

Passar-se-á ao largo da discussão sobre a taxatividade ou não dessa lista, pelas limitações de espaço desta obra, porém esposamos o entendimento de que ela possui essa característica de ser *numerus clausus*, admitida a interpretação horizontal quando a redação do item assim o permitir.[340]

Lirian Sousa Soares traz interessante consideração em favor dessa tese. Ei-la:

> Em 1969 houve alteração no DL nº 406/68 pelo Decreto-lei nº 834, de 08 de setembro de 1969, que além de aumentar a lista de serviços, também determinou de forma indireta que a listagem é taxativa, pois prevê no § 2º, do art. 8º, que: o fornecimento de mercadorias com prestação de serviços não especificados na lista fica sujeito ao Imposto sobre Circulação de Mercadorias.[341]

A Emenda Constitucional 01/69, que muitos denominam de Constituição Federal de 1969, não alterou a sistemática do ISS, a não ser quanto à possibilidade de fixação de alíquotas máxima por lei complementar.

Assim, o ISS permaneceu imutável em suas características adquiridas em 1969 até o advento da Constituição Federal de 1988. Esta manteve o imposto na competência dos municípios, mas fixou-lhe uma alíquota máxima e algumas pequenas alterações. Na CF/88, o ISS consta no art. 156, III, da CF/88, que mantém sua nomenclatura, suas características e seu caráter residual. Explicitamente, a Constituição excluiu da competência municipal o poder de tributar as exportações de serviços para o exterior.

Como último registro histórico, convém mencionar que, em 2003, houve a edição da Lei Complementar 116, que substituiu o Dec.-lei 406/68, trazendo a disciplina em relação às hipóteses de incidência, bases de cálculo e contribuintes. Desde então, os municípios brasileiros podem instituir o imposto

---

340. Por exemplo, quando usa a expressão *e congêneres*.

341. SOARES, Lirian Sousa. Imposto sobre Serviço de Qualquer Natureza. Base de cálculo cit., p. 1.

em seus territórios, embora bem poucos o tenham feito, pelas dificuldades inerentes a esse imposto e pela falta de estrutura para administrá-lo. Por fim, a mencionada Lei Complementar 116, de 2003, sofreu importantes modificações com a Lei Complementar 157/2016, que será analisada em capítulo próprio.

Vejam-se, a seguir, os aspectos da materialidade do ISS. O grande idealizador do modelo da regra-matriz de incidência tributária (RMIT), Paulo de Barros Carvalho, explica que esta última é uma "fórmula simplificadora, reduzindo, drasticamente, as dificuldades do feixe de enunciados constituidores da figura impositiva".[342] Para falar da RMIT do ISS, ele primeiramente adverte o leitor de que a liberdade do legislador (infraconstitucional) não pode ultrapassar

> [...] os limites lógicos que a regra-matriz comporta. Se as mutações chegarem ao ponto de modificar os dados essenciais da hipótese e, indo além, imprimir alterações na base de cálculo, estaremos, certamente, diante de violação à competência constitucionalmente traçada.[343]

O doutrinador paulista quis dizer que *há limites postos ao legislador infraconstitucional dados pela própria Carta Magna*. Dizendo de outra forma, a norma impositiva fundamental não pode ser desfigurada. Em capítulo próprio, será analisada, à luz dessa advertência, a alteração da Lei Complementar 116/2003 que foi promovida pela Lei Complementar 157/2016, e que incluiu o item 1.09 à Lista de Serviços anexa à Lei Complementar 116/2003.[344]

O mesmo autor explica que o critério material é o "núcleo do conceito mencionado na hipótese normativa".[345] No caso do ISS, ele explica, o núcleo é representado pelo verbo *prestar*,

342. CARVALHO, Paulo de Barros. *Direito tributário:* linguagem e método cit., p. 792.

343. Ibidem, p. 792-793, grifos nossos.

344. Assunto que será visto em capítulo próprio.

345. CARVALHO, Paulo de Barros. *Direito tributário:* linguagem e método cit., p. 793.

acompanhado do complemento *serviços de qualquer natureza.*[346] Do núcleo de incidência, deve-se excluir os serviços de transporte interestadual e intermunicipal e os serviços de comunicação, tributados pelo ICMS. Mais ainda, os serviços têm de estar previamente arrolados em lei complementar, como já foi visto.

Portanto, não é todo e qualquer *serviço* que pode ser tributado pelo ISS, embora a Constituição Federal faça menção a imposto *sobre serviços de qualquer natureza.* Boa parte dos doutrinadores, entre eles o professor Paulo de Barros Carvalho, entende que a lista de serviços anexa à Lei Complementar 116/2003 é taxativa, e não exemplificativa ou extensiva.

Na lição de Aires Fernandino Barreto, não é todo e qualquer *fazer* que se subsome ao *conceito de serviço, que é menos amplo que o conceito de trabalho.*[347]

Esse mesmo autor esclarece que, para se sujeitar à incidência do ISS, *o serviço deve ser prestado sem relação de subordinação.* Portanto, *a prestação de serviço deve ser feita em caráter autônomo*, sendo *objeto de contrato sem caráter trabalhista ou estatutário.*[348]

Paulo de Barros Carvalho anota que, na lista, não estão incluídos os serviços públicos (que são imunes), os realizados para si próprio, portanto sem natureza econômica, e outros efetuados em relação de subordinação (normalmente, quando há vínculo empregatício).[349]

Conforme o § 3º, II, do art. 156 da CF/88, também a exportação de serviços para o exterior ficou fora de sua zona de incidência.

A respeito do caráter da lista de serviços anexa à Lei Complementar 116/2003, há uma divergência na doutrina.

---

346. CARVALHO, Paulo de Barros. *Direito tributário*: linguagem e método cit., p. 793.

347. BARRETO, Aires Fernandino. *ISS na Constituição e na Lei.* São Paulo: Dialética, 2005. p. 29.

348. Ibidem, p. 36.

349. CARVALHO, Paulo de Barros. *Direito tributário:* linguagem e método cit., p. 794.

Alguns autores, como Clélio Chiesa,[350] entendem que a lei infraconstitucional não poderia limitar o legislador municipal. Todavia, a doutrina predominante a considera uma relação taxativa, exaustiva e fechada.

Assevera o professor Paulo de Barros Carvalho, de forma consentânea com o entendimento majoritário dos tribunais superiores, que a mencionada lista de serviços é taxativa, e não meramente exemplificativa. Assim,

> [...] a lista de serviços veiculada por lei complementar (ou por documento normativo com força equivalente) serve para especificar ou delimitar a extensão do significado da locução "serviço de qualquer natureza" [...] Em síntese, para caracterizar "serviço de qualquer natureza" nos termos empregados pelo contribuinte, a prestação deve atender, simultaneamente, a dois requisitos: (i) ser serviço e (ii) estar indicado em lei complementar.[351]

Na linha desta última visão, com a qual se concorda, dado o caráter quase residual que o legislador constitucional deu aos serviços tributados pelo ISS, somente os serviços abrangidos na lista de serviços anexa à LC 116/2003 é que poderiam ser tributados pelo ISS, desde que não haja inconstitucionalidade nessa inclusão, pode-se acrescentar.

Alguns exemplos de decisões judiciais dos tribunais superiores no sentido da taxatividade são o *decisum* no REsp 1.111.234/PR, em 2009, e no RE 615.580 RG/RJ, em 2010.

Por outro lado, havendo dúvidas quanto à nomenclatura do serviço, a jurisprudência admite o emprego da interpretação extensiva para serviços congêneres.

Vistos, mais em detalhe, os dois impostos indiretos sobre o consumo por nós eleitos para estudo nesta obra, cabe, agora, noticiar os esforços ora em curso para reformar nosso

---

350. CHIESA, Clélio. O imposto sobre serviços de qualquer natureza e aspectos relevantes da Lei Complementar n. 116/2003. *In:* ROCHA, Valdir de Oliveira (coord.). *O ISS e a LC 116*. São Paulo: Dialética, 2003.

351. CARVALHO, Paulo de Barros. *Direito tributário:* linguagem e método cit., p. 798.

Sistema Constitucional Tributário no tocante aos impostos sobre o consumo, assunto do próximo tópico deste capítulo.

3.3 As propostas para a tributação do consumo no Brasil

Ficaram muito evidenciadas as disfuncionalidades de nosso Sistema Constitucional Tributário: desequilíbrio federativo, intensificação da chamada *guerra fiscal* nos impostos indiretos, ausência de neutralidade, grande complexidade das normas tributárias, enorme número de exceções e de situações especiais (substituição tributária, diferimento, reduções de base de cálculo, isenções etc.), excesso de tributos, divergências de interpretação que levam a um enorme contencioso tributário, excesso de deveres instrumentais *versus* serviços públicos insatisfatórios, o esgotamento ou o declínio econômico de algumas materialidades, o surgimento de materialidades não previstas em 1988, além de outros problemas.

A chamada *guerra fiscal* vem ocorrendo há três décadas em nível *horizontal* no ICMS, entre os estados, que buscam atrair investimentos para seus territórios. De anos para cá, ela também vem ocorrendo em nível *vertical*, entre estados e municípios, que disputam justamente as materialidades que, em grande parte, são objeto desta obra: aquelas surgidas com a Economia Digital e a desmaterialização dos bens, mercadorias e dos próprios serviços. Isso tem levado a enorme insegurança jurídica, o que, entre outros fatores negativos, inibe os investimentos.

As disfuncionalidades supracitadas são mais agudas nos tributos indiretos: IPI, ICMS e ISS.

Por essa razão, desde o início dos anos 1990, houve inúmeras propostas de reforma do sistema constitucional tributário brasileiro, especialmente no tocante aos tributos indiretos. Dada a dificuldade política dessa implementação, elas não foram adiante. Houve, apenas, mudanças muito pontuais, como a constitucionalização da substituição tributária[352] ou

352. EC 3/93.

mudanças quanto à repartição interestadual de tributos no ICMS.[353] De outro lado, constantemente, são apresentadas propostas infraconstitucionais, várias delas aprovadas, como a alteração da Lista de Serviços anexa à Lei Complementar 116/2003 (relativa ao ISS).

As propostas mais recentes de Reforma Tributária visam, de modo geral, a trazer o *fim da segregação entre bem, mercadoria e serviços na tributação sobre o consumo*, o que eliminaria boa parte da insegurança jurídica hoje existente e que atinge as Aplicações *Over-the-Top*, como será visto adiante.[354]

353. EC 87/15.

354. Até o fechamento desta edição, não houve a aprovação das atuais PEC 45/2019, PEC 110/10 e do PL n. 3887/2020, que têm propostas nesse sentido.

CAPÍTULO 4
A EVOLUÇÃO DOS CONCEITOS E DEFINIÇÕES TRADICIONAIS NA TRIBUTAÇÃO INDIRETA SOBRE O CONSUMO NO BRASIL

Neste capítulo, será estudado como evoluíram conceitos e definições de materialidades para as quais há previsão constitucional de incidência tributária, no Brasil, notadamente de tributos indiretos, em especial o ICMS e o ISS.

Tendo em vista a opção do constituinte originário por um capítulo tributário rígido e detalhado, e, de outro lado, a rápida evolução tecnológica que se operou após a promulgação da CF/88, surge a dúvida sobre a possibilidade ou não de se fazer uma interpretação dinâmica das normas constitucionais de incidência tributária para amoldá-las aos novos fenômenos de comunicação e de acesso e transmissão de conteúdos audiovisuais que surgiram na Era Digital.

4.1 Interpretação estática ou dinâmica da norma constitucional

As normas constitucionais podem ser interpretadas de duas maneiras: (i) de modo estático, numa perspectiva que pode ser chamada de histórica, ou (ii) de modo dinâmico, sendo admitida uma flexibilidade para adaptá-las a atos, negócios e fatos imprevistos por ocasião da redação originária da norma constitucional, conforme nos ensina Ricardo Augusto Alves dos Santos.[355]

Na visão desse autor, *a leitura dinâmica seria a mais adequada*, evitando-se constantes modificações do texto constitucional para observar o desenvolvimento dos fatos sociais que as normas jurídicas, inclusive as constitucionais, devem acompanhar.

Maurício Barros tem o mesmo entendimento. Para ele, *o exercício da competência tributária não pode permanecer congelado nas concepções existentes em 1988*, sob pena de termos um sistema tributário nacional disfuncional para o futuro.[356] Assim, as regras conformadoras da competência tributária deveriam absorver as mudanças sociais que forem surgindo. Em reverência ao princípio da igualdade, a tributação deve poder atingir as mais variadas percepções de riqueza, bem como as situações de manifesta capacidade contributiva.

Ressalva esse autor, referenciando Heleno Taveira Torres,[357] que essa evolução não pode desconsiderar a legalidade e as devidas reservas legais. Do contrário, esclarece, haveria um "estado permanente de sujeição tributária" sem a previsão legal correspondente.

Propõe Maurício Barros um meio termo. A atualização semântica das regras de competência (as positivas, de incidência, e as negativas, de imunidade) deve ser reconhecida e insculpida no texto infraconstitucional somente quando for fruto da mera evolução conceitual, sem representar ruptura com os termos empregados no texto constitucional. Um exemplo bem conhecido disso é o caso do *livro eletrônico em relação*

355. ALVES DOS SANTOS, Ricardo Augusto. Tributação das Aplicações *Over-the-Top* no Brasil cit., p. 695.

356. BARROS, Maurício. Tributação da economia digital e os conflitos de competência entre ICMS e ISS cit., p. 364.

357. TORRES, Heleno Taveira. *Direito constitucional tributário e segurança jurídica*. São Paulo: Revista dos Tribunais, 2011, p. 332.

à imunidade dos livros,[358] em que se reconheceu a imunidade daquela nova forma de suporte físico de expressão textual ou imagética,[359] que é digital,[360] por analogia à imunidade tributária dos livros físicos em papel.

Entende Maurício Barros que situações que ensejariam interpretações extensivas das regras de competência devam ser rechaçadas, seja para não onerar, seja para não alargar, de modo indevido, competências tributárias. O exemplo disso seria a impossibilidade de se estender aos *dispositivos de leitura* de livros eletrônicos a imunidade que gozam o papel e a tinta destinados à impressão de livros.[361]

Aquele autor reconhece que permitir certa flexibilidade na interpretação da norma de competência constitucional, sem ultrapassar limites que caracterizariam uma interpretação extensiva, é uma *linha tênue*, em que comparece algum grau de subjetivismo. Mas ele é firme no sentido de não admitir a "abertura semântica irrestrita dos conceitos, sob pena de se subverter completamente a divisão de competências tributárias imposta pelo constituinte originário".[362]

Sua proposta é a de que "deve haver aderência aos conceitos acolhidos pelo constituinte em 1988, sem prejuízo da absorção de novas operações naquilo em que sejam compatíveis com esses conceitos". Esclarece que assim também tem decidido o Supremo Tribunal Federal.[363]

Em conclusão, para efeito do tema principal de estudo desta obra, as *Aplicações Over-the-Top*, adota-se, como premissa às

---

358. BARROS, Maurício. Tributação da economia digital e os conflitos de competência entre ICMS e ISS cit., p. 364-365.

359. Queremos nos referir ao arquivo digital, e não a seu dispositivo de leitura.

360. Entendida a representação digital, em bits, de um conteúdo textual.

361. BARROS, Maurício. Tributação da economia digital e os conflitos de competência entre ICMS e ISS cit., p. 365.

362. Ibidem.

363. Ibidem, p. 364-365.

suas conclusões, a perspectiva de interpretação dinâmica das normas constitucionais, sempre com respeito à legalidade, especialmente para tratar dos conceitos de mercadoria e de serviços.

4.2 A evolução dos conceitos e definições de bem e mercadoria

Preliminarmente ao estudo da evolução de conceitos e definições que nos interessam mais particularmente, a saber, bem, mercadoria e serviço, é necessário entender como o texto constitucional os utiliza.

4.2.1 Os conceitos na Constituição Federal

Simone Rodrigues Costa Barreto, em estudo a respeito do conceito constitucional de serviços de qualquer natureza, conclui que, dada a rigidez da Constituição Federal brasileira, a materialidade a que fez uso o constituinte na repartição da competência tributária reúne "conceitos fechados, e não tipos".[364]

A diferença entre *tipo* e *conceito* está no grau de precisão ali contido sobre determinado termo. *Tipos* são um *conjunto mínimo de características* que permitem identificar o sentido do todo. Eles são *estruturas abertas e flexíveis*, que contêm características que podem ser *renunciáveis*, ou seja, ora podem estar presentes, ora não. Já *conceitos* são *estruturas fechadas*, com *maior rigidez*. Um conceito fechado é aquele onde devem estar presentes todas as características que são inerentes ao termo a que se refere e, portanto, são *irrenunciáveis*.

Misabel Derzi explica que tipo é a diretriz de ordenamento de objetos, segundo características nem rígidas, nem flexíveis, num sistema aberto e graduável.[365]

---

364. BARRETO, Simone Rodrigues Costa. Conceito constitucional de serviços de qualquer natureza. *In:* CARVALHO, Paulo de Barros (coord.). *Racionalização do sistema tributário*. São Paulo: Noeses, 2017. p. 1070.

365. DERZI, Misabel. *Direito tributário, direito penal e tipo*. São Paulo: Revista dos Tribunais, 1988, p. 65.

Em relação a normas constitucionais tributárias, explica Simone Rodrigues Costa Barreto que somente os conceitos fechados permitem a certeza do direito e a segurança jurídica na outorga da competência impositiva.[366]

Admite a mesma autora que há signos utilizados pelo constituinte que, à época, já eram portadores de algum sentido, que é buscado nos *horizontes da cultura*. Não fosse isso, uma Constituição que já é muito extensa teria que se tornar um livro caudaloso de doutrina.

Aduz aquela autora, *in verbis:*

> Tratando-se de signo já existente, deve-se considerar o sentido que lhe é atribuído no uso comum e que foi incorporado pelo direito. Consoante as lições de Ricardo Guastini, os textos normativos e o uso comum dos juristas são a fonte para a busca das significações próprias do discurso jurídico, e não os dicionários.[367]

Com isso, a autora quer dizer que o intérprete do Direito pode até buscar em dicionários o sentido de um signo, mas isso será apenas uma referência. Logo, o jurista pode dar a um signo uma significação própria, que será exclusiva da linguagem jurídica. Ele dá como exemplo o termo *recurso*, que pode ser entendido como uma riqueza, um dom, um talento, mas que, na linguagem do Direito, assume o significado de meio que a parte vencida possui de pleitear a revisão de uma decisão judicial.[368]

Relata a mesma autora que o constituinte utilizou muitos signos cujo sentido recepcionado na Carta Magna adveio de seu uso na doutrina. Mais ainda, se havia no Direito um *sentido comum*, este foi o recepcionado pela Constituição Federal de 1988.[369]

Ela adverte para a existência dos arts. 109 e 110 do Código Tributário Nacional, que condicionam a interpretação que

366. DERZI, Misabel. *Direito tributário, direito penal e tipo* cit. p. 1071.

367. Ibidem.

368. Ibidem, p. 1072.

369. Ibidem, p. 1073.

se queira dar aos conceitos constitucionais em relação a seus efeitos tributários.[370]

O legislador complementar reconheceu que a Constituição Federal recepcionou conceitos preexistentes utilizados na linguagem jurídica e que eram oriundos do direito privado. Ao mesmo tempo, não poderia o legislador infraconstitucional alterar o sentido de tais conceitos para pretender modificar as competências tributárias.[371]

Dizendo de outra forma, o legislador infraconstitucional (complementar ou ordinário) não pode adotar interpretação de conceito presente na Carta Magna que alargue indevidamente uma competência tributária.

Simone Rodrigues Costa Barreto dá um exemplo prático: é inadmissível, para o Direito, adotar para o signo *serviço* um sentido no Direito Civil e outro no Direito Tributário, até porque o Direito é uno. Os signos devem conter um único sentido comum na linguagem jurídica.[372]

Na mesma linha, Carlos Augusto Daniel Neto e Leonardo Ogassawara de Araújo Branco nos explicam que a Constituição Federal de 1988 adotou "conceitos típicos de Direito Privado para a delimitação das competências tributárias (renda, mercadoria, propriedade etc.)".[373] No texto constitucional, a referência a tais conceitos é ora direta, ora indireta.

---

370. CTN – Art. 109. "Os princípios gerais de direito privado utilizam-se para pesquisa da definição, do conteúdo e do alcance de seus institutos, conceitos e formas, mas não para definição dos respectivos efeitos tributários".
CTN – Art. 110. "A lei tributária não pode alterar a definição, o conteúdo e o alcance de institutos, conceitos e formas de direito privado, utilizados, expressa ou implicitamente, pela Constituição Federal, pelas Constituições dos Estados, ou pelas Leis Orgânicas do Distrito Federal ou dos Municípios, para definir ou limitar competências tributárias".

371. BARRETO, Simone Rodrigues Costa. Conceito constitucional de serviços de qualquer natureza cit., p. 1076.

372. Ibidem.

373. DANIEL NETO, Carlos Augusto; BRANCO, Leonardo Ogassawara de Araújo. O paradigma da economia digital e os novos conceitos de serviço e mercadoria – reflexos na tributação cit., p. 327.

Em conclusão, cabe ao legislador complementar e ordinário "tão somente aclarar o conteúdo de significação atribuído aos signos, e não alterá-los, sob pena de violação do art. 110 do CTN".[374]

Trazendo essas conclusões a este estudo, viu-se que a expressão "comunicação" é vaga e, por isso, enseja uma abertura semântica. Nesse aspecto, seria um tipo, e não um conceito. A Constituição Federal não a define. A Lei 9.472/97 (Lei Geral das Telecomunicações – LGT) define "telecomunicação", mas não "comunicação", e há discussões doutrinárias se a primeira é ou não espécie da segunda. Essa abertura semântica ligada ao termo "comunicação" vem suscitando conflitos de competência entre o ICMS e o ISS, insegurança jurídica e contencioso tributário. Em capítulo próprio, será evidenciado como isso afeta a tributação dos fenômenos ligados à Economia Digital, especialmente as Aplicações *Over-the-Top*.

Nos próximos tópicos, será visto o significado de "bem", "mercadoria" e "serviço" na perspectiva dos tributos sobre o consumo.

4.2.2 Bem

Conforme o Dicionário Houaiss,[375] a palavra *bem*, do ponto vista material, econômico e jurídico, possui as seguintes definições:

> **9 econ** tudo aquilo que serve de elemento a uma empresa ou entidade para a formação de seu patrimônio e para a produção direta ou indireta do seu lucro (mais us. no pl.)
>
> **10 econ** tudo que tem utilidade material, prática, e valor fiduciário <minhas ferramentas são para mim um b. precioso> <aquele Portinari é-lhe hoje um b. valioso>
>
> **11 (sXVI) jur** coisa, corpórea ou incorpórea, da esfera econômica ou moral (imóvel, móvel, direito, ação, crédito etc.), suscetível de uma apropriação legal; tudo aquilo que é propriedade de

---

374. BARRETO, Simone Rodrigues Costa. Conceito constitucional de serviços de qualquer natureza cit., p. 1077.

375. GRANDE DICIONÁRIO HOUAISS. São Paulo: UOL, 2019, s.v. *bem*. Disponível em: https://houaiss.uol.com.br/. Acesso em: 1 out. 2019.

> alguém (mais us. no pl.) <ela não possui um b. sequer> <ele mesmo não sabe quantos b. possui>

Assim, *bem* pode ser definido como *coisa,* ***corpórea ou incorpórea,*** *suscetível de um valor econômico, de posse e de propriedade; tudo o que tem uma utilidade material e prática e que pode compor um patrimônio.*

Um bem nem sempre é uma mercadoria, mas nela pode se tornar, conforme explicado a seguir.

4.2.3 Mercadoria

José Eduardo Soares de Melo aduz que, tradicionalmente, *mercadoria* é

> [...] o bem corpóreo da atividade empresarial do produtor, industrial e comerciante, tendo por objeto a sua distribuição para consumo, compreendendo-se no estoque da empresa, distinguindo-se das coisas que tenham qualificação diversa, segundo a ciência contábil, como é o caso do ativo permanente.[376]

O mesmo autor ressalva que o conceito havia sofrido ampliação constitucional (em 1988) ao submeter o fornecimento de energia elétrica (coisa incorpórea) ao âmbito de incidência do ICMS.

José Eduardo Soares de Melo não aceita que se considerem *mercadorias* os arquivos contendo dados ou programas e que são "baixados" por *download* ao equipamento do comprador.

Ainda assim, e citando Adelmo da Silva Emerenciano,[377] ele define *bens digitais* como aqueles

> Constituídos por um conjunto organizado de instruções, na forma de linguagem de sobrenível, armazenados em forma digital

376. SOARES DE MELO, José Eduardo. *ICMS* – Teoria e prática cit., p. 16.

377. EMERENCIANO, Adelmo da Silva. *Tributação no comércio eletrônico*. São Paulo: Síntese; Thomson IOB, 2003. p. 150. (*Coleção de Estudos Tributários.*)

> e que podem ser interpretados por computadores e outros dispositivos assemelhados, que produzem funcionalidades predeterminadas, tendo como diferença específica sua existência não tangível de forma direta pelos sentidos humanos e que, por não estarem aderidos a um suporte físico, transitam por ambientes de rede teleinformática.[378]

Para José Eduardo Soares de Melo, o bem *digital* não consubstanciaria as características de âmbito legal e constitucional de mercadoria do art. 155, II e § 3º da CF/88. Segundo ele, o *software* (que é somente uma das espécies do bem digital, na verdade) representa um "produto intelectual, objeto de cessão de direitos, de distinta natureza jurídica".[379]

Não é essa a posição adotada nesta obra. Todo *software* é um conjunto de comandos que são codificados digitalmente. Vale dizer, são comandos na forma digital. Por outro lado, nem tudo o que é digital é um *software*, no sentido de conjunto de comandos na forma de algoritmo e que se destinam a controlar o funcionamento de um computador ou de outra espécie de *hardware*.[380] Assim, uma fotografia digital é uma imagem convertida em um código digital para ser registrada e armazenada, mas não é um *software*. Em conclusão, todo *software* será digital, mas nem todo conteúdo digital será *software*. Portanto, pode-se ter um conteúdo digital que tenha valor, expressão econômica; como tal, poderá ser um bem ou mercadoria, conforme o caso.

Paulo de Barros Carvalho traz-nos a etimologia do termo *mercadoria*. A palavra vem do latim *mercatura*, que significa "tudo aquilo susceptível de ser objeto de compra e venda, isto é, o que comprou para pôr à venda". O ilustre autor vai além: explica que o termo evoluiu de *merx*, *mercis* (que, no plural, têm a forma *merces*, *mercium*), sendo, pois, aquilo que

---

378. SOARES DE MELO, José Eduardo. *ICMS* – Teoria e prática cit., p. 18.

379. Ibidem, p. 18-19.

380. Equipamento físico e mecânico ou eletrônico, que obedece a comandos contidos num programa, conhecido como *software*.

é objeto de comércio. Em remissão a significado buscado no dicionário,[381] aquele autor explica que o termo adquiriu o sentido de "qualquer objeto natural ou manufaturado que se possa trocar e que, além dos requisitos comuns a qualquer bem econômico, reúna outro requisito extrínseco, a destinação ao comércio". A conclusão de Paulo de Barros Carvalho vai ao sentido de que o vocábulo, em Direito, presta-se a designar, tal como também entende José Eduardo Soares de Melo, "coisa móvel, corpórea, que está no comércio".[382]

Com brilhantismo, e para diferenciar *bem* de *mercadoria*, Paulo de Barros Carvalho conclui que *a natureza mercantil do produto, ou seja, da mercadoria, não está nos seus requisitos intrínsecos, mas na destinação que se lhe dê*. A título de exemplo, uma caneta exposta numa vitrine e destinada à venda é mercadoria. A mesma caneta, no bolso de seu proprietário, não o é, pois seria um bem. Logo, diante de um produto, um bem, para sabermos se é ou não mercadoria, basta indagarmos sobre sua destinação.[383]

Grosso modo, portanto, mercadoria é *o bem sujeito à mercancia* ou, dizendo de outra forma (já que mesmo os bens um dia podem ser vendidos), *o bem destinado à mercancia*.

É inequívoco que doutrina e jurisprudência passaram a aceitar a existência de bens não corpóreos. Hoje, já é corrente a admissão da produção e comercialização de bens *incorpóreos*, ou *intangíveis*, entre os quais os bens digitais.[384] Nossa premissa para esta obra também vai nesse sentido. Se "bem" é tudo o que possui valor e utilidade, "mercadoria" é o bem passível de comercialização, possuindo um valor financeiro. Não faz sentido, no mundo atual, que somente bens corpóreos possuam valor comercial e sejam objeto de mercancia.

---

381. NASCENTES, Antenor. *Dicionário da língua portuguesa*. Coimbra: Atlântica, 1957. s.v. *mercadoria*.

382. CARVALHO, Paulo de Barros. *Direito tributário:* linguagem e método cit., p. 756.

383. Ibidem, p. 756-757.

384. No Capítulo 8, mostraremos a evolução jurisprudencial nesse sentido.

A nova realidade tecnológica e econômica advinda com a Economia Digital, com a qual surgem o *software*, a *internet*, o *download*, o *streaming* etc., tornaram obsoletas, em nosso sentir, as definições que vinculavam *bem* e *mercadoria*, do ponto de vista jurídico e econômico, necessariamente a uma coisa corpórea.

Veja-se, por exemplo, as obras de arte digitais produzidas com a tecnologia chamada NFT (*non-fungible token*), que podem alcançar cifras astronômicas de milhões de dólares. Como não dizer que aquilo não seria uma mercadoria? Tal tecnologia consiste em um selo numérico associado a uma obra digital. Ele é único, não replicável, e funciona como uma assinatura determinado trabalho de arte.[385]

Estima-se que, com o uso da tecnologia NFT, que é um certificado de autenticação baseado na tecnologia do "*Blockchain*", a mesma utilizada para o desenvolvimento das criptomoedas, representará uma enorme mudança de paradigma no mercado da arte, inclusive para obras musicais. O valor da obra de arte passa, então, a ser associado à autenticação e à unidade daquela peça.

Conforme Daniel Fernandes, do Departamento de Artes Visuais da Universidade de Brasília (UnB),

> [...] essa autenticação associada à arte digital não revoluciona a arte, no sentido de criar diferentes formas ou linguagens artísticas. "É, na verdade, uma outra forma de comercializar, principalmente, itens digitais como imagem, vídeo, áudio. Todo esse tipo de arquivo digital já era produzido antes, mas havia uma grande dificuldade de quem produzia esses itens de encontrar um mercado sustentável, porque no meio digital, todas as coisas são infinitamente reprodutíveis a custo zero ou quase zero [...].[386]

---

385. IBARRA, Pedro; PINHEIRO, Roberta. Conheça a tecnologia que promete mudar a venda das obras de arte. In Correio Braziliense, 26.03.2021. Disponível em: https://bit.ly/3iheOZZ. Acesso em: 10 set. 2021.

386. Ibidem.

Carlos Augusto Daniel Neto e Leonardo Ogassawara de Araújo Branco, citando Hendrik Pinheiro,[387] nos explicam que o conceito tradicional de *mercadoria* como "bem móvel sujeito à mercancia" é incompatível com a noção de comércio virtual de *software*. Assim,

> [...] a possibilidade de consumo simultâneo (conexão em rede), não excludente (enfeixado) e não rival (típico da economia de abundância) afasta o *download*, como meio de comércio de bens incorpóreos, do conceito tradicional de mercadoria e de circulação.[388]

Trata-se de uma visão doutrinária mais moderna. E a jurisprudência, como visto, tem acompanhado essa nova visão, da desnecessidade da corporeidade para configurar um bem ou uma mercadoria.

Nesse sentido, corroboramos com Carlos Augusto Daniel Neto e Leonardo Ogassawara de Araújo Branco, que citam Marco Aurélio Greco para coincidirem em que "a linha da corporeidade do bem como condição necessária de sua configuração como mercadoria não se sustenta contemporaneamente". Em suporte desse novo entendimento está a mais recente jurisprudência do STF. Assim, no julgamento de Medida Cautelar na ADI 4.389,[389] pelo Pleno do Tribunal, decidiu-se que "a produção de embalagens sob encomenda seria objeto de incidência do ICMS, ainda que se tratasse de um fazer, e não de um dar (que envolveria um bem corpóreo)".[390]

---

387. SILVA, Hendrik Pinheiro. Download de Software e Tributação: entre ICMS e ISQN. *In:* PINTO, Sergio L. Martins; MACEDO, Alberto; ARAUJO, Wilson J. (coord.). *Gestão tributária municipal e tributos municipais*. São Paulo: Quartier Latin, 2015. v. 5, p. 121.

388. DANIEL NETO, Carlos Augusto; BRANCO, Leonardo Ogassawara de Araújo. O paradigma da economia digital e os novos conceitos de serviço e mercadoria – reflexos na tributação cit., p. 332.

389. ADI 4.389 MC, Relator(a): Min. Joaquim Barbosa, Tribunal Pleno, julgado em 13.04.2011.

390. DANIEL NETO, Carlos Augusto; BRANCO, Leonardo Ogassawara de Araújo. O paradigma da economia digital e os novos conceitos de serviço e mercadoria – reflexos na tributação cit., p. 332.

Esses autores compreendem, assim como nós, que *os bens incorpóreos estão, sim, no âmbito de incidência do ICMS-Mercadorias*. O sentido semântico de bem incorpóreo, segundo eles, além de não ir contra o sentido semântico mínimo existente na CF/88, de outro lado também pode ser atrelado à noção de um *ciclo de circulação econômica de bens*, sejam eles corpóreos ou incorpóreos (lembrando que a materialidade da Regra-Matriz de Incidência Tributária do ICMS-Mercadoria é a circulação de mercadorias). Tratando-se de um ciclo de circulação, tem-se aí o influxo da *regra da não cumulatividade*, que aproxima o ICMS, "sob o ponto de vista econômico, de um tributo sobre o valor acrescido que busca onerar o consumo".[391]

Assim, as obras de arte (visuais ou musicais) produzidas com a tecnologia NFT, assinadas digitalmente, são únicas. Como tal, o primeiro adquirente poderá comercializá-la posteriormente, e assim sucessivamente, estabelecendo-se o ciclo de circulação econômica de bem referenciado por aqueles autores.

Eles, com muita lucidez, também observam que diversos fatos influenciam direta e indiretamente o conteúdo das regras de competência. Entre esses fatos, encontram-se "os influxos do conceito de mercadoria e da estrutura plurifásica adequada à circulação do bem em um ciclo". A consequência lógica é a *ampliação da competência dos Estados para a cobrança de ICMS tanto sobre bens materiais como sobre os imateriais*. Aí cabe a ressalva daqueles autores, "desde que a transmissão se dê dentro de uma cadeia de circulação".[392]

Para demonstrar a relevância da inserção em uma cadeia de circulação sobre a materialidade da mercadoria, os autores citam a decisão do STF no julgamento do ARE 839.976 AgR/RS, cujo Relator foi o Min. Roberto Barroso, julgado em 10/02/2015. Confira-se:

---

391. DANIEL NETO, Carlos Augusto; BRANCO, Leonardo Ogassawara de Araújo. O paradigma da economia digital e os novos conceitos de serviço e mercadoria – reflexos na tributação cit., p. 332.

392. Ibidem.

> Nas hipóteses de conflito entre os fatos imponíveis do ICMS e do ISS, não se pode desconsiderar o papel da atividade exercida no contexto de todo o ciclo produtivo. Sob tal perspectiva, cabe ao intérprete perquirir se o sujeito passivo presta um serviço marcado por um talento humano específico e voltado ao destinatário final, ou desempenha atividade essencialmente industrial, que constitui apenas mais uma etapa dentro da cadeia de circulação. Perfilhando essa diretriz, *não é possível fazer incidir o ISS nas hipóteses em que a atividade exercida sobre o bem constitui mera etapa intermediária do processo produtivo.*[393]

Como visto, o ilustre Ministro do STF aponta a necessidade de se observar se há um ciclo de produção e comercialização e se a atividade envolvida na etapa em questão é um *fazer humano* para destinatário específico, o que configuraria, portanto, um serviço (conceito que será visto mais adiante) ou se é apenas uma *atividade essencialmente industrial*, um *fazer* também, porém consistindo numa etapa intermediária que culminará numa *obrigação de dar* e cuja identidade do destinatário é de menor ou nenhuma relevância.

Concluem Carlos Augusto Daniel Neto e Leonardo Ogassawara de Araújo Branco que "adotar a noção de ciclo de comércio como ponto de apoio semântico da materialidade do ICMS nos parece ser muito mais sólido no que o apego a concepções de mercadoria ultrapassadas jurisprudencialmente".[394]Essa premissa também é adotada nesta obra.

Dos mesmos autores é a seguinte afirmativa:

> Desse modo, pode-se afirmar aqui que o conceito de mercadoria tributável pelo ICMS é qualquer bem material ou imaterial cuja transmissão se dê dentro de uma cadeia de circulação, e que não esteja abrangido por outras competências constitucionais (a exemplo do ouro, tributado pelo IOF).[395]

393. ARE 839.976 AgR/RS, julgado em 10.02.2015, grifos nossos.

394. DANIEL NETO, Carlos Augusto; BRANCO, Leonardo Ogassawara de Araújo. O paradigma da economia digital e os novos conceitos de serviço e mercadoria – reflexos na tributação cit., p. 333, grifos nossos.

395. Ibidem.

Eles coadunam as mesmas premissas para concluir que não deve incidir o ICMS no *download* de *software*. Explicam que, apesar de os programas de computador serem bens imateriais, sua comercialização não se estrutura como cadeia de circulação, e sim como uma transação direta entre o produtor e o consumidor. Dizendo de outra forma, não haveria "transmissão do bem, mas simplesmente disponibilização do mesmo para seu uso, inclusive com o estabelecimento de prazo de validade dessa autorização, conforme o art. 7º da Lei 9.609/98".[396]

Assim, em que pese a respeitável opinião de alguns doutrinadores, para os quais o ICMS não poderia tributar a circulação de bens intangíveis, o advento da Economia Digital trouxe a figura da desmaterialização de bens, embora se tenha a figura da comercialização da licença de uso, como visto *supra*. Os exemplos mais usuais são o *e-Book* e as obras de arte com tecnologia NFT (assinadas digitalmente e "únicas").

Uma questão polêmica é a tributação do *download de software*. Os estados invocam a incidência do ICMS (na sua materialidade de ICMS Mercadoria, e não de Comunicação), porque interpretam que houve cessão definitiva de conteúdo. Já os municípios, pela inclusão, em 2016, do item 1.09 à Lista de Serviços anexa à Lei Complementar 116/2003, entendem que caberia a incidência do ISS.

O STF, em fevereiro de 2021,[397] no julgamento das ADI 5.659/MG e 1.945/MT, mudou posicionamento que vinha assentado desde 1998 no julgamento do RE 176.626/SP. Na decisão mais recente, a Corte afastou a incidência de ICMS sobre operações de licenciamento ou de cessão de direito de uso de programas de computador. O fundamento da decisão baseou-se no entendimento de que não teria havido transmissão de propriedade, mas sim prestação de serviço. Entende agora o STF pela

---

396. DANIEL NETO, Carlos Augusto; BRANCO, Leonardo Ogassawara de Araújo. O paradigma da economia digital e os novos conceitos de serviço e mercadoria – reflexos na tributação cit., p. 333.

397. Com trânsito em julgado em 27.05.2021.

incidência do ISS nas operações de licenciamento ou a cessão de direito de uso de programas de computador (*software*).

Há de se interpretar com cautela a decisão. Ela não pode ser replicada a toda e qualquer comercialização de bens digitais, pois nem sempre se estará diante de "prestação de serviço". Repise-se o exemplo das obras de arte digitais "únicas", produzidas com a tecnologia NFT.

4.3 A evolução do conceito de *serviço*

José Eduardo Soares de Melo nos traz o conceito de *serviço*, que há décadas foi assim estabelecido por Francisco Cavalcanti Pontes de Miranda,[398] *in verbis*:

> Serviço é qualquer prestação de fazer [...] servir é prestar atividade a outrem; é prestar qualquer atividade que se possa considerar "locação de serviços", envolvendo seu conceito apenas a *locatio operarum* e a *locatio operis*. Trata-se de dívida de fazer, que o locador assume. O serviço é sua prestação.[399]

A partir de Aires Fernandino Barreto,[400] José Eduardo Soares de Melo traça o que seria o conceito constitucional de *serviço*:

> Prestação de esforço humano a terceiros, com conteúdo econômico, em caráter negocial, sob regime de direito privado, tendente à obtenção de um bem material ou imaterial.[401]

Dessas duas definições, extraem-se os principais elementos que, na doutrina tradicional, traduzirão o que seja o termo *serviço*:

a) obrigação ou prestação de fazer;

398. PONTES DE MIRANDA, Francisco C. *Tratado de direito privado*. Rio de Janeiro: Borsoi, 1958. t. 46. p. 3-4.

399. SOARES DE MELO, José Eduardo. *ICMS* – Teoria e prática cit., p. 53, grifos nossos.

400. BARRETO, Aires Fernandino. *ISS na Constituição e na Lei* cit., p. 35.

401. SOARES DE MELO, José Eduardo. *ICMS* – Teoria e prática cit., p. 54, grifos nossos.

b) atendimento a terceiros;

c) com conteúdo econômico;

d) em caráter negocial, o que exclui qualquer relação trabalhista, ou seja, não há relação de emprego;

e) atividade intermediária visando a um fim, que será um bem material ou imaterial.

Simone Rodrigues Costa Barreto leciona que "Os enunciados existentes no Texto Constitucional que tratam do ISS não trazem a definição do conceito de serviço". Ela conclui que o constituinte teria se valido do conceito preexistente desse signo, que seria comum na linguagem jurídica antes mesmo da promulgação da atual Constituição Federal.[402]

Em seu texto a respeito do conceito constitucional de serviços de qualquer natureza, a autora paulista deduz que o núcleo do conceito constitucional de serviço é uma "obrigação de fazer" e que advém do Direito Civil.

A mesma autora ainda informa que há várias referências a serviço no Texto Constitucional. Por isso, devem-se interpretar, em conjunto, os enunciados constitucionais específicos, relacionados à competência tributária dos Municípios, e os gerais, a exemplo dos princípios, de modo a se construir a definição do conceito constitucional de serviço (no caso, para fins de incidência do ISS).

A definição tradicional de *serviço* cristalizou-se na distinção entre *obrigação de dar* e *obrigação de fazer*, importante ao tempo em que se definiram as materialidades do IPI, do ICM (depois ICMS) e do ISS nas recentes Cartas Magnas brasileiras (1967, emendada em 1969, e 1988), no Código Tributário Nacional (de 1966) e nas leis complementares desses impostos.

Até o final dos anos 1980, portanto ao tempo da edição da CF/88 e antes do advento da Economia Digital, a doutrina e a

402. BARRETO, Simone Rodrigues Costa. Conceito constitucional de serviços de qualquer natureza cit., p. 1.077.

jurisprudência possuíam o seguinte entendimento, conforme descreve José Eduardo Soares de Melo,[403] *in verbis*:

a) A prestação de serviços consiste numa obrigação tendo por objeto um fazer, a obrigação mercantil se consubstancia num dar;

b) O fato de a prestação de serviços requerer emprego de materiais, e/ou equipamentos, não descaracteriza a obrigação de fazer; esta obrigação é unidade incindível, não decomponível em serviço (puro) e materiais ou aparelhos;

c) As obrigações de fazer cujo conteúdo é a prestação de serviços, portanto, são tributáveis exclusivamente pelo ISS, e não podem ser pelo ICMS.

A Carta Magna de 1988 não conceitua *serviço*. Isso, para José Eduardo Soares de Melo, não deveria ser um problema para o operador do direito, "uma vez que o texto constitucional contém materialidades – também adstritas às obrigações de 'dar' e de 'fazer' – que permitem separar os respectivos campos de incidência tributária".[404]

Aquele autor observa muito bem que "nota característica do serviço" é a sua individualidade, isto é, cada serviço é uma oportunidade distinta de outra, possuindo uma identidade inconfundível e irrepetível. Diferentemente, cada produto industrializado será uma espécie de um gênero, que, em princípio, terá quantidade indeterminada.[405]

A competência do ISS está definida ("de forma bastante peculiar", segundo Carlos Augusto Daniel Neto e Leonardo Ogassawara de Araújo Branco[406]) no art. 156, III, da CF/88,

---

403. SOARES DE MELO, José Eduardo. *ICMS* – Teoria e prática cit., p. 55-56.

404. Ibidem, p. 49.

405. Ibidem, p. 53.

406. DANIEL NETO, Carlos Augusto; BRANCO, Leonardo Ogassawara de Araújo. O paradigma da economia digital e os novos conceitos de serviço e mercadoria – reflexos na tributação cit., p. 333.

utilizando um conceito por exclusão das materialidades de serviços abrangidos pelo art. 155, II, estes tributados pelo ICMS. Além de poderem tributar serviços de *forma residual*, excluída a prestação de serviços de transporte interestadual e intermunicipal, e a prestação de serviços de comunicação, tributados pelo ICMS, o legislador também *condicionou o alcance do ISS a serviços especificados em lei complementar.*

A Lei Complementar do ISS (de caráter nacional) hoje em vigor é a Lei Complementar 116/2003. Ela possui anexo que contém a chamada Lista de Serviços que podem ser tributados pelo ISS. Os Municípios que instituírem tal tributo em seus territórios devem observá-la. Boa parte da doutrina e da jurisprudência entende que a lista é exaustiva, vedada sua ampliação vertical, porém admitindo-se a ampliação horizontal, de forma interpretativa e sempre que a redação do item o permitir (ao empregar expressões como *e congêneres*).

Interpretando a norma constitucional, vê-se que o ISS tem um alcance residual em relação ao ICMS e condicionado a uma relação estabelecida por lei complementar. Pode-se dizer que haveria uma tendência a se considerar o ICMS prevalente sobre o ISS.

Isso remontava ao Dec.-lei 406/68, que

> [...] adotou a técnica de somente admitir a incidência do imposto municipal sobre os serviços que expressamente constavam em uma lista anexa. Assim, o fornecimento de mercadorias de forma conjunta com a prestação de serviços que não constassem na lista ficou sujeita à incidência do ICM.[407]

Compreensível a postura do legislador do Poder Executivo, primeiramente, e do constituinte originário, em 1988: a importância que desfrutavam a indústria e o comércio e, portanto, as mercadorias (à época, corpóreas), na economia tradicional, coadunava-se com a importância dos Estados no plano

407. MIGUEL, Luciano Garcia. *O ICMS e os conceitos de mercadoria e serviço de comunicação* cit., p. 48.

político. A relevância dos serviços é situação mais recente, típica de economias baseadas no trabalho intelectual, mais que na manufatura, característica do mundo contemporâneo, que vem sendo chamado de *Sociedade da Informação.*

Analisando a norma constitucional de incidência do ISS com sua conhecida Regra-Matriz de Incidência Tributária, Paulo de Barros Carvalho afirma que "Só será possível a incidência do ISS se houver negócio jurídico mediante o qual uma das partes se obrigue a praticar certa atividade de natureza física ou intelectual, recebendo, em troca, remuneração".[408] Tem-se, aí, nova definição de serviço, que em nada modifica as da teoria tradicional já expostas.

Explica Luciano Garcia Miguel[409] que, se o ICMS é alvo generalizado e constante de críticas, o ISS não deixa de oferecer problemas e dificuldades. São elas: (i) a dificuldade em estabelecer, em muitas operações, especialmente naquelas em que se misturam *obrigação de dar* com *obrigação de fazer*, se deve incidir o ICMS ou o ISS; (ii) o fato de gerar conflitos de competência entre Estados e Municípios, e, como decorrência disso; (iii) o fato de o ISS ser cumulativo e, em alguns casos, (iv) incidir no meio da cadeia produtiva, elevando o custo industrial.

Carlos Augusto Daniel Neto e Leonardo Ogassawara de Araújo Branco relatam que a dificuldade de se adotar um conceito de *serviço* estritamente ligado à obrigação de fazer é patente há muito tempo.[410]

Conforme nos explicam aqueles autores, de longa data Elizabeth Nazar Carrazza[411] já afirmava que

---

408. CARVALHO, Paulo de Barros. *Direito tributário:* linguagem e método cit., p. 795, grifos nossos.

409. MIGUEL, Luciano Garcia. *O ICMS e os conceitos de mercadoria e serviço de comunicação* cit., p. 49.

410. DANIEL NETO, Carlos Augusto; BRANCO, Leonardo Ogassawara de Araújo. O paradigma da economia digital e os novos conceitos de serviço e mercadoria – reflexos na tributação cit., p. 335.

411. NAZAR CARRAZZA, Elizabeth. Natureza "não cumulativa" do ISS. *Revista de Direito Tributário*, n. 19-20, jan./jun. 1982, p. 256. A tese da autora, aprovada por

> [...] o conceito de serviço, *a nível constitucional, não estaria necessariamente ligado à venda de bem imaterial e que, em tese, qualquer atividade consubstanciada na prestação ou fruição de uma utilidade, material ou imaterial pode ser objeto de tributação pelo ISS.*[412]

Com agudeza de observação, Carlos Augusto Daniel Neto e Leonardo Ogassawara de Araújo Branco observam que

> A dicotomia de materialidade do ISS e do ICMS parece refletir a transição de uma economia baseada no valor de troca, que estaria ligada ao valor da mercadoria (abrangida pelo ICMS) para uma que priorize o valor do uso, representada pela utilidade produzida (alcançada pelo ISS).[413]

Fica evidente, pois, que as transformações econômicas, por sua vez advindas das transformações tecnológicas, impactaram o alcance das normas de competência tributária.

Aqueles autores diferenciam, da seguinte forma, a materialidade do ICMS daquela do ISS: (i) no ICMS, a "materialidade se encontra adstrita materialmente por diversos elementos estruturais" (existência de um ciclo comercial que rege a transmissão do bem e a não cumulatividade); (ii) no ISS, tem-se uma regra de competência mais fluida, "não apenas pelo fato de o vocábulo 'serviço' trazer suas restrições de forma expressa, mas por esta condição estar ligada a uma cláusula genérica ('de qualquer natureza'), que indica a adoção de um conceito mais amplo", por isso mais próximo de um sentido

---

unanimidade no congresso em que foi apresentada, sendo proclamada nos seguintes termos: "1ª Conclusão: 'O serviço tributável pode ser definido como a prestação ou a fruição de uma utilidade material ou imaterial, por uma pessoa física ou jurídica, sob regime de direito privado.' [...] Aprovada, por unanimidade".

412. DANIEL NETO, Carlos Augusto; BRANCO, Leonardo Ogassawara de Araújo. O paradigma da economia digital e os novos conceitos de serviço e mercadoria – reflexos na tributação cit., p. 334, grifos nossos.

413. Ibidem, p. 335, grifos nossos.

econômico.[414] Além, disso, os serviços tributáveis pelo ISS devem constar de lista exaustiva própria em lei complementar.

Não se pode olvidar que a CF/88 impôs uma competência expressa à materialidade do ISS: não poder tributar os serviços já atribuídos à União (como os serviços financeiros, alcançados pelo IOF) e aos Estados (aqueles alcançados pelo ICMS).[415]

As restrições acabam sendo ampliadas também pelo Judiciário: o STF excluiu expressamente do âmbito da competência dos Municípios as cessões de direito de uso, ao julgar o caso da locação, que acabou culminando com a edição da Súmula Vinculante 31,[416] alcançando os demais órgãos do Poder Judiciário e a administração pública de todas as esferas da Federação.[417]

Simone Rodrigues Costa Barreto percorre todas as características de que o serviço deve se revestir para se subsumir à Regra-Matriz de Incidência do ISS, calcada na obra de Aires Fernandino Barreto.[418] Concluiu ela que o serviço tributável consiste num esforço humano pessoal, prestado a terceiro, de modo oneroso, no regime de direito privado (o que exclui os serviços públicos, imunes a impostos) e que implica uma obrigação de fazer. Além disso, deve estar compreendido na competência dos Municípios.[419]

Dizendo de outra forma, o serviço tributável pelo ISS reúne as seguintes características: (i) possui conteúdo econômico; (ii) é prestado para terceiro; (iii) sem subordinação;

---

414. DANIEL NETO, Carlos Augusto; BRANCO, Leonardo Ogassawara de Araújo. O paradigma da economia digital e os novos conceitos de serviço e mercadoria – reflexos na tributação cit., p. 335

415. Ibidem, grifos nossos.

416. STF – Súmula Vinculante 31: "É inconstitucional a incidência do imposto sobre serviços de qualquer natureza – ISS sobre operações de locação de bens móveis".

417. DANIEL NETO, Carlos Augusto; BRANCO, Leonardo Ogassawara de Araújo. O paradigma da economia digital e os novos conceitos de serviço e mercadoria – reflexos na tributação cit.

418. BARRETO, Aires Fernandino. *ISS na Constituição e na Lei* cit.

419. BARRETO, Simone Rodrigues Costa. Conceito constitucional de serviços de qualquer natureza cit., p. 1080-1081.

(iv) possui fito de remuneração; (v) encontra-se sob regime de direito privado; e (vi) está compreendido na competência tributária dos Municípios.[420] Note-se que é, ainda, a definição clássica, ligada à *obrigação de fazer*.

Carlos Augusto Daniel Neto e Leonardo Ogassawara de Araújo Branco oferecem-nos a visão muito semelhante à de Simone Rodrigues Costa Barreto, porém com atualizações semânticas importantes, tendo em vista a Economia Digital. Para estes últimos, o atual conceito constitucional de serviço para fins de ISS é o de, *in verbis*,

> [...] oferecimento de uma utilidade para outrem, a partir de um conjunto de atividades imateriais definidas em lei complementar, prestadas com habitualidade e mediante contraprestação, podendo estar conjugadas ou não com a entrega de bens ao tomador, excluído os serviços abrangidos pelo art. 155, II e 153, V, da CF/88 e as atividades de cessão de direito de uso.[421]

Dela, extraímos as seguintes características para classificar uma materialidade como tributável pelo ISS:

a) oferecimento de utilidade (ou seja, não necessariamente é uma "*obrigação de fazer*");

b) a terceiro;

c) envolvendo atividades imateriais;

d) atividades definidas em lei complementar;

e) prestadas com habitualidade e mediante contraprestação;

f) podendo envolver a entrega de bens ao tomador;

g) não pode envolver serviços abrangidos pelo art. 155, II (ICMS), nem do art. 153, V (IOF) da CF/88;

420. BARRETO, Simone Rodrigues Costa. Conceito constitucional de serviços de qualquer natureza cit., p. 1084.

421. DANIEL NETO, Carlos Augusto; BRANCO, Leonardo Ogassawara de Araújo. O paradigma da economia digital e os novos conceitos de serviço e mercadoria – reflexos na tributação cit., p. 336, grifos nossos.

h) não pode consistir em cessão de direito de uso.

Feita a remissão ao advento da Economia Digital, a seguir são tratados, mais em detalhe, seus impactos sobre os conceitos de *bem*, *mercadoria* e *serviço* que se está a estudar.

4.4 O impacto da economia digital sobre os conceitos de *bem*, *mercadoria* e *serviço*

Em que pese a existência das dificuldades de precisão semântica dos conceitos aqui estudados envolvendo o ICMS e o ISS, postas logo de saída quando da promulgação da CF/88, outras foram acrescidas com o advento da Economia Digital. Antes, havia um panorama que parecia, senão pacificado, ao menos estabilizado em termos de conflitos, dada a "interpenetração desses dois impostos".[422] Com o advento da Economia Digital, potencializaram-se as dificuldades e as dúvidas, e, com elas, os conflitos de competência, quando não mesmo as zonas de não incidência involuntária.

A nova realidade econômica e tecnológica proporcionada pelo mundo digital veio perturbar entendimentos já consolidados quanto aos conceitos e à tributação de bens, mercadorias e também dos serviços, conforme tratado neste capítulo.

É patente que o conceito de *serviço* vem recebendo novas definições na doutrina, ao mesmo tempo sendo passível de novos entendimentos pela jurisprudência.

Serviço, numa visão mais atual, com notável influência das novas realidades da Economia Digital, deixou de ser a mera *obrigação de fazer* (em contraposição à *obrigação de dar*, inerente às transações com bens e mercadorias), para ser o "oferecimento de uma utilidade".

Com o advento das novas Tecnologias de Informação e Comunicação, as TIC, não é raro se ter, hoje, uma *obrigação de dar* acompanhada de certos *fazeres*; ou o contrário: *obrigações de fazer* acompanhadas de certas *entregas*. Isso dificulta

422. MIGUEL, Luciano Garcia. *O ICMS e os conceitos de mercadoria e serviço de comunicação* cit., p. 48.

sobremaneira encontrar a melhor subsunção para as hipóteses de incidência do ICMS ou do ISS.

Um estudo que muito bem analisa a evolução conceitual de *bem*, *mercadoria* e *serviço* é aquele da lavra de Carlos Augusto Daniel Neto e Leonardo Ogassawara de Araújo Branco, do qual foi selecionado o seguinte excerto:

> • O conceito de mercadoria tributável pelo ICMS é qualquer bem material ou imaterial cuja transmissão se dê dentro de uma cadeia de circulação mercantil, e que não esteja abrangido por outras competências constitucionais (a exemplo do ouro, tributado pelo IOF).
>
> • O atual conceito constitucional de serviço para fins de ISS é o de oferecimento de uma utilidade para outrem, a partir de um conjunto de atividades imateriais definidas em lei complementar, prestadas com habitualidade e mediante contraprestação, podendo estar conjugadas ou não com a entrega de bens ao tomador, excluídos os serviços abrangidos pelo artigo 155, inciso II, e artigo 153, inciso V, da CF/88 e as atividades de cessão de direitos de uso.
>
> • As demais hipóteses de atividades tecnológicas, não abrangidas pelos conceitos anteriores (a exemplo do *download* de *software* e o *streaming* de vídeos), demanda o exercício da competência residual da União, através de lei complementar, para que possam ser tributados.
>
> Portanto, o que se verifica é que as atuais regras de competência existentes na Constituição Federal de 1988 são suficientes para abarcar as novas materialidades decorrentes da Economia Digital, seja através da adoção de conceitos mais sofisticados de mercadoria e serviço, seja através do exercício da competência residual pela União.[423]

A mudança de posicionamento da doutrina com relação ao conceito de *serviço* e suas implicações tributárias vêm ocorrendo também na jurisprudência.

No julgamento, em 2 de dezembro de 2009, do RE 547.245/SC, que discutiu a incidência de ISS sobre contratos

423. DANIEL NETO, Carlos Augusto; BRANCO, Leonardo Ogassawara de Araújo. O paradigma da economia digital e os novos conceitos de serviço e mercadoria – reflexos na tributação cit., p. 338, grifos nossos.

de *leasing*, em seu voto, o Ministro Joaquim Barbosa traz a importante observação que

> a evolução social tem levado à obsolescência conceitual, em especial a divisão entre obrigação de "*dar*" e "*fazer*", que deixa de ser relevante em prol de uma consideração própria da função econômica e social da operação e a postura dos sujeitos envolvidos.[424]

Na esteira deste entendimento, Carlos Augusto Daniel Neto e Leonardo Ogassawara de Araújo Branco colacionam também o julgamento do RE 651.703/PR, em 06.09.2012, que decidiu pela *incidência de ISS sobre os planos de saúde e seguro-saúde*. Aqui, o Relator, Ministro Luiz Fux, para ampliar a expressão *proventos de qualquer natureza*, propõe um *conceito econômico de serviço*, mais que jurídico, definindo-o da seguinte forma:

> O conceito de prestação de serviços não tem por premissa a configuração dada pelo Direito Civil, mas relacionado ao oferecimento de uma utilidade para outrem, a partir de um conjunto de atividades imateriais, prestadas com habitualidade e intuito de lucro, podendo estar conjugadas ou não com a entrega de bens ao tomador.[425]

Paulo Caliendo[426] também entende que, para efeito do conceito de *serviço*, o conceito de *fazer* foi alargado e ampliado, passando a abarcar contratos e situações distintas, que fogem ao conceito tradicional de *prestar*. O exemplo citado por aquele autor para isso é o caso da incidência do ISS sobre o licenciamento ou cessão de direito de uso de programas de computação (item 1.05 da Lista de Serviços da Lei Complementar 116/2003).

---

424. DANIEL NETO, Carlos Augusto; BRANCO, Leonardo Ogassawara de Araújo. O paradigma da economia digital e os novos conceitos de serviço e mercadoria – reflexos na tributação cit., p. 334, grifos nossos.

425. Ibidem, p. 334.

426. CALIENDO, Paulo. Economia digital e a criação de um IVA para o Brasil. *In:* FARIA, Renato Vilela; SILVEIRA, Ricardo Maitto da; MONTEIRO, Alexandre Luiz Moraes do Rêgo (coord.). *Tributação da economia digital:* desafios no Brasil, experiência internacional e novas perspectivas. São Paulo: Saraiva, 2018. p. 798.

Maurício Barros observa muito bem que a legislação e a jurisprudência não são capazes de acompanhar eficientemente a evolução tecnológica.[427] Contudo, atualmente, há um movimento para alcançar novas materialidades que vêm surgindo por meio da tributação. São muito recentes as iniciativas legislativas voltadas, em termos tributários, para as operações da Economia Digital que atingem consumidores em massa.

Na ausência de uma legislação específica, e "*Até mesmo pela novidade*", observa Maurício Barros, a jurisprudência "aplicava a legislação tributária geral no enquadramento dos primeiros fenômenos ligados à tecnologia". Assim, o STF havia decidido, em 1998, no já citado RE 176.626, sendo Relator o Ministro Sepúlveda Pertence, que o chamado *software de prateleira*, produzido em série e comercializado em mídias físicas, corresponderia à mercadoria; por isso, sobre ele deveria incidir o ICMS. Da mesma maneira, fitas de videocassete (RE 191.732) e conteúdos distribuídos via CD-ROM (RE 285.870).[428]

Muito embora o STF, sobre a tributação do *software* personalizado e distinguindo-o do *software de prateleira*, tenha anteriormente afirmado que ele deveria ser objeto da incidência do ISS (RE 199.464/SP, Relator Ministro Ilmar Galvão, j. 02.03.1999), o que se coloca, hoje, é se há ou não um *fazer* no licenciamento de *software*.[429]

Em 2021, o STF entendeu que sim, haveria uma prestação de serviço. Ao julgar as ADI 5.659/MG e 1.945/MT, decidiu pela tributação do ISS nas operações de licenciamento ou de cessão de direito de uso de programas de computador.

Na ausência de um novo tributo, os Estados e Municípios vêm buscando reinterpretar as competências constitucionais para tributar esses novos fatos econômicos advindos

427. BARROS, Maurício. Tributação da economia digital e os conflitos de competência entre ICMS e ISS cit., p. 362.

428. Ibidem, p. 366.

429. CALIENDO, Paulo. Economia digital e a criação de um IVA para o Brasil cit., p. 798.

da Economia Digital, seja pelo ICMS (nas suas vertentes de ICMS-Mercadoria e ICMS-Comunicação), seja pelo ISS.

Cronologicamente, como se verá em capítulo próprio, a iniciativa coube aos Municípios. O Congresso Nacional aprovou a Lei Complementar 157/2016, que incluiu o item 1.09 à Lista de Serviços Anexa à Lei Complementar 116/2003, confira-se:

> 1.09 – *Disponibilização, sem cessão definitiva, de conteúdos de áudio, vídeo, imagem e texto por meio da internet*, respeitada a imunidade de livros, jornais e periódicos (exceto a distribuição de conteúdos pelas prestadoras de Serviço de Acesso Condicionado, de que trata a Lei nº 12.485, de 12 de setembro de 2011, sujeita ao ICMS) (grifos nossos).

Tal modificação permite aos Municípios legislarem a respeito, com base na modificação da Lista de Serviços anexa à Lei Complementar 116/2003, e passarem a cobrar ISS sobre os serviços de *pay-per-view*, *download* de conteúdos e serviços prestados com a tecnologia *streaming* (como os aplicativos comerciais *Netflix* e *Spotify*), que, por aproximação à circulação de mercadorias e à prestação de serviço de comunicação, poderiam ser entendidos como fatos jurídicos tributáveis pelo ICMS estadual, nos seus núcleos de incidência do ICMS-Mercadoria (caso do *download* de conteúdos) e do ICMS-Comunicações (nas demais hipóteses).

Alguns autores têm apontado a inconstitucionalidade da inclusão desse item na Lista de Serviços anexa à LC 116/2003, sendo diversas as razões, como será visto em capítulo próprio.

Em reação, os Estados fizeram aprovar, meses depois, o Convênio ICMS 106/2017, que, no estado de São Paulo, foi regulamentado pela Portaria CAT nº 24//2018. Por esse Convênio, novas materialidades são alcançadas pela incidência do ICMS-Comunicação. Confira-se:

> Convênio ICMS 106/17 – Cláusula primeira – As operações com bens e mercadorias digitais, tais como softwares, programas, jogos eletrônicos, aplicativos, arquivos eletrônicos e congêneres, que sejam padronizados, ainda que tenham sido ou possam ser

> adaptados, comercializadas por meio de transferência eletrônica de dados observarão as disposições contidas neste convênio, grifos nossos.

A Portaria CAT 24/2018 paulista também incluiu, na incidência do imposto, os "conteúdos de áudio, vídeo, imagem e texto, com cessão definitiva ('*download*'), respeitada a imunidade de livros, jornais e periódicos".

Ficou caracterizada a guerra fiscal vertical entre Estados e Municípios, que buscam alcançar as novas materialidades criadas pela Economia Digital, aumentando a insegurança jurídica.

Conforme Osvaldo Santos de Carvalho[430], as mercadorias digitais alcançadas pelo Convênio ICMS 106/2017 são os *softwares*, programas, aplicativos, jogos eletrônicos, arquivos eletrônicos e congêneres que obedecem a uma padronização, ainda que tenham sido ou possam ser adaptados, e que sejam comercializados por meio de transferência eletrônica de dados.

4.5 Conclusão

Em suma, e antecipando tema que será visto em capítulo próprio, na doutrina vamos encontrar as mais diversas posições em relação a eventual tributação dos novos fenômenos de riqueza trazidos pela Economia Digital. Todas passam pela exegese dos conceitos presentes no capítulo tributário da Constituição Federal, confrontando-os com as materialidades daqueles novos fenômenos, entre os quais estão as Aplicações *Over-the-Top*, para verificar eventual subsunção, seja no texto da Carta Magna, seja na legislação infraconstitucional.

---

430. SANTOS DE CARVALHO, Osvaldo. Convênio ICMS 106/2017 e a tributação de bens digitais pelo ICMS. *In: Workshop Tributário:* desafios e perspectivas para 2018 – IGA-IDEPE. 15 jun. 2018, São Paulo. *Apresentações* [...]. São Paulo, 2018.

Em conclusão, para efeito desta obra, adotamos as seguintes premissas:

a) A Constituição Federal admite interpretação dinâmica;

b) Os bens tributáveis podem ser tangíveis ou intangíveis;

c) As mercadorias podem ser corpóreas ou digitais;

d) Serviço é, fundamentalmente, uma obrigação de fazer, embora já haja jurisprudência admitindo, em interpretação econômica, que pode ser o oferecimento de utilidade;

e) Serviço pode compreender a entrega de bens ao tomador, mas não consiste em cessão de direito de uso.

A seguir, será estudada a natureza jurídica das Aplicações *OTT* e sua interface com conceitos de *bem*, *mercadoria* e *serviços*, para a verificação de sua eventual tributação por impostos indiretos, especialmente o ICMS e o ISS.

CAPÍTULO 5

A NATUREZA JURÍDICA DAS APLICAÇÕES *OVER-THE-TOP*

A compreensão da natureza jurídica das *OTT* passa pela compreensão sistêmica do meio em que elas operam: a internet, as ferramentas digitais e os meios sociais digitais.

No dizer de Ângela Kretschmann e Emerson Wendt, a internet solidificou a chamada *Sociedade de Informação*, com a *massificação das informações, o acesso a sistemas e dados e a multidiversidade dos assuntos*. Além disso, a internet tem o poder de se autodesenvolver e de se autorregular.[431]

Na lição de Guilherme Camargos Quintela e Samille Rodrigues Sergio, a internet é a ferramenta utilizada pelo homem em sua produção cultural, econômica e social (pode-se mesmo dizer que é a ferramenta por excelência nos dias de hoje). Ela se insere em um *espaço cibernético* em que ocorre intenso e contínuo fluxo de informações. Não obedece a limites territoriais, materiais ou políticos. A internet é a própria personificação da sociedade atual: representa a liquidez, a imediaticidade e a velocidade. A tecnologia se sobrepõe ao

---

431. KRETSCHMANN, Ângela; WENDT, Emerson. *Tecnologia da Informação & Direito*. Porto Alegre: Livraria do Advogado, 2018. p. 39-41.

tempo e ao espaço. A maioria das operações já não mais depende do espaço físico, mas sim do meio virtual, que proporciona transmissões de informações em ritmo intenso e instantâneo. Com a internet, pode-se gerir empresas e negócios a distância. Mais que isso, tais empresas e negócios, em alguns casos, nem sequer existem no mundo físico.[432]

De modo semelhante, anota Tathiane Piscitelli que a Economia Digital traz consigo a *tendência à desmaterialização das relações*. Com efeito, o acesso a plataformas de músicas, vídeos, compartilhamento de bens (imóveis, carros, espaços de trabalho e outros) mostram tal realidade de maneira clara.[433]

As novas tecnologias trouxeram, para o ambiente virtual, produtos e serviços inimagináveis há poucas décadas. Houve também uma convergência tecnológica que modificou a concepção de forma e conteúdo dos bens, revisitando a própria ideia de computador, com o advento de *tablets*, *smartphones*, relógios e até óculos eletrônicos.[434]

Mesmo a rede mundial de computadores, a internet, apresenta novas maneiras de interação e novas funcionalidades. Uma delas, o *vídeo sob demanda*, Aplicação *OTT* de Conteúdos Audiovisuais, realiza a distribuição de conteúdo audiovisual através de um catálogo, para consumo no momento desejado pelo cliente, nas mais diversas plataformas tecnológicas.[435]

Toda essa imaterialidade, desvinculação do local físico e do estabelecimento, inovação e ineditismo trazem, ao

---

432. QUINTELA, Guilherme Camargos; SERGIO, Samille Rodrigues. Interpretação constitucional da competência tributária em relação à tecnologia streaming sob a ótica do arranjo federativo brasileiro. *Revista Brasileira de Direito Tributário e Finanças Públicas*, v. 9, n. 6, mar.-abr. 2018. Disponível em: https://bit.ly/3kG0iww. Acesso em: 15 ago. 2019, p. 36.

433. PISCITELLI, Tathiane. A inconstitucionalidade do convênio ICMS 106/2017 e a incidência do ICMS sobre bens digitais cit., p. 415.

434. BAZZANELLA, Eduardo Muxfeldt. *Tributação sobre os vídeos sob demanda:* a influência da globalização sobre as normas tributárias. Dissertação (Mestrado em Direito) – Pontifícia Universidade Católica do Rio Grande do Sul, Porto Alegre, 2016. p. 13.

435. Ibidem.

estudioso do Direito, dificuldades para uma análise acurada da natureza jurídica dos fenômenos que ocorrem na internet, dificuldade que se acentua se a análise é feita sob a perspectiva tributária. São novos fenômenos que trazem novas incertezas jurídicas num cenário que já era pleno de zonas cinzentas.

Nos Estados Unidos e na Europa, sob o ponto de vista regulatório e de tributação, tem havido uma espécie de "moratória", em termos de legislação, para não inibir o desenvolvimento desses novos fenômenos tecnológicos e comunicacionais. Ainda assim, no âmbito da União Europeia, já foram propostas orientações para garantir segurança jurídica e regras claras e coerentes que reduzam riscos de litígio, bem como a atuação fiscal irresponsável. Assim, os bens digitais têm sido tratados como serviço, para fins de IVA, imposto que, nas jurisdições daquele território, grava tanto bens quanto serviços.[436]

Uma pergunta que logo surge ao buscarmos tratar da natureza jurídica das Aplicações *Over-the-Top* está na sua relação com o *software*.

Na definição de Maria Ângela Lopes Paulino Padilha, *software* é o conjunto dos elementos lógicos do computador que permitem ao *hardware* (a parte física, mecânica e eletrônica do equipamento) executar uma variedade de ações, ou ainda, a superestrutura intelectual do processamento eletrônico de dados.[437] Em outras palavras, são os sistemas operacionais e programas para funcionamento de equipamentos, consistentes em algoritmos e comandos em linguagem de programação. Nessa categoria, incluímos os "programas" que a legislação menciona.

O supraexposto coincide com a exegese do art. 1º da Lei 9.609/98, que dispõe sobre a proteção da propriedade intelectual de programa de computador e sua comercialização:

436. BAZZANELLA, Eduardo Muxfeldt. Tributação sobre os vídeos sob demanda cit. p. 128-129.

437. PAULINO PADILHA, Maria Ângela Lopes. *Tributação de software*. São Paulo: Noeses, 2020. p. 30.

> Art. 1º Programa de computador é a expressão de um conjunto organizado de instruções em linguagem natural ou codificada, contida em suporte físico de qualquer natureza, de emprego necessário em máquinas automáticas de tratamento da informação, dispositivos, instrumentos ou equipamentos periféricos, baseados em técnica digital ou análoga, para fazê-los funcionar de modo e para fins determinados.

Note-se o intuito do legislador de deixar claro que *software* se destina a fazer funcionar instrumentos ou equipamentos periféricos.

Num sentido amplo, em termos sintáticos, uma Aplicação *Over-the-Top* é um *software*, ao se entender este como um "conjunto organizado de instruções", de comandos, instruções e algoritmos, construído em linguagem digital. Todavia, no aspecto finalístico ou utilitário, são coisas distintas. Por isso, esposamos a tese de que, em termos semânticos, *software* e *Over-the-Top* têm diferentes significados. Daí poder-se dizer que, semanticamente, *software* e *Over-the-Top* são objetos distintos.

O *software*, operacional ou de sistema, é um programa, em sentido amplo, que se destina a fazer funcionar um equipamento, aplicações ou aplicativos. Quando possui interface apreensível aos sentidos humanos, mesmo ela continua vinculada à finalidade específica de tornar funcionais, ou seja, operacionalizáveis, equipamentos, aplicações e aplicativos. Exemplos disso são sistemas operacionais como *Windows* ou *Android*, ou aplicações, como o *Microsoft Office*, ou aplicativos, como o de uma calculadora virtual num *smartphone*.

Já o *Over-the-Top* é um aplicativo, ou plataforma, que tem, obviamente, um *software* a operacionalizá-lo, como atividade meio, mas a atividade fim do *OTT* é possuir interface apreensível aos sentidos humanos para veicular mensagens, informações e conteúdos audiovisuais. Dizendo de outra forma, o *OTT* não se destina a fazer funcionar equipamentos ou periféricos, embora deles necessitem para suas finalidades.

Analisando-se as Aplicações *Over-the-Top* sob o ponto de vista de sua natureza jurídica, o que mais nos chama a atenção é que a disponibilização de seus conteúdos se faz, muitas vezes, de modo gratuito. Quando é feita de modo oneroso, isso ocorre mediante uma prestação pecuniária, que pode ser mensal, semanal ou anual, na modalidade de assinatura, ou apenas no momento em que o serviço for utilizado.[438]

Nas modalidades gratuitas, como na plataforma *YouTube* sem assinatura, a remuneração do provedor faz-se via inserção de publicidade digital. Em quaisquer das formas, porém, sempre há uma contrapartida por parte do usuário, a saber, o fornecimento de seus dados pessoais, como identificação, *e-mail*, número de telefonia celular, localização. Esse fornecimento dá-se no momento da instalação do aplicativo correspondente na plataforma em que o usuário a utilizará (computador pessoal, aparelho de telefonia móvel celular etc.), ou no momento do uso mesmo do aplicativo (portanto, da Aplicação).[439]

Já se disse que, na Era Digital, os dados são o novo petróleo,[440] a nova riqueza. Os provedores de Aplicações *OTT* geram riqueza justamente ao formar um banco de dados de seus usuários, identificando hábitos de consumo e comportamentos, por exemplo. Este manancial de perfis pessoais pode ser usado para, num primeiro momento, personalizar conteúdos aos usuários, mas também para fins publicitários e para a venda direta de produtos e serviços.

Os dados e informações dos usuários de Aplicações *OTT* são, portanto, o fenômeno de riqueza produzida, mais que a contrapartida financeira do provimento de conteúdos, que também não pode ser desprezado. A existência de programas (*softwares*) de gerenciamento de dados cuja finalidade é fazer a inteligência analítica das informações colhidas, base de

---

438. GUTIERRES, Aline Fernanda Antunes. *O papel dos serviços* Over the Top *no conflito entre direito autoral e acesso à cultura* cit., p. 17.

439. Aplicativo, aqui, é entendido como o programa informatizado, instalado numa plataforma do usuário, que serve para acessar e utilizar a Aplicação *OTT*, esta vista como o serviço de provimento de determinado conteúdo.

440. WILLIAN, Helder. Dados são o novo petróleo da era digital. *Cultura Analítica*, 9 mar. 2018. Disponível em: https://bit.ly/3iaeXhN. Acesso em: 15 ago. 2019.

dados conhecida como *Big Data*, é a prova do valor que têm as informações recolhidas sobre os usuários.

Adentremos na literatura que procura identificar a natureza jurídica dos fenômenos contidos nas Aplicações *Over-the-Top* do ponto de vista dos tributos indiretos sobre o consumo.

O órgão de Reguladores Europeus para as Comunicações Eletrônicas[441] definiu que as Aplicações *OTT* englobam qualquer conteúdo ou serviço fornecido ao usuário final por meio da internet, geralmente sem o envolvimento do provedor dos serviços de internet no controle e distribuição dessas funcionalidades. Por isso, sua qualificação deveria ser feita de acordo com a atividade desempenhada pelos provedores dos conteúdos e funcionalidades, enquadrando-se como serviço de comunicação apenas aquelas funcionalidades (*OTT*) em que os provedores especializados também se responsabilizem pela transmissão do conteúdo aos usuários.[442]

Igualmente, viu-se que, para a OCDE,[443] as Aplicações *OTT* consistem em serviços especializados, por meio dos quais podem ser entregues aos usuários finais serviços e conteúdo pela internet, por meio de redes ultrarrápidas. Tais serviços e funcionalidades, segundo aquela organização, devem ser categorizadas em conformidade com o conteúdo ofertado aos usuários, qualificando-se como serviço de comunicação os aplicativos de comunicação em tempo real e os serviços de *streaming* de música e vídeo, por possibilitarem aos usuários as mesmas funcionalidades que os serviços de telecomunicação tradicionais.[444]

---

441. BEREC, entidade técnica da União Europeia.

442. ALVES DOS SANTOS, Ricardo Augusto. Tributação das Aplicações *Over-the-Top* no Brasil cit., p. 694.

443. Organização para a Cooperação e o Desenvolvimento Econômico, organização internacional, que é uma espécie de "*clube de boas práticas*", produzindo diretrizes e recomendações em inúmeros setores de atividade. Em junho de 2017, o Brasil protocolou carta de intenção de ingresso naquela organização, processo que está em curso.

444. ALVES DOS SANTOS, Ricardo Augusto. Tributação das Aplicações *Over-the-Top* no Brasil cit.

Concluímos que tanto o BEREC quanto a OCDE admitem que ao menos algumas Aplicações *OTT* sejam enquadradas como um serviço de comunicação. Para o BEREC, no caso das funcionalidades em que o provedor dos meios de comunicação também é o provedor do conteúdo. No caso da OCDE, quando a Aplicação possibilite a comunicação em tempo real ou a prestação de serviços de *streaming* de música e vídeo.

Por outro lado, há uma indefinição para os casos não enquadrados nas situações *supra*.

Mirando o panorama regulatório brasileiro, o nosso Marco Civil da Internet, Lei 12.965/2014 define as aplicações de internet como "o conjunto de funcionalidades que podem ser acessadas por meio de um terminal conectado à internet". A abrangência dessa definição, à primeira vista, indica que as Aplicações *OTT* devam ser classificadas como uma espécie das aplicações previstas naquela lei, embora não se tenha ainda, em nosso país, qualquer ato normativo que trate especificamente sobre *OTT*.[445]

Nesta obra, como corte metodológico, trataremos da natureza jurídica específica das Aplicações *OTT* de Conteúdos Audiovisuais e aquelas de Comunicações Sociais.

5.1 Natureza jurídica das *OTT* de Conteúdos Audiovisuais

Na doutrina, não há consenso em relação à natureza jurídica das Aplicações *Over-the-Top* de Conteúdos Audiovisuais. Conforme a premissa adotada, poderiam ser: (i) um serviço (*obrigação de fazer* ou *oferecimento de utilidade*), numa entrega de coisa (na hipótese de *download*, uma *obrigação de dar*); (ii) uma cessão de direito de uso temporário de conteúdos (também uma *obrigação de dar*, mas semelhante a um *aluguel de coisa móvel*) ou, no que seria quase um equivalente desta última natureza; (iii) uma cessão de direitos autorais (igualmente

445. ALVES DOS SANTOS, Ricardo Augusto. Tributação das Aplicações *Over-the--Top* no Brasil cit.

uma *obrigação de dar*). Há autores, por fim, para os quais as Aplicações *Over-the-Top* não se enquadram em nenhuma das figuras jurídicas mencionadas, mas se constituem em fenômeno que possui uma natureza jurídica própria e inédita.

Veja-se, a seguir, cada uma dessas visões.

5.1.1 *OTT* de Conteúdos Audiovisuais como obrigação de dar

José Eduardo Soares de Melo conceitua *streaming* como a transferência de áudio ou vídeo em tempo real sem que o usuário conserve uma cópia do arquivo digital em seu computador. Para ele, o que importa é o acesso, não mais a propriedade ou a posse da mídia física ou virtual.[446]

Aquele autor aponta o *streaming* como um gênero que se subdivide em várias espécies, a saber: (i) *simulcasting*, que é transmissão simultânea de determinado conteúdo por meio de canais de comunicação diferentes (rádio e televisão, ao mesmo tempo) via internet; e (ii) *webcasting*, quando o conteúdo oferecido pelo provedor é transmitido pela internet, mas há a possibilidade ou não de intervenção do usuário na ordem de execução.[447] Esta última é a modalidade mais comum.

O mesmo autor acrescenta outros dois critérios de classificação das modalidades de *streaming*: (i) *não interativo*, quando a recepção de conteúdos pelo usuário ocorre em tempo real e de forma contínua, em tempo e modo predeterminados pelo transmissor da obra, sem possibilidade de interferência do usuário, seja no conteúdo, seja na ordem ou no tempo da transmissão; (ii) *interativo*, quando o fluxo de informação

---

446. SOARES DE MELO, José Eduardo. A Lei Complementar n. 157/2016 à luz da Constituição Federal: aspectos relacionados à retroatividade e aos campos de incidência do ICMS e do ISS na atividade de difusão de vídeos, áudio e textos pela internet. *In:* FARIA, Renato Vilela; SILVEIRA, Ricardo Maitto da; MONTEIRO, Alexandre Luiz Moraes do Rêgo (coord.). *Tributação da economia digital:* desafios no Brasil, experiência internacional e novas perspectivas. São Paulo: Saraiva, 2018. p. 273-274.

447. Ibidem, p. 274.

depende da ação do usuário, que determina o tempo, o modo e o conteúdo a ser transmitido. Novamente, esta segunda modalidade é a mais comum.[448]

Para José Eduardo Soares de Melo, os conteúdos multimídia veiculados pelas *OTT* não revestiriam a natureza de produto ou mercadoria, o que implicaria um *dar*, nem tampouco o acesso aos conteúdos seria um serviço, que se traduz num *fazer*. O autor chama a atenção para o texto do item 1.09 da Lei Complementar 116/2003, incluído pela Lei Complementar 157/2016,[449] que utiliza o termo "disponibilização, sem cessão definitiva...". Para o autor, a natureza jurídica ali contida se enquadraria no âmbito dos direitos autorais, regulados pela Lei 9.610/98, especialmente o disposto no art. 29, VIII, IX e X,[450] a seguir reproduzidos, *in verbis*:

> Art. 29. Depende de autorização prévia e expressa do autor a utilização da obra, por quaisquer modalidades, tais como:
>
> [...]
>
> VIII – a utilização, direta ou indireta, da obra literária, artística ou científica, mediante:
>
> [...]
>
> i) emprego de sistemas ~~de fibras~~ óticos, fios telefônicos ou não, cabos de qualquer tipo e meios de comunicação similares que venham a ser adotados:
>
> [...];
>
> IX – a inclusão em base de dados, o armazenamento em computador, a microfilmagem e as demais formas de arquivamento do gênero;
>
> X – quaisquer outras modalidades de utilização existentes ou que venham a ser inventadas.

---

448. SOARES DE MELO, José Eduardo. A Lei Complementar n. 157/2016 à luz da Constituição Federal cit., p. 273-274.

449. Que inseriu esse item na Lista de Serviços anexa à Lei Complementar n. 116/2003, que disciplina o ISS.

450. Ibidem.

Chamamos a atenção, também, para o inciso VII do art. 29 da mesma lei, que descreve exatamente a situação das plataformas das *OTT* de Conteúdos Audiovisuais, porém na relação entre o detentor dos direitos autorais e a plataforma de *streaming*:

> VII - a distribuição para oferta de obras ou produções mediante cabo, fibra ótica, satélite, ondas ou qualquer outro sistema que permita ao usuário realizar a seleção da obra ou produção para percebê-la em um tempo e lugar previamente determinados por quem formula a demanda, e nos casos em que o acesso às obras ou produções se faça por qualquer sistema que importe em pagamento pelo usuário;

Mencionado autor[451] invoca, em favor de seu entendimento, a decisão do STJ no REsp 1.559.264-RJ, de 8 de fevereiro de 2017, que assim decidiu:

> [...] a tecnologia *streaming* enquadra-se nos requisitos de incidência normativa, configurando-se, portanto, modalidade de exploração econômica de obras musicais a demandar autorização prévia e expressa pelos titulares do direito.

Esposa, ainda, a tese de que a exploração por meio da internet distingue-se de outras formas de uso de obras musicais e fonogramas, a exemplo do rádio e da televisão, tão somente pelo modo de transmissão. A rigor, tem-se a utilização do mesmo material, o que implicaria a incidência de idêntica disciplina jurídica.[452]

O autor supracitado desconsidera a possibilidade de que a funcionalidade do *streaming* possa ser um serviço, porque não caracteriza negócio jurídico relativo a um *fazer*, que pressupõe haver um ato de servir, de prestar, um esforço humano envolvido direta ou indiretamente.

---

451. SOARES DE MELO, José Eduardo. A Lei Complementar n. 157/2016 à luz da Constituição Federal cit.

452. Ibidem, p. 275.

Ele faz menção a texto de autoria de Henry Gonçalves Lummertz, do qual trazemos aqui expressivo excerto, em que este último procura caracterizar o acesso a arquivos digitais com conteúdo audiovisual como *obra intelectual*, pressupondo a necessidade de direitos autorais para tal acesso. O fato de o acesso fazer-se pela internet, seria apenas um detalhe. Assim, *in verbis*:

> Pois bem, os arquivos digitais que compõem o conteúdo ao qual o usuário tem acesso integram o gênero "obra intelectual" e os direitos que sobre eles podem ser exercidos constituem direitos autorais.
>
> Enquanto bens incorpóreos ou imateriais, tanto os arquivos digitais como os direitos patrimoniais a eles relativos podem ser transmitidos mediante cessão. O licenciamento dos direitos autorais relativos aos arquivos digitais corresponde a uma cessão parcial dos direitos relativos a esses bens incorpóreos. No licenciamento da empresa para os usuários é cedido apenas o direito de uso. Trata-se, portanto, de uma simples cessão do uso. E a cessão de uso, como se viu, envolve uma típica obrigação de dar. Diga-se que a própria redação do subitem 1.09, ao se referir à "*disponibilização*" e à "*cessão*" evidencia que se está diante de uma obrigação de dar, e não de uma obrigação de fazer.[453]

Assim, Henry Gonçalves Lummertz, está a apontar, indiretamente, uma incongruência no subitem 1.09, que foi incluída em 2016 na Lista de Serviços anexa à Lei Complementar 116/2003. Com essa inclusão, o legislador pretendeu fazer incidir o ISS sobre o acesso a conteúdos audiovisuais por *streaming*. Haveria uma incompatibilidade no fato de se incluir uma *obrigação de dar* numa *lista de serviços*, típica *obrigação de fazer*. Coincidindo com o posicionamento de José Eduardo Soares de Melo e de Henry Gonçalves Lummertz, há outros autores, como Evandro Grili, Lorena Araújo e Thiago Sarraf (no caso, citados por Guilherme Camargos Quintela e Samille Rodrigues Sergio),[454] que defendem que a tecnologia

453. LUMMERTZ, Henry Gonçalves. Lei contraria perfil constitucional do ISS ao tributar áudio e vídeo na internet. *Consultor Jurídico*, São Paulo: Conjur, 16 jan. 2017, grifos nossos. Disponível em: https://bit.ly/3zDajPv. Acesso em: 15 out. 2019.

454. QUINTELA, Guilherme Camargos; SERGIO, Samille Rodrigues. Interpretação constitucional da competência tributária em relação à tecnologia streaming sob a ótica do arranjo federativo brasileiro cit., p. 54.

streaming não seria uma *prestação de serviços*, mas sim uma *obrigação de dar*, eis que haveria uma *cessão de direito de uso temporário dos conteúdos* (disponibilização remunerada sem cessão definitiva), sendo vedada a reprodução, assemelhando-se à locação de bens móveis. Oportunamente, serão tratadas as consequências tributárias desta interpretação.

Centrando-nos somente nas Aplicações *OTT* de Conteúdos Audiovisuais, anota Ricardo Augusto Alves dos Santos que elas promoveram uma ruptura em relação ao modelo tradicional de distribuição e consumo de músicas e vídeos, que antes eram produzidos divulgados somente por meio da indústria fonográfica e pelas empresas de radiodifusão (aí compreendida a televisão).[455]

Músicas e vídeos são obras intelectuais e, como tais, reguladas pela Lei 9.610/98, que trata da proteção de direitos autorais. São considerados bens móveis, de natureza tangível ou intangível. Dessarte, conteúdos audiovisuais transmitidos pela internet podem ser caracterizados como bens móveis e intangíveis.[456]

Quanto à *forma de comercialização* de conteúdos audiovisuais pela internet, Ricardo Augusto Alves dos Santos identifica que existem dois modelos usuais de negócios: a) a oferta de músicas e vídeos com emprego da tecnologia de *streaming*, que possibilita a disponibilização eletrônica por fluxo contínuo de dados ao usuário, sem que o conteúdo seja gravado em seu computador, mediante a cobrança de assinatura mensal (a exemplo da *Netflix* e do *Spotify*, que têm assinaturas *premium*); e b) venda de faixas musicais, filmes e seriados com a entrega do conteúdo ao usuário por meio de transferência eletrônica de dados (*download*), mediante pagamento de valor fixo por música ou vídeo (a exemplo do *iTunes* e do *Google Play*).[457]

---

455. ALVES DOS SANTOS, Ricardo Augusto. Tributação das Aplicações *Over-the-Top* no Brasil cit., p. 700.

456. Ibidem.

457. Ibidem.

Bem observa aquele autor que os conteúdos audiovisuais simplesmente acessados ou "baixados" não se confundem com os programas de computador que dão suporte à realização das atividades que os provedores de Aplicações *OTT* desempenham. Vale dizer, os conteúdos audiovisuais não se confundem com os *softwares* operacionais.[458] Em verdade, o *software* é uma atividade-meio necessária para a oferta das Aplicações *OTT*, esta sim a atividade-fim dos provedores.[459]

Por essa razão, pelo nosso corte metodológico, não será analisada a natureza jurídica do *software*, nem de questões a ele correlatas, como *download* de *software*, *Software as a Service* (*SaaS*) ou assemelhados.

Para outra importante estudiosa do assunto, Betina Treiger Grupenmacher, os serviços *Over-the-Top* transmitidos por *streaming* seriam disponibilizações de conteúdo de áudio e vídeo sem cessão definitiva. Por essa razão, a autora conclui que as Aplicações *OTT* de Conteúdos Audiovisuais possuiriam a natureza jurídica de cessão de direitos e, como tal, não se equiparariam às prestações de serviços.[460]

Observa ela mais um traço distintivo das Aplicações *OTT* de Conteúdos Audiovisuais em relação à TV por assinatura, com a qual agora concorre. O traço distintivo adicional estaria na tecnologia empregada. Na TV por assinatura, à exceção dos serviços *on demand*, o conteúdo é transmitido por cabo ou micro-ondas. Na Aplicação *OTT*, eles são transmitidos por fluxo de informações (*streaming*) pela internet. Tudo isso não obstante o fato de objeto do contrato de ambas as modalidades, TV por assinatura e *OTT* de Conteúdos Audiovisuais, ser

458. ALVES DOS SANTOS, Ricardo Augusto. Tributação das Aplicações *Over-the-Top* no Brasil cit., p. 700.

459. Ibidem, p. 700-701.

460. GRUPENMACHER, Betina Treiger. Tributação do streaming e serviços *over-the-top*. *In:* PISCITELLI, Tathiane (coord.). *Tributação da economia digital*. São Paulo: Thomson Reuters, 2018. p. 329.

o mesmo: a disponibilização de conteúdo de áudio, vídeo e imagens.[461]

Entendimento idêntico tem Tathiana Piscitelli. Segundo ela, o acesso de conteúdo via *streaming* decorre da *disponibilização*, em plataforma digital, *sem cessão definitiva*, de áudios, vídeos e outros, por meio da internet. *Netflix, Spotify* e *Apple Music* seriam exemplos dessas operações. Conclui essa autora que não haveria cessão definitiva do conteúdo, mas acesso, ilimitado no mais das vezes, mediante o pagamento de assinatura mensal. Cessada a assinatura, cessa também o acesso ao conteúdo.[462]

A demonstrar que a doutrina está longe de ser unânime, a seguir tem-se uma visão dessa funcionalidade como um *serviço*.

5.1.2 *OTT* de Conteúdos Audiovisuais como serviço

Para Eduardo Muxfeldt Bazzanella, o vídeo sob demanda, fornecido ou não por meio da internet, teria os *traços característicos de serviço*. Reconhece aquele autor que o ordenamento jurídico nacional ainda não definiu aquele provimento como um serviço, mas adverte que a aprovação de uma legislação que venha a criar uma diferenciação entre o vídeo sob demanda pela internet e os serviços de acesso condicionado (*SeAC*) [463] estaria carregada de inconstitucionalidade, violando o art. 150, II, da CF.[464]

Para outros dois autores, Guilherme Camargos Quintela e Samille Rodrigues Sergio, a tecnologia *streaming é* a nova tendência do mercado brasileiro e mundial, sendo responsável

461. Com base nisso, essa autora concluirá que as *OTT* de Conteúdos Audiovisuais não se inserem nem na materialidade do ICMS, nem daquela do ISS, como veremos em capítulo próprio.

462. PISCITELLI, Tathiane. A inconstitucionalidade do convênio ICMS 106/2017 e a incidência do ICMS sobre bens digitais cit., p. 408.

463. Serviços de Comunicação de Acesso Continuado – SeAC, disciplinados pela Lei n. 12.485, de 12 de setembro de 2011.

464. BAZZANELLA, Eduardo Muxfeldt. *Tributação sobre os vídeos sob demanda:* a influência da globalização sobre as normas tributárias cit., p. 132.

pela expansão substancial da indústria do entretenimento. Atentos ao potencial arrecadatório a ela associada, os entes políticos federados têm-se esforçado para acompanhar a evolução da era digital, buscando encontrar formas de tributar esses novos fenômenos. Contudo, há dificuldades em interpretar todas as peculiaridades atinentes à tecnologia *streaming*, o que tem provocado controvérsias no mundo jurídico.[465]

Anotam esses dois autores que, mesmo nos Estados Unidos, onde nasceu a internet e a tecnologia *streaming*, ainda não há consenso sobre a tributação dessa tecnologia.[466]

Em seu entendimento, a tecnologia *streaming* pode ser juridicamente conceituada como um *fluxo de mídia* que permite o *acesso instantâneo a conteúdos digitais sem transmitir posse ou propriedade*, sendo um serviço fornecido por "*Provedores de Serviço Online*" através da internet.[467]

Entendem os dois autores que somente com o tempo haverá consolidação do entendimento em relação a essa tecnologia, com a inevitável participação dos tribunais.

A seguir, tem-se uma terceira posição com relação à natureza jurídica das Aplicações *OTT* de Conteúdos Audiovisuais.

5.1.3 *OTT* de Conteúdos Audiovisuais possuem natureza jurídica própria

Numa terceira visão, distinta das expostas até aqui, Victor Oliveira Fernandes, com base nas definições de *OTT* feitas pela UIT e pelo BEREC, entende que a *natureza intrínseca do serviço prestado* não seria, em si, relevante para o enquadramento na categoria, mas, sim, *a forma de prestação do serviço*

465. BAZZANELLA, Eduardo Muxfeldt. *Tributação sobre os vídeos sob demanda*: a influência da globalização sobre as normas tributárias cit. p. 60.

466. Ibidem.

467. QUINTELA, Guilherme Camargos; SERGIO, Samille Rodrigues. Interpretação constitucional da competência tributária em relação à tecnologia streaming sob a ótica do arranjo federativo brasileiro cit., p. 60.

envolvido. Adotando-se esse pressuposto, seriam integrados no conceito de *serviços OTT* vários tipos de *novos* serviços prestados a partir da internet, que agregam funcionalidades de processamento da informação, como acontece com os aplicativos de mensagem instantânea, *video streaming*, redes sociais, *e-commerce*, *cloud computing* e muitos outros. Mesmo aplicativos de compartilhamento de bens ou serviços, como *Uber*, *Airbnb* etc., também estariam abarcados por essa definição.[468]

As modalidades de Aplicações *OTT* eleitas para aprofundamento na presente obra designam atividades econômicas a partir da internet, ainda que nem sempre onerosas ao usuário. Assim, Victor Oliveira Fernandes identificou que se trata de uma "categoria 'metajurídica', que não encontra correspondência imediata nas leis de telecomunicações vigentes na maioria dos países".[469]

Aquele autor observa que os desafios trazidos pela emergência dos *OTT* estão intrinsecamente relacionados aos *regimes de classificação de serviços acolhidos nas legislações nacionais de telecomunicações*. Por influência da Organização Mundial do Comércio (OMC) no final dos anos 1990, as principais molduras regulatórias internacionais construídas a partir do processo de liberalização do setor de telecomunicações no século passado, nos países ocidentais, e não somente no Brasil, são baseadas na "separação rígida entre os regimes jurídicos aplicáveis aos serviços de telecomunicações e aos serviços ditos 'adicionados' ou 'de valor adicionado' que 'acrescentam utilidades ao provimento de telecomunicações'".[470]

A separação jurídica justificou-se naquele momento, pois havia uma mais nítida separação tecnológica e mesmo conceitual entre serviços de telecomunicação e os chamados serviços suplementares, complementares e os de valor adicionado.

---

468. FERNANDES, Victor Oliveira. *Regulação de serviços Over-the-Top (OTT) e pós-convergência tecnológica* cit., p. 15-16.

469. Ibidem, p. 17.

470. Ibidem, p. 35, grifos nossos.

Houve, com a internet e o *streaming*, uma *convergência tecnológica* que acabou por tornar praticamente indistinguíveis as fronteiras entre uma coisa e outra, o que vem produzindo a insegurança jurídica atual. Dizendo de outra forma, produziu-se também uma *convergência semântica*.

Victor Oliveira Fernandes aponta que essas classificações dicotômicas, originadas na OMC, por sua vez repercutem diretamente na incidência de diferentes direitos e obrigações regulatórias em face de cada um desses conjuntos. Em suas palavras,

> Ainda que as assimetrias variem nas legislações de cada país, de um modo geral é possível apontar que há um tratamento diferenciado na definição do regime jurídico aplicável aos serviços de telecomunicações e aos serviços de voz baseados na internet principalmente no que concerne a temas como (i) licenciamento de serviços; (ii) regimes legais de interconexão; (iii) provisão de interceptações telefônicas por ordem judicial; (iv) acesso a serviços de emergência; e (v) controle regulatório de qualidade de serviços.[471]

Aquele autor anota que a prestação de serviços *OTT* depende da atuação de diversos agentes econômicos, a saber, provedores de acesso à internet, representantes de sistemas autônomos e usuários finais, que atuam no âmbito da cadeia de valor da internet. Por isso, segundo ele, a adoção de políticas regulatórias em relação a esses serviços deve reconhecer a interdependência dos mercados que compõem a internet.[472]

Victor Oliveira Fernandes destaca, no modelo brasileiro, a existência de um grau significativo de indefinição normativa no que diz respeito ao limite do que constituem atividades de telecomunicações. Tal grau de indefinição é constantemente preenchido pela agência reguladora (Anatel) no exercício das suas funções, tornando o espaço regulatório flexível e adaptável. Embora a autarquia não detenha poder ilimitado para ultrapassar o núcleo legal do conceito de *serviços de*

---

471. FERNANDES, Victor Oliveira. *Regulação de serviços Over-the-Top (OTT) e pós--convergência tecnológica* cit., p. 35-36, grifos nossos.

472. Ibidem, p. 42.

telecomunicações, é inegável que ela vem exercendo papel central na adaptação de regimes de serviços diante de mudanças associadas ao desenvolvimento de novas tecnologias.[473]

Aquele autor observa uma *similaridade* entre a conceituação de Serviço de Valor Adicionado, existente no art. 61[474] da Lei Geral de Telecomunicações (LGT),[475] e as Aplicações *OTT*. Assim, conforme ele,

> A conceituação de *SVA*, portanto, remete a serviços que empregam, de forma genérica, funcionalidades de processamento de informações executadas sobre as redes de comunicação, tal como ocorre com os serviços *OTT*. Os prestadores desses serviços se caracterizam como simples usuários dos serviços de telecomunicações que lhes dá suporte (art. 61, § 1º). A imposição de condicionamentos ao seu uso por parte da Anatel só é admitida para que seja assegurado o uso das redes de serviços de telecomunicações, bem como o adequado relacionamento entre prestadoras de serviços de telecomunicações e de *SVA* (art. 61, § 2º).[476]

Victor Oliveira Fernandes explica que a ideia de *excluir os serviços baseados na internet do âmbito de atuação regulatória setorial* não foi propriamente um resultado da publicação da LGT, mas sim uma consequência da edição da Norma nº 004/95, aprovada pela Portaria 148/95 do Ministério das Comunicações (MC), que consubstanciou o primeiro ato normativo federal a dispor sobre o "Uso da Rede Pública de Telecomunicações para Acesso à Internet". Foi a primeira norma a trazer o conceito normativo de *internet* e previu o significado da expressão *serviço de valor adicionado*.[477]

---

473. FERNANDES, Victor Oliveira. *Regulação de serviços Over-the-Top (OTT) e pós-convergência tecnológica, loc. cit.*

474. "[...] a atividade que acrescenta, a um serviço de telecomunicações que lhe dá suporte e com o qual não se confunde, novas utilidades relacionadas ao acesso, armazenamento, apresentação, movimentação ou recuperação de informações".

475. Lei n. 9.472, de 16 de julho de 1997.

476. FERNANDES, Victor Oliveira. *Regulação de serviços Over-the-Top (OTT) e pós-convergência tecnológica* cit., p. 111, grifos nossos.

477. Ibidem.

Conforme esse autor, a consolidação da *internet como um espaço desregulado* na verdade remonta à publicação de Nota Conjunta do Ministério das Comunicações e do Ministério da Ciência e Tecnologia em junho de 1995, que estabelecia que "o provimento de serviços comerciais [de] Internet ao público em geral deve ser realizado, preferencialmente, pela iniciativa privada" (Seção 1.2). Essa nota firmava ainda a diretriz de que o Estado brasileiro deveria "estimular no país o surgimento de provedores privados de serviços de internet" (Seção 1.3). Relata o autor que isso teve como efeito prático impedir que a Embratel vendesse o acesso à internet aos consumidores finais com base em tarifas diferenciadas, facilitando o aparecimento de pequenos e médios provedores de acesso à internet nos anos subsequentes, uma vez que os novos ISP[478] teriam garantia de acesso às redes controladas tanto pela Embratel quanto pela Rede Nacional de Pesquisa (RNP).[479]

Essa *desregulação*, associada ao fato de que o mundo digital, como já apontado, operou uma verdadeira *convergência semântica*, dificulta enquadrar os novos negócios da Economia Digital nos conceitos clássicos de *mercadoria* e de *serviços*, mesmo os *serviços de comunicação*.

Nesta direção de uma *natureza jurídica própria* também aponta Ricardo Augusto Alves dos Santos, que denomina como *Over-the-Top* as funcionalidades fornecidas aos usuários finais por meio da internet por provedores especializados. São funcionalidades autônomas e que *não se confundem com o serviço de conexão à internet, e tampouco com o serviço de telecomunicação que dá suporte para essa conexão* **à** *internet.*[480]

Segundo ele, o provimento das Aplicações *OTT*, no caso, de Conteúdos Audiovisuais, estaria revestido de uma *série de*

---

478. Provedores de acesso à internet ou PAI.

479. FERNANDES, Victor Oliveira. *Regulação de serviços Over-the-Top (OTT) e pós-convergência tecnológica* cit., p. 112-113.

480. ALVES DOS SANTOS, Ricardo Augusto. Tributação das Aplicações *Over-the-Top* no Brasil cit., p. 693.

obrigações de fazer que são indispensáveis para o bom desempenho da *obrigação de dar* consistente na transmissão dos arquivos de som e imagem aos usuários finais. Ele exemplifica alguns: (i) manutenção dos servidores remotos pelos provedores; (ii) a garantia de largura adequada de banda de internet garantindo uma adequada transferência de dados; (iii) a indicação, pelos provedores, de filmes e músicas aos usuários baseados em suas preferências; (iv) a manutenção de sistema de avaliação das obras para a elaboração de lista de preferências de cada usuário, entre outros.[481]

Conforme bem ensina Ricardo Augusto Alves dos Santos, há uma oferta de bens, serviços e conteúdos diversos, e não apenas serviços, daí por que ele, e nós também, adotamos a nomenclatura *Aplicações Over-the-Top*, em vez da, mais usual, *Serviços Over-the-Top*.

Ainda em relação à opção entre as terminologias *serviço* ou *aplicação*, para a nomenclatura do *Over-the-Top*, corrobora-se o entendimento de que, dada a multiplicidade de conteúdos que, por ela, são veiculados por *streaming*, não se lhe poderia eleger uma única natureza jurídica. Por todas as convergências apontadas, mais a multiplicidade de bens, serviços e conteúdos oferecidos, as *OTT* não são, exclusivamente, obrigação de dar, ou obrigação de fazer, ou oferecimento de utilidade, ou circulação de bem ou produto intangível, cessão de direitos de uso, ou cessão de direitos autorais. Portanto, as *OTT* possuem tantas naturezas jurídicas quantas são as naturezas jurídicas dos bens e serviços que seus provedores oferecem aos seus usuários. Trata-se de um fenômeno quase que "autônomo", que oferece vários ângulos de análise e por isso é de difícil categorização. Esta dificuldade terá reflexos no aspecto tributário.

---

481. ALVES DOS SANTOS, Ricardo Augusto. Tributação das Aplicações *Over-the-Top* no Brasil cit. p. 706.

Em conclusão, não é possível atribuir uma única natureza jurídica às Aplicações *Over-the-Top* de Conteúdos Audiovisuais.

5.2 Natureza jurídica das Aplicações *OTT* de Comunicações Sociais

Viu-se que as Aplicações *OTT* de Comunicações Sociais são aquelas que permitem o envio de mensagens instantâneas e a realização de chamadas de voz pela internet. Tal como as *OTT* de Conteúdos Audiovisuais, também se constituem numa inovação disruptiva em relação aos serviços convencionais de comunicação oferecidas pelas operadoras de telecomunicações, particularmente em relação à telefonia móvel celular.[482]

Entre as funcionalidades oferecidas nesta modalidade, têm-se: (i) envio de mensagens instantâneas, não somente de texto, mas também multimídia (imagens, voz, documentos em PDF e em outros formatos); (ii) a realização de chamadas de voz entre usuários conectados à internet, neste caso com emprego da tecnologia VoIP ou similar.[483]

O BEREC, órgão de regulação das comunicações da União Europeia, qualifica o provimento de conteúdos por Aplicações *OTT* (de Comunicações Sociais, compreendendo as mensagens instantâneas e as chamadas de voz) como serviço de comunicação, desde que o provedor da Aplicação *OTT* seja, também, o provedor dos meios de comunicação.

No Brasil, também não há unanimidade doutrinária em relação à natureza jurídica das *OTT* de Comunicações Visuais. Pode-se dizer, no entanto, que muitos autores entendem que seria um serviço. Não necessariamente um serviço de comunicação, tributável pelo ICMS-Comunicação, mas

482. ALVES DOS SANTOS, Ricardo Augusto. Tributação das Aplicações *Over-the-Top* no Brasil cit., p. 707.

483. Ibidem.

sim um Serviço de Valor Adicionado, que legalmente está fora da incidência daquele imposto.

Ricardo Augusto Alves dos Santos observa que os provedores de Aplicações *OTT* ocupam a posição de emissores da mensagem na relação comunicativa estabelecida junto aos usuários finais, e não a de terceiros provedores dos meios necessários à efetivação da comunicação, vale dizer, da infraestrutura física, sendo que estes últimos "são alheios ao conteúdo da relação comunicativa".[484] Dizendo em outras palavras, os provedores de Aplicações *OTT* não são prestadores de serviço de comunicação, segundo a definição legal.

Ricardo Augusto Alves dos Santos exclui, da categoria de Aplicação *OTT*, as chamadas de voz com emprego de Voz sobre IP (VoIP) e mecanismos correlatos nas situações em que elas são destinadas a telefones fixos e móveis da rede de telefonia tradicional (a exemplo dos serviços fornecidos pelo *Skype* por meio de assinatura mensal). Sua explicação baseia-se no fato de que uma Aplicação *OTT* de Comunicação Social, por definição, é aquela que permite o envio de mensagens somente a usuários conectados na internet.[485] Dizendo de outra forma, pressupõe-se que todos os usuários da relação comunicativa estejam conectados à internet, nenhum deles utilizando as redes e aparelhos de telefonia fixa ou celular.

Aquele autor anota uma similaridade e uma grande diferença entre os serviços de comunicação de telefonia móvel e as Aplicações *OTT* de Comunicação Social.

A similaridade está em que tanto os serviços de telefonia móvel quanto as Aplicações *OTT* possibilitam o envio de mensagens multimídia (no primeiro caso, as mensagens SMS e MMS, hoje quase em desuso, empregadas apenas em publicidade e avisos institucionais) e a realização de chamadas de voz.

---

484. ALVES DOS SANTOS, Ricardo Augusto. Tributação das Aplicações *Over-the-Top* no Brasil cit., p. 703.

485. Ibidem, p. 708.

A diferença, segundo ele, está em que as operadoras de telefonia móvel disponibilizam a seus usuários as condições materiais (fibras óticas, antenas etc.) necessárias à transmissão das mensagens e das chamadas de voz. Os provedores de Aplicação *OTT*, por outro lado, não disponibilizam a infraestrutura de chamadas de voz e transmissão de mensagens; são apenas seus utentes.[486]

Com base nisso, Ricardo Augusto Alves dos Santos classifica as Aplicações *OTT* de Comunicações Sociais como *Serviços de Valor Adicionado*, na dicção do art. 61, § 1º, da Lei 9.472/97, a LGT.[487]

Aquele autor caracteriza as Aplicações *OTT* de Comunicações Sociais como prestadores de serviços do tipo *SVA*, ao ofertar aos usuários novas funcionalidades (em relação ao serviço de comunicação) para aprimorar ou otimizar, por meio da internet, o envio de mensagens instantâneas e a realização de chamadas de voz. Como tal, essas *OTT* não se confundiriam com os serviços de comunicação, que apenas lhes dariam suporte de infraestrutura.[488]

Alberto Macedo tem entendimento semelhante. Com base na definição de Serviços *Over The Top* (*OTT*) feita pelo BEREC europeu (já aqui descrita), esse autor entende que os *streamings* de áudio e vídeo não são serviços de comunicação, até porque

486. ALVES DOS SANTOS, Ricardo Augusto. Tributação das Aplicações *Over-the-Top* no Brasil cit., p. 708

487. "Art. 61. Serviço de valor adicionado é a atividade que acrescenta, a um serviço de telecomunicações que lhe dá suporte e com o qual não se confunde, novas utilidades relacionadas ao acesso, armazenamento, apresentação, movimentação ou recuperação de informações.
§ 1º Serviço de valor adicionado não constitui serviço de telecomunicações, classificando-se seu provedor como usuário do serviço de telecomunicações que lhe dá suporte, com os direitos e deveres inerentes a essa condição.
§ 2º É assegurado aos interessados o uso das redes de serviços de telecomunicações para prestação de serviços de valor adicionado, cabendo à Agência, para assegurar esse direito, regular os condicionamentos, assim como o relacionamento entre aqueles e as prestadoras de serviço de telecomunicações."

488. ALVES DOS SANTOS, Ricardo Augusto. Tributação das Aplicações *Over-the-Top* no Brasil cit., p. 708.

eles estariam no conceito legal de Serviço de Valor Adicionado. Mais ainda, no *SVA* que não concorre com o serviço de telefonia.

Inegável, portanto, que as Aplicações *OTT* de Comunicações Sociais hoje concorrem fortemente com os meios tradicionais de comunicação instantânea, que são a telefonia fixa e a telefonia móvel celular. Portanto, numa apressada conceituação econômica, fenomênica ou finalística, tais aplicações *OTT* poderiam ser vistas como serviços de comunicação, uma vez que são formas diversas, com meios diversos, de realizar o mesmo fim, concorrendo entre si no mesmo mercado econômico.

Por outro lado, e adotando a Filosofia da Linguagem própria do Constructivismo Lógico-Semântico, podemos dizer que não existe uma realidade em si, que apenas é *descoberta*. A realidade, ou a *verdade*, é aquela construída pela linguagem. Em nosso caso, a realidade que nos interessa é a realidade jurídica, que é construída pela linguagem jurídica.

Assim, antes de prosseguirmos nessa análise, cabe estabelecer nossas premissas, na visão constructivista.

A primeira delas é a de que o Direito Tributário é um Direito de Sobreposição. Ele depende da compreensão dos institutos de outros ramos do Direito positivo. Trata-se de sistema aberto cognitivamente, que utiliza o dialogismo e a intertextualidade, e pode colher elementos regidos por outras ciências.

A segunda premissa é: se os fatos sociais podem ser disruptivos, cabe ao Direito ser um fator de estabilização e segurança jurídica. Por isso ele deve evoluir, mas sem rupturas.

Terceira premissa: o fato jurídico, e, portanto, também o fato jurídico tributário, é produto de construção epistemológica a partir da tradução de suportes fáticos.

Quarta premissa: se o Direito Tributário eleger uma materialidade cuja interpretação requer o emprego de elementos objeto de outra ciência, a utilização da linguagem desta outra ciência é pressuposto de validade da interpretação, por conotação ou denotação, do suporte fático.

Quinta premissa: ao analisarmos um fato, procurando verificar sua eventual subsunção a uma dada hipótese normativa, temos que nos basear nos conceitos de seus elementos denotativos, extraídos das regras de interpretação intrassistêmicas ou intersistêmicas.

Sexta premissa: quando o Direito Tributário recepcionar suportes fáticos de atos ou fatos jurídicos, se não houver norma expressamente estabelecendo divergência específica, o agente cognoscente deverá interpretá-los de acordo com os signos e códigos do sistema jurídico e com as regras do subsistema a que pertencem. Dizendo de outra maneira, havendo dúvidas sobre a conotação do fato imponível, elas devem ser dirimidas por normas gerais abstratas pertencentes ou relacionadas ao regime jurídico ao qual o fato imponível pertence.

Sétima premissa: pensando numa perspectiva tributária, não pode o legislador positivar, como suporte fático de norma de incidência, um ato, fato ou negócio jurídico de forma diversa do que faz o Direito Privado, com o fim de ampliar ou reduzir o campo de competência que foi constitucionalmente delimitado. Esse, inclusive, é o sentido do disposto no art. 110 do Código Tributário Nacional.

Estabelecidas essas premissas, retornemos à análise da natureza jurídica das Aplicações *Over-the-Top*, de modo geral, e de Comunicações Sociais em particular.

A forma de comunicação realizada pelas *OTT* de Comunicações Sociais é a telecomunicação. No Brasil, as telecomunicações têm duas normativas fundamentais a regê-las: a Lei 9.472/97 (Lei Geral de Telecomunicações, LGT), que definiu o que são os *Serviços de Valor Adicionado* (*SVA*), e a Lei 12.485/2011, que definiu o que são os *Serviços de Acesso Condicionado* (*SeAC*). Por utilizar a internet, temos, a reger esta última, o Marco Civil da Internet, Lei 12.965/2014.

Começando pela última lei, a do Marco Civil da Internet, ela não se preocupa em definir ou disciplinar as Aplicações *Over-the-Top*, não nos servindo neste momento.

Analise-se, agora, a primeira lei *supra*, a Lei 9.472/97. Ao tempo de sua edição (1997), certamente o legislador não foi influenciado pela existência e importância das Aplicações *Over-the-Top*, pois elas nem sequer haviam surgido. Portanto, certamente o legislador, ao definir o que eram os *Serviços de Valor Adicionado*, não pretendeu ter as *Over-the-Top* como objeto de regulação.

Serviços de Valor Adicionado (ou *SVA*) são as atividades que acrescentam, a um serviço de telecomunicações que lhe dá suporte e com o qual não se confunde, novas utilidades relacionadas ao acesso, armazenamento, apresentação, movimentação ou recuperação de informações. Exemplos disso são: o *serviço de auxílio à lista (102)*, *serviço despertador*, usual ao tempo em que não havia *smartphones*, *serviço de hora certa (130)*, *serviço 0900*, *serviço de identificação do chamador*, *sinais sonoros conforme a funcionalidade*, *avisos de notificação personalizados* e *serviço de provimento de acesso à internet* ou, ainda, a *contratação de programas antivírus*.[489] Tais serviços são oferecidos pelas operadoras a seus clientes por meio de mensagens de texto, por *pop-ups*,[490] mensagens de voz ou ligações telefônicas.[491]

Perceba-se que os Serviços de Valor Adicionado, embora não se confundam com os serviços de comunicação, são-lhe indissoluvelmente acessórios. Servem para melhorar ou proteger seu acesso, seu armazenamento de informações, sua apresentação, bem como a movimentação ou a recuperação de informações. Além disso, os *SVA* tradicionais não são prestados pela internet, mas pelos próprios meios físicos e lógicos da comunicação, a saber, telefonia fixa ou móvel celular, por satélite ou outro recurso tecnológico ligado às telecomunicações tradicionais.

A legislação que definiu o *SVA* seguiu modelos internacionais de estratificação das telecomunicações (ou comunicações) por tecnologias, segundo o chamado *modelo de camadas*.

---

489. MOREIRA, André Mendes. *A tributação dos serviços de comunicação* cit.

490. Janelas que se abrem no celular ou computador.

491. CUERVO, Leonardo. A prestação de Serviço de Valor Adicionado (SVA) pelas empresas de telefonia e sua regulamentação. *Jus.com.br*. dez. 2018. Disponível em: https://bit.ly/3zLa5FX. Acesso em: 15 out. 2019.

Por este último, a infraestrutura física das comunicações situa-se na primeira camada (num modelo visual, de baixo para cima), denominada *camada física*. A infraestrutura lógica situa-se na segunda camada, a *camada lógica*, que contém o serviço de telecomunicação em si, em termos lógicos.

A terceira camada é a camada dos serviços de modo geral que não sejam os serviços básicos. Assim, essa é a camada das aplicações e a dos chamados Serviços de Valor Adicionado. Conceitualmente, pela mesma razão, é a camada das Aplicações *Over-the-Top*, razão de ser de sua denominação: estão *acima* da camada física e da camada lógica. Também na terceira camada estão os *softwares*, programas, aplicativos para computadores e equipamentos de comunicação existentes ao tempo da edição da legislação.

A quarta e última camada é a dos conteúdos, objeto da comunicação: as mensagens textuais, os gráficos, imagens e os arquivos sonoros ou audiovisuais. É a *camada de conteúdos*.

Constatou-se que a *convergência tecnológica*, ocorrida no decorrer dos anos 2000, tornou anacrônica a legislação internacional e brasileira das telecomunicações, em grande parte graças ao advento das Aplicações *Over-the-Top*. Todavia, ainda não surgiu uma nova legislação, ou seja, uma *nova linguagem jurídica competente*, que revogue a anterior, ou a modifique, para contemplar a nova realidade das Aplicações *Over-the-Top*. Em suma, não surgiu, ainda, nova linguagem jurídica para construir essa nova realidade.

Pertinente, neste ponto, a lição de Tatiana Aguiar, de que "o limite da alterabilidade de uma situação comunicativa é dado pelo consenso construído linguisticamente pela comunidade em que o discurso é formado".[492] Prossegue ela, dizendo que "o que era consenso em dado momento dá lugar a um

492. AGUIAR, Tatiana. A tributação das novas tecnologias à luz do Constructivismo Lógico-Semântico e da retórica realista – um estudo sobre a superposição de discursos vencedores. *In:* CARVALHO, Paulo de Barros (coord.). *30 anos da Constituição Federal e o Sistema Tributário Brasileiro*. São Paulo: Noeses, 2018. p. 1244.

novo acordo, mesmo que algumas vezes o suporte fático que deu ensejo àquele discurso permaneça o mesmo".[493]

Já se faz, de há muito, necessária uma nova linguagem jurídica para tratar das Aplicações *Over-the-Top*, o que, lamentavelmente, ainda não ocorreu.

Em 1997, era simples diferenciar os serviços de comunicação daqueles classificados como Serviço de Valor Adicionado. Hoje, por outro lado, com a convergência das tecnologias, não é tão simples diferenciar os Serviços de Valor Adicionado das Aplicações *Over-the-Top*, e estas últimas dos serviços de comunicação.

A solução, na atual configuração da legislação e da literatura técnica sobre telecomunicações, internet, *streaming* e *Over-the-Top*, repise-se, é aplicar a metodologia do Constructivismo Lógico-Semântico, com suas ferramentas da Filosofia da Linguagem e seus instrumentos de interpretação e análise, para esclarecer dúvidas e suprir omissões.

A Lei Geral das Telecomunicações (*LGT*)[494] foi editada num contexto ainda de presença das tecnologias analógicas, embora a digital já se fizesse presente. A internet estava em seus primórdios de uso comercial. Não havia, ainda, a tecnologia *streaming*.

Pode-se diferenciar as *Over-the-Top* dos serviços de comunicação com base no fato de que os provedores de conteúdos *OTT* não são, regra geral, os mesmos provedores da infraestrutura física e lógica das comunicações (e telecomunicações). É o primeiro critério.

O segundo critério é aquele que utiliza a já descrita *estrutura de camadas* das telecomunicações, vista em capítulo anterior. Nela, a infraestrutura física das telecomunicações está na primeira camada; a infraestrutura lógica, na segunda. A quarta e última camada é a dos conteúdos em si: as mensagens de texto, voz e imagem, e os arquivos multimídia. Portanto, e até

493. Ibidem.

494. Lei n. 9.472/1997.

por exclusão, na terceira camada estão os *serviços de modo geral*, ou seja, todos os serviços que não são aqueles mais básicos, ligados à infraestrutura física e lógica e destinados, precipuamente, à telecomunicação.

Logo, a terceira camada contém os Serviços de Valor Adicionado e as Aplicações *Over-the-Top*.

Em 2020, a Anatel, no julgamento do voto 22/2020/EC, considerou que a distribuição de "canais lineares" pela internet, com tecnologia *streaming*, seria um Serviço de Valor Adicionado (*SVA*), não podendo ser classificado como TV por Assinatura. Como tal, não seria um Serviço de Acesso Continuado (*SeAC*). A agência analisou o caso de canais inseridos em pacotes de distribuição e distribuídos por meio de uso de redes de telecomunicações.[495]

Daniel Giotti de Paula e Roney Sandro Freire Corrêa, citando o voto supracitado, consideram que os serviços de *streaming* são Serviços de Valor Adicionado. Segundo eles, as atividades de *streaming* são atividades meio, que envolvem a disponibilização de conteúdo audiovisual a determinado grupo de pessoas e por determinado tempo, de forma gratuita ou onerosa, mas que não envolve uma obrigação de fazer como resultado.[496-497]

De modo semelhante, mas não idêntico ao dos autores citados, Victor Oliveira Fernandes classificou as *OTT* como uma categoria *metajurídica*, porém reparou numa semelhança conceitual com os Serviços de Valor Adicionado, semelhança também encontrada por Ricardo Augusto Alves dos Santos.

Nada obstante haver as apontadas diferenças intrínsecas nas Aplicações *Over-the-Top* que as distinguem dos Serviços

---

495. Disponível em: https://teletime.com.br/wp-content/uploads/2020/09/Voto-Claro-Fox.pdf. Acesso em: 10 out. 2021.

496. PAULA, Daniel Giotti de; CORRÊA, Roney Sandro Freire. As imunidades dos fonogramas e videofonogramas e os serviços *over-the-top* cit., p. 55.

497. Ibidem, p. 56.

de Valor Adicionados clássicos, de outro lado, somos levados a concordar que, na falta de linguagem jurídica específica para as Aplicações *Over-the-Top*, estas últimas devem ter o mesmo tratamento regulatório que os Serviços de Valor Adicionado.

Nossas razões para aceitar a identidade de tratamento *supra* são as seguintes: (i) porque o Direito tem uma função estabilizadora e integrativa; (ii) porque o fato jurídico é uma construção epistemológica do intérprete a partir dos suportes fáticos; (iii) porque, ao realizarmos a interpretação das normas jurídicas, empregamos regras intrassistêmicas e intersistêmicas, absorvendo as regras de outros sistemas ou subsistemas, aqui, no caso, aquelas do subsistema das telecomunicações; (iv) porque existe uma proximidade funcional, de um lado, e semântica, de outro, entre os suportes fáticos das Aplicações *Over-the-Top* e aquelas dos Serviços de Valor Adicionado, resultado da convergência tecnológica já relatada.

Serão exemplificadas, a seguir, as proximidades supra-apontadas e a convergência tecnológica, que tornam difícil, hoje em dia, separar um *OTT* de um SVA.

Um Serviço de Valor Adicionado típico é o *serviço despertador*, ou um arquivo de sinal sonoro especial quando o usuário receber uma chamada telefônica de um interlocutor específico. O usuário pode ser tarifado, pela sua operadora de celular, por esses serviços, que, ao serem distintos de serviço de comunicação, não sofrem a incidência do ICMS-Comunicação. Por outro lado, a mesma operadora de celular pode oferecer, a seu assinante, "baixar" um aplicativo de música, que terá uma tarifa mensal. Ora, esse aplicativo não tem a característica de um serviço de comunicação. Ao mesmo tempo, seu uso empregará a tecnologia *streaming*. Assim, trata-se de uma funcionalidade que, na contratação, pode assumir a forma de um SVA, mas, no seu uso, tem todas as características de um *Over-the-Top*. O mesmo vale para um aplicativo de vídeos, ou de visualização de programas de TV.

A conclusão a que se chega é de que, embora as Aplicações *Over-the-Top* tenham algumas características que as distingam dos Serviços de Valor Adicionado clássicos, na falta de uma categoria específica bem individualizada na legislação técnica,[498] elas devem ter o mesmo tratamento que os Serviços de Valor Adicionado. Ao menos, até que advenha linguagem própria que modifique essa situação.

Por fim, resta comparar as Aplicações *Over-the-Top*, especialmente as de Comunicações Sociais,[499] com os Serviços de Acesso Condicionado, definidos pela Lei 12.485/2011. Recorde-se que referida lei foi editada para regulamentar o mercado de TV por Assinatura. A lei tinha três objetivos específicos, além daquele geral de dispor sobre a comunicação audiovisual de acesso condicionado: (i) definir a espécie *Comunicação Audiovisual de Acesso Condicionado*, também denominada *Serviço de Acesso Condicionado*, cuja sigla é *SeAC*; (ii) regular a autorização de concessionários de provimento deste segmento (os *players* do setor); (iii) estabelecer metas de conteúdo de produção nacional. A motivação da lei foi estabelecer uma disciplina legal para os chamados *serviços por demanda* ou *serviços por diretório ou menu*.

O art. 2º da referida lei estabelece que este tipo de "entrega de conteúdo audiovisual exclusivamente a assinantes, [...] por meio de tecnologias, processos, meios eletrônicos e protocolos de comunicação quaisquer" consiste num serviço de comunicação, no caso, serviço de telecomunicação.

Os Serviços de Acesso Condicionado (*SeAC*) foram definidos para regulamentar o mercado de *serviços por demanda*, ou seja, as espécies de TV por Assinatura: a cabo, por rádio, por satélite (DTH) ou Serviço de Distribuição Multiponto Multicanal (MMDS), sendo que hoje também existe a TV por internet, ou *IPTV*.

---

498. Essa ausência de regulação na legislação técnica cria dificuldades para a legislação tributária, já que o Direito Tributário é um direito de sobreposição.

499. Embora haja a proximidade funcional dos Serviços de Acesso Condicionado (TV por Assinatura) com as Aplicações OTT de Conteúdos Audiovisuais, aqueles primeiros estão definidos na legislação técnica das telecomunicações, daqui optarmos por desenvolver a análise no presente tópico.

Pois bem, as três primeiras espécies de TV por assinatura não empregam a internet como infraestrutura física e meio de transmissão do sinal de TV. A última espécie, *IPTV*, emprega a internet, utiliza canais dedicados de internet, não concorrendo com as demais aplicações. Dizendo de outra forma, a *IPTV* possui, como canal, praticamente uma internet própria.

Já as Aplicações *Over-the-Top*, qualquer que seja sua espécie, utilizam a internet normal, concorrendo, no tráfego, com todas as demais utilizações desta.

O art. 2º da Lei 12.485/2011, no final do seu inciso XXIII, ao tratar dos serviços *SeAC*, fala em "por meio de tecnologias, processos, meios eletrônicos e protocolos de comunicação quaisquer".[500] A exegese desse artigo pode levar a entender que a tecnologia *streaming* passa a estar contemplada na legislação do *SeAC,*[501] pois a lei não distingue tecnologias.

O legislador federal foi sábio ao mencionar "tecnologias, processos, meios eletrônicos e protocolos de comunicação quaisquer", pois a velocidade com que as novas Tecnologias de Informação e Comunicação (TIC) vêm surgindo e a sua convergência para poucas plataformas e poucos dispositivos impede que se queira regrar de modo detalhado e inflexível tais serviços.[502]

Trata-se da já mencionada *convergência tecnológica*.

Nesse passo, vejam-se as interessantes considerações de Nelson Trombini Júnior, *in verbis*:

---

500. Lei 12.485/2011 – "Art. 2º Para os efeitos desta Lei, considera-se: [...] XXIII – Serviço de Acesso Condicionado: serviço de telecomunicações de interesse coletivo prestado no regime privado, cuja recepção é condicionada à contratação remunerada por assinantes e destinado à distribuição de conteúdos audiovisuais na forma de pacotes, de canais nas modalidades avulsa de programação e avulsa de conteúdo programado e de canais de distribuição obrigatória, por meio de tecnologias, processos, meios eletrônicos e protocolos de comunicação quaisquer".

501. SARAN, José Eduardo de Paula. *Tributação dos Aplicativos Over-the-Top:* algumas posições doutrinárias. 2018. Monografia (Disciplina "Tributos em Espécie") – Mestrado em Direito Tributário, Pontifícia Universidade Católica de São Paulo, São Paulo, dez. 2018. p. 31.

502. Ibidem.

> O que muda dentro do serviço de TV por assinatura é o "caminho" em que ele trafega, que pode ser cabo, rádio, satélite, internet etc. O serviço prestado por internet tem utilizado em larga escala a tecnologia *streaming*, que inovou no modo do transporte de dados. Como exemplo de prestadores atuais podemos citar o *Netflix, Deezer, Spotify, Globoplay*, dentre muitos outros.
>
> A Lei 12.485/11 já foi publicada trazendo um conceito amplo dos serviços de TV por assinatura, sem especificar ou elencar as tecnologias na distribuição de informação, pelo contrário, abraçando as atuais e cada nova que surgir, a exemplo do *streaming*, que é a mais utilizada na atualidade para transmissão/recepção/contratação de conteúdo de som e som/imagem, que trafega pela internet.
>
> [...]
>
> Para finalizar, a meu juízo, há uma grande confusão no entendimento do que seja a prestação do serviço de TV por assinatura. É comum nos depararmos com opiniões que embaralham a entrega de um serviço de disponibilização de conteúdo, com fornecimento de internet, *download* de aplicativos, *softwares* ou conteúdos, serviços de valor adicionado e etc. Seria prudente o entendimento do que é comunicação para a tributação do ICMS, telecomunicações, telefonia e TV por assinatura (atual comunicação audiovisual de acesso condicionado/SeAC).
>
> Trilhando esses passos, fica simples entender que internet é apenas o caminho para a entrega do serviço *SeAC*, e *streaming* é a tecnologia aplicada.[503]

Tudo isso poderia nos levar a pensar que as Aplicações *Over-the-Top*, independentemente de sua espécie, poderiam ser classificadas como Serviço de Acesso Condicionado (*SeAC*), consistindo em serviços de comunicação, como o texto *supra* dá a entender.

Em oposição a esse entendimento, Ricardo Augusto Alves dos Santos diferencia os provedores de *OTT* dos prestadores de Serviço de Acesso Condicionado. Explica que o *SeAC* consiste

503. TROMBINI JÚNIOR, Nelson. Netflix e Spotify serão tributados pelo ISS. *Jornal Carta Forense*, São Paulo, 3 jan. 2017. Disponível em: https://bit.ly/3uhdyLs. Acesso em: 5 dez. 2017.

> [...] em um serviço de telecomunicações de interesse coletivo, prestado no regime privado, cuja recepção é condicionada à contratação remunerada por assinantes e destinado à distribuição de conteúdos audiovisuais na forma de pacotes e canais de programação, por meio de tecnologia, processo, meios eletrônicos e protocolos de comunicação quaisquer, incluindo a internet.[504]

Aqui, convém novamente fazer uma reflexão. Quando a lei fala em "por meios eletrônicos quaisquer", ela rompe com uma tradição das legislações anteriores de telecomunicações que se fixavam em tipologias tecnológicas. Esta lei, de 2011, já captou a convergência tecnológica que vinha acontecendo e, sabiamente, optou por uma neutralidade tecnológica. A Lei 12.485/2011 foi concebida no auge comercial da TV a cabo e por satélite (ou a cabo, MMDS e DTH, utilizando suas tipologias e nomenclaturas técnicas) e visava a eliminar as assimetrias regulatórias já existentes entre elas.[505]

A inclusão da internet entre os meios e processos possíveis no *SeAC* tem levado a algumas interpretações de que as Aplicações *OTT* estariam aí compreendidas. Desde 2019, especialmente, vêm tramitando, no Congresso Nacional, vários projetos de lei[506] para atualizar o marco legal do setor, mas que incorrem nesse equívoco. Basicamente, eles propõem o fim das restrições à propriedade cruzada, pretendem a regulação dos serviços de *streaming* (como o estabelecimento de "cotas de programação" e a existência de canais obrigatórios), e ainda a equiparação entre serviços de *streaming* e serviços de TV paga.[507]

Divergimos da pretensão contida em vários daqueles projetos de lei no sentido de enquadrar as *OTT* como Serviço de Acesso Condicionado (*SeAC*), pelas razões que expomos

---

504. ALVES DOS SANTOS, Ricardo Augusto. Tributação das Aplicações *Over-the-Top* no Brasil cit., p. 704.

505. AMARAL, Bruno. Para a Sky, Claro tenta "confundir", mas OTT não é SeAC. *Teletime*, 19 set. 2019. Disponível em: https://bit.ly/3CQGjBp. Acesso em: 15 out. 2019.

506. PL 3.832/2019, 4.440/19, 4.292/19, 4.389/19, 4.507/19, 5.322/19 e 5.645/19.

507. AMARAL, Bruno. Para a Sky, Claro tenta "confundir", mas OTT não é SeAC cit.

nesta obra e que serão melhor vistas à frente. Nota-se, neles, mais um possível intuito de atender ao mercado de produção audiovisual brasileiro do que, propriamente, de reconhecer coincidências tecnológicas ou de natureza jurídica.[508]

Primeiramente, porque os Serviços de Acesso Condicionado destinam-se a regular somente os serviços sob demanda, como o *video on demand*, que existe tanto nas TVs por Assinatura quanto em Aplicações *OTT* de Vídeo. Então, apenas estas últimas poderiam, eventualmente, se subsumir à norma insculpida no art. 2º da referida lei. Porém, a interpretação da norma deve ser sistêmica.

Se a tecnologia *streaming* pode ser uma das "*tecnologias, processos, meios eletrônicos e protocolos de comunicação quaisquer*" previstas no final do inciso XXIII do art. 2º da Lei 12.485/2011, por outro lado, há tecnologias, processos, meios e protocolos de comunicação que as TVs por assinatura empregam que não envolvem a internet, a saber: (i) sinal por cabo (CATV); (ii) micro-ondas (MMDS); (iii) por satélite (DTH); e (iv) sinal de UHF (TVA). Embora a TV por internet, ou *IPTV*, utilize esse meio de sinal e de transmissão, emprega canal exclusivo, não competindo com as demais utilizações da internet.

Esse é o caso em que uma espécie não pode se transformar em gênero. Ou todas as modalidades de serviços sob demanda, caso das TVs por assinatura, são Aplicações *Over-the-Top*, ou nenhuma pode sê-lo, ou, no máximo, apenas a *IPTV* estaria nessa condição, pois é a única modalidade a empregar a internet como meio de transmissão e acesso.

Outro argumento impeditivo de se classificar uma *OTT* como Serviço de Acesso Condicionado está, novamente, no *modelo de camadas*.

A legislação, quando regula os tipos de sinal dos serviços por demanda, ou TV por assinatura, está a tratar da

---

508. URUPÁ, Marcos. Projetos que propõem mudanças na lei do SeAC podem voltar a tramitar. Disponível em: https://bit.ly/3lXSSnL. Acesso em: 10 set. 2021.

infraestrutura física, vale dizer, *camada física*; e também da infraestrutura lógica ou sistema de protocolos e endereçamento, o que seria a *camada lógica*. Na regulação desse mercado, o legislador não tratou dos programas disponíveis nos terminais e servidores, como *Internet Explorer*, *Microsoft Outlook*, *Skype* ou *Media Player*, que compõem a *camada de aplicativos*, ou terceira camada. Dizendo de outra forma, a Lei 12.485/2011 não trata de Aplicações que transmitem mensagens ou conteúdos multimídia, ou permitem a fruição de serviços, ou o comércio eletrônico, ou jogos *on-line*, tudo pela internet. A leitura da norma, em nosso sentir, não permite essa ampliação.

Logo, a norma definidora dos *SeAC* trata de uma *modalidade específica de serviço de comunicação: a TV por Assinatura*. Aquela norma não trata, nem pretendeu tratar, de Aplicações *Over-the-Top*, qualquer que seja sua espécie, que são os programas e aplicativos que habitam a chamada *camada de aplicativos* dos serviços de comunicação sobre IP (pela internet).

5.3 Conclusão em relação à natureza jurídica das Aplicações *Over-the-Top*

Pelos argumentos já expostos, tanto as Aplicações *Over-the-Top* de Conteúdos Audiovisuais quanto aquelas de Comunicações Sociais são assemelhadas com os Serviços de Valor Adicionado (*SVA*) e a estes podem ser equiparadas, pela ausência de uma legislação específica, mas não se enquadram como Serviço de Acesso Condicionado (*SeAC*).

Resta saber em que categoria jurídica, em termos de *obrigação de dar*, ou *obrigação de fazer*, ou *cessão de direito*, ou *oferecimento de utilidade*, elas podem ser classificadas.

Em tese, os provedores de Aplicações *OTT* podem promover, sob o ponto de vista jurídico, atividade econômica de *produção e circulação de bens e serviços*. Como tal, poderiam sofrer a incidência de impostos sobre o consumo. Como será oportunamente explicado, essa incidência ainda não poderia ocorrer no Brasil. Ademais, nas *OTT*, podemos ter uma reunião tanto de *obrigação de dar* quanto de *obrigação de fazer* ou um *oferecimento de utilidade* (para usarmos uma concepção mais moderna de serviço), conforme o caso.

Ricardo Augusto Alves dos Santos esclarece, porém, que os bens e serviços entregues aos usuários finais são, na verdade, bastante distintos entre si.

Exemplificando, entre as Aplicações *OTT*, podemos ter: (i) arquivos digitais comercializados por meio de *download;*[509] (ii) músicas e vídeos transmitidos por *streaming;*[510] (iii) mensagens de texto e chamadas de voz realizadas por aplicativos de internet;[511] (iv) pagamentos intermediados por meio de *marketplace;*[512] (v) *softwares* acessados e utilizados por meio de recursos de computação em nuvem[513] etc.[514]

Não existe, portanto, uma única natureza jurídica para as Aplicações *Over-the-Top*. Há tantas naturezas jurídicas quantas são as naturezas jurídicas dos bens, produtos, conteúdos ou serviços que seus provedores oferecem aos usuários e na forma como o fazem.[515] Pode-se, mesmo, dizer que possuem uma natureza jurídica própria, diversa das já mencionadas, o que nos parece mais apropriado.

Inafastável é a percepção de que a legislação hoje existente para as telecomunicações e para a internet são omissas em relação às Aplicações *Over-the-Top*, que carecem de conceituação e tratamento regulatório, daí a dificuldade em

509. Aplicações *OTT* de Conteúdos Audiovisuais.

510. Aplicações *OTT* de Conteúdos Audiovisuais.

511. Aplicações *OTT* de Comunicações Visuais.

512. Aplicações *OTT* de Comércio Eletrônico.

513. Aplicações *OTT* de Jogos Multijogadores Online (*MMO*).

514. ALVES DOS SANTOS, Ricardo Augusto. Tributação das Aplicações *Over-the-Top* no Brasil cit., p. 698.

515. Ibidem, p. 698-699.

conceituar-lhes a natureza jurídica. Tal omissão pode ter sido intencional ou não por parte do legislador. Cabe ao Direito, à vista dessas novas realidades fáticas, construir linguisticamente um *discurso vencedor*, no dizer de Tatiana Aguiar.[516]

5.4 Os aspectos regulatórios dos serviços de comunicação e sua relação com as Aplicações *Over-the-Top*

As Aplicações *Over-the-Top* estão ligadas, de modo indissociável, à internet, e esta, como vimos, aos serviços de comunicação, ou, se quisermos, aos serviços de telecomunicação.

Todavia, em termos regulatórios no Brasil, a internet e, especificamente, o segmento das *OTT*, apresentam enormes diferenças em relação à normatização e regulamentação das telecomunicações, obviamente com reflexos tributários.

Daniela Silveira Lara e Daniela Gregório Rodrigues Rocha apontam, com pertinência, que

> [...] os serviços de telecomunicações deixaram de se restringir apenas à telefonia, seja fixa ou móvel, evoluindo para a internet banda larga, mas, principalmente, tornaram-se infraestrutura para o desenvolvimento das novas tecnologias, como a internet das coisas, inteligência artificial, métodos de gerenciamento de dados, cidades inteligentes, dentre inúmeras outras tecnologias no que se convencionou chamar de Economia Digital.[517]

Nesses novos fenômenos, está, como vimos, o *Over-the-Top*.

Victor Oliveira Fernandes observa que a expressão *Over--the-Top* expressa um *conceito que ainda não possui uma estabilização semântica precisa*, sendo utilizada ora para se referir

516. AGUIAR, Tatiana. A tributação das novas tecnologias à luz do Constructivismo Lógico-Semântico e da retórica realista – um estudo sobre a superposição de discursos vencedores cit., p. 1244.

517. LARA, Daniela Silveira; ROCHA, Daniela Gregório Rodrigues. Projetos da reforma tributária e o setor de telecomunicações. *In*: LEITE, Luiza; SCHWARTZ, Rodrigo; FEIGELSON, Bruno. *Tax 4.0 – Tributação na realidade exponencial*. São Paulo: Thomson Reuters Brasil, 2021. p. 566.

a um "conjunto de agentes econômicos, ora para se referir a um conjunto de atividades econômicas prestadas na internet" de forma independente em relação ao controle da rede que lhe dá suporte.[518]

Pelo fato de o provimento de conteúdos e funcionalidades ser independente de sua contrapartida em termos de infraestrutura física e lógica de internet, fica evidente que a prestação de serviços *OTT depende da atuação de diversos agentes econômicos*. Enumerando-os, eles seriam, por exemplo, os provedores de acesso à internet, os representantes de sistemas autônomos e, por fim, os próprios usuários finais. Todos atuam no âmbito da cadeia de valor da internet. Dessarte, a adoção de políticas regulatórias em relação a esses serviços, as Aplicações *OTT*, deve reconhecer a interdependência dos mercados que compõem a internet.[519]

O mesmo autor relata que os principais debates contemporâneos acerca da regulação das Aplicações *OTT* têm por base diagnósticos pelos quais as legislações vigentes seriam insuficientes para lidar com a emergência de serviços de internet, na medida em que submetem atividades econômicas potencialmente concorrentes a regimes regulatórios assimétricos e suscitam controvérsias sobre se os responsáveis pelos investimentos na infraestrutura da internet continuariam a ter incentivos para fazê-los diante da pressão competitiva dos *OTT*.[520]

Quando se comparam, em termos de quadros regulatórios, os mercados de comunicação em que estão os meios tradicionais – onde se inserem os serviços de comunicação, seja de conteúdos audiovisuais, como aqueles de TV por assinatura, seja de comunicação social, como os serviços de telefonia móvel celular, com as Aplicações *Over-the-Top* –, fica evidente que existe uma forte assimetria.

---

518. FERNANDES, Victor Oliveira. *Regulação de serviços Over-the-Top (OTT) e pós--convergência tecnológica* cit., p. 42.

519. Ibidem.

520. Ibidem.

O quadro seguinte, da autoria de Vitor Oliveira Fernandes, demonstra onde se encontram os principais focos de *desalinhamento* das molduras regulatórias em relação à realidade econômica dos mercados de comunicação e mídia.

Quadro 1: Diferenças nas obrigações regulatórias aplicáveis a serviços de telecomunicações no Brasil e a Aplicações *OTT* – Visão geral

Área de regulação	**Serviços de telecomunicações**	**Serviços *OTT* de voz**
Licenciamento	Exigência de licenças (outorgas) individuais para cada serviço	Em geral, não há exigência
Interconexão	Deveres de interconexão de redes em condições estabelecidas pelas agências reguladoras	Em geral, não há exigência
Interceptações por ordem judicial	Dever de possibilitar interceptações como pré-condição à outorga	Em geral, não há exigência
Acesso a serviços de emergência	Dever de possibilitar ligações [gratuitas] de voz a sistemas de emergência	Em geral, não há exigência
Contribuições para fundos setoriais	Dever de contribuir para fundos setoriais voltados à universalização de serviços ou ao financiamento das atividades de regulação	Em geral, não há exigência
Qualidade de Serviços	Controle, por parte das agências reguladoras, da qualidade dos serviços prestados	Em geral, não há exigência

Fonte: Victor Oliveira Fernandes.[521]

O quadro *supra* foi originalmente concebido apenas para as *Over-the-Top* de voz, mas suas conclusões valem também para as *OTT* de Conteúdos Audiovisuais.

521. FERNANDES, Victor Oliveira. *Regulação de serviços Over-the-Top (OTT) e pós-convergência tecnológica* cit., p. 36-37.

Tendo em vista o surgimento das Aplicações *OTT* e sua onipresença e importância hoje, vê-se, na literatura, discussões sobre a necessidade ou não da implementação de novas políticas regulatórias, tanto no que concerne a temas previstos em legislações gerais – como privacidade e proteção de dados, defesa da concorrência, tributação, segurança da informação – quanto a temas comuns nas legislações setoriais de telecomunicações, a exemplo de obrigações de licenciamento de serviços, regimes legais de interconexão, acesso a serviços de emergência, controle regulatório de qualidade, controle regulatório de canais e de programação, entre outros.[522]

Uma discussão muito forte que hoje se coloca, relatada por Victor Oliveira Fernandes, é o fato de que a Lei Geral de Telecomunicações (LGT)[523] trata os provedores de *OTT* como simples *usuários* dos serviços de telecomunicações. Isso gera distorções na política setorial, pela elevada demanda de dados produzida pelas *OTT*. Isso diferencia claramente os provedores de *OTT* do perfil clássico de usuários finais dos serviços de telecomunicações. Em verdade, os provedores de *OTT* acabam por assumir uma relevância toda especial, o que deveria merecer a atenção das políticas de comunicação num contexto de pós-convergência tecnológica das telecomunicações.[524]

Renata Figueiredo Santoyo e Rodrigo Santana dos Santos confirmam essa observação. Como as Aplicações *OTT* exercem crescente demanda por conteúdo e serviços, o que é viabilizado pela expansão das redes de banda larga e pela evolução tecnológica dos *smartphones*, o fato de não haver um custo regulatório para as *OTT* fez com que elas passassem a competir diretamente com os serviços tradicionais de

522. FERNANDES, Victor Oliveira. *Regulação de serviços Over-the-Top (OTT) e pós-convergência tecnológica* cit., p. 42.

523. Lei 9.472, de 16 de julho de 1997.

524. FERNANDES, Victor Oliveira. Regulação de serviços Over-the-Top (OTT) e pós-convergência tecnológica cit., p. 116.

telecomunicações (telefonia fixa e móvel, TV por Assinatura e Serviço de Valor Adicionado).[525]

Aqueles autores apontam que tal competição pode prejudicar a sustentabilidade dos atuais modelos de negócio, tendo em vista que os operadores de serviços de comunicação dependem primordialmente do tráfego de voz e de dados, e de assinaturas fixas de conteúdo. A redução de receitas para as prestadoras dos meios tradicionais poderá ter, como reflexo, a redução do investimento em infraestrutura de rede e, como consequência, uma queda na qualidade da prestação de serviços.[526]

Carlos Emmanuel Joppert Ragazzo e Isabel Cristina Veloso de Oliveira apontam que tal defasagem regulatória remonta ao período em que a Lei 12.485/2011[527] foi elaborada. Dizem eles que, na ocasião, não era possível prever o efeito disruptivo sobre o mercado que seria ocasionado pelas *OTT* de vídeo (uma das subespécies da espécie, aqui denominadas de *OTT* de Conteúdos Audiovisuais). Tal assimetria, assinalam, apenas tem crescido diante da rigidez imposta às empresas de TV por assinatura, devendo ela ser contornada de alguma forma.[528]

De outro lado, anotam esses autores, a inclusão das *OTT* no mercado consiste num avanço tecnológico irreversível, no mesmo passo da internet, com forte potencial disruptivo para estratégias tradicionais de produção e distribuição. Os resultados positivos são evidentes: (i) ampliação da possibilidade de escolha para o usuário, pela disponibilização de um serviço de *streaming* de vídeo que exerce forte pressão competitiva no

---

525. SANTOYO, Renata Figueiredo; SANTOS, Rodrigo Santa dos. Impactos das aplicações *Over the Top – OTT* no setor de telecomunicações brasileiro. *In:* CPRLATAM Conference. 22- 23 jun. 2016, México. *Anais* [...]. México, 2016. p. 196-204. Disponível em: https://bit.ly/3EVfWMA. Acesso em: 15 ago. 2019. p. 196.

526. Ibidem.

527. A lei que definiu o que são os Serviços de Comunicação de Acesso Condicionado, para regular as TV por assinatura.

528. RAGAZZO, Carlos Emmanuel Joppert; VELOSO DE OLIVEIRA, Isabel Cristina. Regulação e novas tecnologias: verticalização das OTTs de vídeo cit., p. 216.

mercado de TV por assinatura; e (ii) redução de custos para o consumidor, em função da concorrência.

Os mesmos autores apontam a necessidade de modelar um ambiente regulatório que permita melhores condições para o avanço da tecnologia, como revisar marcos regulatórios sempre que as condições de mercado se alteram, até mesmo para viabilizar novos modelos de negócio e novos posicionamentos estratégicos.[529]

A competição assimétrica está fazendo, de um lado, com que os *players* dos meios tradicionais de comunicação invistam em canais próprios de *OTT* (a exemplo da Rede Globo, que criou o *Globoplay*, e dos canais *HBO* e *Disney*, que criaram também suas próprias *OTT* de Conteúdos Audiovisuais). De outro lado, tem feito com que os provedores de OTT também passem a investir em infraestrutura própria. Há notícias de investimentos por parte do Facebook, da Microsoft e da Google em cabos submarinos.[530]

Um outro foco de assimetria, e que não se encontra no quadro acima, diz respeito ao *aspecto tributário*. Assim, os serviços de comunicação tradicionais são tributados pelo ICMS-Comunicação. A transferência de propriedade de bens, mesmo imateriais, por meios tradicionais é tributada pelo ICMS-Mercadoria. Há inúmeros serviços que são tributados pelo ISS. Todavia, até hoje permanecem dúvidas sobre qual a tributação que deveria recair sobre as Aplicações *Over-the-Top*.

Essa assimetria tributária afronta, em tese, o princípio constitucional da igualdade. O escopo desta obra, porém, é um pouco mais limitado: é discutir se pode haver a incidência do ICMS (nos seus núcleos de incidência de ICMS-Mercadoria e ICMS-Comunicação) e/ou do ISS sobre as Aplicações *OTT* de Comunicações Sociais e de Conteúdos Audiovisuais.

529. RAGAZZO, Carlos Emmanuel Joppert; VELOSO DE OLIVEIRA, Isabel Cristina. Regulação e novas tecnologias: verticalização das OTTs de vídeo cit., p. 216.

530. SANTOYO, Renata Figueiredo; SANTOS, Rodrigo Santa dos. Impactos das aplicações *Over the Top – OTT* no setor de telecomunicações brasileiro cit., p. 203.

5.5 Conclusão

Ao final deste capítulo, somamos mais algumas premissas a outras já estabelecidas:

a) o avanço científico e tecnológico promoveu uma *convergência tecnológica* que modificou a concepção de forma e conteúdo dos bens;

b) a convergência tecnológica ocasionou uma *convergência semântica*, que dificulta enquadrar os novos negócios da Economia Digital nos conceitos clássicos de bem, mercadoria e de serviços, e, nesses os serviços de comunicação;

c) a expressão *Over-the-Top* ainda não possui uma expressão semântica precisa. Pode referir-se (i) ao aplicativo de veiculação de conteúdos (entendido como um programa ou plataforma), (ii) aos agentes econômicos que os promovem, ou (iii) ao conjunto de atividades econômicas prestadas na internet;

d) os provedores de Aplicações *OTT* podem realizar, em tese, sob o ponto de vista jurídico, atividade econômica de produção e circulação de bens e serviços. Pode-se ter uma reunião tanto de *obrigação de dar* quanto de *obrigação de fazer* ou um *oferecimento de utilidade*. Assim, as *OTT*, a princípio, poderiam ficar sujeitas a impostos sobre o consumo;

e) *não há uma única natureza jurídica para as Aplicações Over-the-Top*. Há tantas naturezas jurídicas quantas são as naturezas jurídicas dos bens, produtos, conteúdos ou serviços que seus provedores oferecem aos usuários e na forma em que o fazem. Pode-se, mesmo, dizer que possuem uma natureza jurídica própria, diversa das classicamente conhecidas;

f) as Aplicações *Over-the-Top* de Conteúdos Audiovisuais e aquelas de Comunicações Sociais são assemelhadas aos Serviços de Valor Adicionado (*SVA*) e a estes podem ser equiparadas, pela ausência de uma legislação específica;

g) as Aplicações *Over-the-Top* daquelas duas espécies não se enquadram como Serviço de Acesso Condicionado (*SeAC*);

h) embora as *OTT* de Comunicações Sociais e de Conteúdos Audiovisuais concorram com a prestação de serviço de comunicação, entre os quais temos o Serviço de Acesso Condicionado (*SeAC*), há uma assimetria legislativa e regulatória entre as *OTT* e os serviços de comunicação;

i) a assimetria supra-apontada é fonte de problemas concorrenciais e origina uma assimetria tributária.

Parte III
TRIBUTAÇÃO

CAPÍTULO 6
AS INOVAÇÕES LEGISLATIVAS PARA TRIBUTAR AS APLICAÇÕES *OVER-THE-TOP* DE COMUNICAÇÕES SOCIAIS E DE CONTEÚDOS AUDIOVISUAIS

A popularização do uso da internet, o progresso da chamada banda larga e das tecnologias de telefonia móvel 3G e 4G fizeram multiplicar geometricamente o tráfego de mensagens e de conteúdos multimídia pela rede mundial. Isso ocorreu por obra do advento das Aplicações *Over-the-Top*, que, logo ao surgirem, tiveram ampla e imediata aceitação.

O novo fenômeno chamou a atenção dos legisladores e dos estados e municípios, que logo buscaram alcançar, tributariamente, esses novos fenômenos.

A seguir, serão analisadas as principais inovações legislativas federativas nesse sentido.

6.1 A alteração da Lei Complementar 116/2003 pela Lei Complementar 157/2016

A materialidade dos suportes fáticos das Aplicações *Over-the-Top* aqui estudadas tem uma forte aproximação com as chamadas *obrigações de fazer*, muito embora possam ser acompanhadas de *obrigações de dar*, ou um *dar* acompanhado de vários *fazeres*,[531] em *materialidade híbrida*, como visto em capítulo precedente. Isso chamou a atenção dos fiscos municipais e estaduais, e dos legisladores, e, no decorrer dos últimos anos, iniciou-se um debate doutrinário para identificar se estar-se-ia diante de um serviço, de uma circulação de mercadoria ou de outra figura jurídica.

Os municípios foram mais rápidos que os estados, em termos de articulação política, para tributar os novos fenômenos pelo ISS. Assim, em dezembro de 2016, o Congresso Nacional aprovou a Lei Complementar 157/2016, que incluiu o item 1.09 à Lista de Serviços Anexa à Lei Complementar 116/2003. Confira-se:

> 1.09 – **Disponibilização, sem cessão definitiva, de conteúdos de áudio, vídeo, imagem e texto por meio da internet**, respeitada a imunidade de livros, jornais e periódicos (exceto a distribuição de conteúdos pelas prestadoras de Serviço de Acesso Condicionado, de que trata a Lei n. 12.485, de 12 de setembro de 2011, sujeita ao ICMS) (grifos nossos).

Tal modificação permitiu aos municípios legislar a respeito, para passar a cobrar ISS sobre os serviços de *pay-per-view* e serviços prestados com a tecnologia *streaming* (a exemplo das Aplicações *OTT* de Conteúdos Audiovisuais *Netflix* e *Spotify*).

Assim, em 14 de novembro de 2017, o município de São Paulo editou a Lei 16.757, que alterou a Lei municipal 13.701, para nela incluir, em seu art. 1º, o item 1.09. Este último reproduz, *ipsis litteris*, o item 1.09 incluído na Lista de Serviços Anexa à Lei Complementar 116/2003, permitindo, ao município, cobrar ISS sobre a "Disponibilização, sem cessão definitiva, de conteúdos de áudio, vídeo, imagem e texto por meio da internet", exceto os Serviços de Acesso Condicionado (*SeAC*), que são tributados pelo ICMS-Comunicação.

Prenunciando a alteração legislativa *supra*, a mesma Prefeitura Municipal de São Paulo já havia editado o Parecer Normativo

531. Explicados em capítulo anterior e o serão mais à frente, novamente.

SF 1/2017, de 18 de julho de 2017, por sua Secretaria Municipal da Fazenda, no qual, na expressão de Tathiane Piscitelli,

> [...] firmou posição quanto à incidência do ISS no licenciamento ou cessão de direito de uso de programas de computador, independentemente da forma de acesso ao bem: em todos os casos - acesso via suporte físico, por transferência eletrônica de dados (*download*), ou na nuvem (*Software as a Service - SaaS*) - a operação seria qualificação no item 1.05 e, assim, sujeita ao ISS.[532]

Outros municípios, como Rio de Janeiro, Porto Alegre, Curitiba, Fortaleza, Recife e Campo Grande, a título exemplificativo, igualmente adaptaram suas leis de ISS para se ajustarem à modificação supradescrita da Lei Complementar 116/2003. Veja-se a seguir.

Quadro 2: Tributação do *Streaming* pelo ISS – Municípios de São Paulo, Rio de Janeiro, Fortaleza e Porto Alegre

Lei/Município	**São Paulo**	**Rio de Janeiro**	**Fortaleza**	**Porto Alegre**
Lei que acrescentou a hipótese de incidência	Lei 16.757/2017	Lei 6.263/2017	Lei complementar 241/2017	Lei complementar 809/2016
Lei Municipal do ISS	Lei 13.701/2003	Lei 691/1984	Lei 159/2013	LC 306/1993
Hipótese de Incidência	Art. 1º, tópico 1.09	Art. 8º, item 1.09	Art. 52: "o serviço proveniente do exterior do país ou cuja prestação se tenha iniciado no exterior do país".	Item 1.09 da "Lista de Serviços" da LC 809
Alíquota	2,9% (art. 16, III)	2% (art. 33, item 23)	5% (art. 245, III)	2%
Tributação do exterior?	Sim. Art. 1º, § 1º: "serviço proveniente do exterior do país ou cuja prestação se tenha iniciado no exterior do país".	Sim. Art. 42, III: "serviço proveniente do exterior ou cuja prestação se inicie no exterior".	Sim. Art. 223, § 1º, I: "serviço proveniente do exterior do país ou cuja prestação se tenha iniciado no exterior do país".	Não previsto.

Fonte: o autor.

532. PISCITELLI, Tathiane. A inconstitucionalidade do convênio ICMS 106/2017 e a incidência do ICMS sobre bens digitais cit., p. 406, grifos nossos.

A alteração legislativa permitiu, aos municípios, tributar, pelo ISS, os serviços de veiculação de conteúdos multimídia por *streaming*. Por exemplo, os serviços onerosos das plataformas *OTT* comerciais *Netflix* e *Spotify*. Isso provocou grande celeuma na imprensa e nos meios jurídicos.[533-534]

Tem havido uma judicialização do assunto, com o argumento principal da inconstitucionalidade da alteração da Lei Complementar 116/2003 pela Lei Complementar 157/2016,[535] especificamente a inclusão do item 1.09 na Lista de Serviços anexa àquela primeira lei complementar. Logo ao advento dessas alterações legislativas, noticiou-se que as próprias prefeituras encontraram dificuldades operacionais para o exercício dessa competência. Os óbices principais seriam quanto à fiscalização e à cobrança, devido à dificuldade em saber onde se dá a prestação do serviço, já que o servidor do prestador do serviço pode estar em qualquer lugar do mundo.[536] Isso não impediu que muitas empresas, para evitar autuações, venham promovendo o recolhimento do ISS pela materialidade prevista no item 1.09 da Lista de Serviços.

Anteriormente à supracitada alteração de sua legislação do ISS, com base na modificação da Lista de Serviços, ao final de 2016, a Prefeitura de São Paulo já havia tentado tributar a disponibilização de conteúdos por *streaming* com base no argumento de que seria uma licença de *software*.[537]

---

533. SANT'ANA, Jéssica. Prefeituras adaptam suas leis para cobrar ISS sobe Netflix e Spotify. *Gazeta do Povo*, Curitiba, 7 nov. 2017. Disponível em: https://bit.ly/2Y-33n1h. Acesso em: 15 out. 2019.

534. NEGRUNI, Mauro. Prefeitura tenta, mas não consegue cobrar ISS da Netflix e de streaming. *Mauro Negruni*, Porto Alegre, 12 jun. 2018. Disponível em: https://bit.ly/2WbPFYS Acesso em: 15 out. 2019.

535. Tema que é tratado em capítulo específico.

536. Há notícias recentes, por outro lado, informando que os municípios estariam se movimentando para notificar empresas no sentido de verificar o recolhimento do imposto com base no item 1.09.

537. Trata-se do item 1.05 da Lista de Serviços anexa à LC n. 116/03: "Licenciamento ou cessão de direito de uso de programas de computação".

Na doutrina, há autores, como Maurício Barros e Alberto Macedo, que argumentam pela constitucionalidade e validade da inclusão do item 1.09 na Lista Anexa de Serviços (tributáveis pelo ISS) na Lei Complementar 116/2003. Há outros, porém, que consideram como inconstitucional a citada alteração, a exemplo de Betina Treiger Grupenmacher[538] e José Eduardo Soares de Melo.[539]

Os argumentos favoráveis à tributação do *streaming* pelo ISS e, portanto, pela constitucionalidade da inclusão do item 1.09 na Lista de Serviço, vão ao sentido de que a Lei Complementar "é o instrumento por excelência para dirimir eventual conflito de competências entre os entes subnacionais, sobretudo pela falta de definições claras na Constituição Federal quanto à incidência de cada imposto", na dicção de Maurício Barros.[540] Em suas palavras, "a lei complementar é o instrumento apto a incorporar novas realidades no âmbito do imposto sobre serviços, de modo a incluir novas atividades na lista de serviços tributáveis pelos municípios".[541]

Aquele autor esclarece que, na eventualidade do exercício da competência residual da União, será a Lei Complementar o instrumento adequado a "alcançar situações que não se amoldam à incidência das materialidades de impostos presentes na CF/88".[542] Maurício Barros também argumenta que, se houver o fornecimento tanto de utilidades não corpóreas quanto de mercadorias, tudo se submeteria ao ISS, caso previsto na lista de serviços, desde que não houvesse ressalva quanto à incidência do ICMS sobre o bem tangível. Se presente a ressalva,

538. GRUPENMACHER, Betina Treiger. Tributação do streaming e serviços *over--the-top* cit., p. 325-345.

539. SOARES DE MELO, José Eduardo. A Lei Complementar n. 157/2016 à luz da Constituição Federal cit., p. 269-282.

540. BARROS, Maurício. Tributação da economia digital e os conflitos de competência entre ICMS e ISS cit., p. 374.

541. Ibidem.

542. Ibidem.

haveria a incidência dos dois impostos.[543] Esse autor é incisivo ao atribuir caráter de inconstitucionalidade a convênios que pretendem fazer incidir o ICMS sobre operações da economia digital, tema que será examinado a seguir.[544]

Outro autor que defende a possibilidade da tributação do *streaming* pelo ISS, na dicção do item 1.09 incluído na Lista de Serviços, é Alberto Macedo. Primeiramente, e de modo semelhante a Maurício Barros, pela atribuição que tem a Lei Complementar de eliminar conflitos de competência.[545] Seu segundo grande argumento é a similaridade, segundo ele, entre os Serviços de Valor Adicionado (*SVA*) e "os serviços denominados OTT, serviços Over The Top". Explica que a Constituição de 1988 teria diferenciado o conceito de serviços informáticos, que estão intrinsecamente ligados, segundo ele, aos Serviços de Valor Adicionado, e estes últimos são serviços distintos dos serviços de comunicação (que são tributados pelo ICMS).

Conclui Alberto Macedo que, pela semelhança entre os serviços *OTT* com os Serviços de Valor Adicionado, não poderiam aqueles ser tributados pelo ICMS-Comunicação. A conclusão de seus argumentos vai ao sentido da possibilidade que tem a Lei Complementar 116/2003 de permitir a tributação dos serviços de *streaming* de áudio e de vídeo pelo ISS, prevenindo qualquer conflito de competência tributária.[546]

As alegações jurídicas pugnando pela inconstitucionalidade da inclusão do item 1.09 na *Lista de Serviços* baseiam-se, em grande parte, no argumento de que o provimento de conteúdo efetuado seria uma *locação de bem intangível*, um *produto de prateleira* ou, ainda, uma *locação de bem móvel, obrigação de dar*, sendo que já existe súmula do STF que proíbe

543. BARROS, Maurício. Tributação da economia digital e os conflitos de competência entre ICMS e ISS cit., p. 374.

544. Ibidem, p. 375.

545. Ibidem, p. 516-520.

546. Ibidem, p. 520-521.

a tributação pelo ISS, por não se tratar de prestação de serviço.[547] Outro argumento contrário à pretensão vai ao sentido de que as atividades referidas no item 1.09 *supra* seriam, na verdade, *cessão de direitos autorais*, não característicos da obrigação de *fazer*.[548] Esses argumentos suficientemente detalhados em capítulo precedente.

Vista a alteração legislativa em favor da tributação do *streaming* de áudio e vídeo pelo ISS, tema relativo às Aplicações *Over-the-Top* de Conteúdos Audiovisuais, passemos ao estudo das iniciativas para tributar fenômenos do *Over-the-Top* pelo ICMS.

6.2 O Convênio ICMS 106/2017

Paralelamente à movimentação dos municípios para alcançar, pelo ISS, fenômenos da Economia Digital, como relatado, movimento semelhante ocorreu no âmbito dos estados, para também tributar, desta vez, pelo ICMS, alguns daqueles fenômenos.

Note-se que o item 1.09 incluído na Lei Complementar 116/2003 fala em "Disponibilização, *sem cessão definitiva*, de conteúdos de áudio, vídeo, imagem e texto por meio da internet" (grifos nossos). Portanto, trata-se somente do acesso, por *streaming*, a conteúdos multimídia, que parte da doutrina vê como um *serviço*, outra parte como uma *cessão de uso* ou *cessão de direitos autorais*, e há autores que o veem como *locação*, seja *de bem intangível*, seja *de bem móvel*. Na dicção do item 1.09, não se cogita de uma transferência em caráter definitivo ou por tempo certo. Recordando a definição de *streaming*, trata-se de uma transmissão de conteúdos *por pacotes* (característica do *streaming*) e, uma vez cessado o acesso ao

547. Súmula Vinculante 31 do STF: "É inconstitucional a incidência do imposto sobre serviços de qualquer natureza – ISS sobre operações de locação de bens móveis".

548. SOARES DE MELO, José Eduardo. A Lei Complementar n. 157/2016 à luz da Constituição Federal cit., p. 282.

servidor da Aplicação *OTT*, nada ficará na plataforma física do usuário (computador, *tablet* ou celular).

Dessarte, remanesceu um vácuo legislativo em relação ao *download* de conteúdos digitais. Esse *download*, tecnicamente, pode ser feito por acesso a um sítio da internet, utilizando-se um navegador (*browser*), ou por *e-mail*, mas também através de uma Aplicação *Over-the-Top*, embora este último apresente características de temporalidade, como será examinado a seguir.

Considerando-se a grande similaridade conceitual, em termos de materialidade, entre um *download* de arquivo digital e uma operação física de circulação de mercadorias, e considerando a evolução do conceito de bem e mercadoria,[549] com a consequente admissão de que o ICMS possa tributar a circulação de bens imateriais, compreensível que os estados tenham pretendido tributar o *download* de arquivos digitais pelo ICMS.

Efetivamente, em 2015, os estados buscaram tributar os bens digitais, relata Tathiane Piscitelli. Assim, "mesmo diante de previsão expressa na Lei Complementar 116/2003 quanto à incidência de ISS [...] sobre licenças de uso",[550] os estados, por seus representantes no CONFAZ,[551] editaram o Convênio ICMS 181/2015, do qual são abaixo reproduzidas suas duas primeiras cláusulas:

> *Cláusula primeira*: Ficam os Estados [...] autorizados a conceder redução na base de cálculo do ICMS, de forma que a carga

549. Estudada em outro capítulo desta obra.

550. PISCITELLI, Tathiane. A inconstitucionalidade do convênio ICMS 106/2017 e a incidência do ICMS sobre bens digitais cit., p. 402.

551. O Conselho Nacional de Política Fazendária (CONFAZ) é o colegiado formado pelos Secretários de Fazenda, Finanças ou Tributação dos Estados e do Distrito Federal, cujas reuniões são presididas pelo Ministro de Estado da Fazenda, competindo-lhe, precipuamente, celebrar convênios para efeito de concessão ou revogação de isenções, incentivos e benefícios fiscais e financeiros do Imposto sobre Operações relativas à Circulação de Mercadorias e sobre Prestações de Serviços de Transporte Interestadual, Intermunicipal e de Comunicação (ICMS) (Constituição, art. 155, inciso II e § 2º, inciso XII, alínea *g* e Lei Complementar 24, de 07.01.1975) (BRASIL. Ministério da Fazenda. Conselho Nacional de Política Fazendária. *Confaz*. Brasília, 2109. Disponível em: https://bit.ly/3CPrLC6. Acesso em: 23 ago. 2019).

> tributária corresponda ao percentual de, no mínimo, 5% (cinco por cento) do valor da operação, relativo às operações com *softwares*, programas, jogos eletrônicos, aplicativos, arquivos eletrônicos e congêneres, padronizados, ainda que sejam ou possam ser adaptados, disponibilizados por qualquer meio, inclusive nas operações efetuadas por meio da transferência eletrônica de dados.
>
> *Cláusula segunda*: O benefício previsto neste convênio será utilizado opcionalmente pelo contribuinte em substituição à sistemática normal de tributação, sendo vedada à apropriação de quaisquer outros créditos ou benefícios fiscais (grifos nossos).

Portanto, já se procurava, ali, tributar *operações por qualquer meio* (ou seja, também por *streaming*), *por meio da transferência eletrônica de dados* (não fica claro se seria mero acesso ou se poderia ser também *download*) de *softwares* e outros produtos em meio digital (*eletrônicos*), inclusive *arquivos eletrônicos e congêneres*. Ou seja, aqui estão contemplados os conteúdos multimídia das Aplicações *OTT* de Conteúdos Audiovisuais.

A autora descreve que, após o citado Convênio, o Estado de São Paulo alterou seu regulamento do ICMS, "para prever tal hipótese, mas logo recuou, diante da incerteza quanto à base de cálculo das operações".[552]

Para eliminar as incertezas quanto à base de cálculo naquelas operações, os estados editaram novo convênio, poucos meses depois da alteração da Lei Complementar 116/2003 através da Lei Complementar 157/2016. O novo diploma convenial teve o nome de Convênio ICMS 106/2017, permitindo a cobrança do ICMS nas situações que especifica. O legislador infralegal preferiu a expressão "operações com bens e mercadorias digitais", em vez do uso dos termos *streaming* e *download*. Igualmente evitou distinguir a natureza do acesso: se em caráter temporário ou se uma cessão em caráter definitivo. Confiram-se suas cinco primeiras cláusulas:

> *Cláusula primeira*: As operações com bens e mercadorias digitais, tais como *softwares*, programas, jogos eletrônicos,

552. PISCITELLI, Tathiane. A inconstitucionalidade do convênio ICMS 106/2017 e a incidência do ICMS sobre bens digitais cit., p. 405-406.

aplicativos, arquivos eletrônicos e congêneres, que sejam padronizados, ainda que tenham sido ou possam ser adaptados, comercializadas por meio de transferência eletrônica de dados observarão as disposições contidas neste convênio.

Cláusula segunda: As operações com os bens e mercadorias digitais de que trata este convênio, comercializadas por meio de transferência eletrônica de dados anteriores à saída destinada ao consumidor final ficam isentas do ICMS.

Cláusula terceira: O imposto será recolhido nas saídas internas e nas importações realizadas por meio de site ou de plataforma eletrônica que efetue a venda ou a disponibilização, ainda que por intermédio de pagamento periódico, de bens e mercadorias digitais mediante transferência eletrônica de dados, na unidade federada onde é domiciliado ou estabelecido o adquirente do bem ou mercadoria digital.

Cláusula quarta: A pessoa jurídica detentora de site ou de plataforma eletrônica que realize a venda ou a disponibilização, ainda que por intermédio de pagamento periódico, de bens e mercadorias digitais mediante transferência eletrônica de dados, é o contribuinte da operação e deverá inscrever-se nas unidades federadas em que praticar as saídas internas ou de importação destinadas a consumidor final [...].

Cláusula quinta: Nas operações de que trata este convênio, as unidades federadas poderão atribuir a responsabilidade pelo recolhimento do imposto:

I – àquele que realizar a oferta, venda ou entrega do bem ou mercadoria digital ao consumidor, por meio de transferência eletrônica de dados, em razão de contrato firmado com o comercializador;

II – ao intermediador financeiro, inclusive a administradora de cartão de crédito ou de outro meio de pagamento;

III – ao adquirente do bem ou mercadoria digital, na hipótese de o contribuinte ou os responsáveis descritos nos incisos anteriores não serem inscritos na unidade federada de que trata a cláusula quarta;

IV – à administradora de cartão de crédito ou débito ou à intermediadora financeira responsável pelo câmbio, nas operações de importação (grifos nossos).

Convém aqui, novamente lembrar, na abordagem jurídica do Constructivismo Lógico-Semântico, baseado na Filosofia da

Linguagem e aqui adotada, de que não existe uma realidade em si mesma que é *descoberta*; na verdade, ela é construída, na mente do intérprete, pela linguagem. Logo, são importantes os termos, conceitos e definições empregados na linguagem. A norma *supra* será analisada sob esse ponto de vista.

Muito embora as Aplicações *Over-the-Top*, em termos fenomênicos e em termos econômicos (quando existe onerosidade), estejam a competir com os meios tradicionais de comunicação (no caso dos conteúdos audiovisuais, com a rádio e a TV, esta em suas diversas espécies), a dicção das cláusulas *supra* deixa bem claro que se está a tratar da materialidade do ICMS-Mercadoria, e não do ICMS-Comunicação. O Convênio em análise utiliza as expressões *operações com bens e mercadorias digitais* e *venda*, em vez de *prestações de serviço* ou *serviço*. No tocante ao critério espacial da RMIT, fala em *saídas internas* e *importação*, em vez de *prestações de serviço internas* ou *iniciadas no exterior*.

Referido convênio trata de vários suportes fáticos que poderiam ser tributados pelo ICMS e que se inserem na chamada Economia Digital, como *softwares*, programas e jogos eletrônicos. Dado, porém, o corte metodológico aqui adotado, serão analisadas somente as materialidades que envolverem as Aplicações *Over-the-Top*. Das duas espécies selecionadas para estudo, a única que se amoldaria ao convênio em análise é a *OTT* de Conteúdos Audiovisuais, visto que a *OTT* de Comunicações Sociais trata de mensagens instantâneas.

A dicção da *Cláusula primeira* fala em *operações com bens e mercadorias digitais*, seguida de uma lista, iniciada pela locução comparativa "*tais como*", o que denota que não se trata de lista exaustiva, mas exemplificativa. Para reforçar que não se está diante de uma situação de *numerus clausus*, a lista termina com a expressão "*e congêneres*", logo após "*arquivos eletrônicos*".

Fora de dúvida, portanto, que arquivos digitais (portanto eletrônicos) de conteúdos audiovisuais (multimídia) ou apenas de texto ali estão contemplados.

Nota-se, na redação do Convênio, o emprego de expressões típicas da legislação constitucional e infraconstitucional do ICMS-Mercadoria, como "operações", "saída", "comercializadas", "venda", "transferência", "destinada a consumidor final" e "adquirente do bem ou mercadoria digital". Registre-se, por outro lado, o emprego da expressão "disponibilização", que pode dar margem a interpretações equívocas. De toda forma, em interpretação sistemática, *pode-se construir o entendimento de que se trata de uma "operação de dar", mais que um mero acesso e fruição*, estas últimas figuras que, semanticamente, se aproximam do conceito de serviço.

Recorde-se que, nas utilizações usuais do *streaming* de arquivos multimídia, finalizada a transmissão por *pacotes de dados*, nada fica na plataforma do usuário. Este, para usufruir novamente do conteúdo, precisará acessá-lo novamente no servidor do provedor da Aplicação *OTT* de Conteúdos Audiovisuais. Na visão de alguns autores, esse acesso e fruição poderiam ser entendidos como *serviço*, ou como uma *cessão de uso* ou *cessão de direitos autorais*, ou *locação de bem intangível* ou de *bem móvel*.

O *streaming*, como já estudado, possui uma característica especial, usada em caráter comercial: mesmo tendo havido a opção de *download* do conteúdo multimídia, uma vez cessada a assinatura do usuário com a Aplicação, cessa também a possibilidade de acessar os arquivos "baixados" por *download*.[553] É o caso de muitas plataformas *OTT* de Conteúdos Audiovisuais, como o *Spotify*. Portanto, ao menos nessas situações *não teria havido, a rigor, um* download *definitivo, mas uma espécie de cessão de uso, ou cessão de direitos autorais, ou locação por tempo determinado.*

Voltando ao Convênio ora em estudo, caso implementado nas legislações estaduais do ICMS, do ponto de vista do Direito positivo, fica permitida a tributação, pelo ICMS,[554] de *do-*

553. Possivelmente, o provedor, ao término da assinatura, deva retirar o índice que permitiria à plataforma, computador, *tablet* ou celular, encontrar o arquivo multimídia, que, em termos de configuração de *bits* e *bytes*, deve continuar na memória do aparelho.

554. No caso, o ICMS-Mercadoria.

wnload de conteúdos audiovisuais realizados por Aplicações *Over-the-Top* de Conteúdos Audiovisuais. Sem ainda entrar no mérito se o Convênio é ou não constitucional, entendemos que esse *download* teria que possuir *caráter definitivo*, para caracterizar plenamente uma circulação de mercadoria, uma *obrigação de dar* com todos os seus efeitos.

Tal como a alteração da Lei Complementar 116/2003 (para disciplinar o ISS), o advento do Convênio 106/2017 (para disciplinar o ICMS-Mercadoria) encontrou, na doutrina, tanto defensores (embora com ressalvas), como tenazes opositores, sendo bem maior o número destes últimos.

Dentro do primeiro grupo, vamos encontrar Carlos Otávio Ferreira de Almeida e Lucas Bevilacqua. No segundo grupo, mas nem sempre pelas mesmas razões, estão muitos dos autores pesquisados, a exemplo de Tathiane Piscitelli, José Eduardo Soares de Melo, Maurício Barros, Alberto Macedo, Guilherme Camargos Quintela, Samille Rodrigues Sergio e Ricardo Augusto Alves dos Santos (este, apenas em relação aos arquivos de conteúdos audiovisuais).[555]

Em termos de textos publicados, há poucos autores que defendem a tributação, pelo ICMS, da transferência definitiva ou do mero acesso de arquivos audiovisuais por *streaming*. Direta ou indiretamente, pois, há uma rejeição do Convênio ICMS 106/2017 como meio legislativo hábil para isso. Em termos jurisprudenciais, ficou caracterizado o afastamento do referido convênio no já citado julgamento das ADI 5.659/MG e 1.945/MT, tema que será tratado em capítulo próprio.

Vejam-se, primeiramente, os argumentos dos defensores da constitucionalidade do Convênio ICMS 106/2017. Foram selecionados os autores Carlos Otávio Ferreira de Almeida e Lucas Bevilacqua, em artigo que trata da possibilidade da tributação de *software* pelo ICMS sob a ótica do convênio supracitado, mas cujas conclusões são aproveitáveis para nosso estudo.

555. Mais à frente, será vista uma síntese do posicionamento individual de todos eles.

Para esses autores, primeiramente, *a tributação de bens digitais não requer reforma constitucional, pois a expressão circulação de mercadorias é uma mera aproximação tipológica e não conceitual.* Eles, porém, ressalvam que a Lei Complementar deveria, ao menos, ter contemplado um conceito mais preciso tanto de *mercadorias* quanto de *circulação*, de modo a incluir os bens digitais, que passaram a circular por meio de transferência eletrônica de dados.

O segundo argumento é que *o Convênio 106 não teria invadido a competência do legislador complementar, apenas exemplificou uma das características da concepção corrente de mercadorias, que é a sua digitalização.* A mesma observação vale para a *nova forma de circulação de mercadorias que é a transferência eletrônica de dados*; eles colocam, porém, uma ressalva, a de que *o Convênio teria extrapolado seu poder normativo ao implantar o critério de destino, bem como ao facultar ao legislador ordinário a atribuição de responsabilidade tributária, que são matérias sob reserva de lei complementar*, por força do art. 146, III, da Constituição.

Por fim, para eles, não pode prosperar a pretensão municipal de fazer incidir o ISS sobre as materialidades inseridas no Convênio 106 porque *não se pode vislumbrar a prestação de serviço*; não se pode alterar a essência mesma das coisas apenas por ter havido avanços na realidade subjacente. Nesse passo, *mercadorias físicas assumiram nova roupagem, a digital, mas nem por isso deixaram de ser mercadorias.* E, *a contrario sensu, serviços não passaram a contemplar circulação de mercadorias simplesmente porque as novas formas de circulação prescindem da entrega física* e ensejam contratos virtuais para a concessão de direito de uso. Pretender de modo diferente seria fulminar a atuação do Constituinte ao abstrair a realidade *mercadorias* e *circulação* por aproximação tipológica, sendo que elas estão sujeitas a avanços que lhe acrescentem novas características e delas removam as anacrônicas, numa exigência do tempo presente.[556]

556. FERREIRA DE ALMEIDA, Carlos Otávio; BEVILACQUA, Lucas. ICMS sobre *software*: evolução do conceito constitucional de mercadorias em face da inovação

Em resumo, aqueles dois autores entendem como legítima e constitucional a alteração legislativa pretendida pelo citado convênio, cabendo apenas dois reparos: (i) *somente a lei complementar poderia alterar o critério misto de tributação origem-destino*, hoje vigente no ICMS-Mercadoria, para ser totalmente no destino, e (ii) novamente, *somente a lei complementar poderia facultar ao legislador ordinário a atribuição de responsabilidade tributária*.

A seguir, vejam-se as razões de quem adota posições contrárias ao prescrito no Convênio 106. Embora haja mais de um autor nesse rol, foram eleitos, para detalhamento, Tathiane Piscitelli,[557] e Guilherme Camargos Quintela e Samille Rodrigues Sergio.[558]

Tathiane Piscitelli apresenta seis argumentos para contestar a constitucionalidade do referido convênio.

O primeiro é que teria havido um *alargamento da incidência do imposto*, pois, além do *download*, seriam tributadas, também, as disponibilizações de conteúdo digital via pagamento periódico (assinatura), que pode ser via *streaming* ou por computação na nuvem (por exemplo, *SaaS*) e, em ambos os casos, *não há cessão definitiva do conteúdo*.

O segundo vai ao sentido de que, *em não havendo cessão definitiva de conteúdo*, característica mais basilar à incidência do ICMS, *seria descabida a incidência desse imposto*.

A terceira razão é que, *havendo pagamento periódico, ou seja, acesso via assinatura, isso revelaria claro serviço, em*

---

tecnológica. *In:* FARIA, Renato Vilela; SILVEIRA, Ricardo Maitto da; MONTEIRO, Alexandre Luiz Moraes do Rêgo (coord.). *Tributação da economia digital:* desafios no Brasil, experiência internacional e novas perspectivas. São Paulo: Saraiva, 2018. p. 339-357, grifos nossos.

557. Essa autora, além de sua notoriedade como estudiosa da tributação das novas tecnologias, tem artigo publicado específico sobre o Convênio ICMS 106/2017.

558. QUINTELA, Guilherme Camargos; SERGIO, Samille Rodrigues. Interpretação constitucional da competência tributária em relação à tecnologia streaming sob a ótica do arranjo federativo brasileiro cit., p. 35-64.

antinomia com as previsões dos itens 1.03 (hospedagem e armazenamento de dados) e 1.09 (operações de streaming) da Lista de Serviços anexa à LC 116/2003; logo, teria havido extrapolação da competência constitucional dos estados, invadindo competência municipal.

O quarto argumento é que a cláusula terceira do Convênio prescreve o dever de recolhimento do ICMS nas saídas internas e nas importações de bens e mercadorias digitais na unidade federada onde é domiciliado, ou onde é estabelecido, o adquirente do bem ou mercadoria; assim, *qualificar como interna toda e qualquer operação realizada com sites e plataformas brasileiras seria uma equiparação indevida*, segundo a autora, pois *ofenderia a Constituição ao não se adotar, nessas operações, a alíquota interestadual se o provedor estiver em outra unidade da federação.*

A quinta razão consiste em ser inaceitável, por desproporcional, o disposto na cláusula quinta, que *atribui responsabilidade tributária ao usuário final do bem ou mercadoria digital, já que desconectada do conceito constitucional de sujeito passivo*, que pressupõe a manifestação de capacidade contributiva para assumir o ônus do tributo e a capacidade de cumprir diversos deveres instrumentais; estes últimos só podem ser atribuíveis aos comerciantes, parte da cadeia de consumo.

O sexto e último argumento é que *não poderia um convênio sobrepor-se a uma lei complementar, no caso, a Lei Complementar 116/2003*, que dispõe sobre serviços, qualificados em itens próprios, que se subsomem às materialidades que o convênio pretende ver tributados pelo ICMS; logo, teria havido uma *invasão da competência tributária atribuída aos municípios.*[559]

Ao final, a autora reconhece que *a Economia Digital trouxe, consigo, uma tendência à desmaterialização das relações*, e o acesso a plataformas de músicas e vídeos, o compartilhamento

559. PISCITELLI, Tathiane. A inconstitucionalidade do convênio ICMS 106/2017 e a incidência do ICMS sobre bens digitais cit., p. 407-415.

de bens (imóveis, carros, espaços de trabalho e outros) demonstram claramente isso. *A nova realidade digital estaria ameaçando o potencial arrecadatório do ICMS, imposto cujo pressuposto é a realização de operações físicas*, sendo o responsável por parte significativa da receita dos estados. A pretensão desses em modificar a legislação tributária por mero convênio implicaria incorrer em "competência concorrente, bitributação e invasão massiva de competências".[560]

Guilherme Camargos Quintela e Samille Rodrigues Sergio, por sua vez, apontam a *inconstitucionalidade do Convênio ICMS 106/2017* com base em argumentos muito semelhantes aos de Tathiane Piscitelli.

Primeiramente, *os estados teriam usurpado a competência dos municípios* para tributar a tecnologia *streaming*, estabelecida na Lei Complementar 116/2003, alterada pela LC 157/2017, constituindo-se em fator de insegurança jurídica.

Além disso, *o Convênio*, ao utilizar a expressão *disponibilização* na descrição do fato que se pretendia sujeitar à incidência do imposto, *teria criado, de forma inconstitucional, uma nova hipótese de incidência do ICMS, aquela em relação à tecnologia* streaming.

A terceira razão está em que *o dispositivo busca reinterpretar o conceito de mercadoria e atribuir responsabilidade tributária, atribuição de norma geral de direito tributário (de lei complementar).*

Aqueles autores argumentam, também, que *não se poderia considerar qualquer operação realizada em sites e plataformas brasileiras como* interna, *independentemente da localização do consumidor final* e do estado em que a pessoa jurídica detentora do *site* ou plataforma está domiciliado, em desprezo pela aplicação da alíquota interestadual quando for o caso. Reconhecem, todavia, que a OCDE vem entendendo necessário modificar o

560. PISCITELLI, Tathiane. A inconstitucionalidade do convênio ICMS 106/2017 e a incidência do ICMS sobre bens digitais cit. p. 415.

conceito de estabelecimento permanente presente em sua Convenção Modelo, mas não há reconhecimento do conceito de estabelecimento virtual desvinculado da estrutura física até o momento, devido às dificuldades conceituais a isso inerentes.

O quinto argumento é que *há uma atribuição de responsabilidade desconectada e desproporcional à figura do sujeito passivo.*

A sexta e última razão está no fato de que *um convênio não é instrumento competente para delimitar a hipótese de incidência do ICMS, nem definir os aspectos da sujeição passiva*, em afronta à Constituição Federal e à Lei Complementar 157/2016, que atribuiu a competência para tributar tais serviços aos municípios.

Percebe-se que há bons argumentos de ambos os lados, embora mesmo os autores que defendem o Convênio não deixem de apresentar ressalvas a ele.

O Convênio ICMS 107/2017 foi aprovado em âmbito do CONFAZ. Ele não é autoaplicável. Assim, cada estado federado, e o Distrito Federal, precisa recepcioná-lo na sua respectiva legislação estadual do ICMS, a fim de produzir ali efeitos.

Embora possa haver legislações estaduais derivadas desse convênio, para efeito desta obra, no próximo tópico, são analisados os diplomas legislativos estaduais paulistas dele derivados. As observações a eles pertinentes certamente podem se aplicar a outras legislações estaduais do mesmo gênero.

6.3 Decreto estadual paulista 63.099/2017 e Portaria CAT 24/2018 da SEFAZ/SP

No Estado de São Paulo, o Convênio ICMS 106/2017 foi convalidado pela edição do Decreto estadual 63.099/2017. Entre as principais modificações na legislação do ICMS, estão as seguintes: (i) incluiu, no regulamento do imposto (Decreto estadual 45.490/2000, RICMS/SP), o art. 16, que considera estabelecimento autônomo "o detentor de *site* ou a plataforma eletrônica que realize exclusivamente operações com mercadorias digitais isentas ou não tributadas"; (ii) incluiu, também no RICMS/SP, o Capítulo XV, que trata de operações com bens e mercadorias digitais, composto por apenas dois artigos, o 478-A e o 478-B.

Vejamo-los, em sua literalidade:

> *Art. 16.* Considera-se, também, estabelecimento autônomo (Lei 6.374/89, art. 12, § 2º, na redação da Lei 10.619/00, art. 1º, VII; V Convênio do Rio de Janeiro, cláusula primeira):
>
> [...]
>
> VI – o detentor de site ou a plataforma eletrônica que realize exclusivamente operações com mercadorias digitais isentas ou não tributadas.
>
> [...]
>
> CAPÍTULO XV – DAS OPERAÇÕES COM BENS E MERCADORIAS DIGITAIS
>
> *Art. 478-A.* Tratando-se de saídas com bens ou mercadorias digitais realizadas pelo estabelecimento a que se refere o inciso IV do artigo 16 deste Regulamento, por meio de transferência eletrônica de dados, destinadas a consumidor final, o imposto deverá ser recolhido, quando da referida transferência, a favor da unidade federada onde estiver domiciliado ou estabelecido o adquirente, na forma e condições estabelecidas pela Secretaria da Fazenda (Lei 6.374/89, artigos 1º, 2º e 23).
>
> *Art.478-B.* A Secretaria da Fazenda poderá estabelecer procedimento simplificado para a inscrição dos estabelecimentos que comercializem exclusivamente mercadorias digitais, assim como poderá conceder regimes especiais com o objetivo de facilitar ao contribuinte o cumprimento das obrigações fiscais, tais como a emissão de documentos e a escrituração de livros fiscais (Lei 6.374/89, artigo 71) (grifos nossos).

Pouco depois, a Secretaria da Fazenda do Estado de São Paulo editou, por sua Coordenadoria da Administração Tributária, a Portaria CAT 24, de 24 de março de 2018. Trata-se de norma infralegal para aplicação pelo fisco estadual. Veja-se a redação de seus dois primeiros artigos:

> *Art. 1º* Nas operações com bens e mercadorias digitais realizadas por meio de transferência eletrônica de dados destinadas a

> consumidor final domiciliado ou estabelecido no Estado de São Paulo deverão ser observadas as disposições desta portaria.
>
> Parágrafo único. Para fins do disposto nesta portaria, são considerados bens e mercadorias digitais todos aqueles não personificados, inseridos em uma cadeia massificada de comercialização, como eram os casos daqueles postos à venda em meios físicos, por exemplo:
>
> 1. *softwares*, programas, jogos eletrônicos, aplicativos, arquivos eletrônicos e congêneres, que sejam padronizados (de prateleira), ainda que tenham sido ou possam ser adaptados, independentemente de serem utilizados pelo adquirente mediante "*download*" ou em nuvem;
>
> 2. conteúdos de áudio, vídeo, imagem e texto, com cessão definitiva ("*download*"), respeitada a imunidade de livros, jornais e periódicos.
>
> *Art. 2º*. Os estabelecimentos que comercializem ou disponibilizem bens e mercadorias digitais ficam obrigados à emissão de Nota Fiscal Eletrônica – NF-e (grifos nossos).

Novamente, aqui, tal como no Convênio ICMS 106/2017, nota-se o esforço do Fisco paulista em deixar claro que *a materialidade tributária em questão é a circulação de mercadorias (ou de bens e mercadorias), ainda que digitais, ou seja, intangíveis*. Quis o legislador infralegal se referir à materialidade do ICMS-Mercadoria, e não do ICMS-Comunicação. Daí sua preocupação em repisar as expressões "*consumidor final*", "*bens e mercadorias digitais*", "*softwares*", "*programas*", "*aplicativas padronizados*" (de prateleira), embora a ressalva de que "*tenham sido ou possam ser adaptados*".

Sobre essa portaria, trazemos as seguintes observações de três estudiosos da tributação das novas tecnologias, Luiz Roberto Peroba, Ana Carolina Carpinetti e Gabriela de Souza Conca. Confira-se:

> A Portaria veio esclarecer alguns pontos omissos do Decreto Estadual 63.099/17, que incorporou à legislação do Estado de São Paulo a cobrança do imposto sobre essas operações trazidas pelo Convênio CONFAZ 106/17.

> De acordo com a nova regulamentação, bens digitais seriam todos aqueles não personificados, inseridos em uma cadeia massificada de comercialização. Estariam incluídos nessa definição os *softwares* de prateleira, programas, jogos eletrônicos, aplicativos, arquivos eletrônicos e congêneres transferidos via *download* ou acessados na nuvem, bem como os conteúdos de áudio, vídeo, imagem e texto transferidos via *download*.
>
> [...]
>
> Ficam dispensadas da emissão da NF-e apenas as operações com bens digitais anteriores às saídas destinadas a consumidor final, de forma que as operações B2B não estão sujeitas ao cumprimento das obrigações principal e acessórias relativas ao ICMS.
>
> Ainda, para que possam cumprir as obrigações acima, os *sites* ou plataformas eletrônicas devem ter uma inscrição no Cadastro de Contribuintes do ICMS do Estado de São Paulo específica e exclusiva para realizar as operações com bens digitais, independentemente da existência de outros estabelecimentos inscritos no Estado.[561]

Da análise dos termos da Portaria e dos comentários acima, pode-se chegar a seis (6) conclusões.

A primeira é que a Portaria se preocupou em definir e exemplificar o que são bens digitais.

Outra, é que bens digitais são todos os *bens e mercadorias não personalizados* e que estejam inseridos numa *cadeia de comercialização*, a exemplo de seus congêneres físicos.

A terceira é que a forma de acesso a tais bens digitais é aquela por *transferência eletrônica de dados*. Cabe uma observação: tecnicamente, essa transferência pode ser ou não por *streaming*.[562] No caso das Aplicações *Over-the-Top* de Conteúdos Audiovisuais, a literatura indica que é por *streaming*.

---

561. PEROBA, Luiz Roberto; CARPINETTI, Ana Carolina; CONCA, Gabriela de Souza. Estado de São Paulo regulamenta a cobrança do ICMS sobre bens digitais. *Migalhas*, Ribeirão Preto, 29 mar. 2018, grifos nossos. Disponível em: https://bit.ly/3zIjjmg. Acesso em: 15 out. 2019.

562. Quando há um acesso direto a uma plataforma na internet, do tipo *world wide web* (*site*), via um navegador (*browser*), ou por *e-mail*, tem-se uma transferência de arquivo digital que não é por *streaming*.

Quarta conclusão: a Portaria contém uma *lista exemplificativa e não exaustiva* de bens e mercadorias digitais.

Quinta: entre os exemplos de bens e mercadorias digitais, há espécies que não são objeto deste estudo, como *softwares*, jogos eletrônicos e aplicativos. A espécie que subsome à materialidade praticada pelas Aplicações *OTT* de Conteúdos Audiovisuais é a de *arquivos eletrônicos*, lembrando, ainda, que a Portaria preserva uma abertura semântica ao empregar a expressão *e congêneres*.

A sexta e última conclusão é que a Portaria é explícita quanto à forma de acesso e transferência dos arquivos, diferentemente do Convênio 106/2017 e do Decreto 63.099/2017: poderá ser via *download*, que, em tese, é uma transferência ou cessão em caráter definitivo; mas também poderá ser *"na nuvem"*, situação em que os arquivos são apenas acessados, mas permanecem arquivados em servidor remoto pertencente ao provedor do arquivo.

Percebe-se que o Decreto estadual suprarreferido não inovou em relação ao Convênio que lhe dá suporte, apenas recepcionou-o na legislação estadual paulista do ICMS. Todavia, a Portaria CAT 24/2018 traz considerável inovação, que, a nosso ver, a torna mais susceptível das críticas que Tathiane Piscitelli faz ao Convênio 106/2017. A particularidade que fragiliza a Portaria como instrumento infralegal de disciplina do ICMS é justamente aquele ao final do item 1 de seu parágrafo único, ao dispor que o bem ou mercadoria digital pode ter sido utilizado, pelo usuário, mediante "'*download*' *ou em nuvem*".

Ora, na lição de Maria Ângela Lopes Paulino Padilha, na tecnologia em nuvem, o usuário adere a uma espécie de *assinatura*, que corresponde a uma licença temporária e o programa (ou arquivo, no caso), pode ou não ser instalado em máquinas locais.[563] Lucas de Lima Carvalho e Rogério Baptista

563. PAULINO PADILHA, Maria Ângela Lopes. O *software* as a service e a tributação pelo ISS. *In:* FARIA, Renato Vilela; SILVEIRA, Ricardo Maitto da; MONTEIRO, Alexandre Luiz Moraes do Rêgo (coord.). *Tributação da economia digital:*

Fedele explicam que, no modelo *em nuvem*, o *software* (ou, em nosso caso, o arquivo multimídia) não é transferido em caráter definitivo para o usuário, ele é mantido por um *prestador* (na expressão daqueles autores) e atualizado periodicamente.[564]

Assim, as características principais do modelo de acesso *em nuvem* são que o arquivo não fica arquivado na plataforma física do usuário, e existe uma adesão, do tipo *assinatura*, que pode ter um termo final e, nesse caso, o usuário não terá mais acesso ao arquivo. Em suma, não ocorre uma cessão definitiva de conteúdos, ao contrário da situação em que o usuário faz um *download* para sua plataforma de uso (computador, *tablet* ou celular). Isso poderia ser entendido como um serviço ou como cessão temporária ou como locação.

A par disso, tanto o Convênio quanto o Decreto falam em "transferência eletrônica de dados". No dicionário, vamos encontrar, para *transferência*, os significados jurídicos de "ato de transferir uma propriedade ou bem a outrem", "alienação", "ato de transmitir direitos a outrem" e "cessão".[565] Portanto, em nossa visão, não poderia a Portaria, como diploma infralegal, ampliar aquela materialidade para incluir uma situação em que não ocorre cessão em caráter definitivo (acesso em nuvem), uma vez que se trata do ICMS-Mercadoria.

Por outro lado, o item 2 do parágrafo único da mesma Portaria usa a expressão "conteúdos de áudio, vídeo, imagem e texto, com cessão definitiva ('download')". Aqui, tem-se uma correta associação entre a operação de *download* e seu efeito jurídico,

---

desafios no Brasil, experiência internacional e novas perspectivas. São Paulo: Saraiva, 2018. p. 714-715.

564. LIMA CARVALHO, Lucas de; FEDERE, Rogério Baptista. A Tributação de SaaS e SaaP no Brasil por ISS ou ICMS: Estudo de Casos de Massively Multiplayer Online Games (MMOGs). *In:* FARIA, Renato Vilela; SILVEIRA, Ricardo Maitto da; MONTEIRO, Alexandre Luiz Moraes do Rêgo (coord.). *Tributação da Economia Digital:* desafios no Brasil, experiência internacional e novas perspectivas. São Paulo: Saraiva, 2018, p. 663-664.

565. GRANDE DICIONÁRIO HOUAISS. São Paulo: UOL, 2019, s.v. *transferência*. Disponível em: https://houaiss.uol.com.br/. Acesso em: 1º out. 2019.

que é a cessão definitiva. Nesse item 2, há, portanto, subsunção do suporte fático *download* à Portaria CAT 24/2018. Remanesce, porém, o problema do *download* realizado em Aplicações *OTT* por *streaming*: o contrato de adesão pode prever o fim do acesso do usuário ao arquivo se ele deixar de ser assinante, não se constituindo em uma cessão definitiva de conteúdo.

6.4 Situação atual das disputas entre ICMS e ISS na veiculação de conteúdos pela internet

A inteligência dessas alterações legislativas e infralegais demonstra que houve uma iniciativa quase simultânea de municípios e de estados para disputar a tributação de conteúdos digitais disponibilizados pela internet. Os municípios buscaram alcançar os conteúdos de áudio, vídeo, imagem e texto, sem cessão definitiva. Pelas características descritas, trata-se da veiculação de arquivos digitais por *streaming*, circunstância fática afeta às Aplicações *Over-the-Top* de Conteúdos Audiovisuais. Os estados, por sua vez, procuraram alcançar as "operações com bens e mercadorias digitais, tais como *softwares*, programas, jogos eletrônicos, aplicativos, arquivos eletrônicos e congêneres", igualmente uma circunstância fática própria das Aplicações *OTT* de Conteúdos Audiovisuais.

Estaríamos, portanto, diante de um conflito de competências, uma "guerra fiscal" vertical, embora a tênue divisão do acesso sem cessão definitiva, de um lado, e de uma suposta cessão definitiva, de outro.

Para tornar a situação ainda mais complexa, o Estado de São Paulo vai além e fala em cessão definitiva por *download*, clara *obrigação de dar*, mas, por outro lado, inclui *acesso na nuvem*, que pressupõe uma cessão temporária. Esta última pode ensejar a compreensão de que se está diante de uma *obrigação de fazer*, característica de serviços, como já visto, o que, em tese, invadiria competência municipal, ou ainda uma cessão de uso ou cessão de direitos.

Em outro fator de insegurança jurídica, a modificação na legislação do ISS, municipal, fala em veiculação de conteúdos de áudio, vídeo, imagem e texto pela internet sem cessão definitiva, o que poderia, em regra, configurar uma materialidade de *serviço de comunicação*, conflitando com a norma de incidência tributária do ICMS-Comunicação, de competência estadual. A legislação complementar do ISS fala em uso da internet, mas não explicita se por *streaming* ou não. Tecnicamente, sabe-se que essa tecnologia está presente em todas ou na grande maioria das ocorrências das Aplicações *Over-the-Top* de Conteúdos Audiovisuais e que estas vêm concorrendo com os meios tradicionais de comunicação.

Da parte dos estados, a redação do Convênio 106/2017 demonstra uma preocupação em não avançar na materialidade definida pelo novel item 1.09 da Lista Anexa de Serviços da Lei Complementar 116/2003. Ao mesmo tempo, está repleta de expressões típicas da materialidade da hipótese de incidência do ICMS-Mercadoria.

Embora a redação do Convênio ICMS procure não conflitar com aquela da Lei Complementar 116/2003, ressalva que os bens e mercadorias digitais de que trata, embora padronizados, *podem ter sido ou podem vir a ser adaptados*. Ora, *software adaptado* não necessariamente é um *software de prateleira*, pensando na famosa decisão do STF de 1998.[566] Reacende-se a clássica discussão que opõe a *obrigação de dar*, própria da materialidade do ICMS-Mercadoria, e *obrigação de fazer*, própria da materialidade do ISS, mas também presente naquela do ICMS-Comunicação.

A jurisprudência, desde 1998, assentava-se no sentido de que o chamado *software de prateleira*, padronizado, estaria sujeito à incidência do ICMS-Mercadoria (*obrigação de dar*), e que o *software personalizado*, feito por encomenda, seria

566. O conhecido voto do Ministro Sepúlveda Pertence no RE 176.626/SP, diferenciando "*software personalizado*", tributado pelo ISS, de "*software de prateleira*", tributado pelo ICMS.

tributado pelo ISS (*obrigação de fazer*). A redação do Convênio reabriu, em 2017, uma disputa de competência com o ISS neste aspecto.

Diante desse panorama, os provedores de conteúdos audiovisuais, veiculados pela internet, seja pela tecnologia *streaming*, com ou sem *download*, seja por acesso *na nuvem*, viveram um longo período de insegurança jurídica.[567]

Somente em 2021, nas ADI 5.659/MG e 1.945/MT,[568] o STF decidiu pelo afastamento do ICMS e pela incidência do ISS na aquisição, licenciamento ou cessão de direito de uso de *software* por meio físico ou por meio eletrônico (*download*, *streaming* etc.).[569] Mais ainda, nesse mesmo ano, na ADI 5.958/DF, entendeu pela caducidade do Convênio 106/2017 do Confaz.

Embora a decisão seja específica para as aquisições de *software*, remanesce a dúvida se, ainda assim, poderiam, os estados, tributar, pelo ICMS (ICMS-Mercadoria), as cessões definitivas de conteúdos digitais.

Assiste-se, ainda, a uma situação de disputas entre ICMS e ISS por novas realidades da Economia Digital, que ora podem ser vistas como serviços, ora como comercialização de bens intangíveis.

Em síntese, as conclusões deste capítulo são:

a) Desde 2016, alteração na Lista de Serviços anexa à Lei Complementar 116/2003 busca tributar, pelo ISS, a disponibilização, sem cessão definitiva, de conteúdos de áudio, vídeo, imagem e texto por meio da internet;

---

567. DIAS, Karem Jureidini. Software, aplicativos e ICloud Services: Evolução jurisprudencial, tendência da tributação e responsabilidade fiscal. *In: Congresso Nacional de Direito Tributário do IBET*, 25., 27-29 mar. 2019, São Paulo. *Apresentações* [...]. São Paulo: IBET, 5-7 dez. 2018.

568. Decisões vistas em detalhe em capítulo próprio.

569. Tal é a situação até o fechamento desta edição. A Secretaria da Fazenda e Planejamento vem aceitando esta decisão, conforme a Resposta à Consulta Tributári n. 24.512/2021, de 13 de outubro de 2021.

b) Da incidência do ISS, estão excluídas a cessão definitiva de livros, jornais e periódicos, pela imunidade constitucional, e a distribuição de conteúdos pelas prestadoras de Serviço de Acesso Condicionado (*SeAC*), que está sujeita ao ICMS-Comunicação;

c) Desde 2017, a partir do Convênio ICMS 106/2017, do Confaz, os estados buscam tributar, pelo ICMS (ICMS-Mercadoria), as operações com *softwares*, programas, jogos eletrônicos, aplicativos, arquivos eletrônicos e congêneres, padronizados ou adaptados, disponibilizados por qualquer meio, inclusive por meio de transferência eletrônica de dados;

d) Estabeleceu-se um potencial conflito de competência entre o ISS e o ICMS no tocante à aquisição de *software*;

e) A existência daquele Convênio, associada à alteração da Lei Complementar 116/2003, em 2016, criou uma assimetria tributária nas situações em que o mesmo conteúdo digital será tributado pelo ISS, quando acessado por intermédio de *streaming* (sem cessão definitiva), ou pelo ICMS-Comunicação, se o acesso ocorrer por intermédio de TV por Assinatura (*SeAC*);

f) Foi suscitada a dúvida se um *download* de conteúdo digital via *streaming* é, de fato, um acesso com cessão definitiva, tributável pelo ICMS, pois os contratos de provedores de *OTT* de Conteúdos Audiovisuais não possibilitam o acesso ao conteúdo ao final de sua vigência (em modelos por assinatura);

g) O STF, nas ADI 1.945/MT e 5.659/MG, decidiu, em 2021, pelo afastamento da tributação do ICMS na aquisição ou licenciamento de *software* por meio físico ou por meio eletrônico (*download*, *streaming* etc.);

h) O STF, na ADI 5.958/DF, e com base na decisão nas ADI 1.945/MT e 5.659/MG, decidiu, em 2021, pela caducidade do Convênio ICMS 106/2017. Tal decisão não é categórica em relação à cessão definitiva de outros conteúdos digitais, como programas, jogos eletrônicos, aplicativos e outros arquivos eletrônicos, como músicas e vídeos. De outro lado, teria retirado o suporte legislativo, consistente no referido convênio, para leis, decretos, portarias e outros instrumentos infralegais dos estados no sentido de tributar, pelo ICMS, a cessão definitiva de conteúdos digitais.

Diante disso, e para uma conclusão final a respeito, os próximos capítulos trarão um elenco de posições doutrinárias e jurisprudenciais sobre esta disputa de competências e sobre a possibilidade de se tributar esses suportes fáticos das *OTT* estudadas pelo ISS ou pelo ICMS.

CAPÍTULO 7

AS DIVERSAS CORRENTES DOUTRINÁRIAS A RESPEITO DA TRIBUTAÇÃO DAS APLICAÇÕES *OVER-THE-TOP* DE COMUNICAÇÕES SOCIAIS E DE CONTEÚDOS AUDIOVISUAIS

Neste capítulo, é traçado um panorama sobre as principais posições doutrinárias encontradas a respeito da possibilidade da tributação indireta (sobre o consumo) das duas espécies de Aplicações *Over-the-Top* eleitas para este estudo: as *OTT* de Comunicações Sociais e as *OTT* de Conteúdos Audiovisuais, já definidas nesta obra.

Reuniram-se, especialmente, as correntes existentes e que foram identificadas em relação às inovações legislativas que buscam tributar, pelo ICMS e pelo ISS, materialidades contidas nas duas *OTT* mencionadas. Em função do escopo aqui eleito, não será tratada a tributação de outros fenômenos da Economia Digital, como *software* (aí compreendidos o *SaaS*, o *IaaS* e o *PaaS*), a internet das coisas (*IoT*), as Impressoras 3D, as Criptomoedas, o *Blockchain* e o *Marketplace*. Nada obstante, as análises jurídicas quanto à subsunção dos fatos jurídicos com as hipóteses de incidência do ICMS e ISS para as *OTT* eleitas são válidas para aquelas materialidades, no que possuírem de identidade fenomênica.

A partir de uma multiplicidade de fontes de pesquisa, foi feita uma seleção das posições mais representativas, levando em conta a autoridade de seus autores, bem como a solidez, riqueza e originalidade dos argumentos.

Foi considerado o posicionamento dos autores em relação à possibilidade de incidência do ICMS ou do ISS, ou de ambos, conforme a natureza jurídica envolvida. Foram selecionados, também, os entendimentos que concluíram pela impossibilidade de incidência de qualquer dos dois impostos.

Por relevante, diante do ineditismo dos suportes fáticos da Economia Digital, serão apresentados, ao final, os entendimentos doutrinários propositivos, ou seja, aqueles que entendem possível e desejável, por razões de justiça fiscal e isonomia tributária, a instituição de um novo tributo indireto, incidente sobre os novos fenômenos da Economia Digital, o que inclui as *OTT* eleitas como foco de estudo. Nessa senda, são encontradas propostas pela instituição de um tributo indireto do tipo IVA, mas também pela instituição de um tributo simplificado do tipo de um *Simples Informático* ou *Simples Tecnológico*, de modo a adequar o atual Sistema Constitucional Tributário brasileiro às novas realidades fáticas, como o *streaming*.

Para atender aos critérios mencionados, os posicionamentos dos diversos autores foram separados em seis (6) grupos, relativamente à tributação das duas espécies de *OTT* selecionadas ou a pelo menos uma delas.

As posições são as seguintes: (i) os entendimentos favoráveis à constitucionalidade, com ressalvas, do Convênio ICMS 106/2017, diploma legislativo que tem embasado as alterações legislativas estaduais para tributar o *streaming* pelo ICMS; (ii) os que entendem pela constitucionalidade da inclusão do item 1.09 na Lista de Serviços da Lei Complementar 116/2003 pela Lei Complementar 157/2016; (iii) os favoráveis à tributação pelo ISS, porém com ressalvas; (iv) os que apontam que os fonogramas e videofonogramas de produção nacional, suportes fáticos das Aplicações *OTT* de Conteúdos Audiovisuais, estão protegidos pela imunidade, o que afasta a tributação tanto pelo ICMS quanto pelo ISS; (v) os que entendem que não pode haver tributação nem pelo ICMS, nem pelo ISS por outros motivos; e, por fim, (vi) os proponentes da criação de um novo tributo, específico para esses suportes fáticos.

Há autores que estão em mais de um grupo, como aqueles que, ao rejeitar a possibilidade de tributação pelo ICMS ou pelo ISS, ou por ambos os impostos, fazem a propositura da instituição de um novo tributo.

A seguir, são apresentados os seis posicionamentos, em detalhe.

7.1 Constitucionalidade do Convênio ICMS 106/2017, com ressalvas

Neste grupo, estão os autores que se manifestaram pela constitucionalidade, com ressalvas, do Convênio ICMS 106/2017, diploma legislativo que tem embasado as alterações legislativas estaduais para tributar o *streaming* e o *download* de conteúdos digitais pelo ICMS. Esta tecnologia está presente nos suportes fáticos das Aplicações *Over-the-Top* de Conteúdos Audiovisuais. Assim, a prevalecer esse entendimento como um *discurso vencedor*, aquelas aplicações poderiam sofrer a incidência do ICMS. São eles, Carlos Otávio Ferreira de Almeida e Lucas Bevilacqua.

Esses dois autores afirmam que o mencionado Convênio não invade a competência do legislador complementar, tão somente exemplifica uma das características da concepção corrente de mercadoria: a digitalização. Ainda, apontam algumas irregularidades do Convênio, que poderiam ser corrigidas por Lei Complementar e, de outro lado, afastam a incidência de ISS sobre bens digitais.

Sua posição foi bem detalhada em capítulo anterior, por isso desnecessário retomá-la. Esta observação vale para as correntes doutrinárias a seguir.

7.2 Constitucionalidade da inclusão do item 1.09 na Lista de Serviços da Lei Complementar 116/2003

Neste grupo, identificamos Alberto Macedo, importante estudioso do ISS. Ele manifestou-se, sem ressalvas, pela constitucionalidade da inclusão do item 1.09 na Lista de Serviços na Lei Complementar 116/2003, por meio da Lei Complementar 157/2016. Em consequência, considerou que a disponibilização, sem cessão definitiva, de conteúdos de áudio, vídeo, imagem e texto, por meio da internet, é tributável. Trata-se dos fenômenos das Aplicações *Over-the-Top* de Conteúdos Audiovisuais (*streaming*). Ao fazê-lo, indiretamente rejeitou a tributação, pelo ICMS, nos suportes fáticos onde cabe a incidência do ISS.

7.3 Tributação pelo ISS, com ressalvas

Neste grupo, têm-se os autores que se manifestaram pela possibilidade de tributação, pelo ISS, de fenômenos do *Over--the-Top*, embora com ressalvas. Ao fazê-lo, naturalmente rejeitam a tributação pelo ICMS nos suportes fáticos onde cabe a incidência do ICMS. São eles, Tathiane Piscitelli, Maurício Barros, Ricardo Augusto Alves dos Santos, Guilherme de Campos Quintela, Samille Rodrigues Sergio, Sergio Papini de Mendonça Uchôa Filho e Iris Cintra Basílio.

A posição de Tathiane Piscitelli é favorável à tributação dos fenômenos ligados ao *streaming* pelo ISS, caso das Aplicações *OTT* de Conteúdos Audiovisuais, pois aceita como constitucional a alteração da Lei Complementar 116/2003 pela Lei Complementar 157/2016. Para ela, o Convênio ICMS 106/2017 é "inadequado" e as operações que pretende tributar já são, todas elas, tributadas pelo ISS em face de itens próprios da lista de serviços constantes da Lei Complementar 116/2003 (itens 1.03 e 1.09). Todavia, aquela autora reconhece a legitimidade de o ICMS vir a tributar as novas realidades da Economia Digital, que implicaram "desmaterialização das relações", mas deve ser feito da maneira adequada, e não via um Convênio ICMS.

Pensamento semelhante tem outro estudioso do tema, Maurício Barros. Esse autor aponta que *mercadoria* e *serviços* são os núcleos semânticos das competências de Estados e Municípios para cobrar ICMS e ISS, respectivamente.[570]

Esse autor considera constitucional a alteração da Lei Complementar 116/2003 para tributar, pelo ISS, a "disponibilização, sem cessão definitiva, de conteúdos de áudio por meio da internet".

Nada obstante, ele considera que o cerne do problema no tocante ao conflito entre ICMS e ISS na Economia Digital está na

> [...] transição de um modelo de consumo em massa de produtos enquanto bens corpóreos objeto de comércio, e de prestação de serviços considerados mais tradicionais ou "humanizados", para o consumo cada vez maior dos chamados bens digitais e de serviços que utilizam máquinas e a rede de telecomunicações como principais insumos, muitas vezes sem qualquer ou com a mínima intervenção humana.[571]

Dessa transição, emerge a dificuldade de enquadrar essas operações como mercadorias ou serviços, para fins de incidência de ICMS ou ISS, e a necessidade de se reconhecer que existe um verdadeiro vácuo legislativo para taxá-las.[572]

Sergio Papini de Mendonça Uchôa Filho e Iris Cintra Basílio defendem a incidência de ISS sobre os serviços de *cloud computing*, ou seja, quando estão presentes as modalidades *SaaS*, *IaaS* e *PaaS*. Embora tais temas não sejam o foco específico de nosso estudo, a questão do *SaaS* aflora quando se fala em acesso de conteúdos *na nuvem*.[573] Os autores, porém,

---

570. BARROS, Maurício. Tributação da economia digital e os conflitos de competência entre ICMS e ISS cit., p. 359.

571. Ibidem, p. 363-364, grifos nossos.

572. Ibidem, p. 364.

573. UCHOA FILHO, Sérgio Papini de Mendonça; BASÍLIO, Iris Cintra. Aspectos da tributação sobre o consumo no cloud computing. *In:* FARIA, Renato Vilela;

apontam que há "ainda certa insegurança sobre o espectro de aplicação da Súmula Vinculante 31".[574]

Guilherme Camargos Quintela e Samille Rodrigues Sergio explicam que *streaming* significa fluxo de mídia, a transmissão de sons e imagens instantaneamente, por meio de conexão *on-line*; assim, o importante é o acesso e não a posse ou a propriedade da mídia física ou virtual. Apontam a inconstitucionalidade do Convênio 106/2017, que procurou colocar o *streaming* sob a incidência do ICMS. De outro lado, eles citam, por sua vez, Evandro Grili, Lorena Araújo e Thiago Sarraf, que defendem o entendimento de que a tecnologia *streaming* não seria uma *prestação de serviços*, mas sim uma *obrigação de dar*, eis que haveria uma *cessão de direito de uso temporário dos conteúdos* (disponibilização remunerada sem cessão definitiva), sendo vedada a reprodução, assemelhando-se à locação de bens móveis.[575] Isso não possibilitaria a incidência do ICMS, porque, para a locação de bens móveis, não há, em nosso sistema constitucional tributário, hipótese de incidência de algum tributo hoje existente. Conforme a Súmula Vinculante 31 do STF, "é vedada a cobrança de ISS sobre operações de locação de bens móveis". A edição dessa Súmula foi fruto do entendimento de que não incide ISS sobre locação de filmes cinematográficos, videoteipes, cartuchos para videogames e assemelhados, porque não envolveria prestação de serviço, no sentido de esforço humano, mas sim locação de bens móveis.

O entendimento quanto à obrigação de dar, envolvendo cessão de direito, e a citação da Súmula Vinculante 31 do STF, aproximam, neste particular, o pensamento desses dois

---

SILVEIRA, Ricardo Maitto da; MONTEIRO, Alexandre Luiz Moraes do Rêgo (coord.). *Tributação da Economia Digital:* desafios no Brasil, experiência internacional e novas perspectivas. São Paulo: Saraiva, 2018. p. 462-479.

574. "*É inconstitucional a incidência do imposto sobre serviços de qualquer natureza* – ISS sobre operações de locação de bens móveis."

575. QUINTELA, Guilherme Camargos; SERGIO, Samille Rodrigues. Interpretação constitucional da competência tributária em relação à tecnologia streaming sob a ótica do arranjo federativo brasileiro cit., p. 54.

autores com o de Carlos Augusto Daniel Neto, Leonardo Ogassawara de Araújo Branco e José Eduardo Soares de Melo.

Guilherme Camargos Quintela e Samille Rodrigues Sergio prosseguem seu raciocínio citando André Mendes Moreira, para quem a tributação do *streaming* pelo ISS seria constitucional, já que se trata de fornecimento de conteúdo (ainda que acessível mediante a concorrência de uma operadora prestadora de serviço de comunicação); que não seria serviço de comunicação, mas sim de serviço, em seu sentido jurídico, resultado de esforço humano.

Aqueles autores apontam que a tendência mundial é a contínua substituição das transações físicas para as eletrônicas, daí a necessidade de a legislação tributária a isso se adequar, para não sobrevir um enorme déficit de arrecadação fiscal. Na expressão dos autores, a indefinição de conceitos e termos relacionados às transações comerciais virtuais deve ser solucionada, estabelecendo qual o tributo adequado a incidir sobre a matéria e qual é o ente federado competente para cobrá-lo, evitando a bitributação do contribuinte. Entendem eles que, na ausência de previsão legal expressa, deve-se empregar a interpretação constitucional para preencher a lacuna. Ao final, concluem que a tributação dessa tecnologia pelo ISS é constitucional, porque corresponde a uma prestação de serviços.[576]

Por fim, entendem Guilherme Camargos Quintela e Samille Rodrigues Sergio que somente com o tempo haverá consolidação do entendimento em relação a essa tecnologia, com a inevitável participação dos tribunais. Para tanto, é necessário que haja uma investigação constante sobre o tema, objetivando, *in verbis*,

> [...] construir fundamentos jurídicos sólidos a fim de assegurar sua correta tributação, com o objetivo de evitar a propagação de inconstitucionalidades e preservar o equilíbrio fiscal e a justiça

576. QUINTELA, Guilherme Camargos; SERGIO, Samille Rodrigues. Interpretação constitucional da competência tributária em relação à tecnologia streaming sob a ótica do arranjo federativo brasileiro cit., p. 60-61.

> tributária, com a arrecadação proporcional de receitas tributárias pelo ente federado competente.[577]

Outro autor que realizou interessante estudo sobre a tributação das Aplicações *Over-the-Top*, inclusive sob o enfoque da possível tributação pelo ICMS, pelo ISS e até pelo IOF, é Ricardo Augusto Alves dos Santos. Seu pensamento é a seguir sintetizado.[578]

Ele afirma que, em virtude de os provedores de Aplicações *OTT* promoverem, sob o ponto de vista jurídico, atividade econômica de produção e circulação de bens e serviços, elas estariam, em princípio, no campo de incidência dos tributos sobre o consumo elencados na CF/88.[579] Portanto, estariam sujeitas ao ICMS (Mercadoria e/ou Comunicação) e ao ISS.

Pelo fato de os bens e serviços entregues aos usuários finais serem bastante distintos entre si (arquivos para *download*, músicas e vídeos por *streaming*, mensagens de texto e chamadas de voz, pagamentos, *software*s acessados pela nuvem etc.), a discussão acerca dos tributos incidentes sobre a oferta das Aplicações *OTT* deveria ser realizada "a cada caso concreto, com base na natureza jurídica do bem ou serviço fornecido ao usuário final pelos provedores dessas funcionalidades". Deve-se verificar em qual das materialidades dos impostos descritos pela Constituição se enquadra o bem ou o serviço ofertado pelo provedor das Aplicações *OTT*. Ele dá um exemplo: as operações de crédito concedidas por meio de Aplicações *OTT* estariam sujeitas à tributação do IOF.[580]

Aquele autor investiga se os conteúdos audiovisuais transmitidos via *streaming* e que são "baixados" pelos usuários às

---

577. QUINTELA, Guilherme Camargos; SERGIO, Samille Rodrigues. Interpretação constitucional da competência tributária em relação à tecnologia streaming sob a ótica do arranjo federativo brasileiro cit., p. 60-61

578. ALVES DOS SANTOS, Ricardo Augusto. Tributação das Aplicações *Over-the-Top* no Brasil cit., p. 692-710.

579. Ibidem, p. 696.

580. Ibidem, p. 699.

suas plataformas por meio de um *download* estariam ou não sujeitos à incidência do ICMS-Mercadoria, já que são bens móveis e incorpóreos (ou intangíveis), adotando-se uma interpretação dinâmica da Constituição Federal.

Para ele, a resposta seria negativa, uma vez que não haveria a transferência da propriedade das obras audiovisuais aos clientes dos provedores de Aplicações *OTT*. Em suas palavras:

> No caso da transferência eletrônica das faixas musicais, filmes e seriados por meio de *download* não há que se falar em venda da propriedade dessas obras, mas sim de cessão do direito de uso do referido conteúdo audiovisual aos usuários finais. Já na disponibilização eletrônica do conteúdo via *streaming*, não há sequer a transferência dos arquivos de som e vídeos aos usuários, que não podem copiá-los em seu computador.[581]

Neste ponto, interrompe-se a descrição do pensamento daquele autor para ressalvar que, numa interpretação conservadora da legislação constitucional e infraconstitucional do ICMS (que é aquela dos fiscos estaduais), não é necessária a transferência de propriedade para que se caracterize uma circulação de mercadoria, vale dizer, basta haver a operação de circulação de mercadorias para que haja a incidência do ICMS-Mercadoria. A razão disso é a autonomia dos estabelecimentos. Evidentemente, esse posicionamento ficou enfraquecido com a decisão do Supremo Tribunal Federal (STF) no julgamento da Ação Declaratória de Constitucionalidade (ADC) 49/2021, que declarou a inconstitucionalidade de dispositivos da Lei Complementar 87/96 (Lei Kandir) e afasta a incidência do ICMS na transferência de mercadorias entre estabelecimentos de mesmo titular.[582]

Prosseguindo no pensamento do autor, Ricardo Augusto Alves dos Santos entende que as Aplicações *OTT* de

581. ALVES DOS SANTOS, Ricardo Augusto. Tributação das Aplicações *Over-the-Top* no Brasil cit., p. 702, grifos nossos.

582. Até o fechamento desta edição, ainda não houve a modulação dos efeitos da declaração, ou seja, não foi determinado o momento exato que a decisão passa ter efeito.

Conteúdos Audiovisuais não podem sofrer a incidência do ICMS-Comunicação. A razão estaria em que os provedores de *OTT* de Conteúdos Audiovisuais ocupam a posição de emissores da mensagem na relação comunicativa estabelecida junto aos usuários finais e não de terceiro, que provê os meios necessários à efetivação da comunicação, mas é alheio ao conteúdo da relação comunicativa.[583]

Dizendo de outra forma, os provedores de Aplicações *Over--the-Top* de Conteúdos Audiovisuais são responsáveis pela transmissão desses conteúdos pela internet, utilizando a tecnologia *streaming*, mas não são, eles mesmos, os provedores dos meios físicos em que a transmissão se inicia, transcorre e é finalizada.

O mesmo autor considera que os provedores de *OTT* de Conteúdos Audiovisuais não podem ser equiparados aos prestadores de Serviço de Acesso Condicionado (*SeAC*), em virtude de não disponibilizarem os meios, redes e aparatos físicos, eletrônicos ou digitais necessários à efetivação da relação comunicativa junto aos usuários finais.[584]

Por outro lado, ao disponibilizar o acesso a tais conteúdos, os provedores realizam certos *fazeres*;[585] ele entende que isso caracterizaria sua atividade como um *serviço*, sujeitando as Aplicações *OTT* de Conteúdos Audiovisuais à incidência do ISS.

A conjunção de uma *obrigação de dar* acompanhada de vários *fazeres*, tese veiculada por aquele autor, além de interessante, é original, segundo a pesquisa aqui realizada.

A tributação das Aplicações *OTT* de Conteúdos Audiovisuais pelo ISS estaria, segundo ele, em consonância com a recente modificação da Lei Complementar 116/2003 pela Lei

583. ALVES DOS SANTOS, Ricardo Augusto. Tributação das Aplicações *Over-the--Top* no Brasil cit., p. 703.

584. Ibidem.

585. *Vide* capítulo anterior, onde eles são detalhados. Exemplos: montagem de lista de preferências do usuário.

Complementar 157/2016, que inseriu, na lista anexa de serviços da primeira, o item 1.09.

Aquele autor invoca o entendimento exarado pelo STF no Recurso Extraordinário 651.703, em 2016, em que prevaleceu, e com efeito repetitivo, a tese esposada pelo Ministro Luiz Fux de que

> o núcleo material da hipótese de incidência do ISS previsto na Constituição não se confunde com o conceito de serviço de Direito Privado, razão pela qual a tributação do ISS não deve se limitar apenas às obrigações de fazer.[586]

Assim, saiu vencedora, em nossa Corte Magna, a tese de que *o ISS pode incidir sobre qualquer serviço, desde que não esteja sujeito ao campo de competência tributária do IOF e ICMS*, e que seja executado a partir de um conjunto de atividades materiais ou imateriais, que *gere utilidade para terceiros*, que seja prestado com habitualidade e intuito de lucro, podendo estar conjugado ou não com a entrega de bens ao tomador.[587]

Conclui Ricardo Augusto Alves dos Santos que as Aplicações *OTT* revestem-se

> [...] de uma série de obrigações de fazer indispensáveis à transmissão dos arquivos de som e imagem aos usuários finais, tais como a manutenção dos servidores remotos pelos provedores, a garantia de largura adequada de banda de internet para permitir a transferência de dados, a indicação pelos provedores de filmes e músicas aos usuários baseados em suas preferências, a manutenção de sistema de avaliação das obras para montagem de lista de preferências de cada usuário, entre outros.[588]

A linha argumentativa daquele autor vai ao sentido de que todos esses *fazeres* não são meros expedientes acessórios, mas

586. ALVES DOS SANTOS, Ricardo Augusto. Tributação das Aplicações *Over-the-Top* no Brasil cit., p. 706.

587. Ibidem, p. 706.

588. Ibidem.

sim que são "indispensáveis e indissociáveis à prestação da utilidade ao usuário final". Logo, a oferta das funcionalidades de *OTT* de Conteúdos Audiovisuais pelo provedor não é uma simples *operação de dar* equiparável à locação de um bem móvel.[589]

Esse autor aduz que existe uma coincidência entre o uso de vocábulo relativamente recente em nosso vernáculo, o verbo *disponibilizar*, e o fato de ele ser empregado para construir a hipótese de incidência de tributo sobre um "fenômeno econômico inteiramente inovador, o qual não deve ser interpretado como uma simples locação de bem móvel".[590]

Em relação às Aplicações *Over-the-Top* de Comunicações Sociais, Ricardo Alves dos Santos tem a seguinte posição: a realização de chamadas de voz entre usuários conectados à internet constitui-se num tipo de Serviço de Valor Adicionado (*SVA*), pois acrescentaria uma nova funcionalidade aos serviços de telecomunicação e de conexão à internet contratados pelos usuários finais junto a outros prestadores. Sendo serviço, seria potencialmente tributável pelo ISS, mas a incidência desse imposto sobre tal atividade deve ser descartada, em razão da falta de previsão para tributação de *SVA* da LC 116/2003, na mesma linha do preceituado na Súmula 334 do Superior Tribunal de Justiça.[591-592]

7.4 Imunidade dos fonogramas e videofonogramas de produção nacional

Os doutrinadores pesquisados que afastam qualquer tributação sobre conteúdos audiovisuais disponibilizados pela internet são Salvador Cândido Brandão Júnior, Daniel Giotti

589. ALVES DOS SANTOS, Ricardo Augusto. Tributação das Aplicações *Over-the-Top* no Brasil cit., p. 706

590. Ibidem, p. 707.

591. Ibidem, p. 710.

592. Súmula 334 do STJ: "O ICMS não incide no serviço dos provedores de acesso à Internet".

de Paula e Roney Sandro Freire Corrêa. Esses autores entendem estarem os fonogramas e videofonogramas de produção nacional protegidos pela imunidade, o que afastaria a tributação tanto pelo ICMS quanto pelo ISS.[593-594] Pela classificação proposta nesta obra, trata-se do suporte fático das Aplicações *OTT* de Conteúdos Audiovisuais.

Esses autores defendem que a aplicação do ISS sobre serviços de fonogramas e videofonogramas produzidos no Brasil deve ser afastada, uma vez que sobre eles aplica-se o instituto da imunidade, previsto na alínea "e" do inciso VI do art. 150 da CF/88.

Salvador Cândido Brandão Júnior informa que algumas Aplicações *OTT* de Conteúdos Audiovisuais (como denominadas nesta obra), a exemplo do *Google Play Music* e do *Spotify*, disponibilizam músicas interpretadas por brasileiros ou cujos direitos autorais são de brasileiros (seus autores). Informa que ambos cobram assinatura pelos serviços e que o conteúdo digital é indivisível, sendo o preço da assinatura também indivisível.

Ele explica que, ao se analisar a regra-matriz de incidência do ISS, não é possível cogitar-se da implementação de algum algoritmo para calcular proporcionalmente um valor de assinatura após a exclusão dos conteúdos musicais imunes. Tratar-se-ia de uma dificuldade de operacionalização criada pelo próprio poder público, mas que não pode prejudicar o particular. Por essa razão, entende ele que fica inviabilizada a tributação por ISS sobre o serviço de *streaming* quando houver disponibilização de fonograma e videofonograma de autor brasileiro ou de intérprete brasileiro.[595]

---

593. BRANDÃO JUNIOR, Salvador Cândido. A imunidade dos fonogramas e videofonogramas e sua aplicação no serviço de streaming. *In:* PISCITELLI, Tathiane (coord.). *Tributação da economia digital*. São Paulo: Thomson Reuters, 2018. p. 346-357.

594. PAULA, Daniel Giotti de; CORRÊA, Roney Sandro Freire. As imunidades dos fonogramas e videofonogramas e os serviços *over-the-top* cit., p. 43-58.

595. BRANDÃO JUNIOR, Salvador Cândido. A imunidade dos fonogramas e videofonogramas e sua aplicação no serviço de *streaming* cit., p. 335.

Embora o autor não faça menção ao ICMS, ao defender a imunidade sobre aquelas materialidades, estaria também afastando a possibilidade de incidência desse imposto.

Daniel Giotti de Paula e Roney Sandro Freire Corrêa vão além. Ainda que não se entendesse pela imunidade, essa disponibilização de conteúdos pela internet, como já visto em capítulo próprio, seria caracterizada como Serviço de Valor Adicionado (*SVA*), o que afasta a tributação do ICMS e do ISS. Em suas palavras, "inexiste previsão normativa em consonância com as Leis Complementares ns. 116/2003 e 157/2016", afastando a tributação do ISS. De outro lado, não há transferência de titularidade, nem a disponibilização dos conteúdos aos assinantes, o que afasta a tributação do ICMS. Concluem, esses autores, por fim, que a baliza constitucional que imunizou os serviços de fonograma e de videofonograma seria necessária e suficiente para afastar qualquer tentativa dos entes estatais no sentido da incidência do ICMS e do ISS sobre serviços de *streaming*.[596]

7.5 Impossibilidade da tributação tanto pelo ICMS quanto pelo ISS

Nesse grupo, está a maioria dos doutrinadores pesquisados. Aqui, veem-se os autores que apontaram inconstitucionalidade ou ilegalidade nas iniciativas legislativas para tributar os fenômenos do *Over-the-Top* tanto pelo ICMS quanto pelo ISS, ou seja, por outros motivos que não a própria imunidade apontada por Salvador Cândido Brandão Júnior. São eles, José Eduardo Soares de Melo, Betina Treiger Grupenmacher, Carlos Augusto Daniel Neto, Leonardo Ogassawara de Araújo Branco, Lucas de Lima Carvalho, Rogério Baptista Fedele, Eduardo Muxfeldt Bazzanella e Victor Oliveira Fernandes. Alguns deles constarão também do grupo dos proponentes de um novo tributo para esses suportes fáticos.

596. PAULA, Daniel Giotti de; CORRÊA, Roney Sandro Freire. As imunidades dos fonogramas e videofonogramas e os serviços *over-the-top* cit., p. 58.

As razões de cada um nem sempre são as mesmas. Passa-se ao detalhamento de algumas delas.

Conforme Betina Treiger Grupenmacher,

> Os serviços *over-the-top* [sic] disponibilizados por meio de *streaming* não estão sujeitos à incidência de ISS, ICMS-Mercadorias ou ICMS-Comunicação, por não se subsumirem à materialidade estabelecida nos arquétipos constitucionais dos referidos tributos. A disponibilização de conteúdo de áudio e vídeo sem cessão definitiva não caracteriza obrigação de fazer, pois independe de atividade física ou intelectual. Não são, igualmente, obrigações de dar, porque não há transferência de titularidade dos conteúdos de multimídia aos contratantes; e, finalmente, não há serviço de comunicação, porque não há relação comunicativa entre o cedente e o cessionário, ou seja, entre a empresa que disponibiliza o conteúdo e o assinante que o contrata.[597]

Na lição dessa autora, os "serviços *over-the-top* transmitidos por *streaming*" seriam disponibilizações de conteúdo de áudio e vídeo sem cessão definitiva. Por essa razão, a autora conclui que as Aplicações *OTT* de Conteúdos Audiovisuais possuiriam a natureza jurídica de cessão de direitos e, como tal, não se equipararіam às prestações de serviços.[598]

Observa a autora mais um traço distintivo das Aplicações *OTT* de Conteúdos Audiovisuais em relação à TV por assinatura, com a qual agora concorre. O traço distintivo adicional estaria na tecnologia empregada. Nas TVs por assinatura, à exceção dos serviços *on demand*, o conteúdo é transmitido por cabo ou micro-ondas. Na Aplicação *OTT*, eles são transmitidos por fluxo de informações (*streaming*) pela internet. Tudo isso, não obstante o objeto do contrato de ambas as modalidades, TV por assinatura e *OTT* de Conteúdos Audiovisuais, ser o mesmo: a disponibilização de conteúdo de áudio, vídeo e imagens. A conclusão daquela autora, em termos tributários,

597. GRUPENMACHER, Betina Treiger. Tributação do *streaming* e serviços *over-the-top* cit., p. 344, grifos nossos.

598. Ibidem, p. 329.

é que as *OTT* de Conteúdos Audiovisuais não se inserem nem na materialidade do ICMS, nem daquela do ISS.[599]

A autora, muito embora faça as considerações *supra*, admite que "o texto constitucional não mais se adéqua à realidade" e que a "era digital e tecnológica reclama significativa alteração para torná-lo compatível com o momento de inovação tecnológica em que vivemos".[600]

A seguir, muito interessantes são as considerações de Carlos Augusto Daniel Neto e Leonardo Ogassawara de Araújo Branco acerca da impossibilidade da incidência tanto do ICMS quanto do ISS sobre os suportes fáticos envolvendo as Aplicações *OTT* aqui estudadas, merecendo sua explicitação. Seu foco de estudo é a tributação do *download* de *software*, porém muitas das conclusões são aproveitáveis para nosso objeto.

Em outro capítulo, foi visto que, para esses autores, os bens incorpóreos estão no âmbito de incidência do ICMS--Mercadorias, porém têm de estar atrelados a um *ciclo de circulação econômica de bens*. Pela razão de não estarem numa cadeia de circulação, e sim como uma transação direta entre o produtor e o consumidor, aqueles autores afastam a possibilidade de tributação do *software* pelo ICMS.

Caberia verificar se o *download* de *software* deve ser tratado, afinal, como serviço para fins de incidência do ISS.[601]

Apontam os autores que hoje prevalece, para conceituar serviço, uma consideração própria da função econômica e social da operação e a postura dos sujeitos envolvidos. O ISS possui uma regra de competência mais fluida, não apenas pelo fato de o vocábulo *serviço* trazer suas restrições de forma expressa,

599. GRUPENMACHER, Betina Treiger. Tributação do *streaming* e serviços *over--the-top* cit., p. 330.

600. Ibidem, p. 333.

601. A obra desses autores que foi pesquisada é anterior ao julgamento das ADI 5.659/MG e 1.945/MT, que acabou por assentar, até o momento, o entendimento por sua tributação pelo ISS, e não pelo ICMS.

mas por essa condição estar ligada a uma cláusula genérica (de qualquer natureza), que indica a adoção de um conceito mais amplo. Além disso, o STF excluiu expressamente, do âmbito da competência dos Municípios, as cessões de direito de uso, ao julgar o caso da locação (Súmula Vinculante 31). Entendem os autores que o atual conceito constitucional de serviço para fins de ISS é aquele do *oferecimento de uma utilidade para outrem*, a partir de um conjunto de atividades imateriais definidas em lei complementar, prestadas com habitualidade e mediante contraprestação, *podendo estar conjugadas ou não com a entrega de bens ao tomador*, excluídos os serviços abrangidos pelos arts. 155, II (ICMS), e 153, V (IOF), da CF/88, e as atividades de cessão de direito de uso. Por isso, não seria possível tributar o *download* de *software* a partir da utilização de leis complementares com o fito de determinar o conteúdo das competências de ICMS e ISS, pois ambas, em sua semântica constitucional, não suportam – atualmente – tal materialidade.[602]

Em complemento a esse raciocínio, entendem os dois autores que a solução jurídica para a tributação de vasta gama de situações que envolvam cessão de direito de uso reside na lei complementar, mas na sua função específica do art. 154, I, da CF, útil para promover o fechamento horizontal das competências, por meio do exercício de competência residual da União.

Adentrando no suporte fático das Aplicações *Over-the--Top* de Conteúdos Audiovisuais, Carlos Augusto Daniel Neto e Leonardo Ogassawara de Araújo Branco entendem que as atividades de *streaming* de vídeo e som (por exemplo, *Netflix* e *Deezer*) são *plataformas de acesso a dados que gozam de proteção de direitos autorais*. Para sua execução, é paga uma contraprestação, e isso caracterizaria uma *cessão do direito de uso* daquele material, posição que coincide com a de José Eduardo Soares de Melo.

---

602. No julgamento das ADI 5.659/MG e 1.945/MT, o STF afastou a tributação pelo ICMS, mas não pelo ISS.

Entendem os dois primeiros autores supracitados que essas atividades não se enquadrariam, tampouco, no conceito de serviço abrangido pela CF/88. Não sendo tributáveis nem pelo ICMS, nem pelo ISS, eventual incidência de imposto dependeria, pois, do exercício da competência residual da União, como ocorreu em algumas unidades federativas nos Estados Unidos.

Carlos Augusto Daniel Neto e Leonardo Ogassawara de Araújo Branco concluem que as atuais regras de competência da Constituição Federal de 1988 são suficientes para abarcar as novas materialidades decorrentes da Economia Digital, com duas possibilidades de solução: (i) a adoção de conceitos mais sofisticados de mercadoria e serviço; ou (ii) o exercício da competência residual da União.

Outros dois autores, Lucas de Lima Carvalho e Rogério Baptista Federe, elaboraram um original estudo sobre as Aplicações *OTT* de Jogos Multijogadores *On-line*, que não se enquadram ao nosso objeto específico de estudo, mas suas conclusões são aproveitáveis para ele. Em outro capítulo, já foram examinadas várias de suas anotações, especialmente sobre a particularidade de algumas materialidades das Aplicações *Over-the-Top* poderem ser caracterizadas como um *Software as a Service* (*SaaS*). Aqueles autores consideram que nem a tributação por meio de ISS, nem a tributação por meio de ICMS dos "serviços" *OTT* satisfazem às necessidades da Economia Digital. Acreditam que, enquanto as hipóteses tributárias de ISS e ICMS forem disciplinadas por diferentes legisladores, ou mesmo por integrantes do Poder Executivo (citam o exemplo de diplomas infralegais), haverá um "debate sem fim" sobre a aplicação de "conceitos vagos, arcaicos e até mesmo conflitantes, a situações novas", que, no entanto, são muito relevantes do ponto de vista econômico, de capacidade contributiva e de isonomia fiscal, a merecer a atenção do Direito Tributário brasileiro.[603]

603. LIMA CARVALHO, Lucas de; FEDERE, Rogério Baptista. A Tributação de SaaS e SaaP no Brasil por ISS ou ICMS: Estudo de Casos de Massively Multiplayer Online Games (MMOGs). *In:* FARIA, Renato Vilela; SILVEIRA, Ricardo Maitto da; MONTEIRO, Alexandre Luiz Moraes do Rêgo (coord.). *Tributação da Economia Digital*: desafios no Brasil, experiência internacional e novas perspectivas. São Paulo: Saraiva, 2018, p. 676.

A seguir, são trazidas as considerações dos estudos de Eduardo Muxfeldt Bazzanella sobre a tributação dos vídeos sob demanda sob a ótica da influência da globalização sobre as normas tributárias.[604]

Ele afirma que o tratamento tributário do *software* no Brasil possui inconsistências.[605] Ao utilizar critério similar ao norte-americano, afasta-se dos avanços tecnológicos e não responde adequadamente à complexidade atual. De qualquer forma, pode ser considerada uma mercadoria virtual (ICMS), para fins de tributação, desde que corretamente enquadrada como tal, visto que o programa de computador pode também assumir a forma de legítimo serviço, ao ser produzido em cópia única, sob encomenda, no que seria tributável pelo ISS.[606]

Segundo aquele autor, o ordenamento jurídico nacional tem aproximações, em alguns tipos de serviço, com o modelo norte-americano. Sua estrutura jurídica mantém-se baseada em técnicas e canais de transmissão. A regulamentação do vídeo sob demanda é limitada, entre nós, a normas infralegais de categorização de serviço, diferentemente dos Estados Unidos e União Europeia, que mantêm previsões com maior força normativa.[607]

Observa esse autor que o ICMS-Comunicação atinge prestações onerosas de serviço de comunicação, por qualquer meio. Todavia, a simples realização da comunicação não é suficiente para a imposição tributária, há a necessidade de colocar, à disposição do usuário, os meios necessários à emissão e recepção de mensagens.[608] Ele exemplifica: apesar de os serviços de TV a cabo e satélite sofrerem o gravame tributário do ICMS-Comunicação, o provimento de acesso à internet não o é, em razão do

---

604. BAZZANELLA, Eduardo Muxfeldt. *Tributação sobre os vídeos sob demanda:* a influência da globalização sobre as normas tributárias cit.

605. O estudo é anterior ao julgamento das ADI 5.659/MG e 1.945/MT.

606. BAZZANELLA, Eduardo Muxfeldt. *Tributação sobre os vídeos sob demanda:* a influência da globalização sobre as normas tributárias cit., p. 129-130.

607. Ibidem.

608. Ibidem, p. 105.

enquadramento deste último como um Serviço de Valor Adicionado (*SVA*), com clara referência ao modelo norte-americano, gerando questões controversas até o presente momento.[609]

Aquele autor cita André Mendes Moreira, com ele concordando no sentido de que a prática demonstra que a distinção entre serviço de telecomunicação e de valor adicionado não é simples, "tendo em vista que as atividades estão imbricadas".[610]

Ele explica que a norma incidental do ICMS-Comunicação acaba sendo influenciada pela legislação das telecomunicações. Nessa materialidade, o que importa é a disponibilização do meio, não propriamente a mensagem. A neutralidade tecnológica (aqui denominada *convergência tecnológica*) coloca *em xeque* tais estruturas, tendo em vista que, nas telecomunicações, busca-se um tratamento justo e isonômico para serviços similares, mesmo que prestados por meios distintos. Entende aquele autor, dada a busca pela justiça e isonomia, que não se sustentaria a imposição do ICMS-Comunicações sobre o vídeo sob demanda dos fornecedores de TV a cabo e assemelhados.[611-612]

Para Eduardo Muxfeldt Bazzanella, o vídeo sob demanda, fornecido ou não pela internet, possuiria traços característicos de serviço. Ao tempo de seu estudo,[613] não existia, ainda, a inclusão do item 1.09 na Lista de Serviços da LC 116/2003. Nada obstante, esse autor já avaliava, pelo então projeto de lei, que a alteração então pretendida (e depois implementada) estaria carregada de inconstitucionalidades ao violar o art. 155, II, da CF/88, ou seja, ao avançar sobre hipótese de incidência do ICMS.[614]

---

609. BAZZANELLA, Eduardo Muxfeldt. *Tributação sobre os vídeos sob demanda*: a influência da globalização sobre as normas tributárias cit., p. 130. p. 130.

610. Ibidem, p. 109.

611. Ibidem, p. 130.

612. Aparentemente, a falta de isonomia aqui apontada seria o fato de as Aplicações *OTT* de Conteúdos Audiovisuais, que concorrem com a TV a Cabo e assemelhados, até então não serem tributadas.

613. 2016.

614. BAZZANELLA, Eduardo Muxfeldt. *Tributação sobre os vídeos sob demanda:* a influência da globalização sobre as normas tributárias cit., p. 130.

Em sua conclusão, aquele autor considera que o ideal, para tributar as novas materialidades da Economia Digital, seria a adoção de um modelo de um *Imposto sobre Valor Acrescentado*, que poderia reduzir os problemas relacionados ao conflito de competência no tocante aos vídeos sob demanda.[615]

Na mesma esteira, vale observar as considerações de Victor Oliveira Fernandes em trabalho acadêmico sobre a regulação de serviços (como ele os denomina) *Over-the-Top* e o ambiente de *pós-convergência tecnológica*.

Seu objeto de estudo é a regulação, e não a tributação do *Over-the-Top*. Nada obstante, suas observações são úteis ao nosso objeto específico.

Indo direto às suas conclusões, ele considera que as Aplicações *Over-the-Top* seriam, por aproximação, Serviços de Valor Adicionado (*SVA*). Como tal, e, se adotarmos essa premissa, não seriam tributáveis nem pelo ICMS-Comunicação, já que a Lei Geral das Telecomunicações os diferencia de serviços de comunicação; tampouco seriam tributáveis pelo ISS, por ausência de previsão legislativa.[616]

Segundo aquele autor, o regime jurídico setorial aplicável aos "serviços" *OTT* de voz praticamente coincide com aquele dos demais Serviços de Valor Adicionado (*SVA*).[617]

Aponta aquele autor o contraponto existente entre um setor muito regulamentado, que é o das telecomunicações, e outro praticamente sem regulamentação, onde estão as Aplicações *OTT*, que são os serviços baseados sobre IP, ou seja, que utilizam a internet.

615. Ibidem.

616. Não estamos considerando, aqui, as normativas da Lei Complementar 157/2016 e do Convênio ICMS 106/2017 como normas jurídicas para tributar os Serviços de Valor Adicionado, como categoria específica, e sim iniciativas isoladas para tributar alguns de seus fenômenos.

617. FERNANDES, Victor Oliveira. *Regulação de serviços Over-the-Top (OTT) e pós--convergência tecnológica* cit., p. 146.

Segundo ele, o desalinhamento entre a rigidez normativa das legislações de telecomunicações e a dinâmica dos mercados de internet demonstram claramente as "insuficiências das molduras jurídicas tradicionais diante dos impactos do processo de convergência tecnológica".[618]

De nossa parte, acrescentamos que, a par do desequilíbrio regulatório, há também um descompasso tributário. O setor das telecomunicações é tributado pelo ICMS-Comunicação, ao passo que existe toda uma indefinição tributária sobre as Aplicações *Over-the-Top* (de Comunicações Sociais e de Conteúdos Audiovisuais), objeto de nosso estudo.

7.6 Criação de um novo tributo

Pelo entendimento sobre a necessidade de criação de um novo tributo para os suportes fáticos da Economia Digital, especialmente os hoje compreendidos nas *OTT* em estudo, foi identificado um bom número de autores. Não há, porém, um consenso sobre a natureza do novo tributo. Para a maioria dos autores dessa corrente, ele poderia ter as características de um Imposto sobre Valor Agregado (IVA); outros, porém, propõem um imposto do tipo simplificado, que poderia ser denominado *Simples Informático*.

Nas fontes aqui pesquisadas, expressamente propugnam a criação de um novo tributo os autores Marco Aurélio Greco, Paulo Caliendo, Ricardo Augusto Alves dos Santos, José Luis Ribeiro Brazuna, Carlos Augusto Daniel Neto, Leonardo Ogassawara de Araújo Branco, Betina Treiger Grupenmacher, Eurico Marcos Martins de Santi, Luiz Roberto Peroba, Ana Carolina Carpinetti, Stella Oger Pereira dos Santos, Elena Tavares Esteves Estevão, Micaela Dominguez Dutra e Eduardo Muxfeldt Bazzanella. Em vista do objeto da obra, será feita uma exposição mais detalhada de apenas alguns deles.

618. FERNANDES, Victor Oliveira. *Regulação de serviços Over-the-Top (OTT) e pós--convergência tecnológica* cit., p. 150.

Principiamos por Marco Aurélio Greco. Esse ilustre doutrinador defende a criação de um novo tributo, de competência residual da União, a incidir sobre todos os "serviços" *OTT*. Ele argumenta que o modelo unificado de tributação, a que denominará de "SIMPLES informático", seria a alternativa a ser adotada para simplificar as obrigações a cargo dos contribuintes e assegurar um fluxo de recursos às entidades tributantes.[619]

O autor explica que as dificuldades de convívio do sistema tributário com as novas tecnologias têm origem tanto no campo do Direito Tributário como naquele das novas tecnologias, especialmente as ligadas **à** informática.[620] O grande desafio para o ordenamento jurídico funcionar, prossegue, normalmente é identificar a correlação entre o modelo abstrato previsto na norma e a realidade à qual se pretende aplicá-lo. Em situações de descompasso entre a norma jurídica e a realidade, os mecanismos de correção são alterações legislativas, construção jurisprudencial ou elaboração doutrinária, cada qual no seu momento e na dimensão que lhe couber.[621]

Numa interessante observação histórica, Marco Aurélio Greco considera que a discriminação de competências tributárias, como hoje existente, está apoiada em conceitos que estão em permanente confronto com a realidade, e teve origem com a EC 18/65, à Constituição Federal de 1946, então vigente. Naquela época, o mundo digital praticamente não existia.[622]

Uma questão crucial que se coloca, prossegue ele, é saber se o conceito utilizado pela Constituição Federal deva ser determinado à luz da realidade existente à data de sua promulgação (1988) ou à data da aplicação da lei tributária de incidência (por exemplo, 2017). Esta discussão se estende há

---

619. GRECO, Marco Aurelio. Tributação e novas tecnologias: reformular as incidências ou o modo de arrecadar? Um "SIMPLES" informático. *In:* FARIA, Renato Vilela; SILVEIRA, Ricardo Maitto da; MONTEIRO, Alexandre Luiz Moraes do Rêgo (coord.). *Tributação da economia digital*: desafios no Brasil, experiência internacional e novas perspectivas. São Paulo: Saraiva, 2018. p. 780-790.

620. Ibidem, p. 781.

621. Ibidem.

622. Ibidem.

décadas sempre que se procura identificar a linha divisória das competências constitucionais dos Estados (para instituir ICMS) e dos Municípios (para instituir ISS).[623]

Marco Aurélio Greco explica que, ao analisarmos as mudanças trazidas pelos avanços da tecnologia no âmbito da informática, três constatações são nítidas: (i) a informatização levou à desmaterialização dos bens; (ii) a informatização levou à desterritorialização das atividades; e (iii) a informatização provocou a desintermediação das transações.[624]

Assim, quanto à *desmaterialização dos bens*, ele usa uma imagem interessante: passamos de uma "civilização apoiada em átomos para uma apoiada em *bits*". A evolução da tecnologia, o uso da linguagem binária e outros avanços possibilitaram que a mensagem adquirisse condições de circulação "independente de um suporte físico à qual estivesse agregada".[625]

Essa modificação trouxe dificuldades à tributação, a começar pela dificuldade de enquadrar determinadas figuras (como *software* e banco de dados) nos conceitos de mercadoria ou de serviço. Indaga aquele autor: o *software* corresponde a uma mercadoria virtual ou o seu licenciamento corresponde a uma prestação de serviços? Diz ele que há também quem afirme tratar-se de situações não alcançadas pelo ICMS e ISS, e que carecem de previsão constitucional específica ou captável somente por um imposto do campo residual de competência.[626]

Outra modificação importante dos novos tempos por ele apontada está ligada à *desterritorialização das atividades*. Na medida em que a mensagem não necessita mais de suporte físico para circular, o território perde a sua função de apoio

---

623. GRECO, Marco Aurelio. Tributação e novas tecnologias: reformular as incidências ou o modo de arrecadar? Um "SIMPLES" informático. *In:* FARIA, Renato Vilela; SILVEIRA, Ricardo Maitto da; MONTEIRO, Alexandre Luiz Moraes do Rêgo (coord.). *Tributação da Economia Digital*: desafios no Brasil, experiência internacional e novas perspectivas. São Paulo: Saraiva, 2018. p. 781.

624. Ibidem, p. 782-784.

625. Ibidem, p. 782.

626. Ibidem.

e critério definidor do lado em que as atividades se desenvolvem e, consequentemente, há a perda da determinação da entidade cuja legislação será aplicada àquela atividade. A desterritorialização das atividades gera dois efeitos tributários relevantes: coloca em dúvida a entidade política a quem será devido o tributo e deixa em aberto quanto será devido.[627]

A terceira grande mudança trazida pelos avanços da tecnologia no âmbito da informática, para Marco Aurélio Greco, é a *desintermediação das transações*. Ele esclarece: antes do avanço da informática, as transações comerciais, financeiras, patrimoniais dependiam de intermediários, ou seja, de pessoas que tinham por função servir de canal de trânsito das operações entre dois interessados. A informática serviu para *aproximar produtores e consumidores*, oferecendo uma *negociação direta entre eles*, sem necessidade de um intermediário: compra-se remotamente e entrega-se física ou remotamente.[628]

Marco Aurélio Greco explica que essa desintermediação das transações tem relevância tributária, porque um dos instrumentos de controle da ocorrência dos fatos geradores e do cumprimento das obrigações daí decorrentes é investir os intermediários na condição de responsáveis tributários, seja como agentes de retenção (a exemplo das fontes de pagamento de renda), seja como agentes de arrecadação (como ocorrem com o substituto tributário no âmbito do ICMS).[629]

Aquele autor anota que o exemplo mais atual e que melhor mostra essas três mudanças é a figura do *bitcoin*: seu valor *prescinde da vinculação a um suporte físico* (como a moeda ao ouro ou à prata), é *aterritorial*, pois se encontra *na nuvem*, e afeta a intermediação financeira, pois *prescinde de instituições*. Nada obstante, tem valor econômico no âmbito da sociedade.[630]

---

627. GRECO, Marco Aurelio. Tributação e novas tecnologias: reformular as incidências ou o modo de arrecadar? Um "SIMPLES" informático cit. p. 783.

628. Ibidem.

629. Ibidem.

630. Ibidem, p. 783-784.

Todas essas situações, observa aquele autor, não são confortáveis nem para o contribuinte, que não sabe o que pagar, a quem pagar e quanto pagar, nem para o Fisco, que não sabe sobre qual base econômica seus impostos devem incidir. Coloca-se a pergunta sobre que caminho se deve trilhar: se pela reformulação das incidências tributárias, via uma reforma, ou outro. Marco Aurélio Greco oferece um novo caminho, cujo foco não é a incidência tributária em si, mas o modo de cumprimento das obrigações geradas. Segundo ele, esse caminho pode assegurar tranquilidade ao contribuinte, no sentido de ter cumprido suas obrigações, e ao Fisco, pela segurança de um fluxo de ingressos tributários.[631]

Aquele autor observa que, na CF/67, tínhamos o Estado-aparato e, na CF/88, passamos a ter o Estado-sociedade.[632]

O fato de o Direito Tributário utilizar, tradicionalmente, conceitos abstratos o levou, segundo aquele autor, a se afastar do mundo real, criando um hiato: o *abstrato* dos conceitos tributários e o *real* das atividades econômicas de cada setor empresarial. A pressão, legítima, dos setores e atividades afetadas levou à proliferação de regras, subrregras, subconceitos, subrregras de subrregras etc.[633]

Indo a nosso objeto de estudo, evidente o descompasso entre as legislações e regulações de setores intimamente imbricados: as telecomunicações, os Serviços de Valor Adicionado, os Serviços de Acesso Condicionado, a internet e as Aplicações *Over-the-Top*, originando as incertezas e os conflitos tributários aqui analisados.

Voltando aos argumentos do autor ora analisado, ele aponta que, diante da complexidade gerada, busca-se cada vez mais dar *racionalidade* ao Sistema Tributário. Mas, pergunta ele, qual a racionalidade a ser adotada, pois podem haver várias: a arrecadatória, a simplificação operacional, a uniformidade de tratamento, a

---

631. GRECO, Marco Aurelio. Tributação e novas tecnologias: reformular as incidências ou o modo de arrecadar? Um "SIMPLES" informático cit., p. 784.

632. Ibidem, p. 784-785.

633. Ibidem, p. 785.

neutralidade econômica, a racionalidade de necessidades, a que vê o tributo como instrumento de políticas públicas, e tantas outras.[634]

A racionalidade eleita por aquele autor, para responder à sua própria pergunta, é a *racionalidade da adequação*, com base na inversão de papel do Estado promovida pela CF/88: agora, temos o Estado-Sociedade. Com base nisso, a assertiva daquele autor: o Direito Tributário deve sair do foco tradicional de competência constitucional, de lei instituidora, ou baseado em conceitos abstratos (mercadoria, serviço, renda etc.), e *voltar-se para a realidade dos fatos*, para aquilo que concretamente existe. Mudado o foco, aí se definirá a tributação em suas quatro dimensões ligadas à sua instituição: *incidência, controles, cobrança e sanções*.[635]

Segundo Marco Aurélio Greco, a racionalidade proposta já se encontra na CF/88, em dois preceitos, que são as alíneas "c" e "d" do inciso III do seu art. 146.[636] Explica ele:

> Inverte-se a lógica de raciocínio, que deixa de ser a lógica da uniformidade (a mesma regra aplicável a todos os contribuintes) para ser a lógica da diversidade (regras distintas conforme as diferenças que forem detectadas; daí o "diferenciado").
>
> Aliás, isonomia é exatamente tratar os desiguais na medida de sua desigualdade.[637]

---

634. GRECO, Marco Aurelio. Tributação e novas tecnologias: reformular as incidências ou o modo de arrecadar? Um "SIMPLES" informático cit., p. 785.

635. Ibidem, p. 785-786.

636. "Art. 146. Cabe à lei complementar:
[...]
III – estabelecer *normas gerais em matéria de legislação tributária*, especialmente sobre:
[...]
c) *adequado tratamento tributário ao ato cooperativo* praticado pelas sociedades cooperativas.
d) *definição de tratamento diferenciado e favorecido para as microempresas e para as empresas de pequeno porte*, inclusive regimes especiais ou simplificados no caso do imposto previsto no art. 155, II, das contribuições previstas no art. 195, I e §§ 12 e 13, e da contribuição a que se refere o art. 239. (Incluído pela Emenda Constitucional n. 42, de 19.12.2003)."

637. GRECO, Marco Aurelio. Tributação e novas tecnologias: reformular as incidências ou o modo de arrecadar? Um "SIMPLES" informático cit., p. 786-787, grifos nossos.

Explica aquele autor que a aplicação de um tratamento diferenciado supõe identificar uma razão concreta que o justifique à luz de algum *critério que transcenda o próprio ambiente tributário*, pois a tributação, além de geradora de recursos financeiros para o Estado, assume, na CF/88, o papel de instrumento de viabilização de valores e políticas públicas.[638] Assim, a lei estimulará o cooperativismo (art. 146, III, "c") e dará tratamento diferenciado aos contribuintes com base, também, no critério da dimensão econômica da empresa (art. 146, III, "d" e art. 170, IX).[639]

Se a CF/88 reconhece o critério setorial como válido para fins de definição de políticas públicas (e, neste particular, aquele autor cita vários artigos, como o 48, IV, o 187, o 197, § 12, o 216-A, §3º, e o 41 dos ADCT), o setor de informática é identificável como tal no âmbito da atividade econômica em geral, a par de outros, como o agronegócio, ou o de petróleo e derivados.[640]

Marco Aurélio Greco, à vista desses argumentos, propõe a criação de um tratamento diferenciado consistente num *regime único de arrecadação aplicado ao setor de informática*, à semelhança no previsto no parágrafo único do art. 146[641] da CF/88 (aquele autor se refere ao já existente *Simples Nacional*).[642]

---

638. GRECO, Marco Aurelio. Tributação e novas tecnologias: reformular as incidências ou o modo de arrecadar? Um "SIMPLES" informático cit., p. 787.

639. Tratamento favorecido para empresas de pequeno porte.

640. Ibidem, p. 788.

641. "Parágrafo único. A lei complementar de que trata o inciso III, d, também poderá instituir um *regime único de arrecadação dos impostos e contribuições da União, dos Estados, do Distrito Federal e dos Municípios*, observado que: (Incluído pela Emenda Constitucional n. 42, de 19.12.2003)
I – será opcional para o contribuinte; (Incluído pela Emenda Constitucional n. 42, de 19.12.2003)
II – poderão ser estabelecidas condições de enquadramento diferenciadas por Estado; (Incluído pela Emenda Constitucional n. 42, de 19.12.2003)
III – o recolhimento será unificado e centralizado e a distribuição da parcela de recursos pertencentes aos respectivos entes federados será imediata, vedada qualquer retenção ou condicionamento; (Incluído pela Emenda Constitucional n. 42, de 19.12.2003)
IV – a arrecadação, a fiscalização e a cobrança poderão ser compartilhadas pelos entes federados, adotado cadastro nacional único de contribuintes. (Incluído pela Emenda Constitucional n. 42, de 19.12.2003)."

642. Ibidem, p. 789.

Em sua proposta, ele sugere que *o regime único poderia abranger não apenas o ICMS e o ISS, mas também os tributos e contribuições federais.* Anota que o atual *Simples Nacional* já tem mais de 10 anos, que, evidentemente, possui qualidades, como tem defeitos e desafios a enfrentar, mas considera o saldo manifestamente positivo: deu tranquilidade aos contribuintes no cumprimento de suas obrigações e deu previsibilidade de arrecadação aos Fiscos.[643]

Marco Aurélio Greco reconhece que sua proposta de um regime único de arrecadação aplicado ao setor de informática vem acompanhada de desafios. Ele destaca dois.

O primeiro deles é: (i) a *definição da amplitude do setor de informática.* Compreende as empresas ligadas a *softwares* básicos, sistemas operacionais ou também as que disponibilizam aplicativos, inclusive para equipamentos portáteis? Abrange hipóteses do que hoje é alcançado pelo ICMS-Comunicações, e em que dimensão? Abrange a disponibilidade de utilidades no âmbito da internet estaria abrangida? E outras dúvidas podem ser colocadas.

O segundo desafio é: (ii) *como compatibilizar um regime único de arrecadação com os regimes não cumulativos de tributação que existem no ICMS e em PIS/COFINS*? O desafio é enorme, explica ele, maior que o enfrentado pelo atual *Simples Nacional,* uma vez que a informática está disseminada por todo o universo de agentes econômicos, independentemente da sua dimensão ou local.[644]

Ao final de seu estudo, aquele autor propõe, para essa unificação de recolhimento de impostos e contribuições, a denominação de *Simples informático.*

Veja-se um outro autor. Trata-se de Paulo Caliendo. Baseamo-nos em um estudo que ele fez visando a analisar o

---

643. GRECO, Marco Aurelio. Tributação e novas tecnologias: reformular as incidências ou o modo de arrecadar? Um "SIMPLES" informático cit., p. 789.

644. Ibidem, p. 789-790.

impacto da economia digital no atual modelo da tributação sobre o consumo.[645] Constata aquele autor que os negócios surgidos com as novas tecnologias não somente alteraram os meios técnicos existentes, mas efetivamente revolucionaram a base econômica tradicional, por meio de uma "*disrupção*" com as estruturas presentes. Haveria uma incompatibilidade entre essa mudança estrutural e o sistema tributário nacional, especialmente na tributação partilhada sobre o consumo, em particular quanto ao ICMS, IPI, PIS/COFINS e ISS.

Por isso, afirma aquele autor, *seria inafastável a adoção, para a tributação sobre o consumo, do modelo IVA, de modo a atender as exigências de eficiência, de praticidade e de equidade.*[646]

O impressionante desenvolvimento tecnológico, neste início de século XXI, superou todas as expectativas, afirma Paulo Caliendo. Surgem diversas tecnologias, convergentes ou não, longe de se perenizarem, pois sempre há necessidade de atualizações. Uma nova tecnologia pode, imediatamente, tornar-se disruptiva e alterar todas as formas anteriores de realizações de negócios. Pergunta ele se tamanha alteração de contexto histórico produzirá alterações sobre os conceitos e regras utilizados em Direito Tributário.[647]

Aquele autor cita Joseph Schumpeter para afirmar que as mudanças tecnológicas de hoje, mais que lineares, são *revolucionárias*, *qualitativas* e não somente quantitativas.[648]

Ele aponta que três movimentos tiveram profunda influência no Ambiente de Inovação, e, consequentemente, no Direito. Primeiro, a *mudança no foco do inventor individual para as redes de pesquisa (networking learning)*; segundo, da *inovação direcionada ao mercado*, que passou à interação entre práticas

645. CALIENDO, Paulo. Economia digital e a criação de um IVA para o Brasil cit., p. 791-805.

646. Ibidem, p. 791.

647. Ibidem.

648. Ibidem, p. 792.

de mercado e sociais (*nonmarketing practices*); e, por último, dos *direitos proprietários*, que passaram a uma *interação entre direitos proprietários e comuns*. Observa também uma existência de conexões entre a indústria e a Universidade.[649]

Paulo Caliendo não hesita em afirmar que a tributação pode prejudicar o desenvolvimento da economia digital, diante da ausência de clareza e previsibilidade na utilização dos conceitos jurídicos, em face dos novos fatos econômicos.[650]

A seguir, aquele autor faz observações sobre Ação 1 do BEPS,[651] da OCDE, elaborada por conta dessa mudança estrutural no modo de se fazer negócios.

Depois, faz um histórico da tributação sobre o consumo, que, historicamente, divide-se nas seguintes etapas: (i) tributação seletiva sobre alguns produtos; (ii) tributação sobre o consumo geral, apenas na fase das vendas (monofásica); e (iii) tributação sobre o consumo geral, porém em todo o ciclo do consumo (plurifásica).

Ele traça um breve histórico do surgimento dos impostos sobre o consumo no mundo e, particularmente, na França, em 1954, com o advento de um verdadeiro tributo sobre o valor agregado. Aquele autor também relata a evolução dos tributos sobre o consumo no Brasil, especialmente a partir da década de 1960, com a criação do ICM, que, em 1988, evoluiu para o ICMS. Concluirá que não temos, no Brasil, um autêntico IVA, daí o número de propostas de reforma tributária existentes desde a década de 1990.

O resultado dessa deficiência é o enorme contencioso tributário hoje existente, e o conflito de competência entre o ICMS, o IPI e o ISS.

---

649. CALIENDO, Paulo. Economia digital e a criação de um IVA para o Brasil cit., p. 793.

650. Ibidem.

651. Acrônimo derivado do inglês *base erosion and profit shifting*. Trata-se programa da OCDE destinado à formulação de políticas e estratégias para combater a fuga de capitais para os chamados *paraísos fiscais* e combater o aumento da evasão fiscal em escala global.

A conclusão final de Paulo Caliendo é a de que *o sistema tributário nacional apresenta uma forte incompatibilidade com as mudanças estruturais decorrentes das inovações tecnológicas*, especialmente em razão da tributação distribuída sobre o consumo, em ICMS, IPI, PIS, COFINS e ISS. Far-se-ia, pois, urgente a adoção, pelo país, de um *modelo IVA*, nos termos mencionados pela OCDE em seus estudos sobre a economia digital.

Na mesma linha, de inadequação de atual sistema tributário brasileiro em relação à Economia Digital, têm-se as conclusões de Luiz Guilherme de Medeiros Ferreira e Marcos Nobrega.[652]

Eles iniciam apontando que, com o surgimento da internet, acentuaram-se os conflitos de competência entre tributos, notadamente entre o ISS e o ICMS, a exemplo da tributação de provedores daquela tecnologia.

Explicam que nosso sistema constitucional tributário é rígido, na repartição de competências, e pressupõe a legalidade estrita em matéria tributária. Nele, o pressuposto é que cada ente pode tributar somente as materialidades legalmente previstas.

Sucede que a digitalização da economia trouxe, em suas palavras, "uma fluidez muito maior aos conceitos de serviço, comércio e indústria, atribuindo às ofertas uma ideia de funcionalidade extrínseca em detrimento de uma natureza intrínseca ao objeto contratado".[653]

Com isso, os dois autores querem dizer que, na economia tradicional, o objeto contratado tem uma natureza intrínseca, não importando o tipo de negócio, ao passo que, nas ofertas da Economia Digital, os objetos contratados assumem diferentes características a depender das funções que venham a ter no negócio específico. À semelhança do estudo de Ricardo Augusto Alves dos Santos, não há mais uma natureza intrínseca e imutável, mas sim fluida e mutável.

---

652. FERREIRA, Luiz Guilherme de Medeiros; NÓBREGA, Marcos. Tributação na economia digital e o conflito de competência cit., p. 97-120.

653. Ibidem, p. 101.

Os autores oferecem o exemplo da confrontação entre os serviços de *streaming* e o conteúdo de prestadores de serviço de TV a cabo, em que se pode assistir ao mesmo filme (conteúdo) em um ou outro, porém com naturezas jurídicas dessemelhantes. Como tal, acrescentaríamos, a tributação poderá não ser a mesma.

Apontam eles que, além das controvérsias fiscais, tal fluidez gera externalidades negativas que afetam a competitividade. A consequência é que "ofertas similares poderão obter vantagem competitiva não por sua eficiência e qualidade, mas por uma distorção do sistema tributário".[654]

A digitalização da economia, asseveram eles, em grande medida significa também a intangibilidade das novas ofertas. O objeto das transações é mais abstrato e difícil de ser compreendido e apreendido, exatamente pela ausência do aspecto físico, a exemplo dos serviços (ou ofertas, como eles os denominam) em nuvem.

A ausência de tangibilidade, própria dos produtos e serviços da Economia Digital, enfraquece o "substrato de linguagem encontrada no mundo material, dificultando muito a atividade de subsunção do fato à norma, de acordo com a teoria das provas".[655] Haveria, portanto, um distanciamento entre as hipóteses normativas e a prática negocial. As realidades negociais se afastaram das disposições dos arts. 153, 155 e 156 da Constituição Federal, dado que a Economia Digital não possui, como na economia tradicional, fronteiras claras entre indústria, serviços e mercadorias. Se considerarmos o enquadramento do suporte fático em questão na natureza de cessão de direitos, a complexidade aumenta, pois esta última não está prevista expressamente em nenhum dos artigos referidos.

Concluem os autores que, em verdade, a Economia Digital trouxe a venda de "*soluções integradas*", com diferentes

654. FERREIRA, Luiz Guilherme de Medeiros; NÓBREGA, Marcos. Tributação na economia digital e o conflito de competência cit., p. 103.

655. Ibidem, p. 106.

funcionalidades, que não se confundem com um contrato com diversas naturezas jurídicas distintas,[656] novamente à semelhança das conclusões de Ricardo Augusto Alves dos Santos, vistas no capítulo em que se tratou da natureza jurídica das *OTT*.

Por fim, segundo Luiz Guilherme de Medeiros Ferreira e Marcos Nobrega, ainda que os contratos especificassem tal ou qual natureza jurídica, isso seria um artificialismo, por distorcer a prática negocial.

Na mesma linha desses autores, temos a visão de Micaela Domingues Dutra. Sem propor, especificamente, um novo tributo, ela deixa claro, por outro lado, a inadequação do sistema tributário mundial e brasileiro frente às novas realidades da Economia Digital. Explica a autora que houve uma mudança estrutural, em termos sociais, econômicos e de ambiente produtivo. Daí a necessidade de repensar a tributação, já que os atuais sistemas tributários partem da premissa de uma sociedade que vive experiências presenciais, de uma economia de coisas concretas e de bens tangíveis. Parte-se da pressuposição da transposição física de fronteiras e da definição de marcos para o momento do ingresso físico do produto no território de determinada jurisdição.[657]

Tais características, marcos e pressupostos não deixaram de existir totalmente, mas há uma nova realidade que deles prescinde e que precisa ser tratada em termos tributários.

Outro interessante estudo sobre o tema da tributação[658] analisado é aquele elaborado por Eurico Marcos Martins de Santi, Luiz Roberto Peroba, Ana Carolina Carpinetti, Stella Oger Pereira dos Santos e Elena Tavares Esteves Estevão.[659]

---

656. FERREIRA, Luiz Guilherme de Medeiros; NÓBREGA, Marcos. Tributação na economia digital e o conflito de competência cit., p. 107.

657. DUTRA, Micaela Dominguez. Tributação e economia digital cit., p. 17.

658. Elaborado dentro do projeto "*Nossa Reforma Tributária: Desafios da Era Digital*" do Núcleo de Estudos Fiscais da FGV/Direito SP; trabalha pela pesquisa, identificação e proposição de soluções no âmbito da tributação da economia digital.

659. SANTI, Eurico Marcos Martins de; PEROBA, Luiz Roberto; CARPINETTI, Ana Carolina; DOS SANTOS, Stella Oger Pereira; ESTEVÃO, Elena Tavares

Explicam eles que as atividades econômicas geradas no âmbito da era digital possibilitam a troca de bens e serviços de qualquer tipo, conduzidas através de redes de computadores ou efetuadas em plataformas da internet, redes móveis e de sensores, o que representou uma revolução nos conceitos econômicos, jurídicos e sociais.

Ressalvam ainda que, na essência, a economia digital não é um novo setor econômico separado ou autônomo.[660] Seria, em realidade, uma nova forma de a economia tradicional se estruturar, impactando todos os diversos setores, modificando a maneira de realizar negócios, sem perder o objetivo de obter lucratividade e as entregas que são realizadas ao consumidor final.

Prosseguem os autores, explicando que *a economia digital incorporou novos conceitos advindos da tecnologia da informação (TI), que se tornaram relevantes para identificação de competências tributárias*. Conforme o significado adotado, indicarão a jurisdição apta a cobrar o tributo incidente sobre determinado produto ou serviço. A delimitação desses conceitos, principalmente no contexto brasileiro, é imprescindível e faz parte da prática tributária, sendo altamente relevante, e depende de caracterizações inequívocas para ocorrência da materialidade do fato gerador do tributo.

Alguns dos novos conceitos apontados pelos autores são os seguintes: (i) computação na nuvem (*cloud computing*): *Iaas, PaaS* e *SaaS*; (ii) economia compartilhada (*sharing economy*); (iii) serviços *over-the-top*; (iv) internet das coisas (*IoT*), e outros, como *bitcoin, blockchain* etc.

Com relação às Aplicações (ou, como os denominam aqueles autores, "serviços") *Over-the-Top*, explicam que elas são caracterizadas pela entrega de conteúdos de mídia ou

---

Esteves. Tributação na era digital: renda x consumo – estudos sobre o assunto no brasil e no mundo. *JOTA*, São Paulo; Brasília, 19 out. 2017. Disponível em: https://bit.ly/3o9p3n1. Acesso em: 15 out. 2019.

660. O que, de certa forma, conflita com a análise de Marco Aurélio Greco, que enxerga a existência de um setor econômico ligado à informática.

comunicação através de plataformas de IP na internet, sem a utilização da distribuição tradicional (empresas do setor de telecomunicações, como emissoras de TV e rádio, além de operadoras de telefonia).

O conteúdo *OTT*, embora independa de contrato com as companhias de telecomunicações, utiliza a infraestrutura dessas empresas provedoras de conexão às redes para sua disponibilização, *daí decorre a nomenclatura over-the-top, pois são serviços que aproveitam as circunstâncias de existência de bases de acesso à internet para funcionarem "sobre"/"em cima" dessas plataformas provedoras.*

Explicam os autores que, no caso do Brasil, o principal desafio está na identificação da competência tributária, para saber se deve incidir o ICMS ou o ISS. Isso porque as atividades praticadas pela economia digital ora se confundem com o conceito de mercadoria, de incidência do ICMS, ora se assemelham a serviços, com incidência do ISS. Os intangíveis (*downloads*, *streaming* etc.) representam um problema ainda maior, pois não são corporificados para conformar a entrega de uma mercadoria (obrigação de dar), ao mesmo tempo que não é possível afirmar serem serviços oriundos de uma obrigação de fazer, por prazo determinado ou não, mediante contraprestação.

Os autores anotam que, na prática, as empresas que comercializam intangíveis trabalham ou sob a ótica de licença de uso de *software* ou no sentido de comercialização de produtos. A jurisprudência ainda não teria pacificado essa questão.[661]

A seguir, eles explicam as proposições que hoje se fazem no âmbito do IVA europeu.

Para o caso brasileiro, parece-lhes necessário, inicialmente, "a arrumação sistêmica para dissolução dos conflitos de competência internos entre os entes federativos".

661. O estudo foi feito antes da decisão do STF nas ADI 5.659/MG e 1.945/MT.

No Brasil, a alteração do sistema nacional poderia se dar de duas formas: (i) *implementação do* Simples Tecnologia *para tributação de softwares com receita compartilhada entre Estados e Municípios*, o que poderia trazer mais complexidade ao sistema, tornando-se nova exceção à regra tributária; ou (ii) *a adoção, pelo Brasil, de um imposto do tipo IVA ou correlato a nível nacional, para tributar o consumo, porém sob um único tributo e com receita compartilhada entre os entes federados*, elegendo, como materialidade tributária, a *atividade produtiva*, permitindo superar dificuldades atualmente enfrentadas com os conceitos tradicionais (mercadoria e serviço).

Explicam eles que a segunda solução é a que parece coerente dentro do contexto internacional, porém requer esforço político relevante para alteração da Constituição Federal. Restaria ainda, conforme demonstra a experiência europeia, resolver o problema das transações internacionais (*crossborder transactions*).

À guisa de conclusão, os autores apontam os desafios da Era Digital para a tributação.

Na tributação sobre a renda, o problema é a flexibilidade oferecida pelo modelo atual, em que as atividades das multinacionais estão pulverizadas em diversos países, que podem ocasionalmente levar à descaracterização do elemento de conexão com as jurisdições em que atuam, situação que acarreta a erosão das bases tributáveis.

Por fim, os autores apontam que, na tributação sobre o consumo, as dificuldades cingem-se ao âmbito do comércio internacional (*crossborder transactions*), pela indeterminação da jurisdição competente para exercer a tributação sobre as operações realizadas com produtos/serviços intangíveis. Daí a importância de haver um "ajuste global que aborde essa temática".

Outra interessante análise doutrinária do tema é aquela de José Luis Ribeiro Brazuna.[662] Ele defende uma *reforma tributária que elimine os tributos e unifique as cobranças em torno de um único imposto sobre o valor agregado, do tipo IVA, o qual também incidiria sobre os "serviços"* Over-the-Top.

Esse autor afirma que as demandas de economia digital também convergem para a revisão mais profunda do nosso sistema de repartição de competências entre setores industrial, comercial, de prestação de serviços e financeiro, na medida em que as novas tecnologias vêm rompendo as barreiras entre tais segmentos, exigindo uma base de tributação ampla e única.

O autor em questão expõe as diversas propostas de Reforma Tributária, que, à época de seu estudo, estavam colocadas para deliberação do Congresso Nacional.[663]

Segundo José Luis Ribeiro Brazuna, o consenso por uma reforma tributária que elimine tributos e unifique cobranças em torno de um único imposto sobre o valor agregado, de aplicação mais simples, permitirá ao Brasil ficar alinhado com a prática de outros países.

Visto o pensamento dos doutrinadores pesquisados acerca da tributação dos novos fenômenos da Economia Digital, e das Aplicações *Over-the-Top*, de modo particular, será visto um quadro sinótico para facilitar a compreensão de todas as posições existentes.

7.7 Quadro sinótico contendo síntese doutrinária

662. BRAZUNA, José Luiz Ribeiro. Reforma tributária: desafios da evolução da economia digital versus complexidades da Federação brasileira. *In:* FARIA, Renato Vilela; SILVEIRA, Ricardo Maitto da; MONTEIRO, Alexandre Luiz Moraes do Rêgo (coord.). *Tributação da economia digital*: desafios no Brasil, experiência internacional e novas perspectivas. São Paulo: Saraiva, 2018. p. 825-845.

663. Feito em 2018. Após, houve a apresentação do PL 3887/2020, para a implantação da CBS, mas que não invalida o estudo então realizado.

Quadro 3: Quadro sinótico das posições doutrinárias sobre a tributação das Aplicações *Over-the-Top*

CORRENTE DOUTRINÁRIA	ARGUMENTOS PRINCIPAIS	CONSEQUÊNCIAS TRIBUTÁRIAS	AUTORES PESQUISADOS
Constitucionalidade, com ressalvas, do Convênio ICMS 106/2017	O Convênio ICMS 106/2017 não invade a competência do legislador complementar, apenas adota o moderno conceito de mercadoria digital. Há, porém, algumas impropriedades no Convênio, que podem ser corrigidas por lei complementar.	Entendimento pela possibilidade da incidência do ICMS sobre o *download* e sobre a transmissão, por *streaming*, de conteúdos digitais. Afetadas somente as Aplicações *OTT* de Conteúdos Audiovisuais (exemplos: *Netflix, Globoplay, HBO Max, Spotify, Deezer*). O Convênio não trata da tributação, pelo ICMS, da comunicação onerosa com uso da internet, materialidade das *OTT* de Comunicações Sociais, em contratos por assinatura ou cobrança por uso (ex.: *Skype, Zoom, Meet* ou *Teams*). Cuida apenas da tributação de operações com bens e mercadorias digitais.	Carlos Otávio Ferreira de Almeida e Lucas Bevilacqua.
Constitucionalidade da inclusão do item 1.09 na Lista de Serviços da LC 116/2003	A Lei Complementar é o instrumento legítimo para dirimir conflitos de competência. Além disso, há uma grande similaridade entre os suportes fáticos das *OTT* e os Serviços de Valor Adicionado, que estão fora da incidência do ICMS.	Entendimento pela possibilidade da tributação da transmissão de conteúdos audiovisuais, sem cessão definitiva (por *streaming*), pelo ISS. Afeta as Aplicações *OTT* de Conteúdos Audiovisuais (ex.: *Netflix, Globoplay, HBO Max, Spotify, Deezer*). Todavia, não afeta as Aplicações *OTT* de Comunicações Sociais, em contratos por assinatura ou cobrança por uso (como *Skype, Zoom, Meet* ou *Teams*), porque a Lei Complementar 116/2003 não contém item específico a respeito.	Alberto Macedo

CORRENTE DOUTRINÁRIA	ARGUMENTOS PRINCIPAIS	CONSEQUÊNCIAS TRIBUTÁRIAS	AUTORES PESQUISADOS
Tributação pelo ISS, com ressalvas	É constitucional a inclusão do item 1.09 na Lista de Serviços da LC 116/2003 pela LC 157/2016. O acesso não definitivo a conteúdos multimídia, por *streaming*, caracteriza serviço. Transmissão de conteúdos multimídia sem caráter definitivo (*streaming*) pode ser classificada como locação de coisa móvel, que não pode sofrer a tributação pelo ICMS, conforme Súmula Vinculante 31 do STF. Os provedores de conteúdos multimídia não são os provedores do serviço de comunicação, por isso não podem ser tributados pelo ICMS-Comunicação. Embora não se cogite da tributação, pelo ISS, do envio de mensagens multimídia, teleconferência e da realização de chamadas de voz ou voz e imagem entre usuários conectados à internet, esses suportes fáticos são tipos de Serviço de Valor Adicionado (*SVA*), que não se sujeitam ao ICMS. Todavia é legítimo que o ICMS possa tributar as novas realidades da Economia Digital, que implicaram *desmaterialização das relações* e *desmaterialização das mercadorias*. Essa eventual tributação pelo ICMS deve adotar os instrumentos adequados, não podendo se dar por mero Convênio ICMS.	Entendimento pela possibilidade de tributação de *download* de conteúdos digitais e de serviços de *streaming* pelo ISS. Afeta as Aplicações *OTT* de Conteúdos Audiovisuais (ex.: *Netflix, Globoplay, HBO Max, Spotify, Deezer*). Todavia, não afeta as Aplicações *OTT* de Comunicações, em contratos por assinatura ou cobrança por uso (como *Skype, Zoom, Meet* ou *Teams*), cujos suportes fáticos podem ser classificados como Serviço de Valor Adicionado (*SVA*), que não se sujeita ao ICMS e tampouco ao ISS, por falta de previsão legal.	Tathiane Piscitelli, Maurício Barros, Ricardo Augusto Alves dos Santos, Guilherme de Campos Quintela, Samille Rodrigues Sergio, Sergio Papini de Mendonça Uchôa Filho e Iris Cintra Basílio

CORRENTE DOUTRINÁRIA	ARGUMENTOS PRINCIPAIS	CONSEQUÊNCIAS TRIBUTÁRIAS	AUTORES PESQUISADOS
Imunidade tributária dos fonogramas e videofonogramas de produção nacional	Os fonogramas e videofonogramas de produção nacional são protegidos pela imunidade, conforme art. 150, VI, "e", da CF/88. Além disso, constituem-se em Serviço de Valor Adicionado (SVA), não podendo ser alcançados nem pelo ICMS, nem pelo ISS.	Entendimento pela impossibilidade de tributar o *streaming* de conteúdos audiovisuais de produção nacional, afastando a incidência do ICMS, do ISS, ou de qualquer outro tributo. Afeta as Aplicações *OTT* de Conteúdos Audiovisuais, mas tão somente em relação à produção nacional. Todavia, considerando que normalmente a onerosidade se faz pela modalidade de assinatura mensal, não sendo possível segregar o conteúdo nacional do restante, acaba por inviabilizar qualquer tributação sobre esses provedores (ex.: *Netflix, Globoplay, HBO Max, Spotify, Deezer*).	Salvador Cândido Brandão Júnior, Daniel Giotti de Paula e Roney Sandro Freire Corrêa

CORRENTE DOUTRINÁRIA	ARGUMENTOS PRINCIPAIS	CONSEQUÊNCIAS TRIBUTÁRIAS	AUTORES PESQUISADOS
Impossibilidade de tributação das *OTT* de Comunicações Sociais e de Conteúdos Audiovisuais tanto pelo ICMS quanto pelo ISS	A disponibilização de conteúdo de áudio e vídeo sem cessão definitiva não caracteriza obrigação de fazer, pois independe de atividade física ou intelectual. Não são, igualmente, obrigações de dar, porque não há transferência de titularidade dos conteúdos de multimídia aos contratantes; e, finalmente, não há serviço de comunicação, porque não há relação comunicativa entre o cedente e o cessionário, ou seja, entre a empresa que disponibiliza o conteúdo e o assinante. A transmissão de conteúdos multimídia, conforme o autor pesquisado, pode ser entendida como uma cessão de uso, ou cessão de direitos autorais, ou como locação de coisa móvel (esta, protegida da tributação do ICMS pela Súmula Vinculante 31 do STF). Os provedores de conteúdos multimídia não são os provedores dos serviços de comunicação. Na transmissão de conteúdo não há transmissão de propriedade. Inconstitucionalidade da inclusão do item 1.09 na LC 116/2003 pela LC 157/2016. Alguns autores entendem que bens incorpóreos, para serem tributados pelo ICMS, têm que estar num ciclo de circulação econômica de bens e não numa relação direta entre provedor e consumidor.	Entendimento pela impossibilidade de tributar os suportes fáticos das Aplicações *Over-the-Top*, seja pelo ICMS, seja pelo ISS.	José Eduardo Soares de Melo, Betina Treiger Grupenmacher, Carlos Augusto Daniel Neto, Leonardo Ogassawara de Araújo Branco, Lucas de Lima Carvalho, Rogério Baptista Fedele, Eduardo Muxfeldt Bazzanella e Victor Oliveira Fernandes

CORRENTE DOUTRINÁRIA	ARGUMENTOS PRINCIPAIS	CONSEQUÊNCIAS TRIBUTÁRIAS	AUTORES PESQUISADOS
Criação de um novo tributo para tributar os suportes fáticos da Economia Digital	O avanço da tecnologia no âmbito da informática e das telecomunicações, além da convergência tecnológica trouxe, como consequências, (i) a desmaterialização dos bens; (ii) a desterritorialização das atividades; (iii) a desintermediação das transações; (iv) a precoce obsolescência de regulações das telecomunicações e dos serviços e utilidades a elas afetas; e (v) a fluidez da natureza jurídica dos objetos contratuais. Tem-se, na Economia Digital, a oferta de soluções integradas, com diferentes funcionalidades. Tudo isso resultou em inadequação dos conceitos empregados na Constituição Federal (como circulação, mercadoria e serviço) para a construção de normas de incidência dos impostos sobre o consumo em relação aos novos suportes fáticos advindos com a Economia Digital. O modo de cumprimento das obrigações geradas importa mais que a incidência tributária em si.	Entendimento de que somente um novo tributo poderia tributar os suportes fáticos das Aplicações *Over-the-Top*, não importa a modalidade. Conforme o autor pesquisado, o novo tributo pode assumir uma das seguintes modalidades. A primeira consiste na criação de um imposto de regime simplificado, de arrecadação unificada e incidente sobre as atividades do setor de informática, podendo abranger os suportes fáticos do *Over-the-Top*, na forma de um *Simples Informática* ou *Simples Tecnologia.* A segunda forma possível é a de um imposto sobre o consumo do tipo IVA, abrangendo toda a comercialização de bens, corpóreos e incorpóreos, e todos os serviços, em base ampla, elegendo, como materialidade, a *atividade produtiva*, e não os conceitos tradicionais de mercadoria e serviço.	Marco Aurélio Greco, Paulo Caliendo, Ricardo Augusto Alves dos Santos, José Luis Ribeiro Brazuna, Carlos Augusto Daniel Neto, Leonardo Ogassawara de Araújo Branco, Betina Treiger Grupenmacher, Eurico Marcos Martins de Santi, Luiz Roberto Peroba, Ana Carolina Carpinetti, Stella Oger Pereira dos Santos, Elena Tavares Esteves Estevão, Micaela Dominguez Dutra, Eduardo Muxfeldt Bazzanella, Luiz Guilherme de Medeiros Ferreira, Marcos Nobrega, José Roberto R. Afonso, Lais Khaled Porto

Fonte: o autor.

7.8 Conclusão do capítulo

7.8.1 Tributação das *OTT* de Comunicações Sociais

Embora concorram com os serviços tradicionais de comunicação, que sofrem a incidência do ICMS-Comunicação, as Aplicações *OTT* de Comunicações Sociais não vêm sofrendo a incidência desse tributo.

Para que possa ser aplicada a legislação do ICMS-Comunicação, desde a norma constitucional até as normas regulamentares, aquelas aplicações precisariam ser caracterizadas como *serviços de comunicação*, ou ainda, *prestação de serviços de comunicação*, o que, até o momento, não ocorreu, nem pode ocorrer com a atual configuração legislativa.

As normas do ICMS concebidas para serem aplicáveis às Aplicações *OTT* são, como foi visto, o Convênio ICMS 106/2017 e, no caso do estado de São Paulo, o Decreto estadual paulista 63.099/2017 e a Portaria CAT 24/2018 da Sefaz/SP.

Todavia, as normas supracitadas são voltadas para o ICMS-Mercadoria, e não para o ICMS-Comunicação. Aqueles diplomas legislativos não foram editados para a tributação da troca de mensagens instantâneas, ainda que estas últimas possibilitem, na prática, a realização de uma comunicação.

A caracterização da troca de mensagens em Aplicações *Over-the-Top*[664] como um serviço de comunicação não é possível, porque, como explicado em capítulo próprio, possuem a natureza jurídica de Serviços de Valor Adicionado (*SVA*), embora, a nosso ver, não sejam propriamente um *SVA*. Estes, por sua vez, não sofrem a tributação do ICMS-Comunicação, já que a Lei Geral das Telecomunicações expressamente diferencia os *SVA* daqueles que são considerados serviços de comunicação.

Além disso, os provedores de Aplicações *OTT* não são, por via de regra, os mesmos provedores da infraestrutura de internet e de comunicação. Logo, provedores de Aplicações *Over-the-Top* de Comunicações Sociais não são prestadores de serviço de comunicação. Ainda que haja uma coincidência de pessoas, a tributação pelo ICMS-Comunicação deve se dar exclusivamente sobre o núcleo de prestação de serviço de comunicação, não se estendendo ao provimento da funcionalidade *Over-the-Top*.

---

664. A exemplo do WhatsApp, Telegram, Zoom ou Meet.

Por fim, mesmo que, por presunção legal, a comunicação viabilizada por meio das Aplicações *OTT* de Comunicações Sociais fosse caracterizada como prestação de serviço de comunicação, o oferecimento dessa utilidade precisaria ser *onerosa* para sofrer a incidência do ICMS-Comunicação. Hoje, a quase totalidade das *OTT* de Comunicações Sociais é de uso gratuito. Somente os provimentos onerosos, portanto, poderiam estar sujeitos ao ICMS-Comunicação se acaso superados os argumentos já apresentados como impedientes dessa incidência tributária.

As Aplicações *Over-the-Top* de Comunicação Social tampouco podem sofrer a incidência do ISS. Para sê-lo, considerando o caráter residual do ISS, seu suporte fático não poderia estar sujeito à incidência do ICMS e, ao mesmo tempo, deveria constar de lista própria em lei complementar (no caso, na Lista de Serviços anexa à Lei Complementar 116/2003).

Foi visto que a Lei Complementar 157/2016 acrescentou o item 1.09 à Lista de Serviços da LC 116/2003. Todavia, referido item fala em tributação pelo ISS da "disponibilização, sem cessão definitiva, de conteúdos de áudio, vídeo, imagem e texto por meio da internet", excluídos os livros, jornais e periódicos (em meio digital) e os Serviços de Acesso Condicionado. Estes últimos, sabe-se, consistem nos serviços de TV por Assinatura. Numa interpretação sistemática da norma, o uso das expressões *disponibilização* e *sem cessão definitiva*, mais *conteúdos de áudio, vídeo, imagem e texto* está a demonstrar que, tal como o Convênio ICMS 106/2017, o legislador não pretendeu tratar, aqui, de serviços de comunicação, envolvendo troca de mensagens e comunicação *stricto sensu*. Não há, na Lista de Serviços, outro item que se subsuma à materialidade da prestação de serviço de comunicação. Se houvesse, constituir-se-ia numa invasão da competência estadual para tributar aquele.

Repise-se que o suporte fático dessas Aplicações *Over-the-Top* tem a natureza jurídica de Serviço de Valor Adicionado (*SVA*), não se confundindo com serviço de comunicação, tampouco com algum tipo de serviço que seja tributado pelo ISS.

Na pesquisa doutrinária realizada, não foi encontrado nenhum doutrinador que tenha concluído pela possibilidade de tributação das Aplicações *OTT* de Comunicações Sociais pelo ICMS (ICMS-Comunicação, no caso) ou pelo ISS.

7.8.2 Tributação das *OTT* de Conteúdos Audiovisuais

As alterações legislativas dos estados e municípios brasileiros em âmbito nacional, desde 2016, como visto, destinaram-se a alcançar certos suportes fáticos da Economia Digital pelo ICMS ou ISS, respectivamente. A transmissão que se buscou tributar pode consistir em *software*, *stricto sensu*, conteúdos audiovisuais e outros, como programas e jogos eletrônicos.

Os conteúdos audiovisuais, embora, como o *software*, sejam arquivos digitais, destinam-se ser apreensíveis pelos sentidos humanos, além de terem a finalidade de informação, comunicação, publicidade, cultura ou entretenimento. Por exemplo, uma mensagem de texto, uma imagem (foto, desenho, grafismo), arquivos sonoros (voz ou música) e vídeos. De acordo com o corte metodológico adotado, será analisada apenas a tributação da transmissão, via internet, com ou sem uso da tecnologia *streaming*, dos conteúdos audiovisuais. Essa transmissão ocorre por meio das Aplicações *Over-the-Top* de Conteúdos Audiovisuais, conforme classificação proposta em capítulo próprio desta obra.

Por estarem fora do escopo de nosso estudo, não será analisada a tributação, pelo ICMS-Mercadoria, dos demais conteúdos mencionados no Convênio ICMS 106/2017, como *software*, programas e jogos eletrônicos.

O fato de o Convênio ICMS 106/2017 disciplinar o núcleo de incidência do ICMS-Mercadoria, e não o ICMS-Comunicação, somada à circunstância de a Portaria CAT 24/2018, do estado de São Paulo, empregar a expressão *com cessão definitiva*, tudo isso permite a interpretação de que o mero acesso por *streaming* a conteúdos audiovisuais, como músicas, filmes e séries de Aplicações *Over-the-Top* de Conteúdos

Audiovisuais,[665] não está sujeito ao ICMS, mas estará sujeito ao ISS, na dicção do item 1.09 da Lista de Serviços da Lei Complementar 116/2003.

O mero acesso, por *streaming*, a conteúdos audiovisuais (como músicas, filmes e séries) não sujeita as Aplicações *OTT* dessa espécie à incidência do ICMS-Mercadoria, e tampouco ao ICMS-Comunicação, que pressupõe cessão definitiva. A razão está no fato de o Convênio ICMS 106/2017 disciplinar o núcleo de incidência do ICMS-Mercadoria. No caso do estado de São Paulo, isso fica mais evidente pelo fato de a Portaria CAT 24/2018 textualmente empregar a expressão "com cessão definitiva".

Todavia, em termos de legislação positivada, esse acesso por *streaming* a conteúdos audiovisuais estará sujeito ao ISS, na dicção do item 1.09 da Lista de Serviços da Lei Complementar 116/2003.

Remanesce um ponto obscuro que é o *download* realizado por *streaming*, que, como visto, não é propriamente um *download* definitivo, pois depende das regras do contrato com o aplicativo. Para ser incidente o ICMS-Mercadoria, o *download* teria que ocorrer em caráter definitivo.

Em termos de legislação positivada que pode atingir o suporte fático das *Over-the-Top* de Conteúdos Audiovisuais, temos, de um lado, o Convênio ICMS 106/2017, que disciplina a transferência de conteúdos multimídia em caráter definitivo (situação do *download*), e prevê a tributação dessa materialidade pelo ICMS-Mercadoria de competência estadual. De outro, temos o item 1.09, inserido na Lista de Serviços anexa à Lei Complementar 116/2003, que prevê a tributação, pelo ISS municipal, dos acessos por *streaming* a conteúdos multimídia sem cessão definitiva.

Conforme visto, no entanto, a doutrina é bastante dividida em relação à tributação, pelo ICMS ou ISS, das Aplicações *OTT* de Conteúdos Audiovisuais.

---

665. A exemplo de Spotify, Netflix, HBO Max, entre outros.

Identificamos seis (6) posições bem caracterizadas. Far-se-á, aqui, apenas uma breve síntese destas, visto que foram melhor detalhadas nos tópicos precedentes.

Pela primeira, pode haver incidência do ICMS sobre o *download* e sobre a transmissão por *streaming* de conteúdos digitais, desde que sanados alguns problemas do diploma legislativo que prevê originalmente aquela tributação, que é o Convênio ICMS 106/2017.

Há duas correntes que entendem tributáveis, pelo ISS, os suportes fáticos das Aplicações *Over-the-Top* de Conteúdos Audiovisuais. A mais numerosa em termos de doutrinadores, considera que é legítimo que o ICMS possa vir, futuramente, a tributar todos ou alguns desses suportes fáticos, mas desde que através das modificações próprias na Constituição Federal ou nos diplomas infraconstitucionais, especialmente a Lei Complementar. Uma outra corrente, favorável à tributação pelo ISS, afasta totalmente a possibilidade de tributação pelo ICMS.

Uma quarta corrente entende que os fonogramas e videofonogramas de produção nacional estão protegidos de tributação pelo instituto da imunidade constitucional. Entre autores dessa corrente, há alguns que conceituam a sua disponibilização pela internet, por *streaming*, como um Serviço de Valor Adicionado, o que, por si só, já afastaria a tributação tanto do ICMS, como do ISS.

Uma quinta corrente, embora não cogite da imunidade supracitada, não vê possibilidade de tributação desses suportes fáticos nem pelo ICMS (seja o ICMS-Mercadoria, seja o ICMS-Comunicação), nem pelo ISS.

Por fim, a sexta e última corrente entende que o atual sistema constitucional tributário não consegue absorver, para tributá-las, as novas materialidades surgidas com a Economia Digital, sendo necessário um novo desenho constitucional ou infraconstitucional.

Nas propostas, há, de um lado, a sugestão de uma forma unificada de arrecadação, pela criação de um *Simples Informático* ou *Simples Tecnológico*. Outra proposta é a da implantação de um verdadeiro IVA no Brasil, que venha a tributar operações físicas e com bens imateriais, inclusive os suportes fáticos das Aplicações *Over-the-Top*, em linha com modelos internacionais.

A seguir, serão apresentados os principais posicionamentos jurisprudenciais dos tribunais superiores sobre conceitos essenciais ligados ao ICMS e ao ISS e que se relacionam ao tema.

CAPÍTULO 8
OS POSICIONAMENTOS JURISPRUDENCIAIS SOBRE OS CONCEITOS NUCLEARES DAS NORMAS DE INCIDÊNCIA DO ICMS E DO ISS E SOBRE OS SUPORTES FÁTICOS DAS APLICAÇÕES *OVER-THE-TOP* DE COMUNICAÇÕES SOCIAIS E DE CONTEÚDOS AUDIOVISUAIS

Vistas as alterações legislativas que procuram alcançar os suportes fáticos das Aplicações *Over-the-Top* de Comunicações Sociais e de Conteúdos Audiovisuais e, sobre elas, as posições doutrinárias a respeito, resta apreciar um elenco das principais decisões jurisprudenciais, no que tange aos conceitos nucleares das normas de incidência do ICMS e do ISS imbricadas com nosso tema de estudo.

Se as posições doutrinárias são, na expressão de Ricardo Anderle, os referenciais teóricos concebidos pelo cientista do Direito sobre um assunto, as decisões do Poder Judiciário fazem parte de sua aplicação prática.[666]

---

666. ANDERLE, Ricardo. *Conflitos de competência tributária entre o ISS, ICMS e IPI*. São Paulo: Noeses, 2016. p. 197.

Na lição de Tácio Lacerda Gama e Daniel de Paiva Gomes,

> a legitimidade da arrecadação depende da segurança jurídica, a qual está condicionada ao acesso à justiça, cuja efetividade somente é alcançada por meio da fundamentação das decisões judiciais proferidas [...].[667]

Aqueles autores demonstram o relevante papel da interpretação jurídica em tempos em que a velocidade de evolução das relações humanas e do mundo fenomênico dificultam o debate relativo à incidência em matéria tributária. Segundo eles, mais que criar novas leis como solução dos problemas, impõe-se a interpretação jurídica. Esta última, por sua vez, pressupõe a fundamentação das decisões judiciais, já que o acesso à justiça assume grande protagonismo.[668]

As decisões judiciais, especialmente aquelas dos Tribunais Superiores, são importantes para a construção do vetor da segurança jurídica, expressando o sobreprincípio da certeza do direito, que deve nortear a atividade de interpretação dos textos normativos.[669]

A investigação limitou-se à jurisprudência produzida pelos tribunais superiores (STJ e STF) em relação a temas como o conceito de *bem* e *mercadoria* e sua possível intangibilidade, *software*, *download* de *software*, o conceito de *serviço*, *tributação dos serviços* e, finalmente, os suportes fáticos do *Over-the-Top* que chegaram àqueles tribunais.

A forma de abordagem é a da separação por temas e, dentro deles, a sequência cronológica das decisões. Nem sempre

---

667. GAMA, Tácio Lacerda; GOMES, Daniel de Paiva. A inteligência artificial como instrumento a serviço da fundamentação de decisões judiciais em matéria tributária. *In*: LEITE, Luiza; SCHWARTZ, Rodrigo; FEIGELSON, Bruno. *Tax 4.0 – Tributação na realidade exponencial*. São Paulo: Thomson Reuters Brasil, 2021. p. 397-398.

668. GAMA, Tácio Lacerda; GOMES, Daniel de Paiva. A inteligência artificial como instrumento a serviço da fundamentação de decisões judiciais em matéria tributária cit., p. 409.

669. ANDERLE, Ricardo. *Conflitos de competência tributária entre o ISS, ICMS e IPI* cit., p. 198.

se observará que houve uma evolução da jurisprudência para aproximá-la das posições doutrinárias dominantes. Nota-se, por outro lado, que muitas decisões reconhecem que o Direito deve evoluir para acompanhar as mudanças sociais, tecnológicas e econômicas.

Não se trata de um rol exaustivo de decisões, mas sim de um elenco de decisões paradigmáticas.

Em parênteses, consta o ano da decisão mais recente em cada julgado.

8.1 Principais decisões sobre bens corpóreos e incorpóreos

Neste item, foram inseridos os julgados importantes que diferenciam bens corpóreos de bens incorpóreos e sua repercussão tributária.

- **REsp 39.797/SP (1994)**

  Neste julgado, o STJ pronunciou-se pela não incidência do ICMS sobre a exploração econômica de programas de computador, mediante contratos de licença ou de cessão, que está sujeita apenas ao ISS. Referidos programas não se confundem com suportes físicos, não podendo ser considerados mercadorias para fins de incidência do ICMS.

  A conclusão, à época, foi que programas de computador não são tributáveis por serem bens incorpóreos, entendimento hoje superado, ao menos quanto à particularidade da corporeidade ou não para efeito da tributação do ICMS.

- **RE 330.817/RJ (2015)**

  Neste julgado, o STF reconheceu imunidade tributária (art. 150, VI, "d", da CF/88) ao livro eletrônico (*e-book*), bem como "aos suportes exclusivamente utilizados para fixá-lo".

Nele, os ministros reconhecem a necessidade de interpretação evolutiva das normas constitucionais, no caso, a desmaterialização de bens.

8.2 Principais decisões sobre ICMS-Mercadoria

Aqui, foram reunidas as decisões paradigmáticas a respeito de materialidades ligadas ao ICMS que interessam a esta obra, como o conceito de *software*, a possibilidade ou não de o ICMS tributar bens imateriais, obrigação de dar, imunidade do livro eletrônico (*e-book*) e situações das materialidades do ICMS-Mercadorias e do ICMS-Comunicação.

No rol, foram selecionadas, por sua importância, as decisões nos seguintes julgados:

- **RE 330.817 RJ (2018) e RE 595.676 (2018) – Repercussão Geral**

  Nestes julgados, o STF entendeu que a imunidade sobre livros, jornais etc. se estende aos seus correspondentes eletrônicos. O Tribunal, por unanimidade e nos termos do voto do Relator, apreciando o tema 593 da repercussão geral, negou provimento ao recurso extraordinário e fixou a seguinte tese: "A imunidade tributária constante do art. 150, VI, *d*, da CF/88 aplica-se ao livro eletrônico (*e-book*), inclusive aos suportes exclusivamente utilizados para fixá-lo". O Tribunal, por unanimidade e nos termos do voto do Relator, apreciando o tema 259 da repercussão geral, conheceu do recurso extraordinário e negou-lhe provimento e fixou a seguinte tese: "A imunidade da alínea *d* do inciso VI do artigo 150 da Constituição Federal alcança componentes eletrônicos destinados, exclusivamente, a integrar unidade didática com fascículos".

- **REsp 1.125.133/SP (2013)**

Consoante prevê a Súmula n. 166 do Superior Tribunal de Justiça, não constitui fato gerador de ICMS o simples deslocamento de mercadoria de um para outro estabelecimento do mesmo contribuinte.

> Súmula 166 do STJ: "Não constitui fato gerador de ICMS o simples deslocamento de mercadoria de um para outro estabelecimento do mesmo contribuinte".

Há decisões, porém, citando que o enunciado da referida Súmula (em 23.08.1996) ocorreu em momento anterior à publicação da Lei Complementar 87/96, ao passo que o Recurso Repetitivo 1.125.133/SP, cujo caso concreto envolvia a transferência de ativos imobilizados, não analisou as regras contidas na aludida legislação.

Trata-se da discussão sobre a autonomia do estabelecimento para efeito da incidência do ICMS. Com base nessa autonomia, os Fiscos continuavam entendendo que o ICMS-Mercadoria deve incidir, mesmo nas saídas internas de um estabelecimento para outro da mesma empresa.[670]

- **RE 540.829/SP (2015)**

Neste julgado, o STF decidiu que o ICMS não incide se ausente a transferência de propriedade.

Novamente, tem-se, aqui, a materialidade objeto da Súmula 166 do STJ, aparentemente pacificando o assunto, todavia não lhe atribuiu o efeito de repercussão geral.

---

670. A partir da Orientação Normativa SubG-CTF 2, de 1º de julho de 2016, a Procuradoria Geral do Estado de São Paulo (PGE) está autorizada a não interpor recursos em face de decisão que reconhece a não incidência do ICMS sobre o simples deslocamento de mercadoria de um para outro estabelecimento do mesmo contribuinte. Isso não tem impedido, até o momento, decisões favoráveis ao Fisco paulista no âmbito do Tribunal de Impostos e Taxas (TIT), instância superior do contencioso administrativo do estado de São Paulo, com base no art. 28 da Lei 13.457/2009, que rege o processo administrativo nesse estado. O julgado em questão teve seu entendimento superado, até o momento, pela decisão, em 2021, do STF no ADC 49.

- **ADC 49 (2021)**

  O STF, ao julgar improcedente a Ação Declaratória de Constitucionalidade n. 49, declarou inconstitucionais os arts 11, § 3º, II, 12, I, no trecho "ainda que para outro estabelecimento do mesmo titular", e 13, § 4º, ambos da Lei Complementar 87/96 (Lei Kandir).

  Ficou confirmado o entendimento do STJ ao editar a Súmula 166, pela qual não deve haver débito do ICMS nas transferências de bens e mercadorias entre estabelecimentos do mesmo titular, ainda que localizados em unidades federativas distintas.[671]

8.3 Principais decisões sobre ICMS-Comunicação

Foram inseridos, neste item, os julgados que decidiram acerca de suportes fáticos que podem ou não ser tributados pelo ICMS-Comunicação, a exemplo de provimento de acesso à internet, cobrança de assinatura e serviço de TV a Cabo.

- **REsp 402.047/MG (2004)**

  Neste julgado, o STJ decidiu que há *serviço de comunicação* quando um terceiro, mediante prestação negocial onerosa, mantém interlocutores (emissor/receptor) em contato "por qualquer meio, inclusive a geração, a emissão, a recepção, a transmissão, a retransmissão, a repetição e a ampliação de comunicação de qualquer natureza". Os meios necessários à consecução desse fim não estão ao alcance da incidência do ICMS-Comunicação.

671. Até o fechamento desta edição, ainda não houve o trânsito em julgado da decisão. O postulante, estado do Rio Grande de Norte, impetrou Embargos de Declaração. O Relator os conheceu, julgando-os procedentes tão apenas para modular os efeitos da decisão a fim de que tenha eficácia pró-futuro a partir do próximo exercício financeiro, no que foi acompanhado pelos Ministros Cármen Lúcia e Alexandre de Moraes. A última movimentação do processo foi um pedido de vista, em 19.10.2021, pelo Ministro Dias Toffoli.

- **REsp 456.650/PR (2011)**

Neste julgado, o STJ afastou a incidência do ICMS sobre o provimento de acesso à internet, baseado na disposição constitucional de que os estados e o Distrito Federal podem tributar, pelo ICMS, somente a prestação onerosa de serviços de comunicação. Desse modo, o serviço que não for prestado de forma onerosa e que não for considerado pela legislação pertinente como serviço de comunicação não pode sofrer a incidência de ICMS, em respeito ao princípio da estrita legalidade tributária.

Essa decisão pode servir de paradigma em futuros e eventuais julgamentos sobre a materialidade das Aplicações *Over-the-Top*.

- **REsp 1.132.695/SP (2011)**

Neste julgado, o STJ decidiu pela incidência do ICMS sobre os serviços de TV a Cabo. Essa modalidade foi considerada um sistema de distribuição de conteúdos audiovisuais de televisão, de rádio e de outros serviços para consumidores através de cabos coaxiais fixos, em vez do tradicional e antigo sistema de transmissão via antenas de rádio, sendo, portanto, serviço de comunicação para fins de ICMS.

- **REsp 1.176.753/RJ (2014)**

Neste julgado, o STJ decidiu que a prestação de serviços conexos ao de comunicação por meio da telefonia móvel (que são preparatórios, acessórios ou intermediários da comunicação) não se confunde com a prestação da atividade-fim – que consiste no processo de transmissão (emissão ou recepção) de informações de qualquer natureza –, esta sim, passível de incidência pelo ICMS. Desse modo, a despeito de alguns deles serem essenciais à efetiva prestação do serviço de comunicação e admitirem a cobrança de tarifa pela prestadora do serviço (concessionária de serviço público), pelo fato de assumirem o caráter de atividade meio, não constituem, efetivamente, serviços de comunicação, razão pela qual não é possível a incidência do ICMS.

Esse julgado foi extremamente importante para efeito de retirar alguns suportes fáticos, como os chamados serviços preparatórios, acessórios ou complementares, além dos Serviços de Valor Adicionado, da incidência do ICMS.

- **RE 572.020/DF (2014)**

Neste julgado, o STF efetuou a interpretação conjunta dos arts. 2º, III, e 12, VI, da Lei Complementar 87/96 (Lei Kandir), chegando ao entendimento de que o ICMS somente pode incidir sobre os serviços de comunicação, propriamente ditos, no momento em que são prestados. Assim, aquele imposto pode incidir apenas sobre a atividade-fim, que é o serviço de comunicação, e não sobre a atividade-meio ou intermediária como são aquelas constantes da Cláusula Primeira do Convênio ICMS 69/98.[672]

Essa foi uma decisão importante para excluir, da base de cálculo do ICMS-Comunicação, serviços considerados preliminares ou acessórios, como habilitação e assinatura de linha telefônica, além de excluir "facilidades adicionais que otimizem ou agilizem o serviço de comunicação, independentemente

672. "*Cláusula primeira.* Os signatários firmam entendimento no sentido de que se incluem na base de cálculo do ICMS incidente sobre prestações de serviços de comunicação os valores cobrados a título de acesso, adesão, ativação, habilitação, disponibilidade, assinatura e utilização dos serviços, bem assim aqueles relativos a serviços suplementares e facilidades adicionais que otimizem ou agilizem o processo de comunicação, independentemente da denominação que lhes seja dada."

da denominação que lhes seja dada", como está na redação da referida cláusula.

Isso pode se constituir em fundamento para a exclusão da incidência desse imposto também as Aplicações *OTT* de Comunicações Sociais.

- **RE 912.888/RS (2017) - Repercussão Geral (Tema 827) em 2016**

Neste julgado, o STF decidiu pela possibilidade de incidência do ICMS-Comunicação sobre a tarifa de assinatura básica mensal cobrada pelas prestadoras de serviços de telefonia. Foi-lhe dada repercussão geral.

Fica aprovada a seguinte tese de repercussão geral: "O Imposto de Circulação de Mercadorias e Serviços (ICMS) incide sobre a tarifa de assinatura básica mensal cobrada pelas prestadoras de serviço de telefonia, independentemente da franquia de minutos conferida ou não ao usuário".

Nota-se que, aqui, o STF julgou diferentemente do STJ por ocasião do julgamento do REsp 456.650/PR.

Houve interposição de embargos.[673]

8.4 Principais decisões sobre operações e prestações de serviço com *software*

Neste tópico, foram inseridos julgados referenciais a respeito de operações e prestações de serviço envolvendo *software*, a exemplo de venda, licenciamento e *download*.

- **REsp 39.457/SP (1994)**

Neste julgado, o STJ definiu que *software* é bem imaterial, não sujeito ao ICMS.

673. Até o fechamento desta edição, ainda não havia decisão definitiva.

- **RE 176.626/SP (1999)**

Neste julgado, o STF entendeu que software seria um produto intelectual, sujeito a direito de autor, além de ser um bem intangível. Haveria que se falar, portanto, em licenciamento ou cessão de direito de uso, e não em circulação de mercadoria. Naquela decisão, admitiu o STF somente a tributação do suporte físico ("*corpus mechanicum*") pelo ICMS. À época, ainda não existia (ou não era comum) o *download*, e tampouco o acesso em nuvem (*SaaS*).

Foi, por muito tempo, um *decisum* paradigmático para esse assunto, julgamento conduzido pelo voto do Relator, Ministro Sepúlveda Pertence.

A Receita Federal do Brasil, por meio da Solução de Consulta Cosit 123/2014, confirmou esta interpretação, que já foi inclusive ratificada em outras manifestações posteriores.

Posteriormente, o STF passou a entender que o ICMS pode incidir sobre bens incorpóreos, pelo fenômeno da desmaterialização inerente à Economia Digital.

No mesmo sentido, o CONFAZ editou o Convênio 106/2017, pelo qual os estados podem cobrar o ICMS sobre o *download* (transferência eletrônica de dados) de *softwares*, assim entendidos os programas, jogos eletrônicos, aplicativos, arquivos eletrônicos e congêneres. Todavia, esse Convênio teve sua constitucionalidade questionada junto ao STF pela Associação Brasileira das Empresas de Tecnologia da Informação e Comunicação (Brasscom), por meio da Ação Direta de Inconstitucionalidade (ADI) 5.958/DF.

O entendimento ficou superado com o julgamento, em 2021, das ADI 5.659/MG e 1.945/MT.

- **RE 199.464/SP (2000)**

Neste julgado, o STF assentou a distinção, para efeitos tributários, entre um exemplar *standard* de programa de computador, também chamado *de prateleira*, e o licenciamento ou uso de cessão do direito de uso de *software*. A produção em massa para comercialização e a revenda de exemplares não caracterizam licenciamento ou cessão de direito de uso da obra, mas genuínas operações de circulação de mercadorias, sujeitas ao ICMS.

Portanto, prevaleceu, aqui, o conceito de mercadoria como bem móvel corpóreo sujeito à mercancia, ou seja, sujeito à comercialização.

O entendimento ficou superado com o julgamento, em 2021, das ADI 5.659/MG e 1.945/MT.

- **ADI 1.945/MT (2021)**

Nesta específica ADI, o STF apreciava originalmente a constitucionalidade de legislação do estado de Mato Grosso para tributar, pelo ICMS, o *download* de *software*.

Em 2021, houve decisão conjunta com a ADI 5.659/MG.

O Tribunal, por maioria, julgou prejudicada a ação direta em relação ao art. 3º, § 3º, da Lei 7.098/98 do Estado de Mato Grosso. Não conheceu da ação no tocante aos arts. 2º, § 3º; 16, § 2º; e 22, parágrafo único, da mesma lei. No mérito, julgou parcialmente procedente a ADI, declarando a inconstitucionalidade do seguinte:

> (i) das expressões "adesão, acesso, disponibilização, ativação, habilitação, assinatura" e "ainda que preparatórios", constantes do art. 2º, § 2º, I, da Lei 7.098/98, redação dada pela Lei 9.226/09;
>
> (ii) da expressão "observados os demais critérios determinados pelo regulamento", presente no art. 13, § 4º, da Lei 7.098/98;
>
> (iii) dos arts. 2º, § 1º, VI; e 6º, § 6º, da mesma lei, tudo nos termos do voto do Ministro Dias Toffoli, Redator para o acórdão.

O Supremo Tribunal Federal considerou que o *software*, ainda que padronizado, é o resultado de esforço humano (fruto do intelecto).[674]

Em seguida, o Tribunal deliberou pela modulação dos efeitos da decisão.[675]

- **ADI 5.576/SP (2021)**

Neste processo, o STF julgou pedido de reconhecimento da inconstitucionalidade da legislação do Estado de São Paulo que tratou de *benefício fiscal* envolvendo tributação dos *softwares* disponibilizados por transferência eletrônica de dados (*download* ou *streaming*).

No caso, o tribunal seguiu na linha do decidido nas ADI 1.945/MT e 5.659/MG.

Confira-se trecho do acórdão:

> O Tribunal, por maioria, conheceu parcialmente da ação direta de inconstitucionalidade e, nessa parte, julgou o pedido procedente, para dar interpretação conforme a Constituição ao art. 2º da Lei Complementar nº 87/1996 e ao art. 1º da Lei do Estado de São Paulo nº 6.374/1989, de modo a impedir a incidência do ICMS sobre o licenciamento ou cessão do direito de uso de programas de computador, e, de maneira análoga ao decidido nas ADIs 1.945 e 5.659, modulou os efeitos desta decisão, para atribuir eficácia *ex nunc*, a contar de 03.03.2021, data em que publicada a ata de julgamento das aludidas ações diretas de inconstitucionalidade, consagrando a modificação do entendimento desta Corte sobre o tema, ficando ressalvadas da modulação, porém, as seguintes situações: a) as ações judiciais já ajuizadas e ainda em curso em 02.03.2021; b) as hipóteses de bitributação relativas a fatos geradores ocorridos até 02.03.2021, nas quais será devida a restituição do ICMS recolhido, respeitado o prazo prescricional, independentemente da propositura de ação judicial

674. SANTOS, Ramon Tomazela. Os desafios da tributação da economia digital. *In*: LEITE, Luiza; SCHWARTZ, Rodrigo; FEIGELSON, Bruno. *Tax 4.0 – Tributação na realidade exponencial*. São Paulo: Thomson Reuters Brasil, 2021. p. 38.

675. A SEFAZ/SP já vem reconhecendo a aplicabilidade dessa decisão conforme a Resposta à Consulta Tributária n. 24.512/2021, de 13 de outubro de 2021.

> até aquela data; e c) as hipóteses relativas a fatos geradores ocorridos até 02.03.2021 em que não houve o recolhimento do ISS ou do ICMS, nas quais será devido o pagamento do imposto municipal, respeitados os prazos decadencial e prescricional. Por fim, foi fixada a seguinte tese de julgamento: "É inconstitucional a incidência do ICMS sobre o licenciamento ou cessão do direito de uso de programas de computador". Tudo nos termos do voto do Relator, vencido parcialmente o Ministro Marco Aurélio, que divergia no tocante à modulação dos efeitos. O Ministro Gilmar Mendes acompanhou o Relator com ressalvas.

Portanto, o STF afastou a incidência do ICMS sobre o licenciamento ou cessão do direito de uso de programas de computador, e, de maneira análoga ao decidido nas ADIs 1.945 e 5.659, modulou os efeitos dessa decisão, para atribuir eficácia *ex nunc*, a contar de 03.03.2021.

- **ADI 5.659/MG (2021)**

Neste julgado, o STF decidiu pelo afastamento do ICMS e pela incidência do ISS na aquisição ou licenciamento de *software* por meio físico ou por meio eletrônico (*download*, *streaming* etc.).

A ADI cuida de operações com programa de computador (*software*), pelo critério objetivo do subitem 1.05 da Lista de Serviços anexa à LC 116/2003, mas não do Convênio ICMS 106/2017 (que será tratado pela ADI 5.958/DF).

O STF decidiu, também, pela irrelevância de distinção entre *software* por encomenda ou padronizado. Entendeu que haveria um contrato de licenciamento de uso de programas de computador, onde assume relevância o trabalho humano desenvolvido, sendo, assim, um contrato complexo ou híbrido. Entendeu, também, pela insuficiência da dicotomia entre *obrigação de dar* e *obrigação de fazer*.

Embora o ICMS não tenha por elemento essencial a existência de bem corpóreo, para sua incidência, seria indispensável a transferência da propriedade do bem, o que não ocorre na licença ou cessão do direito de uso. Pesou, na decisão, a existência do subitem 1.05 da Lista Anexa à LC 116/2003, para fazer incidir o ISS e não o ICMS, sobre o licenciamento ou a cessão de direito de uso de programas de computador.[676]

No seu voto, o Ministro Dias Toffoli partiu das premissas de que o regime de proteção de obras literárias, que é dado pela legislação de direitos autorais, também protege a propriedade intelectual dos *softwares* e o "uso" destes é objeto de contrato de licença que não transfere propriedade (conforme art. 9º da Lei 9.690/98).[677]

Optou o Tribunal pela modulação dos efeitos da decisão, atribuindo eficácia *ex nunc*, a contar da publicação da ata de julgamento do mérito em questão para:

a) impossibilitar a repetição de indébito do ICMS incidente sobre operações com *softwares* em favor de quem recolheu esse imposto, até a véspera da data da publicação da ata de julgamento do mérito, vedando, nesse caso, que os municípios cobrem o ISS em relação aos mesmos fatos geradores;

b) impedir que os estados cobrem o ICMS em relação aos fatos geradores ocorridos até a véspera da data da publicação da ata de julgamento do mérito.

Ficaram ressalvadas:

(i) as ações judiciais em curso, inclusive de repetição de indébito e execuções fiscais em que se discutam a incidência do ICMS; e

(ii) as hipóteses de comprovada bitributação, caso em que o contribuinte terá direito à repetição do indébito do ICMS.

676. MATA, Juselder Cordeiro da; CARVALHO, Ronan Alves Martins. A tributação de *softwares* e o entendimento das cortes superiores brasileiras cit., p. 134-135.

677. SOUZA, Alisson Carvalho de; NASCIMENTO, Augusto César Pereira Sampaio do; BORDA, Victória Sório da Motta. A tributação dos *softwares* no contexto do ICMS e do ISS. *In*: LEITE, Luiza; SCHWARTZ, Rodrigo; FEIGELSON, Bruno. *Tax 4.0 – Tributação na realidade exponencial*. São Paulo: Thomson Reuters Brasil, 2021. p. 152-153.

O STF decidiu, também, que incide o ISS no caso de não recolhimento do ICMS ou do ISS em relação aos fatos geradores ocorridos até a véspera da data da publicação da ata de julgamento do mérito, nos termos do voto do Relator, vencido o Ministro Marco Aurélio, que não modulava os efeitos da decisão.[678-679]

Trata-se de decisão que pode ter influência em materialidades relativas às Aplicações *OTT*, porém de Conteúdos Audiovisuais.

- **ADI 5.958/DF (2021)**

Trata-se de Ação Direta de Inconstitucionalidade, com requerimento de medida cautelar, ajuizada em 2018 pela BRASSCOM – Associação Brasileira das Empresas de Tecnologia da Informação e Comunicação, objetivando a declaração de inconstitucionalidade do Convênio ICMS 106/2017, do Conselho Nacional de Política Fazendária – Confaz, e a declaração de inconstitucionalidade parcial, sem redução de texto, do inc. I do art. 2º da Lei Complementar 87/1996 para "afastar qualquer possível interpretação que permita a incidência do ICMS sobre operações de transferência eletrônica de *softwares* e congêneres".

Entendeu a Ministra Cármen Lúcia, relatora, que a ação perdeu seu objeto, em função da caducidade do Convênio 106/2017 do Confaz, desde o julgamento da ADI 5.659, sendo que a Administração Pública deve se submeter aos efeitos *erga omnes* e vinculantes das decisões do Supremo Tribunal proferidas no controle abstrato de constitucionalidade (§ 2º do art. 102 da Constituição da República).

678. Decisão de 24.02.2021.

679. A SEFAZ/SP já vem reconhecendo a aplicabilidade dessa decisão conforme a Resposta à Consulta Tributária n. 24.512/2021, de 13 de outubro de 2021.

A decisão transitou em julgado em 31.03.2021.

Originalmente, os autores da ADI pretendiam que o STF concedesse declaração de inconstitucionalidade parcial, sem redução de texto, do inc. I do art. 2º da Lei Complementar 87/1996 para "afastar qualquer possível interpretação que permita a incidência do ICMS sobre operações de transferência eletrônica de *softwares* e congêneres".

A decisão não tratou do mérito da questão. Não especifica o que seriam os "congêneres" a *software*. Logo, e como já adiantado em capítulo anterior, remanesce a dúvida se, a partir dela, ainda poderiam os estados tributar, pelo ICMS (ICMS-Mercadoria), as *cessões definitivas de conteúdos digitais*.

8.5 Principais decisões sobre ISS

Neste tópico, foram elencadas decisões que afetam o ISS, como o conceito de serviço, a incidência ou não do imposto envolvendo bens móveis, cessão de direito de uso, contratos de *leasing*, licenciamento de programas de computador e sobre planos de saúde.

- **RE 116.121/SP (2001)**

  Neste julgado, o STF decidiu que não incide ISS sobre locação de bens móveis, por se tratar de uma obrigação de dar. Assim, entendeu o Tribunal que o conceito constitucional de serviço alcançava apenas uma "obrigação de fazer", nos termos do direito privado. Em decorrência, foi aprovada a Súmula Vinculante 31, de 04.02.2010: "É inconstitucional a incidência do Imposto sobre Serviços de Qualquer Natureza – ISS sobre operação de locação de bens móveis".[680]

680. SANTOS, Ramon Tomazela. Os desafios da tributação da economia digital cit., p. 39.

- **RE 688.223/PR (início 2006) – Repercussão Geral em 2012**

  Neste julgado, o STF assentou repercussão geral sobre a incidência ou não de ISS em contrato a envolver cessão de direito de uso ou licenciamento de programas de computador (*software*).[681]

- **RE 547.245/SC (2011) e RE 592.905/SC (2010)**

  Nestes julgados, discutiu-se a incidência de ISS sobre contratos de *leasing*: o Ministro Joaquim Barbosa aduziu que a evolução social tem levado à obsolescência conceitual, em especial a divisão entre obrigação de dar e fazer, que deixa de ser relevante em prol de uma consideração própria da função econômica e social da operação e postura dos sujeitos envolvidos. O STF decidiu pela possibilidade de incidência do ISS sobre o *leasing* financeiro, ao entender que o arrendamento mercantil é uma forma de financiamento e, por isso, um serviço de qualquer natureza, passível de tributação pelo ISS.[682]

- **RE 651.703/PR (início em 2011) – Repercussão Geral em 2016**

  Neste julgado, o STF decidiu pela incidência de ISS sobre os planos de saúde e seguro saúde, retificando o entendimento anterior no RE 547.245/SC. No presente processo, entendeu-se que o ISS deve "captar todas as atividades empresariais cujos produtos fossem serviços sujeitos a remuneração no mercado", desde que não fossem serviços de comunicação (tributados pelo ICMS), financeiros ou securitários (tributados pelo IOF).[683]

681. Processo ainda inconcluso, conforme consulta efetuada em 16 de setembro de 2021.

682. SANTOS, Ramon Tomazela. Os desafios da tributação da economia digital cit., p. 39.

683. Processo ainda inconcluso, conforme consulta efetuada em 16 de setembro de 2021.

Aqui, nota-se a evolução do pensamento jurisprudencial sobre o conceito de serviço, que deixa de ser mera *obrigação de fazer*, significado do direito civil. No voto do Ministro Luiz Fux, adota-se uma visão econômica, que conceitua o serviço como um "oferecimento de utilidade a outrem, a partir de um conjunto de atividades imateriais, prestadas com habitualidade e intuito de lucro, podendo estar conjugadas ou não com a entrega de bens ao tomador".

O tribunal reconhece a fluidez das expressões utilizadas pela CF/88 e a mutação da natureza jurídica ao longo do tempo.

Conforme Ramon Tomazela Santos, essa concepção econômica comparece, também, na decisão do STF no Recurso Extraordinário 603.136, de 29.05.2020, no qual se entendeu que é constitucional a incidência do ISS sobre contratos de franquia.[684]

Alerta aquele autor, porém, que não se pode afirmar categoricamente ter havido uma guinada na jurisprudência do STF a respeito do assunto, pois, nos casos em que se adotou a visão econômica de conceituar o serviço como o oferecimento de utilidade a outrem, *havia pelo menos um componente do negócio jurídico que correspondia a uma "obrigação de fazer"*. A provar isso, estaria o fato de que a Súmula 31 até hoje não foi revogada.[685]

Essa nova visão do serviço pode ter influência em futuras decisões acerca das Aplicações *Over-the-Top*.

684. SANTOS, Ramon Tomazela. Os desafios da tributação da economia digital cit., p. 39.

685. Ibidem, p. 40.

8.6 Recentes decisões do STF sobre *Streaming*

- **REsp 1.559.264/RJ (2017)**

  Neste julgado, o Superior Tribunal de Justiça decidiu que "a tecnologia *streaming* enquadra-se nos requisitos de incidência normativa, configurando-se, portanto, modalidade de exploração econômica de obras musicais a demandar autorização prévia e expressa pelos titulares de direito", e que a exploração pela internet se distingue das demais pelo modo de transmissão.

  Portanto, aquele tribunal entendeu que a divulgação de músicas, não importa o meio, está protegida por direito autoral.

  Trata-se do único julgado, mas sem efeito repetitivo, sem tratar de *Software*, porém diretamente ligado ao nosso tema de estudo, as Aplicações *Over-the-Top*. Por isso, ainda é insuficiente para estabelecer uma jurisprudência ao menos duradoura. De toda sorte, aponta no sentido de atribuir-se, à transmissão de conteúdos audiovisuais, não importando o meio, a natureza jurídica de *cessão de uso* ou *cessão de direitos autorais*, conforme o entendimento de vários dos doutrinadores aqui pesquisados.

8.7 Conclusão

À guisa de conclusão do capítulo, concordamos com Ramon Tomazela Santos, quando afirma que ainda não há jurisprudência dos tribunais superiores no Brasil sobre as consequências tributárias de vários tipos de atividades inerentes à Economia Digital, quais sejam a computação na nuvem, a distribuição digital de músicas e vídeos por meio do *streaming*, a impressão 3D, as plataformas de mercados conhecidas como "*marketplaces*", entre outros.

O mesmo autor indaga se o STF irá ou não “suavizar” os conceitos constitucionais de “mercadorias” e de “serviços”, a fim de permitir a cobrança de ICMS e ISS em atividades puramente digitais, ou se essas novas atividades apenas poderão ser alcançadas por novos impostos, da competência residual da União, ou, acrescentaríamos nós, por meio de uma reforma tributária. Considerando que as operações realizadas na Economia Digital têm natureza complexa, que não raro combinam as materialidades daqueles dois tributos, o prognóstico fica ainda mais difícil. Logo, conclui ele, a jurisprudência relacionada à economia digital ainda é incerta no Brasil.[686-687]

Em relação a nosso tema principal, a tributação indireta das *OTT*, passando por decisões importantes relativas ao ICMS e ao ISS, quando percorremos cronologicamente as decisões do Supremo Tribunal Federal e do Superior Tribunal de Justiça, comparando-as, nota-se que não ocorre uma evolução sempre no mesmo sentido.

Assim, há assuntos em que o STJ já se mostra mais flexível e sensível às normativas que vêm da regulação das atividades comunicacionais ou de tecnologia, a exemplo da exclusão do ICMS-Comunicação do provimento de acesso à internet (REsp 456.650/PR), decisão de 2011. De outro lado, e pendendo para o interesse tributário estatal, o STF entendeu como incidente aquele imposto nos valores cobrados a título de assinatura da linha telefônica (RE 912.888/RS), decisão de 2017, com repercussão geral.

Tema que pendia de solução há mais de duas décadas, como o *download* de *software*, teve decisão favorável ao ISS no julgamento das ADI 5.659/MG e 1.945/MT pelo STF, porém somente em 2021. Há de se anotar, porém, que, ao momento da decisão, tal tipo de acesso já se mostrava anacrônico, pois se massificou, tecnológica e economicamente, o acesso a *software em nuvem* (*SaaS*).

686. SANTOS, Ramon Tomazela. Os desafios da tributação da economia digital cit., p. 38.

687. Ibidem, p. 41.

Sobre o conceito de serviço, o STF demonstrou ter um entendimento com um viés econômico e enxergando-o como o oferecimento de utilidade, como no julgamento do RE 651.703/PR (2016). Pode-se argumentar que seria uma visão mais moderna sobre o tema, e, nada obstante, ao considerar incidente o ISS sobre planos de saúde e seguro-saúde naquele julgamento, isso provocou não poucas discussões. Como já exposto, porém, nos casos concretos julgados, sempre havia ao menos um componente do negócio jurídico que correspondia a uma "obrigação de fazer", sendo que a Súmula Vinculante 31 daquele Tribunal permanece vigendo.

Por fim, em relação ao tema principal deste estudo, a tributação indireta dos suportes fáticos das Aplicações *Over-the-Top*, foi encontrado apenas um julgado até o momento, que é do Superior Tribunal de Justiça e não tem efeito repetitivo. Trata-se do REsp 1.559.264/RJ (2017)[688], que trata da transmissão de conteúdos musicais pela tecnologia *streaming*. Entendeu aquela Corte que se trata de execução pública de obra musical (no caso em julgamento), cabendo-se falar em pagamento de direitos autorais, e não tributação sobre o consumo. O julgado, no entanto, não abarca outras situações fáticas possíveis que envolvam o *Over-the-Top*, como aquelas das comunicações onerosas por meio da internet ou de veiculações de conteúdos audiovisuais que não se caracterizam como obras musicais.

O ano de 2021 foi pródigo de decisões importantes no STF e que têm consequências muito relevantes para a tributação do *software*. Há reflexos também para a tributação de bens digitais, a saber, para a cessão definitiva de conteúdos com uso da internet (inclusive pela tecnologia *streaming*). Note-se que o julgamento das ADI 1.945/MT e 5.659/MG acabou por influenciar grandemente na decisão da ADI 5.958/DF. Como apontado na análise específica deste último julgado, a construção lógica da decisão foi pela inconstitucionalidade do

---

688. REsp 1.559.264-RJ – 2ª. Seção – rel. Min. Ricardo Villas Bôas Cueva – j. 08.02.2017 – *DJe* 15.02.2017.

Convênio ICMS 106/2017 do Confaz. Isso, a princípio, teria retirado o suporte legislativo para leis, decretos, portarias e outros instrumentos infralegais dos estados para tentar tributar, pelo ICMS, a cessão definitiva de conteúdos digitais. Portanto, a princípio, ficou afetada a legitimidade para a incidência do ICMS em *OTT* de Conteúdos Audiovisuais que tivessem por base última aquele referido Convênio.

Confira-se a afirmativa de Camila Vilaça:

> Com isso, conclui-se que a decisão foi de suma relevância não tão somente aos estados e municípios, rompendo possivelmente com critérios antigos, o que poderá influenciar novos rumos da tributação em aspectos que se tangenciam a decisão ao se concluir majoritariamente que as operações não implicam a transferência de propriedade do *software* e sim licenciamento ou cessão de direito de uso (item 1.05 da lista da LC 116/2003), que, na visão do Ministro Relator, inaugura um fazer humano, com consequência na tributação municipal incidente na prestação do serviço anexo à lista da lei complementar e sobretudo pelo respaldo da importância do papel do legislador complementar.[689]

O tema das *OTT* é claramente disruptivo e recente. Inquestionável que as últimas recentes decisões do STF inclinam-se pelo afastamento do ICMS sobre a tributação indireta de fenômenos da Economia Digital, em favorecimento ao ISS. Isso é recentíssimo, porém. Outras iniciativas legislativas de estados e municípios no Congresso Nacional ainda podem sobrevir, e há a perspectiva da criação de novo ou novos tributos que afetem a Economia Digital e o *Over-the-Top*. De tal sorte, cremos que é prematuro dizer que já dispomos de uma jurisprudência consolidada e mais perene sobre o assunto e que represente um vetor de segurança jurídica por todos esperado.

---

689. VILAÇA, Camila. Possíveis reflexos da decisão do STF pós ADIs 1945 e 5659 para além dos *softwares*. Portal Jota. 23 de julho de 2021. Disponível em: https://bit.ly/3ERZA7A. Acesso em: 10 set. 2021.

CONCLUSÃO

Chegamos ao final de nosso estudo sobre a possibilidade de se tributar os suportes fáticos das Aplicações *Over-the-Top*, um dos fenômenos surgidos na Era Digital. Ao longo da obra, historiamos o surgimento desses fenômenos, os definimos e classificamos, estabelecemos as premissas de estudo, e vimos as diversas posições doutrinárias e jurisprudenciais a respeito.

Retomando, sinteticamente, a perspectiva histórica, o mundo hoje está no que se denomina Era Digital, Era da Informação ou Era do Conhecimento, como fenômeno tecnológico, histórico e social, cuja repercussão econômica é denominada Economia Digital.

A partir do sinal digital, houve o desenvolvimento da tecnologia digital, acompanhada da miniaturização dos computadores e dispositivos informatizados. Surgiu a telefonia móvel celular. Houve o advento e popularização da internet e, nos últimos anos, a massificação do uso do denominado *streaming* e das utilidades oferecidas pelos chamados aplicativos (ou *APP*). São as Tecnologias de Informação e Comunicação, as *TIC*.

Com as *TIC*, passou a existir a circulação de bens intangíveis, prestações de serviço de comunicação, além de outros tipos de serviços, porém em formatos e em plataformas jamais imaginados ao tempo da Constituição Federal de 1988.

Operou-se uma revolução tecnológica, produtiva e de informações, que vem transformando a forma como vivemos, trabalhamos e nos relacionamos. Na Economia Digital, o valor adicionado é criado pelo cérebro e pela inovação. O valor agregado na produção de bens passa a representar uma parcela pequena do total. O que efetivamente agrega valor é o conhecimento.

As transformações que a Economia Digital trouxe aos meios e formas de produção e de consumo impactaram a forma como o Direito analisa e trata tais materialidades, com particular influência para a tributação destas.

O avanço da Economia Digital alterou, de modo significativo, os paradigmas que alicerçaram o regime tributário da economia industrial, inclusive no Brasil. Há, agora, novos modelos de geração de valor e de riqueza. Mesmo no plano internacional, há dificuldade para usar os princípios tradicionais de modo a alocar a competência tributária. Há uma erosão das bases tributárias em função dos novos modos de produção.

O desaparecimento da tangibilidade dos fenômenos no mundo físico criou um descompasso entre os conceitos tradicionais, presentes em nosso atual sistema constitucional tributário, e os novos fenômenos digitais. Emergiu a dificuldade de tratar a incidência de impostos sobre as diferentes formas de uso, acesso ou aquisição de programas, músicas, vídeos e livros, assim como sobre as vendas por meio do comércio eletrônico, especialmente no caso de transações *on-line* com empresas situadas no estrangeiro.

Isso atingiu diretamente as hipóteses de incidência do ICMS e do ISS. Mesmo o IVA e impostos seletivos adotados em outros países incidem sobre bases que vêm perdendo espaço na economia digital e, nesse sentido, paulatinamente têm erodida parte da importância que hoje ainda detêm. Pelo crescimento da importância dos intangíveis no contexto da nova economia, há necessidade de reformulação do sistema tributário em vigor.

Ficou evidenciado que não basta promover meros ajustes no modelo atual de tributação para lidar com os desafios gerados pelo novo mundo da economia digital. Mesmo a interpretação jurídica, positivada em decisões judiciais de tribunais superiores, mostra-se, para certas materialidades, inadequada, por tentar compatibilizar modelos de um mundo tangível, espacial e personalizado, a outro distinto, que é intangível, ubíquo e despersonalizado. Trata-se de uma nova era, com fenômenos novos a requerer novas bases de tributação.

Dos inúmeros fenômenos da Economia Digital, esta obra estudou especialmente as Aplicações *Over-the-Top*, ou *OTT*, surgidas com a tecnologia digital, a internet, o *streaming* e a popularização dos *smartphones*. Elas são aplicações, ou aplicativos, ou serviços, que envolvem a comunicação e a veiculação de conteúdos audiovisuais pela internet.

As *OTT* se constituem num dos vetores das mudanças que vêm se operando nas relações de produção, na economia, portanto, mas também em termos de hábitos e comportamentos sociais. Por exemplo, a concorrência das *OTT* com os meios tradicionais de comunicação, de conteúdo informativo ou de entretenimento, como a rádio, a TV de sinal aberto e a TV por Assinatura. Hoje, as *OTT* têm forte presença na indústria de mídia e entretenimento, no qual tendem a ser dominantes.

Num sentido amplo e em termos de sintaxe, uma Aplicação *Over-the-Top* é um *software*, entendido este como um conjunto de comandos, instruções e algoritmos construído em linguagem digital. Todavia, no aspecto finalístico ou utilitário, são coisas distintas. Por isso, esposamos a tese de que, em termos semânticos, *software* e *Over-the-Top* têm significados diferentes e, por isso, seu tratamento regulatório e tributário igualmente deve ser distinto.

Situação oposta é a relação entre *Over-the-Top* e Serviço de Valor Adicionado (*SVA*).

Muitos autores enquadram as Aplicações *Over-the-Top* na categoria dos Serviços de Valor Adicionado (*SVA*), como uma espécie destes serviços. Não esposamos esse entendimento de uma perfeita identidade entre os dois gêneros, conforme ficou demonstrado nesta obra.

Em capítulo próprio, demonstramos que não existe uma única natureza jurídica para as Aplicações *Over-the-Top*. Há tantas naturezas jurídicas quantas são as naturezas jurídicas dos bens, produtos, conteúdos ou serviços que seus provedores oferecem aos usuários e na forma como o fazem. Pode-se dizer que possuem uma natureza jurídica própria e distinta das clássicas "obrigação de dar", "obrigação de fazer" e "cessão de direito".

De outro lado, concordamos que ao menos as Aplicações *Over-the-Top* de Conteúdos Audiovisuais, bem como aquelas de Comunicações Sociais, têm natureza jurídica assemelhada e podem ser equiparadas aos Serviços de Valor Adicionado, na ausência de uma legislação específica.

Por fim, em virtude dessa semelhança entre *OTT* e *SVA*, e pela ausência de norma positivada em sentido contrário, as *Over-the-Top* claramente se diferenciam de um Serviço de Acesso Condicionado (*SeAC*). Ficou demonstrada, nesta obra, a assimetria regulatória existente entre o setor de telecomunicações e as atividades que são desenvolvidas na internet, como as Aplicações *Over-the-Top*.

Outro foco de assimetria diz respeito ao aspecto tributário. Os serviços de comunicação tradicionais e os Serviços de Acesso Condicionado (*SeAC*) são tributados pelo ICMS-Comunicação. A transferência de propriedade de bens, mesmo imateriais, por meios tradicionais, é tributada pelo ICMS-Mercadoria. Há inúmeros serviços que são tributados pelo ISS. Todavia, até hoje permanecem dúvidas sobre qual tributação deveria recair sobre as Aplicações *Over-the-Top* de Conteúdos Audiovisuais, com ou sem cessão definitiva. Essa assimetria tributária afronta, em tese, o princípio constitucional da igualdade.

Para chegarmos às conclusões que vamos expor na sequência, partimos das seguintes premissas:

a) a Constituição Federal admite interpretação dinâmica;

b) os bens tributáveis podem ser tangíveis ou intangíveis;

c) as mercadorias podem ser corpóreas ou digitais;

d) serviço é, fundamentalmente, uma obrigação de fazer, embora já haja jurisprudência admitindo, em interpretação econômica, que pode ser o oferecimento de utilidade;

e) serviço pode compreender a entrega de bens ao tomador, mas não consiste em cessão de direito de uso;

f) o avanço científico e tecnológico promoveu uma convergência tecnológica;

g) essa convergência tecnológica ocasionou uma convergência semântica, que dificulta enquadrar os novos negócios da Economia Digital nos conceitos clássicos de bem, mercadoria e de serviços, e, nestes, os serviços de comunicação.

A partir dessas premissas, nossa conclusão é pela impossibilidade da incidência do ICMS e do ISS sobre as espécies de Aplicações *Over-the-Top* eleitas para estudo: (i) as *OTT* de Comunicações Sociais e (ii) as *OTT* de Conteúdos Audiovisuais. Em relação a outras espécies de *Over-the-Top* e mesmo a outras materialidades da Economia Digital, as conclusões são válidas naquilo que tiverem em comum com aquelas espécies mencionadas.

Compartilhamos do entendimento, expresso por importante corrente doutrinária nacional, de que o atual desenho de tributação sobre o consumo no Brasil não consegue absorver, para tributar, as novas materialidades do mundo digital.

As alternativas são: (i) um novo tributo, da competência da União, com ou sem repartição de receitas com os entes políticos subnacionais, cujo critério material se amolde às realidades próprias da Economia Digital; (ii) a criação, por meio de uma reforma constitucional, de um IVA, dual ou não, de base ampla, compreendendo bens, serviços e as realidades fáticas do mundo digital, e que venha a substituir os atuais ICMS e ISS.

Tais conclusões são válidas, especialmente, para os fenômenos estudados mais de perto nesta obra, quais sejam, as Aplicações *Over-the-Top* de Comunicações Sociais e de Conteúdos Audiovisuais.

O *primeiro motivo* é porque essas Aplicações, embora não sejam propriamente Serviço de Valor Adicionado (*SVA*), têm, com elas, uma identidade de natureza lógica e tecnológica (a estrutura de camadas dos serviços de comunicação), como foi demonstrado nesta obra. É o caso, por exemplo, das comunicações que ocorrem nas *OTT* de Comunicações Sociais.

Por isso, as *Over-the-Top* mencionadas devem ter o mesmo tratamento, em termos de natureza jurídica, que os Serviços de Valor Adicionado. Em decorrência disso, também devem ter a mesma repercussão tributária destes últimos, que não são tributados nem pelo ICMS (seja ICMS-Mercadoria, seja ICMS-Comunicação), nem pelo ISS.

O *segundo motivo* são as decisões do Supremo Tribunal Federal que, em 2021, afastaram a incidência do ICMS e admitiram a incidência do ISS na aquisição ou licenciamento de *software* por meio físico ou por meio eletrônico (*download*, *streaming* etc.). Não se cuidou, ali, de outros suportes fáticos, como o acesso a conteúdos audiovisuais, com ou sem cessão definitiva; vale dizer, não se cuidou das *Over-the-Top* citadas. Todavia, os julgamentos a respeito do *software* afetaram um outro, que decidiu pela caducidade do Convênio 106/2017 do Confaz e já transitou em julgado.[690] Logo, em tese, toda a legislação dos estados criada, a partir de 2017, para tributar, pelo ICMS, a transferência de conteúdos digitais pela internet com cessão definitiva, teria perdido sua legitimidade.

Para a incidência específica do ICMS sobre as materialidades descritas, presentes nas *Over-the-Top* estudadas, terá de haver alteração, nesse sentido, na Lei Complementar 87/96 (Lei Kandir). Entendemo-la legítima do ponto de vista de

690. A ADI 5.958/DF.

justiça fiscal, pois, já de há muito, temos a presença dos bens digitais (ou intangíveis) em nossa realidade econômica, muitas vezes em situações de não incidência. Todavia, não vislumbramos que o ICMS, ou o ISS, sejam os tributos juridicamente mais adequados a tributar esses novos fenômenos de riqueza, como explicaremos a seguir.

O *terceiro motivo* é que não é apropriado, tampouco, tributar-se, pelo ISS, os acessos, por *streaming*, a conteúdos audiovisuais na internet, como pretende a Lei Complementar desse imposto. Compartilhamos do entendimento, expresso por vários doutrinadores, de que é *inconstitucional* a inclusão do item 1.09 na Lista de Serviços anexa à Lei Complementar 116/2003.

Compreensível o esforço do legislador nacional em não deixar vácuos de não incidência para materialidades que surgiram com a Economia Digital. Há limites para isso, porém, como demonstraremos.

Defendemos a tese de que os julgamentos do Supremo Tribunal Federal que decidiram pela tributação, pelo ISS, na aquisição ou licenciamento do *software* não devem ter aplicação para o acesso a conteúdos audiovisuais, por *streaming*, pela internet. Dizendo de outra forma, não devem criar precedente para que se tribute, pelo ISS, as Aplicações *Over-the-Top* de Conteúdos Audiovisuais. Isso vale, com mais razão ainda, para as *OTT* de Comunicações Sociais, pela completa ausência de previsão legal.

Em primeiro lugar, porque, como demonstramos, a definição técnica e legal de *software* é distinta daquela de *Over-the-Top*. Depois, porque as Aplicações *Over-the-Top*, seja de Comunicações Sociais, seja de Conteúdos Audiovisuais, não se subsomem à norma de incidência do ISS, como será visto a seguir.

Há julgados recentes de tribunais superiores atribuindo um conceito econômico aos serviços, para vê-los não apenas como "obrigação de fazer", mas também como "oferta de utilidade" a outrem. Há que de analisar, porém, o objeto dos contratos dos casos concretos e sua natureza jurídica intrínseca.

Dizendo de outra forma, o conceito de serviço não é tão elástico. A rigor, qualquer fato jurídico pode ser uma "oferta de utilidade" numa relação em que se procura dar ou obter um benefício: uma venda de bem tangível, um aluguel de coisa móvel, o usufruto de um imóvel, o câmbio de uma moeda, a transformação de uma matéria-prima. Nenhuma dessas materialidades, porém, é tributada pelo ISS. Nem se argumente a existência de item na Lista de Serviços da LC 116/2003 para a incidência do ISS, se sua inclusão foi inconstitucional.

A nosso ver, é impróprio enquadrar, como serviço, utilidades massificadas, sem atividade humana, sem personalização e totalmente incorpóreas, como é o caso da visualização de conteúdos audiovisuais pela internet. Ainda que se argumente que isso ocorre no setor de diversões públicas, como o cinema, onde há tributação pelo ISS, mesmo assim temos fazeres humanos envolvidos, ainda que mínimos (bilheteria, vigilância, limpeza, operação de máquinas etc). Não é o caso, porém, de consumo de músicas ou de vídeos pela internet, em que *a realização dos serviços precedeu sua oferta*.

Conforme apontam autores citados nesta obra, verificamos, cada vez mais, a transição de um modelo de consumo em massa de bens corpóreos e de prestação de serviços com intervenção humana, para o consumo de bens digitais e de serviços, muitas vezes sem qualquer ou com a mínima intervenção humana.

Portanto, *nem tudo pode ser classificado como serviço*. Do contrário, haverá clara ofensa ao art. 110 do Código Tributário Nacional. Se é admissível uma interpretação dinâmica da Constituição e de suas expressões, há limites semânticos que não podem ser ultrapassados. Lembre-se, por fim, de que a Súmula Vinculante 31 do STF não foi revogada.

Afastamos, de outro lado, o argumento trazido por respeitáveis doutrinadores de que a inconstitucionalidade do item 1.09 das Lista de Serviços ligar-se-ia ao fato de que a disponibilização de conteúdo de áudio e vídeo sem cessão definitiva consistiria em *cessão de direitos*.

Em nosso entendimento, não há, ali, cessão de direitos. A explicação é simples. Não se está autorizando, ao *usuário* de Aplicação *OTT*, a reprodução pública de conteúdos musicais ou audiovisuais, situação típica de eventos nos quais há o pagamento de direitos autorais. Não se trata, necessariamente, de exibição pública ou coletiva, que foi a *ratio decidendi* do STJ, por maioria, no REsp 1.559.264/RJ. Quem é o autorizado à reprodução e transmissão coletiva é o *provedor* da plataforma *OTT*, e não o usuário individual. Este último fará um consumo para si próprio e não para terceiros. Trata-se do típico consumo doméstico.

A cessão de direitos ocorreu, sim, porém em fase anterior à sua disponibilização, na internet, ao usuário de Aplicação *Over-the-Top*. O cedente do direito é o produtor do conteúdo, que, somente depois da produção, será veiculado pela plataforma *OTT*. O provedor dessa última é aquele que faz a reprodução do conteúdo; ele, sim, é o cessionário do direito. Se houver coincidência de pessoas, há coincidência de cedente e cessionário.[691] Em nenhum momento há a presença do usuário individual da Aplicação *OTT* nessa relação jurídica entre produtor e veiculador de conteúdo pela internet.

Direitos autorais podem ser licenciados ou cedidos. Pelo licenciamento, o autor permite que um terceiro se utilize de sua obra por determinado tempo. Equivaleria a um "aluguel". No licenciamento, se paga, por determinado tempo, pela utilização de uma obra (musical, por exemplo). Findo o prazo, a obra retorna ao seu titular. Já a cessão de direito autoral implica transmissão de titularidade do autor original ao cessionário.[692]

Correto o voto vencido divergente no REsp 1.559.264/RJ. Veiculação de conteúdo musical (ou audiovisual) pela internet não significa "execução pública" ou de "frequência coletiva". A decisão, naquele julgamento, não teve efeito repetitivo e,

---

691. Assim, a Netflix provê conteúdos de produção própria e da produção de terceiros.

692. CARNEIRO, Thiago Jabur. *O autor pode transferir seus direitos para outra pessoa?* Disponível em: https://bit.ly/3m3g2Jo. Acesso em: 10 set. 2021.

portanto, o entendimento que a fundamentou, e que a nosso ver é equivocado, ainda poderá ser revisto.

Ressalve-se a situação em que o usuário adquire, numa "loja virtual", uma música ou filme para que fique residente em seus equipamentos, independentemente de ser assinante de uma plataforma *Over-the-Top* de Conteúdos Audiovisuais. Nesse caso, como há cessão definitiva, temos a aquisição de um bem intangível; cabível a incidência do ICMS (ICMS-Mercadoria). Para os que entendem que não se trata de um bem, seria a aquisição de uma cessão de uso, sendo o adquirente o titular de um direito de uso por tempo indeterminado. De toda sorte, não se trata da situação estudada nesta obra, em que temos simplesmente *acesso* a conteúdos por *streaming, sem cessão definitiva.*

A diferenciação semântica de *software* e *Over-the-Top* igualmente afasta a possibilidade de se aplicar, a estas últimas, o art. 7º da Lei 9.606/98, que trata de licença de uso de programa de computador. Repisamos, o conteúdo de uma Aplicação *Over-the-Top*, especialmente de Conteúdos Audiovisuais, não é *software, stricto sensu*; não se destina a operacionalizar aparelhos, mas a veicular arquivos digitais de informação ou entretenimento a usuários humanos.

Em outras palavras, não faz sentido dizer-se que, para consumo próprio pela internet, com uso de *streaming*, sem cessão definitiva, o assinante ou usuário da aplicação seja um cessionário de direito (autoral ou de uso). O negócio jurídico ali existente é o contrato, oneroso ou gratuito, entre o provedor *OTT* de conteúdos e o seu usuário ou assinante, pelo *direito de acessar a plataforma de reprodução de conteúdos audiovisuais*. Há um outro contrato, preexistente, entre o produtor de conteúdos e a plataforma *Over-the-Top* que irá divulgá-los. Assim, o cedente de direitos de reprodução e uso é a indústria de audiovisuais ou a indústria fonográfica; o cessionário daqueles direitos é o provedor da plataforma da Aplicação *OTT*, nunca o usuário ou assinante individual desta.

Pelo exposto, um provedor de plataforma *Over-the-Top* de conteúdos musicais[693] é o cessionário de direitos de reprodução de música na internet, cujo cedente é a gravadora,[694] ou o próprio músico ou conjunto musical que efetuou a gravação ou a exibição em tempo real.[695] Um provedor de plataforma *Over-the-Top* de vídeos[696] é o cessionário de direitos da empresa cinematográfica[697] ou de produção audiovisual[698] que o realizou tecnicamente em sinal digital.

Note-se que, em ambos os casos, o usuário final, assinante individual, não participa da relação jurídica entre cedente e cessionário dos direitos autorais ou direitos de uso. Dessarte, é impróprio falar-se que a materialidade do acesso a conteúdos audiovisuais pela internet, sem cessão definitiva, consiste, juridicamente, em cessão de direitos.

O *quarto e último motivo* impediente da referida tributação, e, a nosso ver, o mais importante, está na impropriedade de tributação dos suportes fáticos das *Over-the-Top* pelo ICMS e o ISS.

Nesta obra, demonstramos, fartamente, o descompasso entre os critérios materiais do ICMS (seja o ICMS-Mercadoria, seja o ICMS-Comunicação) e do ISS com os suportes fáticos das Aplicações *Over-the-Top* mencionadas.

Aqueles dois tributos foram concebidos para uma *economia baseada em materialidades*. São fortemente calcados nos seguintes princípios: cadeias de produção e de comercialização de bens (ICMS), presença de intermediação humana nas etapas de circulação (ICMS), bem como na prestação de serviços (ICMS e ISS), e forte territorialidade das transações (ICMS e ISS).

---

693. Por exemplo, o *Spotify*.

694. Por exemplo, a *Universal Music*, a *Sony Music* ou a *Warner Music*.

695. As usualmente chamadas "*lives*".

696. Por exemplo, a *Netflix*.

697. Por exemplo, a *Sony, Paramount* ou *Fox*.

698. No caso do Brasil, por exemplo a *Saigon* ou a *O2*.

O atual sistema constitucional tributário baseia-se, de um lado, em conceitos abstratos; de outro, requer a materialização destes no mundo físico e fenomênico. Vimos que a Economia Digital, nos seus suportes fáticos, é o oposto disso. Isso sem contar a vagueza de certas expressões empregadas na Carta Magna e no arcabouço da legislação tributária.[699]

Dizendo de outra maneira, há conceitos nem sempre suficientemente definidos na Carta Magna ou nos diplomas infraconstitucionais, e que se mostram distanciados das novas atividades econômicas, dos novos modos de produção e dos novos fenômenos de riqueza.

Discordamos daqueles que invocam, para as Aplicações *Over-the-Top* de Conteúdos Audiovisuais, a imunidade para fonogramas e videofonogramas musicais, produzidos no Brasil, contendo obras musicais ou literomusicais de autores brasileiros e/ou obras em geral interpretadas por artistas brasileiros. Tal imunidade, como vimos, é prevista no art. 150, VI, "e", da Constituição Federal.

O primeiro motivo é que, como já exposto, a relação jurídica entre provedor de plataforma *Over-the-Top* de Conteúdos Audiovisuais e seu usuário não consiste em cessão de direitos. A relação jurídica desta última precede sua veiculação pela internet e envolve outro conjunto de sujeitos.

Ainda que consistisse em cessão de direitos, teríamos uma quase insuperável dificuldade prática de se operacionalizar isso. Assim, uma mesma plataforma *Over-the-Top* pode veicular fonogramas e videofonogramas musicais que não foram produzidos no Brasil, ou, se o foram, podem não conter obras de autores brasileiros; ou ainda, sendo de autores estrangeiros, podem não ter sido interpretadas por artistas brasileiros.

Referida imunidade foi inserida na Carta Magna por intermédio da Emenda Constitucional 75/2013, cuja tramitação levou muitos anos. Sua motivação era o combate à contrafação ("pirataria"), o fortalecimento do mercado fonográfico

---

699. A exemplo de "comunicação".

brasileiro e a difusão da cultura musical a todas as classes sociais do Brasil. Pode-se dizer que, com o virtual desaparecimento das mídias musicais físicas, bem como a popularização dos *smartphones* e das plataformas de *Over-the-Top* de Conteúdos Audiovisuais, cujo acesso é, na maior parte das vezes, gratuito, ocorrências posteriores à propositura da imunidade, ela praticamente perdeu seu sentido original e sua aplicabilidade, ao menos para nosso objeto de estudo, as *OTT*.

Em conclusão, tudo aponta no sentido de que se deva construir um novo consenso (um *discurso vencedor*) em torno da tributação dos fenômenos da Economia Digital, em geral, e das Aplicações *Over-the-Top*, em particular. Devem-se formular normas impositivas que se amoldem às novas realidades, de preferência alinhadas com modelos internacionais que venham a se consagrar brevemente.

Enquanto não temos esse novo modelo minimamente aceito por contribuintes, juristas, legisladores e administrações tributárias, aconselhável que se tenha uma atitude conservadora em termos legislativos, mesmo que temporariamente não isonômica. Seria a *moratória* regulatória ainda prevalecente e que vige até nos Estados Unidos (onde primeiro se desenvolveram esses novos suportes fáticos). Se, num primeiro momento, a moratória significa ausência de neutralidade tributária, de outro, tem, como benefício, não inibir o desenvolvimento desse setor.

Lembre-se, também, que os provedores das plataformas de Aplicações *Over-the-Top* sofrem retenções de imposto e tributação direta, uma vez que, até por razões cambiais, sempre possuem uma inscrição nacional. Logo, não se pode dizer que não estão sendo minimamente tributados por sua presença e atuação em território nacional.

Por todo o exposto, concluímos que, para que as disfuncionalidades atuais desapareçam, ou ao menos sejam mitigadas, é necessária a criação de um novo tributo sobre o consumo que se amolde às materialidades do *Over-the-Top* estudadas, ou que ocorra uma reforma tributária que venha a substituir os atuais ICMS e ISS para a incidência pretendida.

REFERÊNCIAS

5G e inteligência artificial: o que esperar dessa relação? Portal Nama. 10 nov. 2020. Disponível em: https://bit.ly/3m1xPRi. Acesso em: 10 set. 2021.

7GRAUS. *Dicio*. Dicionário Online de Português. Matosinhos, Portugal: 7Graus, 2019. Disponível em: https://bit.ly/3m3Uso2. Acesso em: 1º maio 2019.

7GRAUS. *Significados*. Significado de Bit e Byte. Matosinhos, Portugal: 7Graus, 2019. Disponível em: https://bit.ly/3lZdGeK. Acesso em: 15 out. 2019.

7GRAUS. *Sinônimos.com.br*. Dicionário de sinônimos online. Matosinhos, Portugal: 7Graus, 2019. Disponível em: https://www.sinonimos.com.br/. Acesso em: 15 maio 2019.

AGUIAR, Tatiana. A tributação das novas tecnologias à luz do Constructivismo Lógico-Semântico e da retórica realista – um estudo sobre a superposição de discursos vencedores. *In:* CARVALHO, Paulo de Barros (Coord.). *30 anos da Constituição federal e o sistema tributário brasileiro*. São Paulo: Noeses, 2018. p. 1231-1248.

AHLGREN, Matt. 20 + Facebook estatísticas e fatos para 2019. *Web site hosting rating*, Melbourne, 2 Apr. 2019. Disponível em: https://bit.ly/3uezC9o. Acesso em: 15 ago. 2019.

ALFERES, Eduardo Henrique. *Autopoiese do direito*. Âmbito Jurídico, São Paulo, 1º maio 2010. Disponível em: https://bit.ly/2XZwEKd. Acesso em: 15 out. 2019.

ALLIED Market Research. *Over-the-top (OTT) Market Outlook – 2027*. Disponível em: https://bit.ly/3zKX1jX. Acesso em 10 set. 2021

ALVES DOS SANTOS, Ricardo Augusto. Tributação das Aplicações Over-the-Top no Brasil: visão geral e análise das atividades de transmissão de conteúdo audiovisual, envio de mensagens e realização de chamadas de voz por meio da internet. *In:* FARIA, Renato Vilela; SILVEIRA, Ricardo Maitto da; MONTEIRO, Alexandre Luiz Moraes do Rêgo (coord.). *Tributação da Economia Digital*: desafios no Brasil, experiência internacional e novas perspectivas. São Paulo: Saraiva, 2018. p. 692-710.

AMARAL, Bruno. Para a Sky, Claro tenta "confundir", mas OTT não é SeAC. *Teletime*, 19 set. 2019. Disponível em: https://bit.ly/3CQGjBp. Acesso em: 15 out. 2019.

ANDERLE, Ricardo. *Conflitos de competência tributária entre o ISS, ICMS e IPI*. São Paulo: Noeses, 2016.

ANGELIS, Ângelo de. *O imposto sobre o valor agregado e o ICMS no estado de São Paulo – 1988 a 2013 – 25 anos*. 2016. Dissertação (Mestrado em Desenvolvimento Econômico, Espaço e Meio Ambiente) – Instituto de Economia, Universidade Estadual de Campinas, Campinas, 2016.

ANT. Agência Nacional de Telecomunicações. *Proposta brasileira de definição de OTTs é adotada internacionalmente*. Brasília: ANT, 2019. Disponível em: https://bit.ly/2Y0fbkQ. Acesso em: 15 out. 2019.

ATALIBA, Geraldo. *Sistema constitucional brasileiro*. São Paulo: Revista dos Tribunais, 1968.

ATALIBA, Geraldo; GIARDINO, Cléber. Núcleo da definição constitucional do ICM. *Revista de Direito Tributário,* São Paulo: Revista dos Tribunais, ano VII, n. 25/26, jul.-dez. 1983.

BARELLA, Irene. *Plataforma over the top sai de um nicho e passa a atender a um mercado massivo*. Disponível em: https://bit.ly/2XWJglu. Acesso em 10 set. 2021.

BARRETO, Aires Fernandino. *ISS na Constituição e na Lei*. São Paulo: Dialética, 2005.

BARRETO, Simone Rodrigues Costa. Conceito constitucional de serviços de qualquer natureza. *In:* CARVALHO, Paulo de Barros (coord.). *Racionalização do sistema tributário*. São Paulo: Noeses, 2017. p. 1067-1084.

BARROS, Maurício. Tributação da economia digital e os conflitos de competência entre ICMS e ISS. *In:* FARIA, Renato Vilela; SILVEIRA, Ricardo Maitto da; MONTEIRO, Alexandre Luiz Moraes do Rêgo (coord.). *Tributação da economia digital:* desafios no Brasil, experiência internacional e novas perspectivas. São Paulo: Saraiva, 2018. p. 358-375.

BAUMAN, Zygmunt. *Modernidade líquida*. Rio de Janeiro: Zahar, 2001.

BAZZANELLA, Eduardo Muxfeldt. *Tributação sobre os vídeos sob demanda:* a influência da globalização sobre as normas tributárias. Dissertação (Mestrado em Direito) – Pontifícia Universidade Católica do Rio Grande do Sul, Porto Alegre, 2016.

BECKER, Alfredo Augusto. *Teoria geral do direito tributário*. 4. ed. São Paulo: Noeses, 2007.

BEREC. Body of European Regulators for Electronic Communications. *Report on OTT Services*. Riga, Latvia: Berec, 29 Jan. 2016. Disponível em: http://berec.europa.eu. Acesso em: 15 out. 2019.

BERGHER, Ricardo. O que é TV on Demand? *Zoom,* Rio de Janeiro, 28 ago. 2012. Disponível em: https://bit.ly/3ublkX0. Acesso em: 15 out. 2019.

BEZERRA, Romildo Martins da Silva. *Transmissão digital e analógica*. Salvador: UFBA; CEFET, 30 ago. 2008. Disponível em: https://bit.ly/3kKzpI1. Acesso em: 15 ago. 2019.

BIAVA JÚNIOR, Roberto. Determinação dos limites de incidência do ICMS na modalidade "comunicação" e do ISS nas atividades de veiculação de textos/imagens e divulgação de publicidade na internet. *In:* FARIA, Renato Vilela; SILVEIRA, Ricardo Maitto da; MONTEIRO, Alexandre Luiz Moraes do Rêgo (coord.). *Tributação da Economia Digital:* desafios no Brasil, experiência internacional e novas perspectivas. São Paulo: Saraiva, 2018. p. 283-301.

BRANDÃO JUNIOR, Salvador Cândido. A imunidade dos fonogramas e videofonogramas e sua aplicação no serviço de streaming. *In:* PISCITELLI, Tathiane (coord.). *Tributação da economia digital*. São Paulo: Thomson Reuters, 2018. p. 346-357.

BRASIL. Ministério da Economia. Secretaria Especial de Fazenda. Secretaria do Tesouro Nacional. Estimativa da Carga Tributária Bruta do Governo Geral – 2020. Março de 2021. Disponível em: https://bit.ly/2XZvyOB. Acesso em: 10 set. 2021.

BRASIL. Ministério da Economia. Confaz. *Boletim de Arrecadação dos Tributos Estaduais*. Brasília, 2019. Disponível em: https://bit.ly/3m2ezD7. Acesso em: 15 maio 2019.

BRASIL. Ministério da Economia. Receita Federal. *Relatórios do Resultado da Arrecadação*. Brasília, 2017. Disponível em: https://bit.ly/2Y4SMml. Acesso em: 15 maio 2019.

BRASIL. Ministério da Fazenda. Conselho Nacional de Política Fazendária. *Confaz*. Brasília, 2109. Disponível em: https://bit.ly/3CPrLC6. Acesso em: 23 ago. 2019.

BRASIL: O mercado de OTT mais forte da América Latina. Portal PrensarioZone. Disponível em: https://bit.ly/3ue6CP0. Acesso em: 10 set. 2021

BRAZUNA, José Luiz Ribeiro. Reforma tributária: desafios da evolução da economia digital versus complexidades da Federação brasileira. *In:* FARIA, Renato Vilela; SILVEIRA, Ricardo Maitto da; MONTEIRO, Alexandre Luiz Moraes do Rêgo (coord.). *Tributação da economia digital*: desafios no Brasil, experiência internacional e novas perspectivas. São Paulo: Saraiva, 2018. p. 825-845.

CALIENDO, Paulo. Economia digital e a criação de um IVA para o Brasil. *In:* FARIA, Renato Vilela; SILVEIRA,

Ricardo Maitto da; MONTEIRO, Alexandre Luiz Moraes do Rêgo (coord.). *Tributação da economia digital:* desafios no Brasil, experiência internacional e novas perspectivas. São Paulo: Saraiva, 2018. p. 791-805.

CARIBÉ, João Carlos Rebello. Uma perspectiva histórica e sistêmica do capitalismo de vigilância. *Centro de Referência em Inteligência Empresarial* – CRIE/COPPE/UFRJ, Rio de Janeiro, n. 41, p. 5-10, 2019.

CARNEIRO, Thiago Jabur. *O autor pode transferir seus direitos para outra pessoa?* Disponível em: https://bit.ly/3m3g2Jo. Acesso em 10 set. 2021.

CARPINETTI, Ana Carolina; LARA, Henrique Amaral. Não incide ICMS sobre serviços *Over the Top*, mas ISS é variável. *Consultor Jurídico.* São Paulo: Conjur, 14 ago. 2016. Disponível em: https://bit.ly/3kFxh4b. Acesso em: 15 ago. 2019.

CARRAZZA, Roque Antonio. *Curso de direito constitucional tributário.* São Paulo: Quartier Latin. 31. ed. São Paulo: Saraiva, 2017.

CARVALHO, Aurora Tomazini de. *Constructivismo lógico-semântico como método de trabalho na elaboração jurídica. In:* CARVALHO, Paulo de Barros (coord.); CARVALHO, Aurora Tomazini (org.). *Constructivismo lógico-semântico.* v. I. São Paulo: Noeses, 2014. p. 13-40.

CARVALHO, Aurora Tomazini de. *Curso de teoria geral do direito* (o constructivismo lógico-semântico). 4. ed. São Paulo: Noeses, 2014.

CARVALHO, Paulo de Barros. Algo sobre o constructivismo lógico-semântico. *In:* CARVALHO, Paulo de Barros (Coord.); CARVALHO, Aurora Tomazini de (Org.). *Constructivismo lógico-semântico.* São Paulo: Noeses, 2014. v. I, p. 3-11.

CARVALHO, Paulo de Barros. *Curso de direito tributário.* 28. ed. São Paulo: Saraiva, 2017.

CARVALHO, Paulo de Barros. *Direito tributário* – Fundamentos jurídicos da incidência. 9. ed. São Paulo: Saraiva, 2012.

CARVALHO, Paulo de Barros. *Direito tributário:* linguagem e método. 26. ed. São Paulo: Noeses, 2015.

CASTELLS, Manuel. *A galáxia da internet:* reflexões sobre a internet, os negócios e a sociedade. Rio de Janeiro: Zahar, 2003.

CASTRO, Oona. *Serviços over-the-top: conceitos em disputa podem ter consequências para sua regulação. Politics*, Rio de Janeiro: Instituto Nupef, jun. 2018. Disponível em: https://bit.ly/2Zyict7. Acesso em: 15 ago. 2019.

CCM. *Analógico e digital.* São Paulo; Rio de Janeiro: Grupo Figaro, 2019. Disponível em: https://bit.ly/3CMZWdH. Acesso em 15 out. 2019.

CHIARELLI, Giuseppe. Elasticità della Costituzione. *In:* ISTITUTO DI DIRITTO PUBBLICO I DI DOTTRINA DELLO STATO. Facoltà de Science Politiche. Università di Roma. *Studi di Diritto Costituzionale in memoria de Luigi Rossi*. Milano: Giuffrè, 1952. p. 43-58.

CHIESA, Clélio. O imposto sobre serviços de qualquer natureza e aspectos relevantes da Lei Complementar n. 116/2003. *In:* ROCHA, Valdir de Oliveira (Coord.). *O ISS e a LC 116*. São Paulo: Dialética, 2003. p. 52-76.

CNMC. Comisión Nacional de los Mercados y la Competencia. *Caracterización del uso de algunos servicios over the top em España* (comunicaciones electrónicas y servicios audiovisuales). Informe Sectorial. ESTAD/CNMC/055/17. Madrid: CNMC, 15 enero 2015 (Documento de Trabajo n. 4). Disponível em: https://bit.ly/2XJsCVP. Acesso em: 15 ago. 2019.

CNMC. Comisión Nacional de los Mercados y la Competencia. *Qué es la CNMC.* Madrid: CNMC, 2019, tradução nossa. Disponível em: https://bit.ly/3m4VOzf. Acesso em: 15 ago. 2019.

COÊLHO, Sacha Calmon Navarro. *Comentários à Constituição de 1988* – Sistema tributário. Rio de Janeiro: Forense, 2006.

CONCEITO.DE. Implicação. *Conceito.de*, 2014. Disponível em: https://conceito.de/implicacao. Acesso em: 15 maio 2019.

CONSUMO de vídeo e áudio online cresce no Brasil, aponta pesquisa. Portal Agência Brasil. 31 de maio de 2020. Disponível em: https://bit.ly/3ie0n97. Acesso em 10 set. 2021.

CORREIA NETO, Celso de Barros; AFONSO, José Roberto R.; FUCK, Luciano Felício. Desafios tributários na era digital. *In:* AFONSO, José Roberto R.; SANTANA, Hadassah Laís. *Tributação 4.0*. São Paulo: Almedina, 2020.

CUERVO, Leonardo. A prestação de Serviço de Valor Adicionado (SVA) pelas empresas de telefonia e sua regulamentação. *Jus.com.br.* dez. 2018. Disponível em: https://bit.ly/3zLa5FX. Acesso em: 15 out. 2019.

DANIEL NETO, Carlos Augusto; BRANCO, Leonardo Ogassawara de Araújo. O paradigma da economia digital e os novos conceitos de serviço e mercadoria – reflexos na tributação. *In:* FARIA, Renato Vilela; SILVEIRA, Ricardo Maitto da; MONTEIRO, Alexandre Luiz Moraes do Rêgo (coord.). *Tributação da economia digital:* desafios no Brasil, experiência internacional e novas perspectivas. São Paulo: Saraiva, 2018. p. 322-338.

DEL BIANCO, Nélia Rodrigues. *E tudo vai mudar quando o digital chegar*. Brasília: UnB, p. 1-10, 2003. Disponível em: https://bit.ly/3F3QgxF. Acesso em: 15 ago. 2019.

DERZI, Misabel. *Direito tributário, direito penal e tipo*. São Paulo: Revista dos Tribunais, 1988.

DIAS, Karem Jureidini. *Fato tributário:* revisão e efeitos jurídicos. São Paulo: Noeses, 2013.

DIAS, Karem Jureidini. Software, aplicativos e ICloud Services: Evolução jurisprudencial, tendência da tributação e responsabilidade fiscal. *In: Congresso Nacional de Direito Tributário do IBET,* 15, 27-29 mar. 2019, São Paulo. *Apresentações* [...]. São Paulo: IBET, 5-7 dez. 2018.

DIGITAL EMA. North Hollywood, CA, USA, 2019. Disponível em: https://bit.ly/2XJrK3v. Acesso em: 15 ago. 2019.

DUARTE, Denianne de Araújo; SILVA, Lívia Denise Rêgo. Informe setorial: Backhaul ameaçado, consumidor atento. *Revista de Direito, Estado e Telecomunicações*, Brasília, v. 1, n. 1, p. 219-232, 2009. Disponível em: https://bit.ly/2ZsUoGV. Acesso em: 15 ago. 2019.

DUTRA, Micaela Dominguez. Tributação e economia digital. *In:* LEITE, Luiza; SCHWARTZ, Rodrigo; FEIGELSON, Bruno. *Tax 4.0 – Tributação na realidade exponencial*. São Paulo: Thomson Reuters Brasil, 2021. p. 15-26.

EMERENCIANO, Adelmo da Silva. *Tributação no comércio eletrônico*. São Paulo: Síntese; Thomson IOB, 2003. (*Coleção de Estudos Tributários*.)

ESTELLITA LINS, Bernardo Felipe. A evolução da Internet: uma perspectiva histórica. *Cadernos ASLEGIS*, n. 48, jan./abr. 2013, p. 21. Disponível em: https://bit.ly/3FHyKzs Acesso em: 15 out. 2019.

FABIANO, Célio. O que é SaaS e quais são os benefícios que o seu uso traz. *DeskManager*, 12 dez. 2017. Disponível em: https://bit.ly/39BPNEa. Acesso em: 15 out. 2019.

FARACO, Alexandre Ditzel; COUTINHO, Diogo R. Regulação de indústrias de rede: entre flexibilidade e estabilidade. *Revista de Economia Política*, São Paulo, v. 27, n. 2, p. 261-280, abr./jun. 2007. Disponível em: https://bit.ly/3EVlKWo. Acesso em: 15 ago. 2019.

FARIA, Renato Vilela; SILVEIRA, Ricardo Maitto da; MONTEIRO, Alexandre Luiz Moraes do Rêgo. Apresentação. *In:* FARIA, Renato Vilela; SILVEIRA, Ricardo Maitto da; MONTEIRO, Alexandre Luiz Moraes do Rêgo (coord.). *Tributação da economia digital:* desafios no Brasil, experiência internacional e novas perspectivas. São Paulo: Saraiva, 2018. p. 11-13.

FEBBRAJO, Alberto, LIMA, Fernando Rister de Sousa. Autopoiese. *In:* CAMPILONGO, Celso Fernandes; GONZAGA, Alvaro de Azevedo; FREIRE, André Luiz (coord.). *Enciclopédia jurídica da PUC-SP*: Teoria Geral e Filosofia do Direito.

São Paulo: PUC-, 2017. Disponível em: https://bit.ly/3ALjG0D Acesso em: 15 out. 2019.

FERNANDES, Victor Oliveira. *Regulação de serviços Over--the-Top (OTT) e pós-convergência tecnológica.* 2018. Dissertação (Mestrado em Direito) – Faculdade de Direito, Universidade de Brasília, Brasília, 2018.

FERRAGUT, Maria Rita. *Responsabilidade tributária e o Código Civil de 2002*. São Paulo: Noeses, 2005.

FERRAZ JR., Tercio Sampaio. *Introdução do estudo do direito: técnica, decisão e dominação*. 6. ed. São Paulo: Atlas, 2012.

FERREIRA DE ALMEIDA, Carlos Otávio; BEVILACQUA, Lucas. ICMS sobre software: evolução do conceito constitucional de mercadorias em face da inovação tecnológica. *In:* FARIA, Renato Vilela; SILVEIRA, Ricardo Maitto da; MONTEIRO, Alexandre Luiz Moraes do Rêgo (coord.). *Tributação da Economia Digital:* desafios no Brasil, experiência internacional e novas perspectivas. São Paulo: Saraiva, 2018. p. 339-357.

FERREIRA, Luiz Guilherme de Medeiros; NÓBREGA, Marcos. Tributação na economia digital e o conflito de competência. *In:* AFONSO, José Roberto R.; SANTANA, Hadassah Laís. *Tributação 4.0*. São Paulo: Almedina, 2020.

FGV. Fundação Getulio Vargas. EAESP. Escola de Administração de Empresas de São Paulo. NPP. Núcleo de Pesquisas e Publicações. *Relatório de pesquisa nº 17/2002*. São Paulo: FGV/EAESP/NPP, 2002. Disponível em: https://bit.ly/3EVl1o8. Acesso em: 15 out. 2019.

FIGUEIREDO, Marina Vieira. *Regra-Matriz de incidência tributária I*: Hipótese tributária e fato jurídico tributário. Material de Aula. São Paulo: COGEAE; PUC, 24 mar. 2014.

FRANCA, Alison José da; DORES JR., Carlos Alberto dos Santos das; REMÉDIO, Eduardo José de Almeida; SANTOS, Henrique Coutinho Miranda; GODOY, Juliana Guimarães; MAIRRO, Ricardo Felipe; AGUDO, Thaís Rodrigues. Imposto Sobre Serviços de Qualquer Natureza – ISS. *JusBrasil*,

Salvador, 2015. Disponível em: https://bit.ly/3lZEL1t. Acesso em: 15 ago. 2019.

GADA, Kosha. The Digital Economy in 5 minutes. *Forbes.com*. 16 June 2016. Disponível em: https://bit.ly/3zHFI3k. Acesso em: 15 out. 2019.

GAMA, Tácio Lacerda. *Competência tributária*. Fundamentos para uma teoria da nulidade. 3. ed. ver. e ampl. São Paulo: Noeses, 2020.

GAMA, Tácio Lacerda; GOMES, Daniel de Paiva. A inteligência artificial como instrumento a serviço da fundamentação de decisões judiciais em matéria tributária. *In:* LEITE, Luiza; SCHWARTZ, Rodrigo; FEIGELSON, Bruno. *Tax 4.0 – Tributação na realidade exponencial*. São Paulo: Thomson Reuters Brasil, 2021. p. 393-410.

GATTUSO, James. FCC: Over the Top on Internet TV. *The Heritage Foundation*, Report Government Regulation, Washington, DC, 17 Nov. 2015. Disponível em: https://herit.ag/3ufO5Sh. Acesso em: 15 ago. 2019.

GEMALTO. As gerações de redes móveis de telefonia: entenda. *Gemalto*, 2015. Disponível em: https://bit.ly/3oazJSu. Acesso em: 15 ago. 2019.

GONÇALO, Gabriele. *OTT e a revolução na forma de fazer e consumir conteúdo em vídeo*. 26 de fevereiro de 2021. Disponível em: https://bit.ly/2XZqmdz. Acesso em: 10 set. 2021.

GRANDE DICIONÁRIO HOUAISS. São Paulo: UOL, 2019. Disponível em: https://houaiss.uol.com.br/. Acesso em: 01 out. 2019.

GRECO, Marco Aurelio. Tributação e novas tecnologias: reformular as incidências ou o modo de arrecadar? Um “SIMPLES” informático. *In:* FARIA, Renato Vilela; SILVEIRA, Ricardo Maitto da; MONTEIRO, Alexandre Luiz Moraes do Rêgo (coord.). *Tributação da Economia Digital*: desafios no Brasil, experiência internacional e novas perspectivas. São Paulo: Saraiva, 2018. p. 780-790.

GRISI, Celso; CASTRO, Diana Rodrigues Prado de; SOARES, Niandra. O ICMS na disponibilização de software no Estado de São Paulo. *JOTA*, São Paulo; Brasília, 4 abr. 2016, atualizado em: 22 nov. 2016. Disponível em: https://bit.ly/2ZoL5aY. Acesso em: 15 out. 2019, atualizado em: 17 nov. 2019.

GRUPENMACHER, Betina Treiger. Tributação do streaming e serviços over-the-top. *In:* PISCITELLI, Tathiane (coord.). *Tributação da Economia Digital.* São Paulo: Thomson Reuters, 2018. p. 325-345.

GUIMARÃES, Bernardo Strobel; GONÇALVES, Marcos Alberto. Serviço público de transporte privativo de passageiros e transporte individual privado de passageiros: reflexões a partir do affair Uber. *In:* FREITAS, Rafael Véras de; RIBEIRO, Leonardo Coelho; FEIGELSON, Bruno (Coord.). *Regulação e novas tecnologias*. Belo Horizonte: Fórum, 2017. p. 387-402.

GUTIERRES, Aline Fernanda Antunes. *O papel dos serviços* Over the Top *no conflito entre direito autoral e acesso à cultura.* Monografia (Bacharelado em Ciências Jurídicas e Sociais) – Faculdade de Direito, Universidade Federal do Rio Grande do Sul, Porto Alegre, 2018.

HARRIS, Susan; GERICH, Elise. Retiring the NSFNET Backbone Service: Chronicling the End of an Era. *Merit Research*, Ann Arbor, MI, 2013. Disponível em: https://bit.ly/3zL708R. Acesso em: 15 ago. 2019.

HONORATO, Renata; SBARAI, Rafael. Gigantes chineses de tecnologia e internet estão chegando. *Veja On-line*, São Paulo: Grupo Abril, 25 maio 2014. Disponível em: https://bit.ly/3uqREFH. Acesso em: 15 out. 2019.

HUSSERL, Edmund. *Investigações filosóficas* – Sexta investigação. Elementos de uma elucidação fenomenológica do conhecimento. São Paulo: Nova Cultural, 2005.

IBARRA, Pedro; PINHEIRO, Roberta. Conheça a tecnologia que promete mudar a venda das obras de arte. *Correio*

Braziliense, 26.03.2021. Disponível em: https://bit.ly/3iheOZZ. Acesso em: 10 set. 2021.

ITU. *D.262 (ex D.OTT)*. Recommendation ITU-T D.262 provides a collaborative framework in order to promote competition, consumer protection, consumer benefits, dynamic innovation, sustainable investment and infrastructure development, accessibility and affordability in relation to the global growth of the Over the Top (OTT) applications. Approved: 2 May 2019. Disponível em: https://bit.ly/39BadgJ Acesso em: 15 ago. 2019.

IVO, Gabriel. O direito e a inevitabilidade do cerco da linguagem. *In:* CARVALHO, Paulo de Barros (coord.); CARVALHO, Aurora Tomazini de (org.). *Constructivismo Lógico-Semântico*. v. I. São Paulo: Noeses, 2014. p. 65-91.

IWASSAKI, Kainan. *Regulação dos aplicativos de comunicação sobre IP no Brasil*. 2017. Monografia (Bacharelado em Ciências Jurídicas) – Universidade Federal do Paraná, Curitiba, 2017.

JONES, Caroline Junqueira Ortiz; SARAN, José Eduardo de Paula; LIMA, Mariana Miranda; BARROS, Maurício. ICMS-Comunicação. *In:* SANTI, Marcos Diniz de; SALUSSE, Eduardo Perez; SANTIN, Lina; TOLEDO, Dolina Sol Pedroso de (Coordenação). *Repertório Analítico da Jurisprudência do TIT/SP*. v. 1. São Paulo: Max Limonad, 2018. p. 454-515.

KLEINA, Milton. A história do WhatsApp, o rei dos mensageiros. *Tecmundo,* São Paulo, 23 jan. 2018. Disponível em: https://bit.ly/3CMxAQP. Acesso em 15 ago. 2019.

KLEINA, Milton. A história do Youtube, a maior plataforma de vídeos do mundo. *Tecmundo,* São Paulo, 11 jul. 2017. Disponível em: https://bit.ly/3EU95D1. Acesso em: 15 ago. 2019.

KRETSCHMANN, Ângela; WENDT, Emerson. *Tecnologia da informação & direito*. Porto Alegre: Livraria do Advogado, 2018.

LANDIN, Wikerson. Tudo sobre a compra do WhatsApp pelo Facebook. *Tecmundo*. São Paulo, 22 abr. 2014. Disponível em: https://bit.ly/3odE3jJ. Acesso em: 15 maio 2019.

LARA, Daniela Silveira; ROCHA, Daniela Gregório Rodrigues. Projetos da reforma tributária e o setor de telecomunicações. *In:* LEITE, Luiza; SCHWARTZ, Rodrigo; FEIGELSON, Bruno. *Tax 4.0 – Tributação na realidade exponencial.* São Paulo: Thomson Reuters Brasil, 2021, pp. 551-567.

LEAL, Victor Nunes. Leis federais e leis estaduais. *In:* LEAL, Victor Nunes. *Problemas de Direito Público.* Rio de Janeiro: Forense, 1960. p. 110-111.

LIMA CARVALHO, Lucas de; FEDERE, Rogério Baptista. A Tributação de SaaS e SaaP no Brasil por ISS ou ICMS: Estudo de Casos de Massively Multiplayer Online Games (MMOGs). *In:* FARIA, Renato Vilela; SILVEIRA, Ricardo Maitto da; MONTEIRO, Alexandre Luiz Moraes do Rêgo (coord.). *Tributação da Economia Digital*: desafios no Brasil, experiência internacional e novas perspectivas. São Paulo: Saraiva, 2018. p. 657-676.

LINS, Robson Maia. *Curso de direito tributário brasileiro.* São Paulo: Noeses, 2019.

LOPES, Denise Maria Moura da Silva. Avanços, retrocessos e estagnações: um balanço da lei 12.485. *Revista Eptic*, Aracajú: Universidade Federal de Sergipe, v. 17, n. 2, p. 40-56, maio-ago. 2015.

LOPES, S. O que é o sistema binário. *Oficina da Net*, Santa Cruz do Sul, RS, 13 dez. 2008, atualizado em: 25 mar. 2013. Disponível em: https://bit.ly/3i4Yag8. Acesso em: 15 out. 2019.

LUMMERTZ, Henry Gonçalves. Lei contraria perfil constitucional do ISS ao tributar áudio e vídeo na internet. *Consultor Jurídico*, São Paulo: Conjur, 16 jan. 2017. Disponível em: https://bit.ly/3zDajPv. Acesso em: 15 out. 2019.

MACEDO, Alberto. Tributação de atividades de *streaming* de áudio e vídeo: guerra fiscal entre ISS e ICMS. *In:* FARIA, Renato Vilela; SILVEIRA, Ricardo Maitto da; MONTEIRO, Alexandre Luiz Moraes do Rêgo (coord.). *Tributação da economia digital*: desafios no Brasil, experiência internacional e novas perspectivas. São Paulo: Saraiva, 2018. p. 504-521.

MARQUES, Thiago de Mattos. Bens e mercadorias: materialidade como requisito para a tributação do consumo. *Revista Direito Tributário* Atual, n. 40/2018. Instituto Brasileiro de Direito Tributário. ISSN: 1415-8124. e-ISSN 2595-6280.

MARTINS, Sérgio Pinto. *Manual do Imposto sobre Serviços*. 9. ed. São Paulo: Atlas, 2013.

MATA, Juselder Cordeiro da; CARVALHO, Ronan Alves Martins. A tributação de *softwares* e o entendimento das cortes superiores brasileiras. *In:* LEITE, Luiza; SCHWARTZ, Rodrigo; FEIGELSON, Bruno. *Tax 4.0 – Tributação na realidade exponencial*. São Paulo: Thomson Reuters Brasil, 2021. p. 121-136.

MERCADO de mídia e entretenimento no Brasil deve crescer 4,7% até 2025. Portal Biquadbroadcast. 07 de setembro de 2021. Disponível em: https://bit.ly/3uhi7oW. Acesso em: 10 set. 2021.

MESENBOURG, Thomas L. Measuring the Digital Economy. Disponível em: https://bit.ly/2YP0b9T Acesso em: 10 set. 2021.

MEYER, Maximiliano. A história da Netflix. *Oficina da Net*. Santa Cruz do Sul, RS, 21 jan. 2016, atualização 28 ago. 2017. Disponível em: https://bit.ly/3i8F8pe. Acesso em: 15 ago. 2019.

MEYER, Maximiliano. A história do iPhone [atualizado iPhone 8/iPhone X]. *Oficina da Net*, Santa Cruz do Sul, 21 maio 2015, atualização 13 set. 2017. Disponível em: https://bit.ly/3AEcfsd Acesso em: 15 ago. 2019.

MIGUEL, Luciano Garcia. *A hipótese de incidência do ICMS e a evolução dos conceitos tradicionais de mercadoria e serviço de comunicação*. Tese (Doutorado em Direito Tributário) – Pontifícia Universidade Católica de São Paulo, São Paulo, 2015.

MIGUEL, Luciano Garcia. *Incidência do ICMS nas operações de importação*. São Paulo: Noeses, 2013.

MIGUEL, Luciano Garcia. O conceito de prestação de serviço de comunicação para a Incidência do ICMS. *In:* SALUSSE, Eduardo Perez; CARVALHO, Antonio Augusto Silva Pereira de (coord.). *Direito Tributário* – estudos em homenagem aos 80 anos do TIT/SP. São Paulo: MP Editora, 2015. p. 399-410.

MIGUEL, Luciano Garcia. *O ICMS e os conceitos de mercadoria e serviço de comunicação*. São Paulo: Noeses, 2019.

MONTEZ, Carlos; BECKER, Valdecir. TV digital interativa: conceitos e tecnologias. *In: WebMidia e LA-Web 2004* – Joint Conference. Ribeirão Preto, out. 2004. Disponível em: https://bit.ly/3AMPrqq Acesso em: 15 ago. 2019.

MORCHÓN, Gregório Robles. *El derecho como texto*: cuatro estudios de teoría comunicacional del derecho. Madrid: Civitas, 1998.

MOREIRA, André Mendes. *A tributação dos serviços de comunicação*. 2. ed. São Paulo: Noeses, 2016.

MULATI, Victor Pavin. *Tributação dos serviços over-the-top transmitidos por streaming no ordenamento jurídico brasileiro*. 2018. Artigo (Bacharelado em Direito) –Universidade Federal do Paraná, Curitiba, 2018 (Coleção Ciências Jurídicas).

NAÇÕES UNIDAS BRASIL. *UIT* – União Internacional de Telecomunicações. Brasília, 2009. Disponível em: https://nacoesunidas.org/agencia/uit/. Acesso em: 15 ago. 2019.

NASCENTES, Antenor. *Dicionário da língua portuguesa*. Coimbra: Atlântica, 1957.

NASCIMENTO, Marina Georgia de Oliveira e. O advento do regulamento do serviço de acesso condicionado e o prazo previsto no Art. 37, § 10, da lei nº 12.485/2011. *Conteúdo Jurídico*, Brasília, 08 jul. 2013. Disponível em: https://bit.ly/3ubuGlI Acesso em: 15 out. 2019.

NAZAR CARRAZZA, Elizabeth. Natureza “não cumulativa” do ISS. *Revista de Direito Tributário*, n. 19-20, p. 255-268, jan./jun. 1982.

NEGRUNI, Mauro. Prefeitura tenta, mas não consegue cobrar ISS da Netflix e de streaming. *Mauro Negruni,* Porto Alegre, 12 jun. 2018. Disponível em: https://bit.ly/2WbPFYS. Acesso em: 15 out. 2019.

NETFLIX falls to second place in global internet traffic share as other streaming services grow. Disponível em: https://bit.ly/3lDy9qx. Acesso em: 8 set. 2021.

OLIVEIRA, Carlos Eduardo Elias de. Aspectos principais da Lei nº 12.965, o Marco Civil da Internet: subsídios à comunidade jurídica. *In:* NÚCLEO DE ESTUDOS E PESQUISAS DA CONSULTORIA LEGISLATIVA. *Textos para Discussão.* v. 148. Brasília: Senado Federal, abr. 2014. Disponível em: https://bit.ly/3AMITry. Acesso em: 15 out. 2019.

OLIVEIRA, Felipe. Facebook chega a 127 milhões de usuários mensais no Brasil. *Folha de S.Paulo*, São Paulo: Grupo Folha, jul. 2018. Disponível em: https://bit.ly/2XLcdAe Acesso em: 15 out. 2019.

OECD. OECD Communications Outlook 2013. *OECDiLibrary*, Paris: OECD Publishing, 2013. Disponível em: https://bit.ly/2XRcfq5. Acesso em: 15 ago. 2019.

OPEN. Incidência de ICMS sobre softwares de prateleira transferidos via download. *Open*, Salvador, 2 abr. 2019. Disponível em: https://bit.ly/3odeak2. Acesso em: 15 out. 2019, atualizada em: 17 nov. 2019.

PATRÍCIO, Maria Raquel; GONÇALVES, Vítor. Facebook: rede social educativa? *In:* ENCONTRO INTERNACIONAL TIC E EDUCAÇÃO. 1, 19-20 nov. 2010, Lisboa. *Anais* [...]. Bragança: Instituto Politécnico de Bragança, 2010. p. 593-598. Disponível em: https://bit.ly/3EU70qH. Acesso em: 15 out. 2019.

PAULA, Daniel Giotti de; CORRÊA, Roney Sandro Freire. As imunidades dos fonogramas e videofonogramas e os serviços over-the-top: a tributação digital e a evolução de conceitos constitucionais. *In:* LEITE, Luiza; SCHWARTZ, Rodrigo; FEIGELSON, Bruno. *Tax 4.0 – Tributação na realidade exponencial.* São Paulo: Thomson Reuters Brasil, 2021, pp. 43-58.

PAULINO PADILHA, Maria Ângela Lopes. O *software* as a service e a tributação pelo ISS. *In:* FARIA, Renato Vilela; SILVEIRA, Ricardo Maitto da; MONTEIRO, Alexandre Luiz

Moraes do Rêgo (coord.). *Tributação da economia digital:* desafios no Brasil, experiência internacional e novas perspectivas. São Paulo: Saraiva, 2018. p. 711-726.

PAULINO PADILHA, Maria Ângela Lopes. *Tributação de software*. São Paulo: Noeses, 2020.

PERASSO, Valeria. O que é a 4ª revolução industrial – e como ela deve afetar nossas vidas. *BBC News*, 22 outubro 2016. Disponível em: https://bbc.in/3CQXv9U Acesso em: 10 set. 2021.

PEROBA, Luiz Roberto. Tributação da economia digital e a experiência internacional. *In:* CONGRESSO BRASILEIRO IGA – IDEPE, 33, 6-7, jun. 2019, São Paulo. *Apresentações* [...]. São Paulo, 2019.

PEROBA, Luiz Roberto; CARPINETTI, Ana Carolina; CONCA, Gabriela de Souza. Estado de São Paulo regulamenta a cobrança do ICMS sobre bens digitais. *Migalhas*, Ribeirão Preto, 29 mar. 2018. Disponível em: https://bit.ly/3zIjjmg. Acesso em: 15 out. 2019.

PISA, Pedro. *O que é IP?* Disponível em: https://glo.bo/3lZZJNH Acesso em: 10 set. 2021.

PISCITELLI, Tathiane. A inconstitucionalidade do convênio ICMS 106/2017 e a incidência do ICMS sobre bens digitais. *In:* PISCITELLI, Tathiane (coord.). *Tributação da economia digital*. São Paulo: Thomson Reuters, 2018. p. 402-415.

PIVA, Sílvia Gomes. *Um pouco de filosofia para entender a era digital: a aproximação de Villém Flusser e Marshall Mcluhan*. Disponível em: https://bit.ly/3zG2p7J Acesso em: 19 fev. 2020.

POIATTI, Sandra Maria. *A tributação do ICMS sobre os serviços de comunicação*. 2016. Monografia (Especialização em Direito Tributário) – Instituto Brasileiro de Estudos Tributários – IBET, Campinas, 2016.

PONTES DE MIRANDA, Francisco C. *Tratado de direito privado*. Rio de Janeiro: Borsoi, 1958. t. 46.

QUELHO, Renata Tonicelli de M. A Lei Geral de Telecomunicações sob uma perspectiva convergente. *Revista de Direito, Estado e Telecomunicações*, Brasília, v. 3, n. 1, p. 167-204, 2011. Disponível em: https://bit.ly/3o9lGML Acesso em: 15 ago. 2019.

QUINTELA, Guilherme Camargos; SERGIO, Samille Rodrigues. Interpretação constitucional da competência tributária em relação à tecnologia streaming sob a ótica do arranjo federativo brasileiro. *Revista Brasileira de Direito Tributário e Finanças Públicas*, v. 9, n. 6, p. 35-64, mar.-abr. 2018. Disponível em: https://bit.ly/3kG0iww Acesso em: 15 ago. 2019.

RAGAZZO, Carlos Emmanuel Joppert; VELOSO DE OLIVEIRA, Isabel Cristina. Regulação e novas tecnologias: verticalização das OTTs de vídeo. *Revista da Faculdade de Direito da Universidade Federal do Rio Grande do Sul*, n. 37, p. 200-218, dez. 2017.

RAMOS, Chiara. O direito como comunicação produzida por um sistema autopoiético – introdução aos conceitos da teoria sistêmica luhmanniana. *Jus.com.br*, jun. 2014. Disponível em: https://bit.ly/3ibqzB8. Acesso em: 15 out. 2019.

REZENDE, Fernando. A revolução digital e a reforma tributária. In: AFONSO, José Roberto R.; SANTANA, Hadassah Laís. *Tributação 4.0*. São Paulo: Almedina, 2020.

REZENDE, Fernando. ICMS: como era, o que mudou ao longo do tempo, perspectivas e novas mudanças. *Cadernos Fórum Fiscal*, Brasília, n. 10, jun. 2009 (Programa Fórum Fiscal dos Estados Brasileiros & Fundação Getulio Vargas).

REZENDE, Fernando. O que muda na economia com o advento da revolução digital? *In:* Congresso Internacional de Direito Tributário da ABDF, 27-29 mar. 2019, Rio de Janeiro. Apresentações [...]. Rio de Janeiro: ABDF, 29 mar. 2019.

RICOTTA DE OLIVEIRA, André Felix. *Manual da não cumulatividade do ICMS*. São Paulo: Noeses, 2018.

ROBERTS, Chris; MUSCARELLA, Vince. *Defining Over-The-Top (OTT) Digital Distribution*. Los Angeles, CA: Digital

EMA, 2015. Disponível em: https://bit.ly/3CO955P. Acesso em: 15 maio 2019.

ROSSI, Luisa. Proposal for the reform of the regulation of digital services. *EUI Working Papers*, Fiesole FI, Itália: Robert Schuman Centre for Advanced Studies; Florence School of Regulation, v. 49, jul. 2015. Disponível em: https://bit.ly/3ES-jBuy. Acesso em: 15 ago. 2019.

SAMPAIO, Luciano de. A história dos tablets. *Tecmundo*, São Paulo. Disponível em: https://bit.ly/2XZlZ29. 11 fev. 2010. Acesso em: 15 ago. 2019.

SANT'ANA, Jéssica. Prefeituras adaptam suas leis para cobrar ISS sobe Netflix e Spotify. *Gazeta do Povo*, Curitiba, 7 nov. 2017. Disponível em: https://bit.ly/2Y33n1h. Acesso em: 15 out. 2019.

SANTI, Eurico Marcos Diniz de. *Lançamento tributário*. 3. ed. São Paulo: Saraiva, 2010.

SANTI, Eurico Marcos Martins de; PEROBA, Luiz Roberto; CARPINETTI, Ana Carolina; DOS SANTOS, Stella Oger Pereira; ESTEVÃO, Elena Tavares Esteves. Tributação na era digital: renda x consumo – estudos sobre o assunto no Brasil e no mundo. *JOTA*, São Paulo; Brasília, 19 out. 2017. Disponível em: https://bit.ly/3o9p3n1 Acesso em: 15 out. 2019.

SANTOS DE CARVALHO, Osvaldo. Convênio ICMS 106/2017 e a tributação de bens digitais pelo ICMS. *In: Workshop Tributário:* desafios e perspectivas para 2018 – IGA-IDEPE. 15 jun. 2018, São Paulo. *Apresentações* [...]. São Paulo, 2018.

SANTOS DE CARVALHO, Osvaldo. *Não cumulatividade do ICMS e princípio da neutralidade tributária*. São Paulo: Saraiva, 2013.

SANTOS, Lucas Siqueira dos. *Reforma tributária no Brasil:* histórico, necessidades e propostas. Dissertação (Mestrado em Direito) – Escola de Direito de São Paulo, Fundação Getulio Vargas, São Paulo, 2015.

SANTOS, Ramon Tomazela. Os desafios da tributação da economia digital. *In:* LEITE, Luiza; SCHWARTZ, Rodrigo; FEIGELSON, Bruno. *Tax 4.0 – Tributação na realidade exponencial*. São Paulo: Thomson Reuters Brasil, 2021, pp. 27-41.

SANTOYO, Renata Figueiredo; DOS SANTOS, Rodrigo Santa. Impactos das aplicações Over the Top – OTT no setor de telecomunicações brasileiro. *In:* CPRLATAM Conference. 22-23 jun. 2016, México. *Anais* [...]. México, 2016. p. 196-204. Disponível em: https://bit.ly/3EVfWMA. Acesso em: 15 ago. 2019.

SÃO PAULO (Estado). *Decreto nº 63.099, de 22 de dezembro de 2017*. Introduz alterações no Regulamento do Imposto sobre Operações Relativas à Circulação de Mercadorias e sobre Prestações de Serviços de Transporte Interestadual e Intermunicipal e de Comunicação – RICMS e dá outras providências. São Paulo, 22 dez. 2017.

SÃO PAULO (Município). *Lei n. 16.757, de 14 de novembro de 2017*. Introduz modificações na Lei nº 13.701, de 24 de dezembro de 2003.

SARAN, José Eduardo de Paula. *O conceito de serviço de comunicação para efeito da materialidade do ICMS-Comunicação*. 2018. Monografia (Disciplina "Fundamentos Jurídicos da Incidência") – Mestrado em Direito Tributário, Pontifícia Universidade Católica de São Paulo, São Paulo, jun. 2018.

SARAN, José Eduardo de Paula. *O conceito de serviço de comunicação na materialidade do ICMS-Comunicação*. 2018. Monografia (Especialização em Direito Tributário) – Instituto Brasileiro de Estudos Tributários – IBET, Campinas, jul. 2018.

SARAN, José Eduardo de Paula. *Tributação dos aplicativos over-the-top:* algumas posições doutrinárias. 2018. Monografia (Disciplina "Tributos em Espécie") – Mestrado em Direito Tributário, Pontifícia Universidade Católica de São Paulo, São Paulo, dez. 2018.

SCHOUERI, Luís Eduardo; GALDINO, Guilherme. Internet das Coisas à luz do ICMS e do ISS: entre mercadoria, prestação de serviço de comunicação e serviço de valor adicionado. *In:* FARIA, Renato Vilela; SILVEIRA, Ricardo Maitto da; MONTEIRO, Alexandre Luiz Moraes do Rêgo (coord.). *Tributação da Economia Digital:* desafios no Brasil, experiência internacional e novas perspectivas. São Paulo: Saraiva, 2018. p. 245-268.

SCHWAB, Klaus. *A quarta revolução industrial.* São Paulo: Edipro, 2019.

SET EXPO. Assessoria de Imprensa. Painel discute OTT de vídeo no Brasil e no mundo. *Expo2020*, São Paulo, 2017. Disponível em: https://bit.ly/2XNVlce. Acesso em: 15 maio 2019.

SIGNIFICADOS. *O que é um Podcast.* Motosinhos, Portugal: 7Graus, 2019. Disponível em: https://bit.ly/3zJ36N. Acesso em: 15 out. 2019.

SILVA, Hendrik Pinheiro. Download de software e tributação: entre ICMS e ISQN. *In:* PINTO, Sergio L. Martins; MACEDO, Alberto; ARAUJO, Wilson J. (coord.). *Gestão tributária municipal e tributos municipais.* São Paulo: Quartier Latin, 2015. v. 5, p. 115-131.

SILVA, Paulo Sérgio Martins. *Plataforma de agregação de serviços OTT.* Dissertação (Mestrado) – Faculdade de Engenharia da Universidade do Porto. Porto, 2017. Disponível em: https://bit.ly/2XL98jE. Acesso em: 10 set. 2021.

SOARES DE MELO, José Eduardo. ICMS – Comunicação – conceitos e prática. *In:* SALUSSE, Eduardo Perez; CARVALHO, Antonio Augusto Silva Pereira de (coord.). *Direito tributário* – Estudos em homenagem aos 80 anos do TIT/SP. São Paulo: MP Editora, 2015.

SOARES DE MELO, José Eduardo. *ICMS* – Teoria e prática. 8. ed. São Paulo: Dialética, 2005.

SOARES DE MELO, José Eduardo. A Lei Complementar n. 157/2016 à luz da Constituição Federal: aspectos relacionados à retroatividade e aos campos de incidência do ICMS e do ISS na atividade de difusão de vídeos, áudio e textos pela internet. *In:*

FARIA, Renato Vilela; SILVEIRA, Ricardo Maitto da; MONTEIRO, Alexandre Luiz Moraes do Rêgo (coord.). *Tributação da economia digital:* desafios no Brasil, experiência internacional e novas perspectivas. São Paulo: Saraiva, 2018. p. 269-282.

SOARES, Lucas. YouTube é o aplicativo mais popular do mundo. Disponível em: https://bit.ly/39ELcRx. Acesso em: 10 set. 2021.

SOARES DE MELO, José Eduardo. *ICMS* – Teoria e prática. 8. ed. São Paulo: Dialética, 2005.

SOARES DE MELO, José Eduardo. *ISS* – Teoria e prática. 6. ed. São Paulo: Malheiros, 2017.

SOARES, Lirian Sousa. Imposto sobre Serviço de Qualquer Natureza. Base de cálculo. Empresa prestadora de serviços, com preponderância de mão de obra. *Revista Jus Navigandi*, Teresina, v. 10, n. 646, p. 1-2, 15 abr. 2005. Disponível em: https://bit.ly/2XUoF0M. Acesso em: 24 out. 2019.

SOUZA, Alisson Carvalho de; NASCIMENTO, Augusto César Pereira Sampaio do; BORDA, Victória Sório da Motta. A tributação dos *softwares* no contexto do ICMS e do ISS. *In:* LEITE, Luiza; SCHWARTZ, Rodrigo; FEIGELSON, Bruno. *Tax 4.0 – Tributação na realidade exponencial*. São Paulo: Thomson Reuters Brasil, 2021. p. 137-159.

TANGERINO, Dayane Fanti. A tecnologia *streaming* e a violação de direitos autorais. *Canal Ciências Criminais*, Porto Alegre, 31 ago. 2016. Disponível em: https://bit.ly/3o9obif. Acesso em: 15 out. 2019.

TAPSCOTT, Don. *The Digital Economy Anniversary Edition*: Rethinking Promise and Peril in the Age of Networked Intelligence. New York, NY: McGraw-Hill, 2014.

TCA. *A incrível história do streaming*. *TCA*, 28 set. 2017. Disponível em: https://bit.ly/3AIEQwF. Acesso em: 15 ago. 2019.

TOMASEVICIUS FILHO, Eduardo. Marco Civil da Internet: uma lei sem conteúdo normativo *Estudos Avançados*, v. 30, n. 86, p. 269-285, 2016.

TOMÉ, Fabiana Del Padre. *A prova no direito tributário*. 4. ed. São Paulo: Noeses, 2016.

TOMÉ, Fabiana Del Padre. Teoria do fato jurídico e a importância das provas. *In:* CARVALHO, Paulo de Barros (coord.); CARVALHO, Aurora Tomazini de (org.). *O Constructivismo Lógico-Semântico*. São Paulo: Noeses, 2014. v. 1, p. 325-352.

TOMÉ, Fabiana Del Padre. Vilém Flusser e o constructivismo lógico-semântico. *In:* HARET, Florence; CARNEIRO, Jerson (coord.). *Vilém Flusser e juristas:* comemoração dos 25 anos do grupo de estudos de Paulo de Barros Carvalho. São Paulo: Noeses, 2009. p. 321-342.

TOMÉ, Fabiana del Padre; FAVACHO, Fernando Gomes. O que significa pragmático para o constructivismo lógico-semântico: a tríade linguística "sintático, semântico e pragmático" utilizada por Lourival Vilanova e Paulo de Barros Carvalho na teoria do direito. *Quaestio Iuris*, Rio de Janeiro, v. 10, n. 01, p. 274-290, 2017.

TORRES, Heleno Taveira. *Direito constitucional tributário e segurança jurídica*. São Paulo: Revista dos Tribunais, 2011.

TROMBINI JÚNIOR, Nelson. Netflix e Spotify serão tributados pelo ISS. *Jornal Carta Forense*, São Paulo, 3 jan. 2017. Disponível em: https://bit.ly/3uhdyLs. Acesso em: 5 dez. 2017.

TAMANAHA, Rodolfo Tsunetaka. *Tributação e economia digital*. São Paulo: Instituto Brasileiro de Direito Tributário, 2020.

UCHOA FILHO, Sérgio Papini de Mendonça; BASÍLIO, Iris Cintra. Aspectos da tributação sobre o consumo no cloud computing. *In:* FARIA, Renato Vilela; SILVEIRA, Ricardo Maitto da; MONTEIRO, Alexandre Luiz Moraes do Rêgo (coord.). *Tributação da Economia Digital:* desafios no Brasil, experiência internacional e novas perspectivas. São Paulo: Saraiva, 2018. p. 462-479.

URUPÁ, Marcos. *Projetos que propõem mudanças na lei do SeAC podem voltar a tramitar*. Disponível em: https://bit.ly/3lXSSnL. Acesso em: 10 set. 2021.

VARSANO, Ricardo. A evolução do sistema tributário brasileiro ao longo do século: anotações e reflexões para futuras reformas. *Texto para discussão* n. 405. Rio de Janeiro: IPEA, jan. 1996.

VARSANO, Ricardo. *A tributação do valor adicionado, o ICMS e as reformas necessárias para conformá-lo às melhores práticas internacionais*. Documento para discussão. IDB-DP-335. Instituições para o Desenvolvimento. Divisão de Gestão Fiscal e Municipal. Brasília: BID, fev. 2014.

VARSANO, Ricardo. *IVA e tributação na federação*. Apresentações. Brasília: CAE/Senado Federal; IDPA; BID, 2013.

VIANA, Alexandre. A mobilidade do OTT cria oportunidades para o audiovisual e afiliadas regionais de TV. *Mobile Time*, 12 dez. 2018. Disponível em: https://bit.ly/3EUczpd Acesso em: 15 ago. 2019.

VILAÇA, Camila. Possíveis reflexos da decisão do STF pós ADIs 1945 e 5659 para além dos softwares. Portal Jota. 23 de julho de 2021. Disponível em: https://bit.ly/3ERZA7A. Acesso em: 10 set. 2021.

VOLPATO, Bruno. *Ranking:* as redes sociais mais usadas no Brasil e no mundo em 2021, com *insights* e materiais gratuitos. Disponível em: https://bit.ly/2XT25WJ. Acesso em: 10 set. 2021.

WADE, Michael. As gigantes digitais chinesas chegando às lojas do seu bairro. *Meio & Mensagem*, São Paulo, 15 mar. 2018. Disponível em: https://bit.ly/2Y5n2xo. Acesso em: 15 out. 2019.

WARD, Mark. Celebrating 40 years of the net. *BBC News*, London, 29 Oct. 2009. Disponível em: https://bbc.in/3mhuFJx. Acesso em: 15 ago. 2019.

WIKIPÉDIA. A enciclopédia livre. San Francisco, CA, USA: Wikipédia, 2017. Disponível em: https://pt.wikipedia.org/. Acesso em: 15 maio 2019.

WILLIAN, Helder. Dados são o novo petróleo da era digital. *Cultura Analítica*, 9 mar. 2018. Disponível em: https://bit.ly/3iaeXhN. Acesso em: 15 ago. 2019.

WILSON, Jim. How OTT Will Innovate In 2018. *Forbes*, Jersey City, NJ, USA, 23 Jan. 2018. Disponível em: https://bit.ly/2XPSmQe. Acesso em: 15 out. 2019.

WITTGENSTEIN, Ludwig. *Tractatus logico-philosophicus*. São Paulo: Edusp, 1994.

YAMAMOTO, Daniel Yutaka. *A tributação dos serviços Over-the-Top*. 2018. Monografia (Bacharelado em Direito) – Faculdade de Direito, Universidade Federal do Paraná, Curitiba, 2018.

APÊNDICE – LEGISLAÇÃO RELEVANTE

Constituição da República Disponível em: https://bit.ly/3A1i9mf. Acesso em: 1º out. 2021.

LEIS

Lei 5.172/66: Código Tributário Nacional Disponível em: https://bit.ly/3B0B0il. Acesso em: 1º out. 2021.

Lei Complementar 87/96: dispõe sobre o imposto dos Estados e do Distrito Federal sobre operações relativas à circulação de mercadorias e sobre prestações de serviços de transporte interestadual e intermunicipal e de comunicação, e dá outras providências. (LEI KANDIR) Disponível em: https://bit.ly/3uucP9N. Acesso em: 1º out. 2021.

Lei 9.296/96: alargou o conceito de comunicações. Disponível em: https://bit.ly/2ZQ8Xog. Acesso em: 1º out. 2021.

Lei 9.472/97: Lei Geral de Telecomunicações (*LGT*). Define telecomunicação, Serviço de Valor Adicionado (*SVA*) e estabelece a internet como serviço de valor adicionado à telefonia. Disponível em: https://bit.ly/2YlJeDA. Acesso em: 1º out. 2021.

Lei 9.507/97: trata do *habeas data*. Disponível em: https://bit.ly/2ZODSBn. Acesso em: 1º out. 2021.

Lei 9.609/98: lei de proteção do *software*. Disponível em: https://bit.ly/3kXBMHk. Acesso em: 1º out. 2021.

Lei 9.610/98: trata dos direitos de autor. Disponível em: https://bit.ly/3uxu3mD. Acesso em: 1º out. 2021.

Lei Complementar 116/2003: Dispõe sobre o Imposto Sobre Serviços de Qualquer Natureza, de competência dos Municípios e do Distrito Federal, e dá outras providências. Disponível em: https://bit.ly/3okjaUa. Acesso em: 1º out. 2021.

Lei 12.485/2011: dispõe sobre a comunicação audiovisual de acesso condicionado (*SeAC*). Disponível em: https://bit.ly/3l2pnCd. Acesso em: 1º out. 2021.

Lei 12.737/2012: trata da invasão do dispositivo informático. Disponível em: https://bit.ly/3iry9rz. Acesso em: 1º out. 2021.

Lei 12.853/2013: trata dos direitos autorais sobre obras musicais. Disponível em: https://bit.ly/2ZOcWSi. Acesso em: 1º out. 2021.

Lei 12.965/2014: instituiu o Marco Civil da Internet (MCI). Disponível em: https://bit.ly/3D3gqhV. Acesso em: 1º out. 2021.

Lei Complementar 157/2016: altera a Lei Complementar 116, de 31 de julho de 2003, que dispõe sobre o Imposto Sobre Serviços de Qualquer Natureza, introduzindo o item 1.09. Disponível em: https://bit.ly/3uvcN1e. Acesso em: 1º out. 2021.

DECRETOS

Decreto 3.508/2000: trata da política de segurança da informação dos órgãos administrativos pública federal;

Decreto 7.962/2013: trata das medidas das empresas que vendem produtos ou serviços pela internet;

Decreto Estadual paulista 63.099/2017: regulamentou, no estado de São Paulo, as alterações trazidas pelo Convênio ICMS 106/17.

MEDIDAS PROVISÓRIAS

Medida Provisória 2.200/2001: trata do sistema de segurança baseado em criptografia assimétrica. Disponível em: https://bit.ly/3uzfDSQ, Acesso em: 3 out. 2021.

CONVÊNIOS ICMS

Convênio ICMS 106/2017: disciplina os procedimentos de cobrança do ICMS incidente nas operações com bens e mercadorias digitais comercializadas por meio de transferência eletrônica de dados e concede isenção nas saídas anteriores à saída destinada ao consumidor final. Disponível em: https://bit.ly/3l58E0O, Acesso em: 3 out. 2021.

PORTARIAS CAT

Portaria CAT 24/2018: Dispõe sobre operações com bens e mercadorias digitais realizadas por meio de transferência eletrônica de dados.